早稲田大学学術叢書 28

# 企業競争力と人材技能
### 三井物産創業半世紀の経営分析

高橋弘幸
Hiroyuki Takahashi

早稲田大学出版部

**White-collar Workers' Skills and Organizational Competitiveness**
A Case Study of Mitsui & Co. during the Late Nineteenth and Early Twentieth Centuries

First published in 2013 by
Waseda University Press Co., Ltd.
1-1-7 Nishiwaseda
Shinjuku-ku, Tokyo 169-0051
www.waseda-up.co.jp

© 2013 by Hiroyuki Takahashi

All rights reserved. Except for short extracts used for academic purposes or book reviews, no part of this publication may be reproduced, stored in a retrieval system or transmitted in any form whatsoever—electronic, mechanical, photocopying or otherwise—without the prior and written permission of the publisher.

ISBN 978-4-657-13705-0

Printed in Japan

# はじめに

## 1 研究のテーマ——人材の産み出す価値

　本書では人材技能が企業の競争力にどのように影響をおよぼしていくのか，そのメカニズムを探究する。根底にある問題関心は，人々の労働が産み出す価値である。これを企業で実際に進められている日常的な活動の次元で具体的に描きたい。労働というものを人材技能に焦点をあて，対象はホワイトカラーとし，又，価値というものを競争力に置き換え，両者の関係を一つの事例で長期に，且つ多面的に分析する。ホワイトカラーを対象とするのは，労働が産み出す価値ということでは，ブルーカラーの場合との比較で，それを把握するのが困難とされており，研究もこの分野では蓄積が薄いからである。

　人材が，企業活動の中で，価値をどのように，又，どの程度産み出すのかという問題は，経営者にとっても，また実際に仕事に従事している人々にとっても関心事である。働く人々にとっては，これが雇用，或いは賃金などに関わってくるとすれば当然関心をもつ。但し，その関わり方は企業経営の中で必ずしも鮮明であるとは限らない。従って，働く人々の立場からは，この問題を窮めなければならない必要性は，誰にでも感じられているとは言えないことなのかもしれない。一方，経営者にとっては，いかなる経営者であっても，これはきわめて重大な経営問題である。人材によって産み出される価値には大きな振幅があることを十分に理解しているので，企業全体で人材が産み出す価値を如何にして最大化するかについて常々頭を悩ましている。人事管理ではこれが究極的課題となる。様々な経営施策が講じられるのであるが，中々決定打が見つからない。多くの企業で試行錯誤が繰り返されているのが現実であろう。決定打が見つからない一つの理由は，人材が価値を産み出していく上で，その基盤となっている条件は多様であり，また流動的であるということがある。この理由

からすれば，試行錯誤は必然であり，合理的なことであろう。しかし，理由はこれだけではない。更に本質的な理由がある。それは，人材の産み出す価値を最大化するには，極めて長い年月をかけた経営の取組みが必要となる，ということがあるからなのである。人材の組織的な形成ということは長期的な投資であって，投資の回収までは10年，或いはそれ以上の長いスパンを覚悟しなければならない。認識の仕方には違いがあるものの，多くの経営者が迷っている点は，実はこの問題なのである。一部の経営者は，長期的な人材形成投資の必要性を確信し，長期的視点での施策を構想して，それを地道に進めている。また，同じような認識があっても，経営者に課せられている責務が極めて短期的なものとなっている場合は，そうした長期的な投資には踏み込まない経営者も少なくない。また，ある部分の経営者は，価値をもたらす経営資源として，人材よりも他の経営資源に大きな期待を持ち，人材形成投資には高い優先度を置かない。最初にあげたタイプの経営者は少数派であろうから，大半の企業では長期的な人材形成投資には本格的には踏み込んでいないというのが実情であろう。つまり，人材が産み出す価値を最大化するメカニズムとはどういったものなのかということに関して，これを突き詰めている企業は必ずしも多くはないということとなる。企業経営において短期的成果を重視する傾向が強まってきている近年の状況では，長期的な人材形成投資は後退しつつあるように感じられる。これは，経済社会の仕組みとして，人材の産み出す価値を最大化していくための重要なモメンタムが勢いを失いつつある状況が広がっていると言えるのである。憂慮される状況であると筆者は捉えている。

　但し，ここでの憂慮については疑義もあろうかと思う。労働市場の流動化の促進を主張する立場の人たちからみれば，この状況は必ずしも憂慮するに当たらないであろう。この論点をめぐっては色々な立場や視点からの議論がなされるが，殆どの議論は，人材がどのようにして価値を産み出すのか，或いはその価値を産み出す人材がどのようにして形成されるのか，ということに関しては不問にしているのが現実であろうと思われる。労働市場流動化の問題を含めて，これを不問にして展開されるあらゆる労働問題に関する議論は，決して実りあ

るものとはならないと筆者は考えるのである[1]。しかし，この問題が不問にされているのは無理からぬこととも思われるのである。実際，経営学や経済学を含め，専門の研究者の間で，人材がどのようにして価値を産み出すのかという問題に関して本格的な議論は十分にはなされてきていないからである[2]。この探究が本書での課題となっている。

## 2 技能研究

本書ではこの課題を企業の競争力と人材技能の関係という座標で考察していく。冒頭で述べたように，人材の産み出す価値というものを企業競争力として捉えていく。価値という抽象度の高い概念を，現実の企業経営で観察できる具体的なものに置き換えるためである。一方，人材は技能の側面に焦点を据えている。それは以下の理由による。

人材が価値を産み出すのは，先ずは技能というものが基盤となって，それにその人材のいわゆるやる気が投入されて実現される。両方の要素が効果的にあいまってより大きな価値が産み出される。したがって，人材の産み出す価値を究明するには，この二つの要素が明らかにされなければならない。しかし，これまでの研究は後者に傾斜し，技能分野の研究は少ない。経営学，或いは心理

---

1　例えば，労働市場の流動性の拡大促進を主張する場合，人々の能力開発や労働（資源）配分が流動化した市場において行われることでの効率性に目が向けられるが，人材がどのようにして価値を産み出しているのか，また価値を産み出す人材がどのようにして形成されているのかという視点で企業現場の仕事の現実を観察すれば，能力開発や労働配分を企業内で行うことの合理性や効率性にも注目が向けられることがあるはずである。一方，労働市場の流動性拡大に懸念を表明する立場にあっても，例えば，近年では珍しくない企業内での事業構造の転換に伴う労働配分，或いは技能構造の組み替えを進める際，人材による価値の産み出し方や，価値を産み出している人材の形成され方の実際を改めて分析すれば，ある場合は市場による配分が合理的で効率的であるとの判断にいたる可能性もある。

2　守島基博（2002）「知的創造と人材マネジメント」『組織科学』Vol.36, No.1（pp.42-44）では，「人材がどうやって企業に価値をもたらすのかについては，現在まで，ほとんど本格的に議論されてこなかったのである」と述べられている。

学では動機付け，経済学ではインセンティブ研究として多くの成果を残しているが，技能に関する研究は乏しい。経営学領域での人的資源管理研究では，近年，人材の産み出す価値への関心を高めてきており，人的資源管理の諸施策が人材の産み出す価値にどのように影響をあたえるかについての研究が旺盛であるが，分析がなされている大部分が動機付けの問題となっている。また，経済学領域でも，本書で採り上げる小池和男の知的熟練論とその周辺研究を除けば，インセンティブの問題に議論がほぼ集中している。

人材技能研究の広がりが見えてこない主たる理由は，人材技能というものが実証的分析において極めて扱い難い対象であるからなのである。特に，非定型的とされるホワイトカラーの仕事での技能分析は難しい。従って，人材技能の実証研究では，どのような方法を採っていくのがよいのかということが鍵を握る。本書が採ったアプローチは，小池和男の知的熟練論の分析枠組みを応用し，そして一つの事例企業での人材技能形成過程を，その背景としての市場や事業などの分析を含めて多面的に，且つ長期に進めていくという方法である。

## 3　分析事例

本書で採り上げた事例企業は，人材が産み出す価値の最大化を，試行錯誤しつつ，長い年月をかけて執拗に追い求めた歴史企業である明治大正期の三井物産である。近代日本の最大の貿易商社であり，又，近代ホワイトカラー組織の先駆でもある。明治9年の創業から成熟期に達する大正末期までの約半世紀を観察する。企業競争力と人材技能の関係を，市場と事業の変遷のなかで，色々な角度から分析していこうという本書の目論みでは，こうした長い期間の観察が必要となった。一般的に，人材個人の技能の形成には，10年とか20年とかの年月を要する。その組織的形成を分析するとなると，それをはるかに超える期間の観察が必要となる。また，企業の競争力に関して，その推移をいくつかの商品或いは事業サイクルを通してみるとなると，何十年かの観察が必要となる。又，この時代の企業分析では，日清，日露，第一次世界大戦という三つの戦争期と戦後を観察することは重要となる。こうした幾つかの必要性から大正末期

までの観察となった。昭和期の分析も重要性をもつが，これは将来の課題とした。

　経営史研究における事例選択にあたっては，分析資料の入手如何が問題となるが，明治大正期の三井物産は経営資料を豊富に残しており，特に，一般的には入手困難な人事関連資料も数多く残っている。近代における代表的企業であり，又，資料が豊富なこともあって，日本での経営史研究では最も数多く採り上げられている歴史企業の一つとなっている。

　本書で進める分析は，貿易市場分析から，事業分析，そして個人の仕事の分析まで広範囲にわたるが，これらのなかで，競争力の分析に関わる市場や事業の分析では，その多くの部分で，先行研究の蓄積に大きく依存している。一方，個人の仕事内容や仕事経歴を含む人材技能の分析は，先行研究ではこれまで手が付けられておらず，資料発掘を含め筆者が新たに踏み込んだ領域となっている。

## 4　分析の枠組み

　このように，本書は経営史研究であるが，労働経済学の理論に基づいた実証研究としての性格を有している。依拠した理論は，先に触れた，技能形成研究で先鞭をつけた小池和男の知的熟練論である。この理論の特徴は，技能は関連性を持つ仕事群の経験のなかで形成されるという命題のもとに，技能分析の方法は，実際の仕事内容，そしてその繋がりの観察を前提としていることである。加えて，技能の分析に不確実性概念を採り入れていることである。元来，数値測定はもとより，実態を把握することが難しい対象である技能（つまり人間の能力であるが）を，知的熟練論では「不確実性をこなすノウハウ」と定義し，仕事観察では不確実性への対応をみていく。但し，不確実性を抽象レベルではなく，具体的な事柄に置き換えて分析が行われる。例えば，生産職場の分析において，不確実性を「問題」とか「変化」，或いは「ふだんとは違った作業」と捉え，仕事観察のなかでそれらへの対処に技能の存在を見出すといった方法である。また，この理論はこうした不確実性に対応する技能が競争力を左右す

るとの命題をおいている。

　これらの理論枠組みが本書の拠って立つところとなっている。但し，これに基づいた実証分析の枠組みにおいては，それが主にブルーカラーの仕事で組み立てられているため，ホワイトカラー分析では応用が難しい。従って，本書ではホワイトカラー分析に適した分析枠組みを新たに構想し，それを用いて技能分析を進めている。

## 5　構　　成

　本書は2部構成となっている。第Ⅰ部（第1章〜第3章）の中心テーマは競争力である。第Ⅱ部（第4章〜第7章）の中心テーマは人材技能である。

　第Ⅰ部では，三井物産の創業後半世紀にわたる事業発展において，競争力がどのように生成し，また変遷をとげたのか，そして，それに対応して競争力の要素たる人材技能がどのような形で，どのようなテンポで，どのくらい修得が進み，また発展過程の各段階でどのような貢献をしたのかを分析していく。

　第1章では，事業発展と市場占有率の推移を検証する。第2章では，同社発展のメカニズムを分析している代表的な先行研究のリビューを通じて，同社の競争優位をもたらした要素にはどのようなものがあったかを考察し，その上で，同社の発展過程の各段階で，それらのうちどの要素が重要な役割を果たしたかを検証する。競争力の要素の一角にある人材技能については，創業後20年ほどを経過した同社発展の本格期にはいると，中軸的競争力としての役割を果たしたことを考証する。また，その本格期における事業変遷の中で，競争力として機能した技能の内容に変化が進行していったことを見出す。

　第3章では，同社人材育成経営の軌跡を辿り，次々と導入された各種教育制度の効果を検証し，それらの貢献と限界を確認する。結果として，技能は主にOJTによって形成されていったことを考証する。また，そのOJTによる技能形成を同社発展の本格期に効果的に進展せしめた基礎条件として，近世的階層秩序からの脱却，職員の定着，指導層の確立などを検証し，同時に，それらが整備されるのに，創業から20年もの長い歳月をかけていた事実を確認する。

## はじめに

　第Ⅰ部での結論を踏まえて，第Ⅱ部では競争力の重要なる要素となった人材技能の内容とその形成プロセスを分析していく。はじめに第4章では，技能分析の理論と方法論を考察する。先ず，人材研究での先行研究をサーベイし，技能研究，とりわけホワイトカラー技能研究で蓄積が乏しいことを確認する。その主たる理由が，近年主流となっている統計解析を軸とした研究では，技能という数値測定が難しい対象で研究が進展し難いという背景を論じる。こうした中で，技能形成研究で先鞭をつけた小池和男の知的熟練論に注目し，その理論をホワイトカラー分析に適した形への拡張を構想する。

　続く三つの章，第5，6，7章で，第4章で構想した分析枠組みを用いる技能分析を進める。技能を不確実性への対応という視点で分析する。第5章は，損失への不確実性，つまりリスクに対処する技能を分析する。第6章は，利益への不確実性に対処する技能を分析する。その上で，第5章の分析と統合した形で，三井物産において競争力要素の中軸となった人材技能の全体像を纏める。第7章は，その人材技能がどのようなOJT，即ち仕事経験から形成されたのかを分析する。事業発展本格期の初期3年間で入社した職員全員414人の20年にわたる仕事経歴を人事資料から追跡し，技能形成の道筋を明らかにする。

# 目　次

はじめに　i
図表目次　xiii
凡　例　xvi

## 第Ⅰ部　企業の発展における競争力と人材技能の生成　　1

### 第1章　事業発展と競争力 ——————————— 5
　第*1*節　事業発展と組織拡大の概括 …………………… 5
　第*2*節　競争力とは ……………………………………… 11
　第*3*節　貿易市場における邦商の地位 ………………… 12
　第*4*節　明治20年代終盤までの市場競争 ……………… 15
　第*5*節　明治30年代以降の市場競争 …………………… 18

### 第2章　競争力における人材技能 ——————— 25
　第*1*節　事業発展の要因──「総合商社の論理」から …… 25
　第*2*節　競争力の諸要素 ………………………………… 29
　　　論点①　財　閥　30
　　　論点②　貿易補助機能　33
　　　論点③　御用商売　34
　　　論点④　営業政策　35
　　　論点⑤　海外拠点と商品の多角化　36
　　　論点⑥　リスク管理組織　37
　　　論点⑦　分権と統合の商務組織　38
　　　論点⑧　人　材　39
　第*3*節　明治30年代以降の市場競争本格期における競争力 …… 42
　　　1　市場占有率変遷における注目点　42
　　　2　競争関係と競争優位の質的変遷　43
　　　3　競争力の中軸要素　48

第4節　明治20年代終盤までの貿易事業の模索と貿易技能の学習…56

第3章　人材形成経営の進捗とOJTの進展 ─────────── 69
　　第1節　創業者の経営観・人材観 ………………………………… 69
　　第2節　先行研究で死角となったOJT …………………………… 73
　　第3節　教育訓練制度が果たした効果 …………………………… 76
　　　1　学歴・学力の影響　76
　　　2　昇格試験(月給試験)制度の効果　85
　　　3　海外研修制度の効果　87
　　第4節　OJT進展を促進した組織条件 …………………………… 91
　　　1　身分階層構造の転換　91
　　　2　指導層の確立　92
　　　3　定着率の向上　102
　　　　1　明治30年以前の勤続状況　102
　　　　2　明治30年代中盤以降の勤続状況　106
　　　　3　退職とその背景　106

## 第Ⅱ部　人材技能の分析　　　　　　　　　　　　　　109

第4章　技能形成研究の理論的枠組み ─────────── 113
　　第1節　人材マネジメントにおける技能論 ……………………… 113
　　　1　近年の人材マネジメント研究の潮流　113
　　　2　労働経済学における技能形成論　119
　　第2節　ホワイトカラー研究 ……………………………………… 123
　　　1　ホワイトカラーとは　123
　　　2　ホワイトカラー研究の経緯　124
　　第3節　ホワイトカラー技能分析の枠組み ……………………… 126

第5章　貿易取引でのリスクの分析 ───────────── 131
　　第1節　分析の方法 ………………………………………………… 131
　　　1　損失機会と利益機会の顕在性　131
　　　2　リスク分析の資料　133

目　次

「社報」《物産41-1〜42-3》　133／「支店長会議議事録」　136／「経験録」《物産468》　137／「係争事件摘録」《物産349》　139

第2節　リスクの多様性 …………………………………………… 139
第3節　売買越リスク ……………………………………………… 149
第4節　信用リスク ………………………………………………… 155
第5節　苦情及び契約不履行リスク ……………………………… 158

# 第6章　仕事内容の分析——不確実性に対応する仕事 —————— 165

第1節　分析の方法 ………………………………………………… 165
　1　分析の対象　165
　2　資　料　167

「業務要領日報」　168／「現行達令類集」（業務規則類）　168／「石炭協議会議事録」　170／「會計課報」（勘定主任会議報告）　171／「支店長会議議事録」　171／商品マニュアル類, 業務マニュアル類　171／伝記類　172／研究書類　173

第2節　貿易商社の仕事の実態 …………………………………… 174
　1　取引基盤構築　174
　2　取引契約締結　179
　　1　契約条件の取決め　180
　　2　契約基礎条件の段取り　181

〔諸掛（費用）採算〕　182／〔傭船〕　183／〔保険付保〕　183／〔為替及び金融の手配〕　184／〔信用程度設定〕　185／〔売買越設定〕　185

　　3　取引契約履行　186

〔受渡関連業務〕　188／〔経理関連業務〕　196／〔苦情処理業務〕　197

　4　三井物産の貿易実務技能の特徴　198

# 第7章　仕事経験の分析——人材技能の組織的形成 —————— 203

第1節　分析の方法 ………………………………………………… 203
　1　分析の目的, 対象, 期間　203
　2　資　料　204
第2節　個人別仕事経験パネルデータ …………………………… 206
　1　情報項目　206
　2　「パネル表」　207
　3　「パネル表」に登場する人々　209

第3節　部署移動類型 …………………………………… 211
第4節　職能経験類型 …………………………………… 214
　　1　職能での仕分け　214
　　2　売買での商品別仕分け　215
第5節　専門性の形成 …………………………………… 218
　　1　経理専門　218
　　2　物流専門　219
　　3　出納用度集金専門　219
　　4　本部系管理専門　220
　　5　売買部門での商品専門　222
第6節　仕事経験による技能の形成 …………………… 224

# 総括と考察 ─────────────────────── 283
　　1　競争力の生成・拡大と人材技能の関係　283
　　2　人材技能の組織的形成におけるOJTの役割　286
　　3　ホワイトカラーの仕事の特性と研究の方法　287
　　4　企業が向き合う不確実性の多様性と広大さ　288
　　5　「仕事システム」の役割及び人材技能との関係　289
　　6　人材技能形成の道筋　293

　　付　　表　297
　　参考文献　331
　　あとがき　345
　　英文要旨　349

図表目次

## 第1章

図表1-1　使用人数，取扱高，利益の推移　9
図表1-2　輸出入における邦商の地位　13
図表1-3　明治期日本の輸出入の伸張　14
図表1-4　日本の輸出入拡大の趨勢　14
図表1-5　三井物産輸出入市場占有率の推移　19

## 第2章

図表2-1　明治30年代の三井物産の貿易急成長——明治33年と明治41年の三井，邦商，外商の取扱高拡大比較　44
図表2-2　生糸輸出における邦商の地位と主要商社間の競争　45
図表2-3　明治30年代以降商品別取扱高の推移　50-51
図表2-4　明治30年以降の三井物産石炭輸出市場占有率　53
図表2-5　三池炭と高島炭の輸出数量比較　60

## 第3章

図表3-1　「パネル表」から読みとれる学歴・前歴と仕事経歴との関係（全414人から修業生9人を除く405人）　77
図表3-2　組織全体での学歴別の給与構造（給与ランク構成）　80
図表3-3　月給試験及第と勤続の関係（「パネル表」より）　86
図表3-4　「パネル表」全員414人の中で海外修業生経験者の仕事経歴　88-89
図表3-5　明治30年代以降の中核部店長への任命者推移　94-96
図表3-6　明治30年代〜40年代初期のリーダー層とその社歴　98-99
図表3-7　「パネル表」全員414人（明治36〜38年入社全員）の勤続状況——学歴・前歴，採用時給与，月給試験，修業生経験，第一次昇進，退職理由などの勤続年別の分析結果　104-105

## 第4章
図表4-1　知的熟練論ブルーカラー・モデルでの技能形成分析枠組み（フローチャート）　122

## 第5章
図表5-1　「社報」に登場する譴責・懲罰（明治36年～大正11年の20年間での発生全件）　142-146

## 第6章
図表6-1　貿易の仕事内容と「仕事システム」　199

## 第7章
図表7-1　15年以上勤続者173人の仕事経歴「パネル表」抜粋　228-255
図表7-2　15年以上勤続者173人の仕事経歴の数値化データ　256-269
図表7-3　第一次管理職への昇進時期（18年累計136人）　210
図表7-4　15年以上勤続者173人の中で主な人物　270-271
図表7-5　15年以上勤続者173人の部署移動類型による分類とその対比　212
図表7-6　15年以上勤続者173人の専門性分類とその対比　215
図表7-7　15年以上勤続者173人の中で経理（勘定，本部での計算，会計）専門型の仕事経歴　272-273
図表7-8　15年以上勤続者173人の中で物流専門型の仕事経歴　274-277
図表7-9　15年以上勤続者173人の中で出納用度集金専門型の仕事経歴　221
図表7-10　15年以上勤続者173人の中で本部系管理専門型の仕事経歴　222
図表7-11　15年以上勤続者173人の中で売買担当の仕事経歴
　　　　　１．商品別の分解　２．管理職能経歴の構成　224
図表7-12　15年以上勤続者173人の中で綿関連専門型の仕事経歴　278-281

## 付表
付表１　「支店長会議」及び出席者一覧　298-317
付表２　三井物産職員録一覧（明治26年以降大正15年まで）　318
付表３　「パネル表」のイメージ及び記述方法の説明　320-325
付表4-1　組織機構の種類と名称　326-327
付表4-2　組織名に冠される用語　328

付表　4-3　「パネル表」の個人経歴記述に使われている略記略号　329
付表　4-4　営業拠点地域の一覧と「パネル表」での店名の略記　330

## 凡　　例

1. 本書で使用した資料の大部分は公益財団法人三井文庫所蔵の戦前期の旧三井物産関連の資料である。資料によって表題を特定し難いものがあるので，本書ではその特定に各資料に付されている資料番号を《　》書きで記している。例えば，《物産50-1》や《川村30-2》などである。尚，これら資料の表記は，書籍として三井文庫より発行されているものを除き，本書巻末参考文献リストには載せておらず，登場の都度，脚注或いは図表内に載せている。その際，資料の表題の表現は，原資料冒頭にある表示文に出来るだけ準じた形で筆者の判断で記している。
2. 資料からの引用文の漢字は，原則，原資料どおりの旧字体を用いている。平仮名と片仮名の区別も原資料に沿って用いている。引用文内の漢字は一部で適切でないものが含まれているが原資料のとおりとしてある。その際にママなどを付記はしていない。尚，ママの付記は参考文献からの引用の場合にのみ行っている。
3. 本文において社名，組織名，人名など固有名詞を記す場合の漢字は，原則原資料どおり旧字体を用いている。但し，現代の企業として，新字体での社名が一般に広く知られている場合は旧字体を用いていない。人名については原資料の中で複数回登場する場合，異なった漢字で表されていることがあり，その場合は都度（　）書きで補足している。また，人名が改名されていることが判明した場合は，新旧を記している。
4. 一部の図表の中では，三井物産の当時の組織名，役職名，営業拠点での地域名，人事での処遇表記などが繰り返し登場するが，その場合はこれらは略記されている。略記の説明は巻末付表4-1, 4-2, 4-3, 4-4に載せている。また，海外地名の表記は，原則，当時一般に用いられていた漢字表記を用いているが，片仮名で表している箇所もある。
5. 本文中で業績値などの表記の際，対応時期の表記を「年度」でなく，原則，単に「年」としている。決算期の異なる企業間の比較などでは正確さを欠くが，引用資料で特定できない場合がある為である。

# 第Ⅰ部 企業の発展における競争力と人材技能の生成

第Ⅰ部は明治大正期の三井物産の競争力は何であったのか，その競争力において人材がどのような位置づけにあったのかを考察する。競争力を分析するにあたっては，先ず，同社の半世紀にわたる事業発展の経緯を辿り，それをもたらした諸要因を整理する。これは従来の多くの研究によって詳細がかなり明らかにされている。その中には，同社発展の要因として人材の果たした役割に注目する研究もある。事業発展の要因をめぐる議論は，事業の観察視点としてはどちらかと言えば巨視的な議論であるが，その中に，競争力の要素について色々な角度からの示唆が含まれ，また一部では明示的に論じている。従って，事業発展の諸要因の議論を手掛かりとして競争力を考察していく。但し，これまでの研究では議論が尽くされていない部分も多少あり，考察はこの部分にも及ぶ。考察の結果，競争力を構成する諸要素が浮かび上がる。
　これに続き，その競争力の諸要素の中で人材の位置づけを考察し，結論として人材技能が，創業20年ほどを経た同社発展の本格期に大きな役割を担っていたことを考証する。ここで重要な役割を果たした人材技能には二つのカテゴリーがあったことも併せて考証する。一つは貿易実務での一般技能であり，この技能は，我が国開国直後の19世紀終盤の段階では，欧米先進国の商社が標準的に有していたものの，日本の貿易商人には全く未知であった技能である。もう一つは，その他の貿易実務技能であり，より高度な様々な技能を含むが，これを貿易応用技能と本書では名付ける。
　第Ⅰ部の締めくくりは，競争力において大きな役割を担った人材の組織的形成が如何にして立ち上っていったのかを考証する。この考証では，同社人材の形成過程を論じた従来の経営史研究が，教育の制度的側面にのみに関心をよせていた点を批判的に論じ，諸制度がどの程度効果を発揮していたのかについて検証し，その限界を明らかにする。即ち，人材技能は制度的教育によるよりも，

OJT（on-the-job training），つまり，仕事経験を通じた訓練が中心となって形成されたことを考証する。更に，このOJTが組織全体にどのように進展したのかも明らかにする。

# 第1章
# 事業発展と競争力

## 第1節　事業発展と組織拡大の概括

　第1章と第2章では明治大正期の三井物産の事業発展，競争力，人材技能，この三者の関係を考察していく。即ち，同社の明治大正期を通じた貿易市場における目覚しい事業発展を推し進めた競争力が何であったのか，その中身が何だったのか，また，それがどのように変化していったのか，更に，その変化の中で人材技能が果たした役割はどうだったのか，という課題を追究していく。

　先ずこの第1節では，これまで多くの研究で明らかになっている同社の明治大正期の事業発展の軌跡を概括する。従来研究では同社の競争力について本格的な議論はなされていない。一般的な理解としては，その「圧倒的」[1]な強さ，或いは市場支配が強調される傾向が強い。同社の競争優位が「圧倒的」であっ

---

[1]　上山和雄（2005）『北米における総合商社の活動――1896～1941の三井物産』において，従来の三井物産研究で同社の強さが強調されていることについて次のように批判的に論じている。「従来の物産研究が『予定調和的』研究ではなかったのか……個別商品の圧倒的なシェアーと高い利益率，それを背景とした市場支配が強調されるのである。」p.15。

たという事実は正しいとしても，それが強調されすぎると競争力の中身への洞察が深まらない。本章の考察では，その程度の変遷や質的な変化に注目していく。

明治大正期の三井物産の事業発展史についてはこれまでの多くの研究[2]がある。大別して二つの流れがある。一つは，日本での資本主義進展過程の構造分析に主眼をおく経済史研究[3]の流れであり，同社の発展及び市場支配を，日本の産業市場を貿易と国内流通両面で支配した財閥資本による流通独占の進行として捉えて分析する。もう一つは，同社のこうした事業発展を企業経営活動という視点から分析するもので，多くの経営史研究がこの流れである。第2章で触れる「総合商社の論理」の研究はその流れの一角にある。これは総合商社一般の発展論理を考究したものではあるが，その殆どの部分は三井物産の発展経緯に視線を向けたものであり，実質的に三井物産の発展の論理としての性格を強く持っている。また，経営の個別の側面，例えば，組織，人事，財務などに焦点を合わせて，その進展の経過や特質などを分析する研究も数多い。

これら色々な角度から明らかにされている同社の事業と組織の発展を，明治

---

2  この期間の事業展開を全体的に論じたものとしては，三井文庫編（1980, 1980, 1994）『三井事業史　本篇第2巻，第3巻上，中』，松元宏（1973）「日本資本主義確立期における三井物産会社の発展」『三井文庫論叢』第7号，梅井義雄（1975）『三井物産会社の経営史的研究』，山口和雄（1998）『近代日本の商品取引――三井物産を中心に』，また社史として第一物産株式会社編（1951）『三井物産小史』（1965年に三井物産株式会社によって再版発行），稿本段階のものとして，戦前期の三井物産株式会社編『三井物産株式会社沿革史』，経営史研究所編『三井物産株式会社100年史』などがある。また次節で採り上げる「総合商社の論理」を考究する数多くの研究がこの期間の同社事業を全体的に論じている。その他，商品や市場，また人材や組織に関して特定のテーマで論じたものは多数にのぼるが，以下の章でその都度触れていく。

3  主要な著作としては，加藤幸三郎（1969）「九州炭礦部の性格と機能――三井財閥形成過程によせて」『三井文庫論叢』第3号，松元宏（1973）「日本資本主義確立期における三井物産会社の発展」『三井文庫論叢』第7号，同（1977）「石炭販売プール制の成立とその経過――1910年代における三井物産石炭販売の特質について」『三井文庫論叢』第11号，同（1979）『三井財閥の研究』，春日豊（1977）「三井財閥における石炭業の発展構造――日本産業革命期を中心として」『三井文庫論叢』第11号，同（2010）『帝国日本と財閥商社』など。

第1節　事業発展と組織拡大の概括

大正期について概括すると以下のようになろう。

　同社は明治9年に，それに先だつ2年前に設立されている先収会社と三井組の国産方を継承して創立された。事業目的は直貿易であり，営業形態はコミッション・エイジェンシーである。これが当時，先進欧米諸国の貿易商社の標準的事業形態であり，それが目標とされた。当初，当時の貿易主要分野であった生糸や茶の輸出をはじめ色々な直貿易分野への参入を試みるが，定常商売として成立したのは御用商売のみであり，米（コメ）の欧州などへの輸出，毛織物の陸軍向け輸入，石炭の清国などへの輸出である。御用商売は母体2社においても基盤となっており，前者の米と毛織物商売は母体2社から継承したもので，後者の石炭は母体2社が同社設立に照準を合わせて商権を用意したものである。それ以外の直貿易は英国からの紡績機械輸入，それに関連した綿花輸入が主たるものである。明治20年代初期には御用商売が消滅するが，その段階では自力による定常的な直貿易は紡績機械と綿花輸入，そして三池炭礦の政府払い下げによって御用商売から脱皮した石炭輸出が中心である。それ以外には柱となる商売が育たず，従って，米や魚肥などの国内商売に依存した経営が明治20年代終盤まで続く。

　日清戦争を経た明治30年代にはいって自力による直貿易が拡大し，従来からの綿花輸入，石炭輸出以外でも，生糸，綿糸布，砂糖ほか貿易主要分野で主導的地位を確保するに至り，明治終盤においては日本の全貿易高の20％以上の市場占有率を占めるという圧倒的優位を確立した。更に，その明治終盤には外国間貿易にも先鞭を切って進出し国際取引を全世界に拡大し，第二次世界大戦後の財閥解体に至るまで日本の貿易業界のトップ企業としての地位を続けた。こうした多様な商品領域での国際的な商売展開にあたり，最大規模の海外営業拠点網を構築していき，また海運ほか各種貿易付帯機能の内部化を積極的に進めるなど，所謂総合商社という事業形態を先駆的に構築していった。加えて，石炭産業を中心に，主要産業の国内卸売り流通においても勢力を拡大し，産業流

---

4　大正初期には輸出入を合計した市場占有率が27％にまで上がる。

通で国内外両面において支配的地位を確立していった。こうした事業拡大過程での商売は，当初特に重視したリスクの小さい委託方式から，次第に，自らがリスクと勘定の大きな部分を負担する方式の商売への重点のシフトを伴って進行した。これら多様な形の事業展開を効果的，効率的に運営していくための特有な形の組織構築や人材育成を積極的に進め，これらがまた事業の一層の拡大を促進した。

以上の発展経緯の概括を数値面で確認したい。図表1-1に使用人数，取扱高，利益の推移を示した。取扱高のデータは創業初年と明治23年以外は明治29年まで得られない。明治30年以降は，一部で前年より多少下回る年があるが，大正4年あたりまでは安定した拡大基調である。大正5年から9年までは第一次世界大戦時ブームによる異常な伸びである。大正10年で数値が大きく落ちているが，主因は最大取扱部門の棉花部を新会社東洋棉花に分離移管したためであるが，それと共にこの年は第一次世界大戦後の反動不況が凄まじく[5]，明治30年以降最大の減収がここで発生している。但し，業界のなかでは打撃が最も軽微であり，その後持ち直している。利益は明治20年代中盤までは伸び悩んでいるが[6]，日清戦争期を起点として以降順調に拡大する。年によって多少浮き沈みはあるものの，取扱高の伸びに対応して大正4年までは概ね拡大基調である。大正5年から9年までは大戦ブーム下で極めて高い利益を出し[7]，それが大正10年に一旦落ち込むものの，その後大正末まで再び拡大基調を示す。取扱高と利益を総合してみれば，明治20年代終盤までは必ずしも事業が安定的に推移した

---

5 物価の下落も大きく，大正9年から10年にかけて25％程度下落している（日銀東京卸売物価総平均指数）。

6 但し，創業後10数年は巨額の不良債権発生もあり，実態は不明な部分もある。粕谷誠（1995）「明治前期の三井物産」『社会経済史学』第61巻第3号。

7 図表1-1で大正7年の同社の利益は36百万円であるが，由井常彦・大東英祐編（1995）『大企業時代の到来』（p.29表）によると，同年の大手工業会社の利益は，鐘淵紡績，東洋紡績ともに19百万円，王子製紙，富士製紙が6百万～7百万円，大日本麦酒4百万円，大日本精糖5百万円，浅野セメント3百万円などで三井物産の利益の大きさがわかる。但し，造船，鉄鋼，鉱業など重工業や銀行，保険，船舶などは掲載されていない。

第1節　事業発展と組織拡大の概括

図表 1-1　使用人数，取扱高，利益の推移

| | 使用人(人) | 取扱高(百万円) | 利益(千円) 右側は利益率(%) | | | 使用人(人) | 取扱高(百万円) | 利益(千円) 右側は利益率(%) | |
|---|---|---|---|---|---|---|---|---|---|
| 明治 9 年 (1876) ＊1 | 71 | 0.5 | 8 | 1.6 | 明治37年 (1904) | | 127.6 | 2,211 | 1.7 |
| 10年 (1877) | 75 | | 200 | | 38年 (1905) | 795 | 181.0 | 2,347 | 1.3 |
| 11年 (1878) | 76 | | 120 | | 39年 (1906) | 1,000 | 199.5 | 2,188 | 1.1 |
| 12年 (1879) | 87 | | 151 | | 40年 (1907) | 1,100 | 235.2 | 2,052 | 0.9 |
| 13年 (1880) | | | 43 | | 41年 (1908) | 1,295 | 242.8 | 1,364 | 0.6 |
| 14年 (1881) | | | -103 | | 42年 (1909) | 1,212 | 223.7 | 1,971 | 0.9 |
| 15年 (1882) | 109 | | 46 | | 43年 (1910) | 1,199 | 278.0 | 4,504 | 1.6 |
| 16年 (1883) | 114 | | 70 | | 44年 (1911) | 1,255 | 317.1 | 6,015 | 1.9 |
| 17年 (1884) | | | 80 | | 大正 1年 (1912) | | 359.3 | 5,361 | 1.5 |
| 18年 (1885) | | | 60 | | 2年 (1913) | 1,665 | 402.0 | 5,218 | 1.3 |
| 19年 (1886) | | | 100 | | 3年 (1914) | 1,659 | 452.4 | 3,960 | 0.9 |
| 20年 (1887) | 150 | | 30 | | 4年 (1915) | 1,807 | 438.2 | 7,055 | 1.6 |
| 21年 (1888) | | | 40 | | 5年 (1916) | | 721.8 | 19,182 | 2.7 |
| 22年 (1889) | | | 40 | | 6年 (1917) | 2,443 | 1,095.0 | 32,187 | 2.9 |
| 23年 (1890) | | 18.2 | 78 | 0.4 | 7年 (1918) | 3,015 | 1,602.7 | 36,464 | 2.3 |
| 24年 (1891) | | | 76 | | 8年 (1919) | 3,297 | 2,130.3 | 19,864 | 0.9 |
| 25年 (1892) | | | 226 | | 9年 (1920) | 3,748 | 1,921.0 | 16,395 | 0.9 |
| 26年 (1893) | 316 | | 302 | | 10年 (1921) ＊2 | | 814.0 | 7,718 | 0.9 |
| 27年 (1894) | | | 633 | | 11年 (1922) | | 865.2 | 11,121 | 1.3 |
| 28年 (1895) | | | 1,087 | | 12年 (1923) | 2,791 | 882.9 | 10,164 | 1.2 |
| 29年 (1896) | | | 850 | | 13年 (1924) | 2,814 | 1,035.5 | 14,177 | 1.4 |
| 30年 (1897) | | 53.7 | 1,123 | 2.1 | 14年 (1925) | 2,867 | 1,141.7 | 16,226 | 1.4 |
| 31年 (1898) | 353 | 62.5 | 1,719 | 2.8 | 15年 (1926) | 2,878 | 1,181.8 | 20,766 | 1.8 |
| 32年 (1899) | | 76.2 | 1,868 | 2.5 | 昭和 2年 (1927) | 3,009 | 1,167.5 | 15,574 | 1.3 |
| 33年 (1900) | | 88.3 | 1,355 | 1.5 | 3年 (1928) | 3,140 | 1,265.0 | 17,652 | 1.4 |
| 34年 (1901) | 538 | 74.3 | 1,687 | 2.3 | 4年 (1929) | 3,149 | 1,324.0 | 17,558 | 1.3 |
| 35年 (1902) | | 85.5 | 1,533 | 1.8 | 5年 (1930) | 3,192 | 1,080.5 | 13,582 | 1.3 |
| 36年 (1903) | 544 | 96.2 | 1,668 | 1.7 | 6年 (1931) | 3,064 | 841.7 | 11,637 | 1.4 |

注 1 ）使用人数には「店限使用人」「店限雇」は含まず。
　 2 ）＊1：創業初年は7月から12月のみ。＊2：当年度から最大部門の棉花部を東洋棉花株式会社に分離。
出典）使用人数は明治9年〜明治20年が『三井物産株式会社100年史(稿本)』，明治26年以降は「職員録」(巻末付表2)より。
　　　取扱高と利益は『三井物産小史』より（取扱高は百万円単位に書き換え）。但し，大正15年以降は『三井物産沿革史(稿本)』を用いて計算された栂井(1974) p.20掲載表より引用。利益率はそれらからの算出値。
　　　なお，第二次大戦後の1951年に第一物産によって編纂され社内配布された『三井物産小史』は，1941年前後に当時の三井物産によって編纂された『三井物産株式会社沿革史(稿本)』を底本としているとされている。後者は現在一般公開されていないが，栂井(1974)などこれが引用されている数値と比べると，両者の取扱高と利益は一部で若干違っている。理由は不明であるが『沿革史』は稿本であるので後年編纂の『小史』で修正されたものかも知れない。

第1章　事業発展と競争力

とはいえないが，明治30年代以降は安定的で且つ力強い事業拡大が進展したことは明瞭に読み取れる。

　こうした事業拡大に呼応して組織規模の拡大が着々と進展した。図表1-1で使用人数の推移が示されている。明治9年創業時は主に先収会社から継承した16人でスタートしたが，同年度半ばに三井国産方[8]を吸収した後は70人程度[9]となり，これが実質上創業時人員数と理解してよい。それが10年後の明治20年には150人，20年後明治30年には300人を超えており，概ね10年ごとに倍増している。この明治30年代は同社の事業の中で貿易が中心となる段階に達し，それに呼応して人材育成の本格化を含めて組織拡充が急速に進展する。その明治30年以降，人員の拡大が加速し明治40年段階では1,000人を超え，又その10年経過後，第一次大戦終盤の大正7年には3,000人規模と約10年ごとに概ね3倍に拡大している。但し，図表1-1にあるのは本店正規採用者（これは現代で言えば正規社員に相当すると考えてよい）だけの数字であり，「店限使用人」や「店限雇」など（所謂非正規社員）を含めた実際の雇用者総数はこの3倍にのぼっていた。当時の大きな工業会社における職員，即ちホワイトカラーの人数はせいぜい1,000人程度であったことと比較すれば巨大ホワイトカラー組織であった。[10]

　組織機構の拡大に目を転じると，支店網の拡大は，国内では創業初年の4支店から各地に順次拡大し，海外では創業翌年の上海支店を皮切りに，その翌年にパリと香港，またこれに続きニューヨーク[11]，ロンドン[12]，その翌年にリヨン，ミラノ[13]と毎年出店を拡大する。海外支店については明治10年代中盤に一旦縮小

---

8　井上馨の下野に伴い明治7年に設立された先収会社は明治9年に解散し，三井物産会社に事業と人員が継承される。
9　明治9年7月創業の同年末に三井家の商社部門である三井国産方を併合する。
10　詳しくは，高橋弘幸（2002）「日本におけるホワイトカラーの人的資源管理の発展」pp.14-15。
11　紐育（ニューヨーク）店は明治15年に一旦閉じられたあと，明治29年に生糸輸出への再チャレンジのため再開される。
12　倫敦（ロンドン）店は正式設置されたのは明治12年であるが，創業翌年に代理店形式で実質的には営業拠点としての活動が開始されている。

するがまた拡大に転じ、明治26年の時点では、国内では、本店以下15店、海外では6店となり、それ以降は特に海外支店の拡大が加速し、10年後の明治36年時点では、それぞれ23店と19店（出張所、出張員など小店を含む）まで拡大する。更にその10年後の大正2年には、それぞれ39店と39店（同上）となり、大規模な国際組織の構築となる。

## 第2節　競争力とは

企業の競争力という表現は、実業界はもとより、経済・経営研究などでの様々な議論で登場する。しかし、用語として定まった定義はなく、また、使われ方は多様であり、時には曖昧な使われ方もされる。従って、以下の議論に先だち、ここでは競争力を次のように定義したい。競争力とは、企業自身が持つ他社差別的な組織能力で、それが市場競争において優位をもたらしていくもの、と定義する。競争力という言葉の一般に見られる用法の中には、能力概念ではなく成果概念として議論されている場合があるが、ここでは能力概念として議論を進める。能力概念として定義すると、その分析にあたりそれを如何に測定するのか、という点において一つ壁に突き当たる。最も一般的であり、また実際にデータが入手可能な代理指標は市場占有率ということになる。これは成果の側面での指標である。市場占有率は商品ごとに測定され、本事例においてもデータは入手可能である。但し、ある時点での数値はその時点での成果を示すものにすぎないので、能力として解釈するとすれば対応する期間はそれ以前になる。このタイムラグは、商売の種類によって異なるので一様には決められない。同社での貿易取引で、引合いの開始から契約締結、そして契約履行の完了までの経過期間は商品によって異なり、大体半年から2年くらい要している。これに種まき期間まで考慮すると10年乃至それ以上のこともある。従って、代

---

13　パリ、ニューヨーク、リヨン、ミラノは生糸、絹織物関係商売を目論んでの進出であり、その見込みが立たないため、それぞれ間もなく撤退する。

理指標である市場占有率を，これを遡ったどの時期の能力と理解すべきかは分析の都度適宜判断しなければならない。この事例では時系列的長期データが得られるので，或る時点の競争力分析はそれより後年の市場占有率で判断可能である。従って，以下での競争力の変遷の分析では市場占有率を指標としていく。しかし，市場占有率は取扱高の比較であるから，仮にそれが優位であても，利益が競争者との比較で相応に優位でなければ競争が優位とは言い切れない。従って，利益面での優位性如何も補足的に考慮する必要がある。

　こうして市場占有率で競争力が測定されるが，これをそのまま本事例分析で競争力指標とするには一つ重要な問題が残る。この事例が商業企業であるという点である。商業企業が高い市場占有率をもっていたとしても，それがその商業企業自体の競争力によるものかどうかは何ともいえない。商品競争力の大きな部分は一般に製造企業が創り出すものであるから，商業企業の競争力というのはその部分を差し引いたものとなる。それを吟味しなければならない。但し，その吟味に際しては，ここでの事例企業三井物産が単なる商業企業という枠を超えて総合商社機能を有するに至っているので，製造企業がもつ商品競争力創出においても同社が何らかの貢献をしている部分がありうる。この部分も同社の競争力の一部として理解しておかなければならない。なお，競争力という言葉は，通常の使われ方では能力概念としてではなく，成果概念，即ち，市場占有率そのものを表すことも一般化している。本書においても一般的な議論の描写などではこうした使い方をしている。

## 第3節　貿易市場における邦商の地位

　先ず，明治期の日本の貿易商社（以下，邦商という）が，外国の貿易商社（以下，外商という）との市場競争でどのような地位にあったかを概観する。明治期の日本の貿易は，国際貿易技能やネットワークで圧倒的な競争力をもった外商の独占的支配から始まったが，こうした状況の中で邦商が少しずつ力をつ

第3節 貿易市場における邦商の地位

図表1-2 輸出入における邦商の地位

| 年 | 輸出割合 (%) | | 輸入割合 (%) | |
|---|---|---|---|---|
| | 邦商 | 外商 | 邦商 | 外商 |
| 明治 7年 (1874) | 0.6 | 99.5 | 0.03 | 99.9 |
| 13年 (1880) | 13.6 | 86.4 | 2.6 | 97.4 |
| 20年 (1887) | 12.9 | 87.0 | 11.9 | 88.1 |
| 23年 (1890) | 11.2 | 88.8 | 24.2 | 75.8 |
| 26年 (1893) | 15.5 | 84.5 | 19.1 | 80.9 |
| 33年 (1900) | 37.1 | 62.9 | 39.4 | 60.6 |
| 41年 (1908) | 40.3 | 59.7 | 57.7 | 42.3 |

出典)『貿易と貿易政策の歴史的検討』(1949) 外務省通商審議委員会(作業報告, 第6部), 但し, 以下の注書きがある。
(1)輸出中に船用品を, 輸入中には官用品を含まず, 四十一年分は神戸港のみ統計。(2)資料 鶴見『日本貿易史綱』, 宮本『日清戦争後の戦後経営と貿易政策』

けながら, 徐々に外商の勢力を侵食していった歴史である。

　図表1-2は明治期における輸出入で邦商が勢力を伸ばしていった軌跡を示している。このデータによると, 明治7年では邦商全体でのシェアは1％に満たない。明治10年代から日清戦争以前, 即ち明治26年までは11～15％あたりで停滞している。この間日本の輸出入は図表1-3にあるように拡大しているのであるから, 日本の貿易拡大が外商の活動によって牽引され続けたことを物語っている。図表1-2には日清戦争時とその後しばらくの間データがないが, 明治33年において, 輸出で37％, 輸入で39％とあり, 明治30年代に入って邦商のシェアは大きく伸びたことがわかる。この6年ほどは日本の貿易拡大が, それまでのペースを上回って飛躍をとげた期間である。

　この時期の飛躍は明治大正期を通した日本の貿易拡大の中で特に注目されるものであるが, これを図表1-4で確認したい。図表1-4は明治, 大正, 昭和初期までを通して, 日本の貿易拡大のテンポの趨勢を表している。単年ごとの成長率では, 際立った高成長の年の後に反動の低成長の年という波があり, 成長の趨勢が見難い為, 図表1-4は3年ごと一括りとした平均値の成長率を表している。これによると, 明治9年以降で最初の飛躍は明治21～23年であり,

図表 1-3　明治期日本の輸出入の伸張

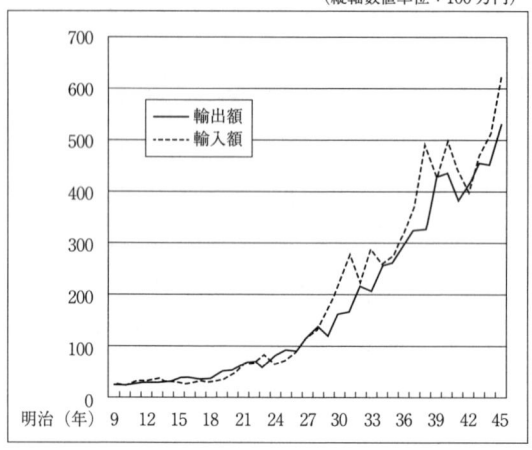

（縦軸数値単位：100万円）

出典）東洋経済新報社（1935）『日本貿易精覧』より作図。

図表 1-4　日本の輸出入拡大の趨勢

| | 期間平均<br>輸出額（千円） | 対前期<br>輸出拡大率 | 期間平均<br>輸入額（千円） | 対前期<br>輸入拡大率 |
|---|---|---|---|---|
| 明治 6年（1873）～ 8年（1875） | 19,854 | 1.20 | 27,162 | 1.00 |
| 9年（1876）～11年（1878） | 25,666 | 1.29 | 27,087 | 1.00 |
| 12年（1879）～14年（1881） | 29,209 | 1.14 | 33,590 | 1.24 |
| 15年（1882）～17年（1884） | 35,954 | 1.23 | 29,188 | 0.87 |
| 18年（1885）～20年（1887） | 46,144 | 1.28 | 35,276 | 1.21 |
| 21年（1888）～23年（1890） | 64,124 | 1.39 | 71,095 | 2.02 |
| 24年（1891）～26年（1893） | 86,781 | 1.35 | 74,170 | 1.04 |
| 27年（1894）～29年（1896） | 122,400 | 1.41 | 139,472 | 1.88 |
| 30年（1897）～32年（1899） | 181,273 | 1.48 | 239,068 | 1.71 |
| 33年（1900）～35年（1902） | 238,361 | 1.31 | 271,604 | 1.14 |
| 36年（1903）～38年（1905） | 310,099 | 1.30 | 392,325 | 1.44 |
| 39年（1906）～41年（1908） | 411,471 | 1.33 | 449,836 | 1.15 |
| 42年（1909）～44年（1911） | 437,992 | 1.06 | 457,413 | 1.02 |
| 大正 1年（1912）～ 3年（1914） | 583,514 | 1.33 | 648,053 | 1.42 |
| 4年（1915）～ 6年（1917） | 1,146,260 | 1.96 | 774,896 | 1.20 |
| 7年（1918）～ 9年（1920） | 2,003,123 | 1.75 | 2,059,260 | 2.66 |
| 10年（1921）～12年（1923） | 1,446,014 | 0.72 | 1,828,898 | 0.89 |
| 13年（1924）～15年（1926） | 2,052,451 | 1.42 | 2,467,851 | 1.35 |
| 昭和 2年（1927）～ 4年（1929） | 2,037,630 | 0.99 | 2,197,236 | 0.89 |

出典）東洋経済新報社（1935）『日本貿易精覧』より作表。

これは輸入にだけ発生している。20年代初めからの企業勃興が急激な産業需要の拡大をもたらしたためである。これに続く飛躍期が明治27年から32年までの6年間である。この日清戦争及び戦後の飛躍は，日露戦争及び戦後の飛躍より拡大率という視点では大きなものであった点は興味深い。明治終盤は一旦拡大が停滞するが大正にはいると持ち直し，第一次世界大戦期と戦後の大ブームが到来する。しかし，ここでの貿易取扱額ベースでの成長率の数値は凄まじいが，物価変動を考慮すると[14]，飛躍の程度は日清戦争及び戦後期より低く，日清戦争及び戦後の貿易飛躍が如何に大きなものであったかが理解できる。

　この期間において日本の貿易が飛躍した中で，邦商のシェアは著しく拡大している。その後もシェアは拡大し，輸入では明治41年で5割を超えている。輸出入全体で邦商のシェアが5割を超えたのは明治の終りを迎える44年であり[15]，正に邦商にとって明治期は，国際貿易において先進諸国の外商に伍して競争できるようになるまでの奮闘，そして学習過程であったといえる。


## 第4節　明治20年代終盤までの市場競争

　三井物産の創業明治9年から20年間ほどの貿易市場における地位の変遷を見ていきたい。明治20年代及びそれ以前は，創業年明治9年（半年）と明治23年を除き，同社取扱高を知る資料がない。因みに同社の取扱高データのある明治23年[16]では，輸出入だけの取扱高は不明ではあるが，商品類別から大まかに推定

---

[14] 因みに，日銀統計の東京卸売物価総平均指数でみると，明治20年（1887）を100とした指数では，明治26年初が120，明治32年初が160でこの間の上昇が1.3倍であるのに対し，明治33年（1900）を100とした指数では大正3年初が130，大正9年初が398でこの間の上昇は3.1倍となり，実質ベースでは日清戦争期の成長率は第一次世界大戦期の成長率を遥かに上回る。

[15] 岡崎次郎ほか編（1954）『日本資本主義発達史年表』p.136。明治44年で「邦商取扱高は輸出において51.5％，輸入において63.8％を占め，夫々半数以上を握るに至る」とある。

し約半分が輸出入であったとして，我が国全体の輸出入のなかでの同社の市場占有率は6％前後である。20年後の明治末で日本の輸出入の20％以上を1社で占め，主要な商品分野の殆どにおいて圧倒的な市場占有率を占め，且つ先陣をきった外国間貿易で他の邦商を圧倒した同社からすれば，この時期での日本の貿易における存在は至って小さい。明治10年代から20年代にかけての同社の邦商の中での地位については，近年の研究が実態を明らかにしつつある。この時期各社の取扱高を知る資料は殆どないが，生糸直輸出に積極的に関わり，最終的には事業の成功に至らなかった貿易商会の営業形態は三井物産と類似点が多かったとされ[17]，機械輸入に重点をおいた高田商会は従業員数では三井物産より遥かに多かったようである[18]。機械という商品の性格上，取扱金額では必ずしも大きな規模ではなかったと思われるが，利益や組織規模では三井物産を上回っていた可能性は高い。この高田商会を含めて御用商売で三井物産と競争関係にあった有力な邦商は，ロンドンでの営業拠点開設を三井物産に先行した大倉組商会をはじめ何社かあった。木山実（2009）[19]では，明治10年代初めの段階で政府が保護育成を図っていたとされる邦商として，三井物産，大倉組商会以外に，横浜貿易商会，広業商会，工商会社，佐藤組，扶桑商会などがあったことを明らかにしている。

　同社のこの期での輸出は石炭と米が中心であるが，これらは明治20年代初めまでは政府御用商売である。石炭は明治21年，三池炭礦の払い下げ買収に成功後，米は政府輸出が終了した明治22年以降，自立した直貿易に移行する。輸入での中心は紡績機械と，これに関連をもった綿花であった。これらは当初から独自の直貿易であり，紡績機械は圧倒的な市場支配に進み，綿花も市場での中心的プレーヤーになっていく。綿紡績業界との取引では，英国からの紡績機械

---

16　三井文庫蔵「三井物産会社資料」《物産286》。
17　木山実（1997）「貿易商会の設立とその挫折」『経営史学』第31巻4号，pp.51-。
18　中川清（1995）「明治・大正期の代表的機械商社高田商会（上）」『白鷗大学論集』第9巻2号，p.72。
19　木山実（2009）『近代日本と三井物産』p.241。

第4節　明治20年代終盤までの市場競争

の輸入でいち早く商権を確立し日本市場を言わば独占したことで，それが紡績各社との関係構築を促進させ，同時に綿花輸入の開拓でも主導的役割の一角を担うこととなった。輸入では御用商売として陸軍向けの毛織物を初期に手掛けているが，同品の国産が始まり，短命で終わっている。当時日本の輸出で大きな分野[21]は，米と石炭もその一角にあるが，それ以上に大きな分野は生糸及び茶である。これらには，同社は海外拠点の設置や国内集荷体制固めなどを含めて積極的に取組むが，この期間で定着した商売には至っていない。また輸入では，綿花以外では，砂糖，綿糸布，石油鉱油が当時の大きな分野であった[22]。綿糸の取扱については，山口和雄（1970）[23]によると，明治11年から英国より輸入が試みられているが，順調な拡大はなかった模様で，これが本格化したのは明治26年頃からとある。明治30年代初めには30％前後の市場占有率が確認されているので[24]，明治26年あたりから着々と地固めが進んでいったものと思われる。砂糖は明治23年の取扱資料には登場しない。山口和雄（1998）[25]では明治29年の三井物産の取扱高は同社の「明治三十年下半季事業報告」を引用し「僅ニ弐拾壱万……円ニシテ壱分九厘（全輸入額の）ニ当タルニ過ギズ」とある。明治前期では，邦商はこの分野では至って弱く，全輸入高のわずか2％程度しか食い込んでおらず，同社の取扱高はその中では大半であるものの微々たるものである。

---

20　機械の商売が原料綿花の商売に貢献したことは通説となっているが，これが実際どの程度作用したのかについては殆ど実証されていない。実務面でも機械輸入の仕事と綿花輸入の仕事が同じ人材でこなせたとは想像し難い。仮に機械での関係がない場合でも，三井物産が最大の輸入商品である綿花に果敢に取組んだことは想像に難くない。
21　『日本貿易精覧』掲載の統計によると，明治前期の日本の輸出主要商品には，三井物産が既に重点をおいて取組んでいた米，石炭以外に，生糸，茶が取扱金額的に大きな商品である。
22　同じく『日本貿易精覧』掲載の統計で，明治前期の日本の輸入主要商品としては，三井物産が重点をおいて取組んでいた綿花以外に，砂糖，綿糸布，石油鉱油などが大きな商品であったことがわかる。
23　山口和雄（1970）『日本産業金融史研究　紡績金融篇』p.200。
24　山口和雄（1998）『近代日本の商品取引』p.68。
25　同上 p.113。

17

しかし，その後砂糖は同社でも主要商品分野の一画をなし，輸入は急速に拡大していくこととなる。石油類は同社の明治23年の取扱実績が確認されるが，詳細は不明である。

このように，明治20年代の終盤あたりまでの同社の輸出入は，日本の貿易の重要品目の中で市場での一定の地位を確保できたものは，輸出では当初御用商売からスタートした石炭と米であり，輸入では紡績機械と綿花である。当時日本の最大の輸出分野であった生糸や茶では，積極的な取組みをしたものの成功をみておらず，また，綿花に次いで日本の重要輸入品目であった砂糖では，外商の厚い壁を全く打ち破れていない。従って，この期間の同社は，外商が支配していた輸出入市場に本格的に参画できたのはそのごく一部に過ぎない。有力な邦商の一角にはあったものの，邦商でも実際に競争者が数多く存在しており，貿易競争力での優位を確立するまでの状況には至っていなかったのである。また貿易での安定的な収入基盤としては御用商売以外には殆ど期待できない状態であった。更に，その御用商売も明治20年代初期で消滅していく。従って，事業の存立を図る上では創業当初に柱とした国内商売に継続的に依存せざるを得なかった。先に触れた明治23年の資料でも，この時点での取扱高の約半分は国内商売である。その中心をなすのは，明治30年代には減少していくこととなる米及び魚肥の国内商売であった。貿易事業が本格化するのは明治30年代からとなる。図表1-1が示す利益推移からも，同社の成長が輸出入の本格化を軸として勢いづいたのは日清戦争後の明治30年代であることがわかる。

## 第5節 明治30年代以降の市場競争

以上から，明治20年代終盤までの同社貿易事業は，市場競争模索期と理解することができる。明治30年代から同社の貿易事業での市場競争が本格化する。この明治30年代以降を同社市場競争本格期，略して本格期と呼ぶこととする。ここからが同社貿易事業発展の本格期でもある。ここでの事業展開の変化はそ

第5節　明治30年代以降の市場競争

図表1-5　三井物産輸出入市場占有率の推移

(単位：100万円)

| | (A) 輸出額 | (B) うち 三井物産 | (C) B/A (%) | (D) 『小史』 数値 | (E) D/C (%) | (E) 輸入額 | (F) うち 三井物産 | (G) F/E (%) | (H) 『小史』 数値 | (I) H/G (%) |
|---|---|---|---|---|---|---|---|---|---|---|
| 明治 30 年 (1897) | 163.1 | 10.4 | 6.4 | 5.9 | 92.5 | 219.3 | 33.5 | 15.3 | 14.5 | 94.9 |
| 31 年 (1898) | 165.8 | 13.4 | 8.1 | 7.5 | 92.8 | 277.5 | 38.8 | 14.0 | 13.2 | 94.4 |
| 32 年 (1899) | 214.9 | 25.4 | 11.8 | 11.3 | 95.6 | 220.4 | 40.0 | 18.1 | 17.1 | 94.2 |
| 33 年 (1900) | 204.4 | 22.1 | 10.8 | 10.3 | 95.3 | 287.3 | 45.2 | 15.7 | 15.0 | 95.3 |
| 34 年 (1901) | 252.4 | 21.0 | 8.3 | 8.0 | 96.1 | 255.8 | 37.2 | 14.5 | 13.9 | 95.6 |
| 35 年 (1902) | 258.3 | 24.6 | 9.5 | 9.1 | 95.6 | 271.7 | 44.1 | 16.2 | 15.6 | 96.1 |
| 36 年 (1903) | 289.5 | 33.0 | 11.4 | 11.0 | 96.5 | 317.1 | 48.0 | 15.1 | 14.6 | 96.5 |
| 37 年 (1904) | 319.3 | 43.8 | 13.7 | 13.2 | 96.2 | 371.3 | 55.3 | 14.9 | 14.4 | 96.7 |
| 38 年 (1905) | 321.5 | 51.6 | 16.0 | 15.5 | 96.6 | 488.5 | 84.8 | 17.4 | 17.0 | 97.9 |
| 39 年 (1906) | 423.8 | 71.4 | 16.8 | 16.5 | 97.9 | 418.8 | 74.4 | 17.8 | 17.2 | 96.8 |
| 40 年 (1907) | 432.4 | 82.1 | 19.0 | 18.6 | 98.0 | 494.5 | 104.5 | 21.1 | 20.7 | 97.9 |
| 41 年 (1908) | 378.2 | 71.2 | 18.8 | 18.4 | 97.7 | 436.3 | 102.4 | 23.5 | 22.6 | 96.3 |
| 42 年 (1909) | 413.1 | 85.2 | 20.6 | 20.1 | 97.5 | 394.2 | 76.3 | 19.4 | 18.8 | 97.1 |
| 43 年 (1910) | 453.4 | 103.3 | 22.8 | 21.7 | 95.3 | 464.2 | 87.1 | 18.8 | 17.5 | 93.3 |
| 44 年 (1911) | 447.4 | 111.0 | 24.8 | 24.0 | 96.7 | 513.8 | 113.3 | 22.1 | 20.5 | 93.0 |
| 45 年 (1912) | 527.0 | 124.5 | 23.6 | 22.7 | 96.1 | 619.0 | 118.9 | 19.2 | 17.9 | 93.2 |
| 大正 2 年 (1913) | 632.5 | 153.1 | 24.2 | 23.5 | 97.1 | 729.4 | 134.8 | 18.5 | 17.3 | 93.6 |
| 3 年 (1914) | 591.1 | 168.6 | 28.5 | 27.6 | 96.8 | 595.7 | 153.0 | 25.7 | 24.1 | 93.8 |
| 4 年 (1915) | 708.3 | 152.2 | 21.5 | 20.7 | 96.3 | 532.5 | 109.4 | 20.5 | 19.4 | 94.4 |
| 5 年 (1916) | 1,127.5 | 242.4 | 21.5 | 20.6 | 95.8 | 756.4 | 167.7 | 22.2 | 21.1 | 95.2 |
| 6 年 (1917) | 1,603.0 | 334.4 | 20.9 | 20.1 | 96.4 | 1,035.8 | 200.9 | 19.4 | 18.4 | 94.9 |
| 7 年 (1918) | 1,962.1 | 398.3 | 20.3 | 19.7 | 97.0 | 1,668.1 | 322.9 | 19.4 | 18.5 | 95.6 |
| 8 年 (1919) | 2,098.9 | 403.9 | 19.2 | 18.7 | 97.2 | 2,173.5 | 490.9 | 22.6 | 21.0 | 93.0 |
| 9 年 (1920) | 1,948.4 | 383.8 | 19.7 | 18.1 | 91.9 | 2,336.2 | 430.6 | 18.4 | 17.2 | 93.3 |
| 10 年 (1921) | 1,252.8 | 209.4 | 16.7 | 16.1 | 96.3 | 1,614.2 | 179.6 | 11.1 | 10.3 | 92.6 |
| 11 年 (1922) | 1,637.5 | 261.6 | 16.0 | 15.5 | 97.0 | 1,890.3 | 222.1 | 11.7 | 11.0 | 93.6 |
| 12 年 (1923) | 1,447.8 | 233.3 | 16.1 | 15.6 | 96.8 | 1,982.2 | 202.1 | 10.2 | 9.5 | 93.2 |
| 13 年 (1924) | 1,807.0 | 263.9 | 14.6 | 14.5 | 99.3 | 2,453.4 | 253.0 | 10.3 | 9.7 | 94.1 |
| 14 年 (1925) | 2,305.6 | 285.6 | 12.4 | 12.0 | 96.9 | 2,572.7 | 265.1 | 10.3 | 9.7 | 94.1 |
| 15 年 (1926) | 2,044.7 | 280.3 | 13.7 | 13.2 | 96.3 | 2,377.5 | 280.5 | 11.8 | 10.9 | 92.4 |
| 昭和 2 年 (1927) | 1,992.3 | 275.4 | 13.8 | 13.3 | 96.2 | 2,179.2 | 269.7 | 12.4 | 11.4 | 92.1 |
| 3 年 (1928) | 1,972.0 | 294.1 | 14.9 | 14.4 | 96.6 | 2,196.3 | 282.8 | 12.9 | 11.9 | 92.4 |
| 4 年 (1929) | 2,148.6 | 308.2 | 14.3 | 11.9 | 83.0 | 2,216.2 | 281.9 | 12.7 | 11.3 | 88.8 |
| 5 年 (1930) | 1,469.9 | 223.9 | 15.2 | 14.7 | 96.5 | 1,546.1 | 222.3 | 14.4 | 13.2 | 91.8 |
| 6 年 (1931) | 1,147.0 | 173.5 | 15.1 | 14.7 | 97.2 | 1,235.7 | 139.0 | 11.2 | 10.5 | 93.3 |

注）網掛け部分は同社の市場占有率での最盛期，その中で濃い部分がピーク時。
出典）日本全体の輸出入額は東洋経済新報社『日本貿易精覧』(1935)；三井物産輸出入取扱額は上山（2005）巻末付表（原典は『三井物産株式会社沿革史（稿本）』及び三井文庫所蔵「三井物産事業報告書」）。
D, E, H, I 欄は『三井物産小史』に記載されている同社輸出入取扱額シェアを記し比較したもの。同社社史として現在公開されているのは『三井物産小史』であるが，非公開の『三井物産株式会社沿革史（稿本）』を用いている研究が多い。前者は後者を基に編集されたと言われているが，掲載数値は若干の違いがある。本書でも引用文献によって両方のデータを利用しているが，本表では『小史』数値も参考値として示している。

の時点で明確な形で打ち出されていた貿易積極化政策を背景にしたもので，益田孝が明治31年行った社内演説でこれを確認できる。[26]益田演説の主旨は，同社は創業時から事業目的を外国貿易においていたにもかかわらず，実質的には国内商売にかなり依存してきてしまっている。ここで本来の目的である外国貿易に集中することを基本方針とする，というものである。明治30年代初めのタイミングで出された益田のこうした考え方は，日本の産業発展のこの段階での進捗に対応したものである。即ち，明治20年代の企業勃興進展と，それによる様々な産業需要の拡大，並びに日清戦争の結果がもたらしたアジアでの貿易機会の拡大など，一連の貿易市場環境の客観的変化を前提としたもので，穏当な事業拡大方針である。

　図表1－5は明治30年以降昭和初期までの同社輸出入取扱高の市場占有率の推移を示している。これに基づき明治30年代から大正末期までの同社の貿易市場占有率推移を見ていくと，明治30年代は輸出入共に市場占有率が上昇基調にあり，明治40年代にはいると輸出では上昇傾向が継続するが，輸入では高水準で横ばいの状況が現れ，大正3年に輸出入共にピークを迎える。この明治30年以降大正3年までの期間を本格期第Ⅰ期と呼ぶこととする。それ以降は本格期第Ⅱ期とする。本格期第Ⅰ期は外商の勢力がかなり存続している状況にあるので，同社にとっての市場競争は外商の勢力に攻め込む競争と，邦商間で先陣を争う競争との両面でのせめぎあいであった。明治30年代は三井物産の邦商の中での地位は急速に高まっていく。図表1－2での明治33年と明治41年における邦商のシェアと，図表1－5での同社のシェアと突き合わせると，邦商の中での同社のシェアは輸入においては明治33年が約40％，41年が約41％で若干の上昇に過ぎないが，輸出においては明治33年が約29％に対して明治41年は約47％と著しい上昇となっている。輸出におけるこの著しい数値の上昇は注目に値する。明治30年代初めには輸入での同社の市場占有率が既に15％に達しており，輸出が7％前後であったことと比較すれば，市場での優位は輸入においては明

---

[26] 三井物産株式会社編・発行（1965）（1951初版，第一物産編）『三井物産小史』pp.86-，原資料では，「商務諮問会席上会社の営業方針に関する益田専務演説」《物産120》。

第5節　明治30年代以降の市場競争

治20年代の段階で輸出より先行して始まっていたことがわかる。明治40年から大正3年の期間は，市場占有率という視点からは輸出入ともに最盛期であり，市場占有率という成果指標で測定した競争力の優位が最も顕在的に現れた時期であった。しかも，輸出入共に主要商品の大部分で同社は競争優位を確立していることから[27]，ここでの輸出入全体の市場占有率の高さは，商品供給元が作り出す商品競争力に依存して達成されたものではないと言える。従って，前節で定義した能力概念としての競争力ということでは，この時期に先だって形成されつつあったと考えることができる。

　大正4年以降は大正9年まで市場占有率は多少後退する。この間は第一次大戦景気で日本の貿易全体が急膨張した時期にあたり，新規参入を含め後発商社の活動が活発化した時期である。鈴木商店が取扱高で三井物産を凌駕するのはこの時期である[28]。図表1－5では大正9年と10年の間で輸出入共に市場占有率が大きく落ちているが，これは大正9年に東洋棉花株式会社が設立されたということが主因である。この時点での三井物産で最大の取扱高を占めていた綿関連商売，即ち，綿花輸入と綿糸布輸出が新会社に移管されたので大きな落差が生じたのである[29]。勿論，大正9年と10年の間では第一次大戦景気の反動で日本全体での輸出入が激減しているのであるから，同社も各商品分野で取扱高減少はかなりあった。しかし，図表1－5からは読み取れないが，大戦反動期のこの時点では，古川商事に象徴されるように多くの商社の経営行き詰まりが表面化し始めた時期であり[30]，相対的に健全であった三井物産が市場での地位を落と

---

27　この点は従来の研究で度々指摘されている。例えば，松元宏（1973）「日本資本主義確立期における三井物産会社の発展」『三井文庫論叢』第7号，pp.115-119。
28　鈴木商店の財務データは殆ど残されていないが，桂芳男（1977）『総合商社の源流鈴木商店』p.75では『朝日経済年史』（昭和3年版）を引用し，大正6年の鈴木商店の取扱高は15億4,000万円であり，同年の三井物産10億9,500万円を凌駕したとしている。
29　東洋棉花の取扱高は資料がない。『東棉四十年史』においても，大正期で取扱高に関する記述は「大正九年は上，下両半期合計して当社全体の取扱高は十億円の巨額に達した」p.97とあるのみである。但し，ここでの十億円は各店の合計，つまり社内売りでの重複を含む数値であると推察される。
30　安岡重明編（1976）『日本の財閥』pp.101, 103。

したとは考え難い。ここでデータの連続性が一旦切れるが，大正10年以降の推移は概ね横ばい傾向が継続している。東洋棉花の取扱高（金額）は『東棉四十年史』[32]にも記載がなく不明であるが，大正10年以降三井物産と東洋棉花の合算値での市場占有率は大正9年レベルから著しく落ち込んでいることはないと推定する。大正4年以降の本格期第Ⅱ期の市場占有率では，第Ⅰ期の最盛期の水準から若干下降傾向がうまれるものの，図表1-1で示した同社の利益推移では，大正10年であっても第Ⅰ期の終盤の水準を上回っている。これが大正末に至るまで堅調に拡大していることは，この時期での同業他社大手の不安定な経営推移[33]とは際立った違いをみせている。市場占有率にしても，低下したといえども，その水準としては明治40年代の最盛期に準じた高い水準を維持しており，利益での優位の拡大を考慮すれば，同社の競争力が後退したとは言えない。第Ⅰ期とは異なった形での競争力がここで発揮されていると理解することができる。本格期第Ⅱ期における貿易市場での同社の競争関係は，大手邦商がそうであったように，第一次世界大戦によって活動が制約された外商に対しては極めて有利な状況にあった。従って，同社の市場競争の焦点は追従する邦商に如何に立ち向かうかということであった。この時期は邦商大手の競争力がかなり形成されつつあったからである。以上のように，市場占有率は時代を追って変遷

---

31　取扱高の内訳を知る資料は半期ごとの「事業報告書」であるが，大正9年は上期が三井文庫に残されていないため，大正9年と10年の間での変化の内訳は掴めない。
32　東洋棉花株式会社編・発行（1960）『東棉四十年史』。
33　鈴木商店，高田商会など大正末から昭和はじめに破綻を迎える商社は資料を欠くものの，これらが実質上，利益低迷をきたしていたことは明らかであるが，三菱商事や日本棉花などでもこの時期は利益が安定しているとはいえない。因みに，三菱商事の利益は大正10年度163万円赤字の後は黒字であるが，11年度179万円，12年度196万円，13年度199万円，14年度95万円，15年度123万円。『三菱商事社史 資料編』（1987）p.73-74。日本棉花の利益は大正10年度489万円，11年度566万円，12年度78万円，13年度525万円，14年度478万円，15年度248万円。『日本棉花株式会社五十年史』（1943）p.238。それらに対し図表1-1で示した三井物産の利益は大正10年度772万円，11年度1,112万円，12年度1,016万円，13年度1,418万円，14年度1,623万円，15年度2,077万円。

があったが，この変遷のなかで競争力がどのように変化しているのであろうか。これを次章で考察していく。

# 第2章
# 競争力における人材技能

## 第1節　事業発展の要因——「総合商社の論理」から

　三井物産の競争力を考察するにあたり，事業発展の諸要因を論じた先行研究を拠り所としていきたい。「総合商社の論理」をめぐるこれまでの諸研究から，同社の発展要因が何であったかということを多面的な視点から拾い出すことができる。「総合商社の論理」は総合商社という事業形態を分析対象にしているものだが，そのかなりの部分が戦前期三井物産に視線があてられている。「総合商社の論理」という表現は論者間で統一されているものではないが，総合商社という事業形態が日本特有なものであるという問題関心を根底において，その生成と発展を説明する論理であり，1960年代から長きにわたり多くの論者によって議論されてきている。日本の貿易商社が，多様な商品を取扱い，活動拠点を世界に広げ，売買取引を超えた多様な機能を一体とした特有な事業形態を構築した上で，世界に類例をみない「総合化」した大規模卸売り企業として成長を遂げた，ということの背景や理由が探究されてきている。この「総合商社の論理」の焦点は，この特有な「総合化」の究明にあるのだが，同時に，貿易市場において著しく立ち遅れた地位からスタートした近代日本の貿易商社が，

第 2 章　競争力における人材技能

次第に勢力を拡大しつつ発展していったプロセスが叙述されている。「総合商社の論理」が視野にいれている期間は第二次世界大戦後にも及ぶが，生成・発展の論理の骨格は明治大正期の観察を中心に構築されている。そこでの議論は二つの側面をもっている。第一は，総合商社の特有な事業形態が日本で生成・発展した背景や必要性，つまり社会経済的な環境条件を論じるものである。そして第二は，そうした社会経済的条件を背景としつつも，その中において企業として現実に存立し，発展し得た理由を論じるものである。後者は，競争力に深く関わりをもつ議論である。

以下では「総合商社の論理」の第二の側面に焦点をあてて，代表的な五人の論者の著作をリビューしていく。中川敬一郎（1967）[1]，森川英正（1971）[2]，米川伸一（1983）[3]，山崎広明（1987）[4]，橋本寿朗（1998）[5]，である。

最初に山崎広明（1987）から見ていくが，この論文は第二の側面に特に重点を置いたものであり，三井物産の発展の理由について最も明示的に論じている。即ち，「三井物産が傑出した総合商社であったという事実に即して，三井物産が何故にそのようなものとして発展することができたかを明らかにし，……三井物産以外の幾つかの総合商社について……物産より劣位にとどまらざるを得なかった条件を説かねばならない。」と述べている。山崎は三井物産の発展の理由として端的に次の 4 点を指摘している。創業初期条件と基本条件に分け，前者として創業経営者益田孝の果たした役割と政府御用商売の果たした役割の重要性を指摘する。後者，基本条件としては，三井財閥との関係の重要性と共

---

1　中川敬一郎（1967）「日本の工業化過程における"組織化された企業者活動"」『経営史学』第 2 巻 3 号。
2　森川英正（1971）「総合商社について」『経営志林』第 8 巻 3 号，同（1976）「総合商社の成立と論理」『総合商社の経営史』pp.41-78。
3　米川伸一（1983）「総合商社形成の論理と実態——比較経営史からの一試論」『一橋論叢』第90巻 3 号。
4　山崎広明（1987）「日本商社の論理」『社会科学研究』第39巻 4 号。
5　橋本寿朗（1998）「国際交通レジームの形成と創造された総合商社——二十世紀システムと日本経済」『ヒストリア』第158号，大阪歴史学会。

第1節　事業発展の要因──「総合商社の論理」から

に，リスク管理組織の形成による見込み商売への進出を成功させたことの重要性を指摘する。初期条件としての創業経営者益田孝については，貿易事業経営の言わばプロに至る経歴に触れ，貿易実務や経営能力，また人脈の広さなどを評価し，創業期に果たした重要性を説明する。また，創業期の米や石炭輸出，陸軍向け毛織物輸入，為替業務などの政府御用商売については，これが同社創業期での重要な収入源として貢献したとし，それと共に，これが倫敦ほかの初期の海外拠点の存立を支え，そのことが企業勃興時の紡績機械の輸入などでの独占的な地位や，それ以後の海外商売での優越した地位の確立に極めて重要な役割を果たしたと説明する。

　基本条件の一つとしての三井財閥との関係については，三井鉱山や鐘紡ほかとの密接な取引関係や三井銀行からの支援が同社発展の重要なる基盤であったとする。また，もう一つの基本条件であるリスク管理制度の形成及びそれを基にした見込み商売については，当時の貿易事業として避けて通れない相場商品の取扱いにおいて，価格変動リスクに対処しうる組織を形成し，見込み商売を成功させたことは同社発展の基本であったとその重要性を強調する。当時の綿専門商社以外の日本商社の中では同社が唯一これを成し遂げたと指摘する。日本棉花や江商については，実証資料がないとしつつ，この能力を形成していたと推測している。山崎は言及していないが，確かに，日本棉花の場合，昭和初期までで起こした2回の重大損失事件では，商品相場の失敗が決定的な要因となっていないことが同社社史から窺われる。

　山崎以外の議論は「総合商社の論理」の二つの側面のうち，第一，或いは第一と第二を織りまぜて論じられている。

---

6　前掲山崎広明（1987）「日本商社の論理」『社会科学研究』第39巻4号，p.179。
7　日本棉花は第二次世界大戦以前に二つの重大な損失事件が伝えられている。『日本棉花株式会社五十年史』（1943）によると，その二つでは商品相場の失敗が主因であるとされていない。即ち，最初の重大損失は明治41年決算での発表であるが，主因は清国において「銀價ノ崩落」を契機とした市場混迷での契約破棄や代金不払いの発生のようであり（pp.25-26），二回目は昭和5年決算での発表で，「手持ち商品の続落，投資有価証券及固定資産の値下がり，約定品の破約」としている（p.55）。

## 第2章　競争力における人材技能

　中川敬一郎（1967）は，日本の本格的貿易の代表的商品である綿花の輸入を例にして，需要者と供給者との「出会い」（売り買い双方の条件を擦り合わせて合致させ契約締結に至ることを意味する当時の表現）を成立させる上で，当時の日本の貿易商社が「日本には欠けていた綿花取引所の機能を代行していた」とし，売り買い条件の差の中でも，現実には埋めきれない最たるものであるそれぞれの契約日の違いを商社機能で埋めていたことを三井物産の事例で指摘する。これは先の山崎（1987）ほかの論者にも登場する売買越機能の重要性を指摘したものである。また，総合商社の重要なる機能として，売買機能に加え，外国為替，海上保険，技術導入などの貿易補助機能の重要性を指摘する。なお，貿易補助機能の範疇では議論されていないが，それに先だち，総合商社の産業組織者（これはいわゆる総合商社のオーガナイザー機能という議論にも敷衍させることができるが）としての機能の指摘が前段におかれている。更に，同社が様々な産業企業を自身の手で組織化し財閥形成を進めていく点も指摘する。

　森川英正（1971）は，前記中川論文への賛同部分に触れたのち，批判的な見解として次の点を指摘する。一つは，貿易補助機能として重要であったものは海運であること，又財閥の問題では，自らが財閥化していくという点より，財閥の既成基盤を活用している点が重要であると指摘する。これらに加え，「経営諸資源の実体も，詮じつめれば人材」であり，「新しい文明社会にふさわしい精神と体系的知識を持つ「人材」」の重要性を指摘する。ここでの森川による人材への注目は，その後に進展する同社人材研究の流れの起点となる。[8]

　米川伸一（1983）[9]は，「日本の総合商社の特質が協調されすぎてきた」との基本姿勢を示しつつ，日本の「総合商社の形成・発展の鍵」について，主に三井物産を事例とし幾つかの具体的指摘をしている。その中心は組織と人材の問題

---

[8] 次に採り上げる米川（1983）に続き同（1994），若林（1999），粕谷（1999），大島（1999），木山（2000），麻島（2002）（2003），髙橋（2002），由井（2007）（2008）（2010）（2011）などだが，詳しくは第3章で触れる。

[9] 米川伸一（1983）「総合商社形成の論理と実態──比較経営史からの一試論」『一橋論叢』第90巻3号。

におかれている。組織の問題については，販売体制の視点で，一手販売関係，第三国間での貿易体制，系列企業の育成など，商品供給体制の構築を指摘する。また組織管理の視点では，独立採算支店組織を基礎としつつ商品別統括を可能とする組織の構築などの組織整備をあげている。人材に関しては，「既存の貿易商」即ち，「国内市場相手の卸売業者には全く馴染まない高度な技能（外国語の習熟，国際金融・海運・保険などの業務）」を習得し，相場商品でのリスク対応を含めて商品取扱い経験を積んだ人材，即ち「商業技師」を育成し，それを学卒職員の大量採用で対応したとする。

橋本寿朗（1998）[10]は，明治期の「交通」（主に国際海運，加えて国際通信などが意図されている）での「国際レジーム」が「後発国にとっては使い勝手が悪く，それを利用する費用が高い」という状況下，総合商社がそれへの対応態勢を構築し，それを日本の産業企業に低コストで提供したとする。その対応態勢の中心は「一般的な貿易取引機能」の整備であり，これを含めて様々な「組織革新」を創造していったことが総合商社の生成と発展をもたらした，と議論を展開する。この組織革新において「三井物産は創造的革新にあたり，三菱商事や戦後の繊維商社の総合商社化は適合的革新と位置づけられる」とする。三井物産の組織革新の中身については，やや範囲の特定に明快さを欠くが，先ず「海運企業の定期航路開設に影のように付いて廻る……事業所の展開」と国際海運システムの運用や自社での海運能力であり，それに加え，国際市場開拓能力や情報収集活用能力など人材能力，分権化組織，通信システム，保険・金融・港湾物流など取引関連業務能力などが含まれている。

## 第2節　競争力の諸要素

第1節でリビューした「総合商社の論理」をめぐる議論の中に，直接的に，

---

10　前掲橋本寿朗（1998）「国際交通レジームの形成と創造された総合商社——二十世紀システムと日本経済」『ヒストリア』第158号, pp.82-105。

或いは間接的に，三井物産の発展をもたらした諸要因が提示されている。そこでの各論者の一連の議論は，それぞれ先行議論を吟味し，その上で，独自の切り口から新たな見解を提示したものであるから，議論全体として捉えると，三井物産発展の諸要因について，網羅的とも言えるほど極めて多様な見解の集成となっている。そこには同社の競争力がどのようなものであったかということについて，ヒント，或いは解のある部分が示されている。以下ではそれら諸見解を論点ごとに整理しながら，同社の競争力の諸要素がどのようなものであったかについて考察したい。

**論点① 財　閥**

　三井物産発展の要因としては，財閥は中核的論点である。三井銀行の金融支援並びに，三井鉱山や鐘紡ほか三井財閥の企業群との密着した関係が，同社の発展の基本的条件であるとの指摘がなされている。また，三井物産自身がコンツェルン化し，自身の潤沢な資金力によって支配した企業群との連携が同社発展を推進したとの指摘もなされた。財閥の捉え方はこの二つの視点が提示されている。この二つの意味での財閥は，同社が重要商品分野での市場競争において中心的プレーヤーの地位を築く上での基盤となっている。しかしながら，主要な商品市場での競争状況をみれば，競争相手も財閥を背景，或いは自身がコンツェルン化している場合が多い。三菱，大倉，古川，浅野，鈴木などである。財閥を競争力という視点でどのように捉えるべきであろうか。財閥の問題は資金力という視点と企業集団の連携という視点がある。

　資金力ということでは，具体的には，三井銀行の支援の問題，そして三井家（明治42年以降は三井合名）の出資に同社自身の内部蓄積を加えた自己資金の問題の二つの側面がある。両面においても，創立当初は資本金をもたず三井銀行からの５万円を限度とした当座貸越の支援のみであり限定的であった。明治21年の三池買収資金は三井銀行が提供したもので，この時点以降は財閥としての資金力が重要な地位に立つ。三井銀行はその後三井物産が大手炭鉱の一手販売権を獲得する際の炭鉱への融資において過半を担っている。

　外為金融においては，三井銀行のこの分野への進出が遅れのため[11]，邦銀では

横浜正金銀行を主軸にしている。しかし横浜正金も三井物産の需要を満たし切れないため，同社の外地での外為荷為替は外銀にかなり依存している。これは倫敦や紐育はじめ海外現地店の外銀からの資金調達能力が可能にしたものである。「支店長会議」（この詳細は第5章第1節で説明）でも随所で経営幹部が海外店にこの能力を要求している。但し，明治29年紐育支店の再開時の事例では，横浜正金からの現地資金調達も三井銀行の保証を背景にしているので，外銀からの調達においても三井銀行の保証が必要とされた場合も多いのではないかと思われる。少なくとも，与信を得るにあたって三井財閥という背景が貢献したことは間違いない。特に明治期においては，同社が日本最大の三井財閥に属する企業であったということが，国際金融市場での資金調達においては明らかに差別的競争力として作用したと考えられる。

　三井家の出資は明治26年の同社の合名会社への移行からであり，ここにおいて100万円，明治42年の株式会社移行時に2,000万円（三井合名出資），大正7年の増資で1億円（三井合名出資）である。これとの対比で大手商社の資本金をみると，大正7年設立時の三菱商事は1,500万円，その内岩崎両家が1,250万円の出資である。鈴木商店（合名鈴木）は大正8年の「百倍増資」で5,000万円，その内鈴木一族が4,500万円[14]出資している。その他の大手商社の大正中期での資本金は，日本棉花2,000万円[15]，大倉組が1,000万円[16]，古川商事1,000万円[17]，浅野合資会社1,000万円[18]，伊藤忠合名200万円[19]，高田商会100万円[20]であり，

---

11　三井銀行の外為金融への本格的進出は，大正2年外国課の創設以降となる。三井文庫編『三井事業史』第3巻上，p.108。
12　上山和雄（2005）『北米における総合商社の活動──1896〜1941年の三井物産』p.35。
13　三菱商事株式会社編（1986）『三菱商事社史』p.127。
14　桂芳男（1977）『総合商社の源流鈴木商店』p.129。
15　日綿實業株式会社編（1943）『日本棉花株式会社五十年史』p.239。
16　三井文庫資料「當社及反對商関係事業一覧　大正七年六月」《物産337－9》
17　同上。
18　同上。
19　同上。
20　同上。

第2章　競争力における人材技能

　三井物産の資本金の大きさは群を抜いている。更に，三井物産の資本余剰金（ここでは各種積立金）の蓄積も大きく，明治42年株式会社に移行する前の段階で100万円の資本金に対して1,512万円[21]，大正10年の時点では，資本金１億円に対し3,358万円[22]の諸積立金を蓄積している。

　財閥という論点でもう一つの競争力要素は，財閥内企業連携に如何に有機的に，かつ主導的に関わっていたかという点，或いは自社のコンツェルン化が支配下産業企業を如何に活用していたかという点である。但し，後者は，東洋レーヨン設立，日本製粉買収，三井造船設立などに代表される，主に昭和期に入ってからの事業投資積極化の段階での問題となるので，本書での分析対象期間からはずれる[23]。前者については，石炭商売での三井鉱山との関係，そして綿関連商売での鐘紡との関係が重要である。石炭商売についての財閥の役割，即ち三井物産と三井鉱山の密着した行動は従来の研究で詳細にわたって明らかになっている。加藤幸三郎（1969）[24]，松元宏（1973）[25]，春日豊（1977）[26]などによってである。三井物産は政府御用商売からはじまり，自らが三池炭礦の買収を主導

---

21　松元宏（1973）「日本資本主義確立期における三井物産の発展」『三井文庫論叢』第７号，p.126。
22　三井文庫編『三井事業史　本篇第３巻中』p.69。
23　株式保有は大正期に拡大するが，大正13年時点での投資残高は約28百万円である。金額的に東洋棉花への投資が突出して大きく，投資残高の凡そ半分を占めている。これは周知のとおり綿関連商売を分社したものであり，新規事業投資ではない。その他で大口は台湾製糖，日本樟脳，基隆炭礦，松島炭鉱であるが，これらは新事業経営に直接乗り出したものというより，商売権益を得るための株式保有である。昭和７年の投資残高は53百万円に急膨張しており，この中で最大の新規投資は東洋レーヨンの約１億円である。これは自らが経営主体となり，且つ新産業分野への投資という意味での本来的な事業投資を象徴するものである。以上は三井文庫編『三井事業史　本篇第３巻中』p.64掲載のデータに基づいている。
24　加藤幸三郎（1969）「九州炭礦部の性格と機能――三井財閥形成過程によせて」『三井文庫論叢』第３号，pp.149-。
25　松元宏（1973）「日本資本主義確立期における三井物産会社の発展」『三井文庫論叢』第７号，pp.107-。
26　春日豊（1977）「三井財閥における石炭業の発展構造」『三井文庫論叢』第11号，pp.109-。

した経緯を踏んできたのであるから，単に販売機能を担っていただけではなく，鉱山経営の内部にかなり入り込んでいた。三井鉱山と緻密な連携のなかで，供給力及び品揃え拡大に向けた筑豊への進出や三池築港に象徴される物流力の増強などマーケティングに関わる重要な局面で，同社が主導的な役割を果たしている。最大のライバルである三菱での石炭商売においては，流通部門が生産部門を主導するというこうした状況はみられない。石炭市場での競争において，こうした流通部門の立場で同社の財閥主導は他者差別的な能力として特筆されるものである。

　鐘紡との関係については，三井鉱山の場合とは様相を異にする。三井物産は鐘紡の仕入販売等の政策に直接的には関与していない。また，鐘紡への三井家の出資は明治30年代半ばで終わっている。但し，三井物産は以降も親密な関係を維持し，綿花輸入については鐘紡への主力サプライヤーとしての地位を持続させ，綿花商売の中核としている。一方，綿糸や綿布の輸出に関しては，同社の輸出商売は鐘紡以外の紡績大手の製品を幅広く取扱っており，鐘紡への依存は部分的である。対朝鮮や清国向け輸出での大手紡績の共販組織構築に際しては一手販売窓口となり成果をあげ，販売力で業界の高い信認を得ている。正に差別的競争力であるが，この点は財閥という論点からはずれる。主に，後に登場する人材技能の問題であろう。

**論点②　貿易補助機能**

　同社が本来の売買機能に加え，海運，外国為替，海上保険などの貿易補助機能，更に技術斡旋やオーガナイザー機能なども含め，多角的に機能を内部化したことが「総合商社の論理」の議論で注目されている。これをもって当時の日本の産業の国際的後進性を補填し，また流通コストやリスクを低減させたと指摘された。しかし，この中で外国為替業務は創業初期のみ，また海上保険は代理店業務を行っているにすぎず，事業主体にはなっていない。[27]その他のものも明治大正期では限定的であり，論点としては海運が最も重要である。「総合商

---

27　但し，大正7年には大正海上保険株式会社を同社が中心になって設立している。

社の論理」の議論では，海運とは自社船保有による外航海運自営の問題に関心が向けられている。但し，競争相手の大手は殆どこの機能をもっており，これが競争優位をもたらしたのは限定的である。しかし，ビルマなどからの米輸入に石炭輸出の帰り便を活用し，競争他社を圧倒する価格競争力を発揮したという例に示されるような，自社船運行を効果的に活用した点は注目に値し，こうしたことでは海運力が差別的競争力となっていることを示している。但し，これは以下での貿易実務技能の問題となる。また，「総合商社の論理」の議論には登場しないが，海運と連結する業務として港湾業務にも注目する必要があり，これが輸出競争力の極めて重要な要素であった。特に石炭のように嵩が張り，重量当たり単価の低い商品ではこれが顕著であった。同社は港湾業務全般にわたって段取りを自ら行っている。この業務は長い歴史をもち，その能力の蓄積は競争力として注目すべきものである。なお，この業務能力も，主に，以下で議論する貿易実務に関する人材技能の範疇となる。

### 論点③　御用商売

安定収入基盤が定まらない創業初期における御用商売は，その段階での同社存立を支えたと共に，その後の営業拡大を牽引することになる海外店経営の基盤構築という面で極めて有効であったと「総合商社の論理」で議論されている。御用商売が海外拠点構築とのセットで構想され，単に利権から当座の利益を得る政商活動に留まっていない点が注目されている。競争力の要素として考えると，これは経営者の政府人脈の強さの問題であり，この後で論じる益田孝の創業者能力の問題という側面をもっている。また，これは，次の論点④の営業政策の問題でもある。但し，御用商売は明治前期における貿易その他商業で広く採り入れられた一般的営業手法であった[28]のであるから，何が他社差別的であったかが鍵となる。先に述べたとおり，それを海外経営の組織基盤構築に向けたのが同社の独自性であるとすれば，これも益田孝の創業者能力に帰する問題であるといえるであろう。

---

28　木山実（2009）『近代日本と三井物産』では明治初期の主要な貿易商社が皆，何らかの形で御用商売を行っていたことが各章の個別商社の分析で論じられている。

## 第2節　競争力の諸要素

**論点④　営業政策**

　ここで営業政策としているのは,「総合商社の論理」の議論で具体的に提示された一手販売権の獲得や外国間貿易への進出などを指している。個々の商売遂行のやり方という次元の問題ではなく, 新たな商売の流れを作る枠組み構築の政策ということに視点をあてている。個々の商売遂行のやり方という次元の問題は, 以下で議論する実務技能の範疇に入る。といっても, 経営者判断による営業の基本方針といったものもここでは対象としない。例えば, 益田孝が明治30年代初に示した貿易中心の営業への転換方針とか, 創業初期での御用商売の積極的取組みなどである。こうした基本方針が企業の競争力を左右するのは一般論として当然のことであり, これがよほど他社と差別される独創性のあるものでない限り, 競争力要素の議論とするのは適切ではない。

　「総合商社の論理」の議論では, 一手販売権獲得や外国間貿易は同社の営業拡大に重要な役割を果たしていると指摘された。しかし, 一手販売権については, これは競争他社も色々な商品領域において積極的に活用しているのであり, これ自体が差別的競争力であったものではない。競争力として考察すべきはそれを獲得できた原因に差別的な組織能力があったかどうかである。

　まず第一は, 先に財閥という論点で触れた資金力である。三井銀行の役割の大きさはここでも明らかであり, 同社の一手販売権獲得に際して鉱山会社に提供された融資は三井銀行に半分以上依存している[29]。第二は, 販売力である。この場合販売力とは何であったかというと, 国内商売では物流機能とともに与信管理を伴った代金回収機能が最も期待された能力であった。輸出においては, これらの機能の重要性は一層高くなるとともに, 注文獲得や苦情対応など含めた総合的営業能力が重要な販売力であった。同社石炭商売での一手販売権は,

---

29　三井鉱山以外の貝島や麻生など石炭企業との一手販売契約はそれら企業への融資の見返りとして獲得されているが, その融資は半分以上が三井銀行の融資である。松元宏（1973）「日本資本主義確立期における三井物産会社の発展」『三井文庫論叢』第7号, p.141にある『三井事業史　資料篇三』収録資料によると, 明治36年の鉱山会社への融資高では, 三井銀行が187万円, 三井物産が103万円となっている。

融資返済が完了したのちも維持できているが，これはこうした販売力を背景としている。しかし，この販売力というのも，この後の論点であるリスク管理組織や人材の問題ということになる。

また，外国間貿易は明治40年代はじめに同社が成功させた大豆の満州から欧州への供給にはじまるが，その後まもなく三菱や鈴木などがこれに積極的に参入し過酷な競争となり，利益率もきわめて低い商売に転じていくので，差別的な競争力は一時的なものであった。

**論点⑤　海外拠点と商品の多角化**

海外拠点の拡大と商品多角化は正に総合商社という事業形態の要件そのものであるので，これが競争力の要素であるとしたら，どの時期，どの程度まで他社差別的にこれらが展開されていたのかが問題となろう。同社の競争相手でこうした形での多角化を積極的に展開したのは，明治20年代で姿を消す貿易商会を別にすれば，大倉組，鈴木商店，三菱商事（三菱合資時代を含む）となる。

この中で大倉組は倫敦支店の設置では三井物産より早いが，その後の清国などでの拠点設置は幾つかあったとされるが永続的ではなかったようである[30]。明治37年の紐育店設置以外は進出時期が不明であるが，大正7年の三井物産社内記録[31]によれば，その時点で倫敦，紐育，上海，天津，漢口，大連，斯土寧，漢堡に海外支店を設けている。但し，取扱商品は多角化しているとはいうものの実質機械・建設に重点がおかれている。

鈴木商店が海外拠点設置を積極化するのは大正に入ってからである。大正7年の三井物産社内記録によると，その時点での支店は倫敦，紐育，大連，上海，香港，台北，京城，漢口，青島，甲谷他，斯土寧，台南，打狗，厦門，汕頭となっているが，その他アジア，欧州，インド，南米，などに多数支店，出張所をもち三井物産に匹敵する海外拠点網を構築していたとされる[32]。商品多角化は明治30年代末から始まってはいるが，本格化するのは明治終盤からであったと見られ，少なくとも大正に入った時点では三井物産に匹敵する多彩な商品取扱

---

30　木山実（2009）『近代日本と三井物産──総合商社の起源』pp.216-217。
31　三井文庫資料「當社及反對商関連事業一覧」《物産337－9》。

いとなっている。

　三菱は明治18年以降海外拠点をもっておらず，再開は明治35年の漢口であり，その後39年上海と香港，42年北京，大正４～６年にかけて倫敦，紐育，天津，台北，大連，新嘉坡，甲谷他，巴里と出店する。これら12店が大正７年の三菱商事設立時の海外拠点である。三菱は財閥内商品以外に手を広げるのは漢口支店設置からであるが，本格化するのは三菱商事設立以降となる。

　以上大倉，鈴木，三菱の拠点と商品の多角化をみると，明治期においては三井物産の営業拠点や商品の多角化は突出しており，これが競争力の要素の一つになり得たと考えてよかろう。但し，海外拠点や商品の多角化は，実際にそれらが競争力たりえるには人材技能の蓄積が必要となる。

**論点⑥　リスク管理組織**

　リスク管理能力は同社発展を支えた重要な組織能力であるとして山崎（1987）他で論じられた。「総合商社の論理」の議論では，組織能力に関わる最も具体的で且つ端的な指摘である。同社の競争力の要素として重要な位置に置かれてしかるべきであろう。しかし，そこではリスクの問題を売買越リスク，とりわけ相場リスクに焦点があてられているのであるが[34]，これ以外にも同社事業には様々なリスクがあったことに注目しなければならない。例えば，信用リスク，為替リスク，苦情・契約不履行リスクなどである[35]。リスク管理組織能力はこれらにも視線をあてていく必要がある。なお，これまでの先行研究では，リスク管理を組織や制度の問題として扱ってきているが，それと同時に論点⑧

---

32　桂芳男（1977）『総合商社の源流鈴木商店』pp.132-133では「大正７～15年における公式の「内外支店出張所」の総数は79有余を超え50有余を下ることはなく」と記されている。
33　三菱商事株式会社編（1987）『三菱商事社史　資料編』p.44。
34　リスク管理領域の問題として，相場リスクへの対応に同社が色々な試行錯誤を重ねて取組んだ経緯が鈴木邦夫（1981）「見込み商売についての覚書──1890年代後半～1910年代の三井物産」で詳しく報告されて以来，この相場リスクへの対応の問題に研究者の関心が集中した観があるが，同社の「支店長会議」では信用リスクの問題や契約履行過程でのクレーム（苦情）問題は随所に登場している。
35　これら多様なリスクの詳細は第５章「貿易取引でのリスクの分析」で論じる。

で言及する人材技能としての側面も重要となる。

**論点⑦　分権と統合の商務組織**

支店の分権と独立採算の基本原理のもとで，支店横断的な商品統括を狙った本部的組織を並存させていったことが同社の組織上の特質と指摘された。この並存の仕方は色々模索・変遷を重ねたが，この過程は森川英正（1972, 1973）によって明らかにされている。[36]「総合商社の論理」では，こうした組織構築が同社発展の要因の一つであると明示的には論じられてはいないが，これが営業展開やリスク管理の効率化において重要な役割を担っていたと捉えられている。従って，こうした組織特性が競争者と比較して差別的なものであるとすれば競争力の要素の一つとして捉えることができる。しかし，分権と統合を織り込んだ組織というのは，組織設計の仕方，つまり重点の置き方や分権構造などには差異があるとしても，多地域の事業拠点を抱える組織では必然的に生成されるものなのである。競争他社での詳細を知る資料は乏しいが，貿易商社であればどこにおいても何らかの形で生成しているはずなのである。海外での拠点設置と同時に事実上これが成立しているとみてよい。拠点に権限を委譲しなければ殆ど何も活動は成り立たない。但し，全て丸投げではまずいので本社（或いは統括専門組織）での経営管理が何らかの形で行われる。とはいえ，如何なる形においても分権する事柄と本社で統括する事柄の全てを明確に規定できることはありえないので，この二律背反の問題を如何に整合させるべきかについては色々模索が行われるのである。三井物産は海外多拠点展開を他社に先んじたので，この問題で模索が長く，森川（1972, 1973）で詳らかにされているとおり試行錯誤の道筋を辿っている。本書での分析対象期間中はこの試行錯誤の進行過程であるので，同社の特徴を断定的に論じることは難しい。しかし，一点だけ間違いなく同社の特徴，即ち差別的な組織能力とみなしうることがある。そ

---

[36] 森川英正（1972）「明治期三井物産の経営組織」，（1973）「大正期三井物産の経営組織」，それぞれ『経営志林』（法政大学）第9巻1号，第10巻1号ではこの問題について同社が長い時間を費やし，紆余曲折をしつつ多大なエネルギーを投じた経緯が詳しく論じられている。

れは組織全体の事業活動を多面的にモニターできる緻密な経理管理システムが先駆的に整えられていたことである。経営方針としての分権と統合の長きに亘る模索過程で，経理システムとしてはそれぞれを可能にする対応がその時々で積み重ねられていった。どちらに重点が移行するにせよ，経理システム自体は多様な管理に対応できる進化を遂げていったのである。結果として極めて緻密で高度な経理システムとなった。この経理システムがあってこそ，分権と統合という二律背反の複雑な経営の舵取りを実効あるものとさせるのである。前記の論点⑤で見たとおり三井物産は海外拠点展開では競争他社より先んじている。拠点と商品の多角化した組織の運営ノウハウ修得ということでは，大正期において，鈴木商店や三菱商事と比べても20年くらい先を行っている。両者との競争が本格化した大正期において，この経験の差は決定的であったと考えられる。同社の極めて緻密な経理管理の実態は三井文庫に残されている数多くの経理帳簿から読み取ることができる。従って，分権と統合の商務組織を競争力の要素として捉える場合，この経理システムの側面が注目されるべきであろう。これは組織特性の問題であると同時に，経理人材の技能の問題ということになる。

### 論点⑧　人　材

　人材が競争力の重要な要素であることは一般に論じられることだが，同社の場合は，「総合商社の論理」をはじめ，その他の研究でも人材への注目が高い。人材の問題は創業経営者の議論とその他人材一般の議論と二つある。経営者能力については，「総合商社の論理」では創業初期における益田孝の果たした役割の重要性が注目されている。益田の貿易業での稀有な経験や政・財界での人脈が同社創業期経営に極めて重要な役割を果たした。それのみならず，その後の同社の目覚しい事業拡大や組織・人材整備も，明治30年代中盤まで益田の監督のもとで進展していったのであり，同社の発展の要因として創業者益田の存在は極めて大きい。但し，これが競争力の議論となると，競争他社における創業者との比較で，どのような点に差別的能力がみいだされるのかを問題としなければならないが，これについては先行研究でも踏み込んでいない。筆者は益田の人材育成における経営能力の卓越性に注目すべきと考えているが，本書で

第2章　競争力における人材技能

はこの問題に立ち入らない。但し，第3章以下で明らかにする同社の人材形成経営の軌跡は，その背景に益田孝の卓越した人材育成の経営能力の存在を示唆するものである。

また，人材の能力の問題に関しては，本書の主題に従って，ここでは人材技能，とりわけ貿易実務技能に焦点をあてる。貿易実務技能は一般技能と，それ以外の技能との二つに分けることが重要である。貿易一般技能とは，19世紀後半において，先進貿易国では既に一般化されている貿易技能を指している。この段階での世界貿易は，契約の方式，並びに基本となる受渡条件，価格条件，決済条件などの取極め方法に関して定式化が進展しつつあった。その骨格は，売り手が輸入国の港まで責任を負うC＆F或いはCIFを標準とする契約締結[37]，それに基づく外航海運市場での傭船や港湾業務段取り，海上など輸送途上の保険付保を保険会社と契約，銀行やクレジットハウスなど金融機関を介在させた荷為替による代金決済とそれに伴う金融，決済の安全性を高めるため銀行を活用した信用状取組み，それら一連の処理のための通信やコレスポンダンス及び船積みや荷為替のドキュメンテーションなどである。こうした形での貿易業務のシステマチックなやり方は先進国貿易商業では一般化していた。貿易商社はこうした仕組みの上で商品の売り手と買い手を仲介し，その間で契約締結し，その契約に従った物流と決済を履行し，対価としてコミッションを受け取る。明治初期の邦商はこうした形での契約の取り交わしに経験がなく，処理する技能がなかった。そもそも，外国の買い手或いは売り手との通信やコレスポンダ

---

37　Cost & Freightの略。価格の建て方（受渡条件）を示すものが，同時にこれに付随する危険負担と所有権の分岐をも規定することになる。しかし，この規定のされ方はやや複雑である。上坂酉三（1938）『貿易取引条件の研究』pp.1-22。従って，これがどのような内容を持つかについて売り手と買い手の間での共通認識の成立が貿易取引上必要となるが，19世紀末には国際的な習慣が定着しつつあったと考えられる。但し，これが国際ルールとして正式に成立するのは第一次大戦後である。なお，価格の建て方はFOBほか幾種かあるが，19世紀の国際貿易の広がりの中では買い手が費用変動リスクを極力少なくしようとすることが一般化し，Freightまでを売り手が負担することが標準的な形となっていた。上坂酉三（1943）『貿易習慣の研究』pp.53-55を筆者としての解釈。

ンス自体ができる技能がなかった。

　一方，それ以外の技能とは，上記貿易一般技能以外の全ての貿易技能であり内容は多岐にわたるが，例えば，取引上のリスクに関して，保険制度や信用状制度など既に定式化している領域以外での多様な商売リスクへの対処技能や，輸出品の販売国或いは輸入品供給国の海外現地においてその内部市場に入っていく仕事での技能などである。また，商品によっては，特有の契約方式や物流方法に関する高度な専門知識が必要となることもある。前者貿易一般技能を後者，即ちそれ以外の技能から単純に線引きすれば，前者の技能は，外商のなかでは標準的技能として一般化されていたが，明治初期の邦商が有していなかった貿易上の技能ということである。後者は，邦商はもとより外商でも標準的には有していたとは限らない難度の高い技能ということとなる。外商の取引の多くは，当時の世界の貿易商業で一般化していた委託契約方式を基本にしていたから，[38] この後者の技能は必ずしも必須ではなかった。この後者を以下では貿易応用技能と呼ぶこととする。

　「総合商社の論理」ではこの二つが明示的に分離されているとはいえない。しかし，橋本（1998）は前者に関してかなり識別した議論を展開している。前

---

38　M. V. ティーホフ著，玉木俊明，山本大丙訳（2005）『近世貿易の誕生──オランダの「母なる貿易」』p.128参照。バルト海貿易で活躍していたアムステルダムの穀物貿易商は，17世紀後半の段階で，既に他の分野で一般化していた，「自己リスク」商売から依託契約商売への転換をこの時期に進めたと述べられている。三井物産設立時に作られた社則第1条「商売目的之事」には「此会社ノ営ムヘキ商業は……欧州謂フ所コムミションエジエンシーノ商売ナリ」とあり，これは益田孝の起草と判断できるが，当時の欧州での貿易業は依託方式が一般的であったことを示唆している。但し，これは投機的な貿易自体が後退していることを意味するものではない。元来国際貿易は危険が多く投機的なものであり，それに加え，これが拡大する過程は投機性の強い商品領域を次第に取り込んでいくことになるから，国際貿易自体は投機性を強めつつ拡大する。但し，貿易商社がこの投機性を強める国際貿易で自らを如何に発展させるかという課題の下では，自らは危険負担を極力抑えた事業発展を目論む方向性が出てくる。欧州の貿易商人の多くが17世紀あたり以降でこうした事業選択を志向していたものと思われる。当然の事ながら，貿易商社が危険を回避するということは，その部分の危険が商品の売り手或いは買い手に移転しているのである。

者を「一般的な貿易取引機能[39]」と表現し，総合商社の要件として重視している。これは橋本の言う「国際交通レジーム」を使いこなす技能であり，具体的には，海運を中心に，通信，為替，保険などを含む一般貿易業務を遂行する技能，つまり当時での国際標準の技能を指している。これを「総合商社の論理」では，他の論者が重視している相場商売などへのリスク対応技能とは別の範疇の技能として論じている。この貿易一般技能は，競争力の要素として捉えると，明治期，特にその初期における日本の商社には欠如していたものであるから，外商との競争においては当初決定的競争劣位要素であり，また日本の商社間での競争では，この技能修得の早さが競争優位に重要であった。

　なお，人材技能という要素は，あらゆる競争力要素と一体となってその作用に関わっている。つまり，資金力にしても支配企業にしても，また政策にしても組織にしてもそれを運営する人材の技能がそれぞれの競争力要素の実際の作用の度合いを左右する。従って，人材技能が競争力の中でいかなる役割を果たしているかの判断は，その他の競争力要素と一体となった観察の中で，組織全体としての競争活動の実態を把握し，その上で貢献部分を推し量る分析を進めるという方法が必要となる。こうした考え方の有効性や，具体的な方法は第4章「技能形成研究の理論的枠組み」で論じる。


## 第3節　明治30年代以降の市場競争本格期における競争力

### 1　市場占有率変遷における注目点

　この第3節では，前節で考察した三井物産の競争力の諸要素が，第1章第5節で論じた市場競争における本格期，即ち明治30年代以降で，実際にどのように作用していたのかを考察する。同社の市場占有率の推移分析を改めてここで

---

[39] 前掲橋本寿朗（1998）「国際交通レジームの形成と創造された総合商社——二十世紀システムと日本経済」『ヒストリア』第158号，p.94。

おさらいし注目点を整理する。

明治30年代における輸出での市場占有率の急速な伸びは特に注目された。明治30年に6％であったのが明治40年で19％と目覚しい伸張である。輸入での市場占有率も伸びるが，占有率自体の水準ではむしろ輸出より高いものの，伸び率という点では輸出のような急勾配ではない。明治30年代初頭で輸入は市場占有率が既に15％の高水準に達していたからである。それに続く明治40年以降大正3年までは，市場占有率の拡大テンポは鈍化するが，同社の市場占有率でみた競争優位は輸出入ともに最盛期となり，大正3年で輸出入占有率がともにピークを迎える。このように競争優位を拡大していった明治30年から大正3年までを市場競争の本格期第Ⅰ期とした。そして，その後大正4年以降大正末までを本格期の第Ⅱ期とした。この第Ⅱ期では，特にその初期の第一次大戦期で顕著であるが，鈴木商店はじめ同業大手の急追によって輸出入ともに市場占有率が多少後退する。しかし，利益水準では第Ⅰ期を遥かに上回り，且つ，第一次大戦後では同業他社が経営破綻に至るとか，或いは利益を安定的に生み出していけない状況を続けるなかにあって，同社は高水準の利益を拡大し続けており，この面からみれば明らかに同業他社に対して競争優位は揺らいでいない。

以上のように，本格期第Ⅰ期では競争優位をきわめて高水準にまで構築していき，そして邦商間の競争が激化した第Ⅱ期においても，その高水準の優位を持続することができている。しかし，二つの期を通して，競争状況は一様ではなく変化が進行していたことが窺われる。従って，同社の競争相手との競争関係や競争優位の質は変遷を遂げていったものと考えられる。その変遷を以下で分析する。

## 2　競争関係と競争優位の質的変遷

最初に，明治30年代の同社輸出入での市場占有率急拡大時の競争相手との競争関係を分析していく。図表2-1は，明治33年と41年の輸出入高について，日本全体，外商全体，邦商全体，三井物産それぞれを一覧としたものである。輸出においては，外商はこの8年間に市場占有率を3.2ポイント減少させてい

## 第2章　競争力における人材技能

図表2-1　明治30年代の三井物産の貿易急成長──明治33年と明治41年の三井，邦商，外商の取扱高拡大比較

(単位：％，百万円)

| 和暦<br>西暦 | 日本全体<br>輸出高 | 日本全体<br>輸入高 | 輸出市場占有率 | | | | 輸入市場占有率 | | | |
|---|---|---|---|---|---|---|---|---|---|---|
| | | | 外商全体 | 邦商全体 | うち<br>三井物産 | 三井以外<br>邦商計 | 外商全体 | 邦商全体 | うち<br>三井物産 | 三井以外<br>邦商計 |
| 明治33年<br>(1900) | 204.4 | 287.3 | 62.9<br>128.6 | 37.1<br>75.8 | 10.8<br>22.1 | 26.3<br>53.7 | 60.6<br>174.1 | 39.4<br>113.2 | 15.7<br>45.2 | 23.7<br>68.0 |
| 明治41年<br>(1908) | 378.2 | 436.3 | 59.7<br>225.8 | 40.3<br>152.4 | 18.8<br>71.2 | 21.5<br>81.2 | 42.3<br>184.6 | 57.7<br>251.7 | 23.5<br>102.4 | 34.2<br>149.3 |
| 明治33〜41年<br>(1900〜1908)<br>の拡大 | 173.8 | 149.0 | −3.2<br>97.2 | 3.2<br>76.6 | 8.0<br>49.1 | −4.8<br>27.5 | −18.3<br>10.5 | 18.3<br>138.5 | 7.8<br>57.2 | 10.5<br>81.3 |
| 邦商拡大のうち<br>三井物産の割合 | | | 64.1 | | | | 41.3 | | | |
| 出典 | 図表2-4 より | | 図表2-1 より | | 図表2-4<br>より | 図表2-1，<br>図表2-4<br>より | 図表2-1 より | | 図表2-4<br>より | 図表2-1，<br>図表2-4<br>より |

注）市場占有率欄の上段は市場占有率（％），下段は取扱高（百万円）。

る。これは決して急激な下落とは言えない。明治41年でも外商全体の市場占有率は60％の水準にあり，この段階では外商による日本の輸出市場支配は持続している。第1章第3節で触れたとおり，明治30年代の日本全体の貿易はその初頭に急成長し，その後順調に拡大している。従って，外商も市場拡大の恩恵を享受し，取引を順調に拡大している。ここに邦商が割り込んでいったのであるが，邦商一般にとってはこれが，この段階では，容易なことではなかったのである。このなかにあって三井物産が大きく躍進している。図表2-1が示すように，8年間の輸出で邦商が拡大したシェアのうち64％を同社1社で獲得している。つまり，輸出市場全体的にはまだ優位を維持しえていた外商が，この時期邦商進出によって失った商機は，その大半が三井物産1社によって侵食されたことになっている。こうした輸出における同社の市場占有率拡大は，拡大のテンポは多少落とすものの，その後も大正3年まで続く。ここまでが市場競争本格期第Ⅰ期である。

こうした輸出における動向は，具体的には生糸輸出でも確認することができる。図表2-2は明治30年代前後の生糸輸出での邦商全体と外商全体とともに，

第3節　明治30年代以降の市場競争本格期における競争力

図表2-2　生糸輸出における邦商の地位と主要商社間の競争

(単位：俵，%)

| | 邦商外商合計 | 邦商計 | うち三井物産 | うち横浜生糸合名 | 外商計 | うちシーベル | 邦商シェア(%) | 三井物産シェア(%) |
|---|---|---|---|---|---|---|---|---|
| 明治29年(1896) | 37,401 | 7,142 | 515 | 4,983 | 30,259 | 7,982 | 19.1 | 1.4 |
| 30年(1897) | 64,485 | 10,822 | 1,973 | 6,970 | 53,663 | 19,518 | 16.8 | 3.1 |
| 31年(1898) | 43,075 | 9,521 | 2,280 | 6,025 | 33,554 | 12,568 | 22.1 | 5.3 |
| 32年(1899) | 50,246 | 13,127 | 4,810 | 7,506 | 37,119 | 12,588 | 26.1 | 9.6 |
| 33～35年(1900～02) | – | – | – | – | – | – | – | – |
| 36年(1903) | 70,687 | 18,332 | 3,970 | 11,503 | 52,355 | 10,928 | 25.9 | 5.6 |
| 37年(1904) | 71,146 | 22,602 | 8,986 | 11,947 | 48,544 | 13,641 | 31.8 | 12.6 |
| 38年(1905) | 70,432 | 24,463 | 7,964 | 14,672 | 45,969 | 8,662 | 34.7 | 11.3 |
| 39年(1906) | 75,694 | 29,390 | 9,883 | 17,127 | 46,304 | 9,234 | 38.8 | 13.1 |
| 40年(1907) | 92,036 | 42,543 | 20,238 | 17,951 | 49,493 | 9,688 | 46.2 | 22.0 |
| 41年(1908) | 104,735 | 50,794 | 25,448 | 18,720 | 53,941 | 11,334 | 48.5 | 24.3 |
| 42年(1909) | 134,596 | 61,551 | 32,604 | 20,690 | 73,045 | 14,563 | 45.7 | 24.2 |
| 43年(1910) | 146,535 | 67,436 | 33,936 | 26,072 | 79,099 | 19,118 | 46.0 | 23.2 |
| 44年(1911) | 143,237 | 67,480 | 36,420 | 22,694 | 75,757 | 18,503 | 47.1 | 25.4 |
| 45年(1912) | 171,640 | 90,674 | 47,401 | 29,949 | 80,966 | 15,522 | 52.8 | 27.6 |

出典）山口和雄（1998）pp.86，87より抜粋（原資料は原合名会社編各年度『横浜生糸貿易概況』）。明治33～35年はデータなし。

　主要プレーヤー3社，即ち，シーベル，横浜生糸合名，三井物産の取扱高推移を示している。三井物産は明治29年に紐育支店を再開し，生糸輸出への本格的取組みを始めたばかりなので，明治30年代初頭ではこの3社の中では言わば新参である。この段階での同社の市場占有率は他の2社とは比べ物にならないほど小さい。しかし，同社は市場占有率を徐々に拡大し，外商最大手のシーベルに明治30年代終盤には追いつき，その後引き離していく。この間シーベルは取扱高を急激に減少させていく。この過程で邦商全体の市場占有率が急速に拡大するが，これはその9割が従来この分野で先行していた横浜生糸合名とそれを追う三井物産の2社によって成し遂げられたものである。横浜生糸合名は，明治30年代，取扱高を順調に伸張させるが，三井物産の拡大テンポはより速く，明治40年には首位の座が三井物産に移り，その後も三井物産の優勢が続く。生糸輸出での三井物産の全輸出の中での市場占有率は大正5年でピークの33％に達する。[40]このあたりから後発邦商の活動が活発化し次第に市場占有率を下げていき，大正末期では25％を下回る。[41]この間外商全体の市場占有率は低下を続け，

第2章　競争力における人材技能

大正中期で30％を割る。[42]

　一方輸入に目をむけると，図表2－1が示すように，明治33年～41年の8年間で邦商の市場占有率は18.3ポイント拡大している。輸出の3.2ポイントより格段に大きい。日清戦争後の日本の貿易急成長は明治20年代の企業勃興をうけた産業需要の拡大によるものであるが，ここにおいては輸出より輸入の拡大が特に大きかったためである。この邦商全体の拡大のなかで，その約41％を同社が担っている。輸出の約64％に比較すればこそ小さいが，この数値自体も1社の数値としてかなり大きいものである。同社の市場占有率では，この段階では，輸出よりむしろ輸入のほうが高い。

　こうして三井物産は，明治30年代の輸出入市場における目覚しい優位拡大過程を経て，それに続く明治40年以降大正3年にいたる期間，輸出入両面で市場占有率での最盛期が出現する。輸出入ともに20％から25％前後の市場占有率を維持することとなる。この本格期第Ⅰ期での競争関係で特に注目されることは，同社が激しい鍔迫り合いを演じた相手は主に外商であり，その競争において次第に競り勝っていったということである。

　そして，大正4年以降の市場競争本格期第Ⅱ期に入っていくが，第1章図表1－5にあるように，ここにおいては市場占有率が低下傾向に入る。本格期第Ⅰ期とは競争関係は大きく変わる。データは手元にないが，この間欧州での戦乱の中で外商の市場占有率が低下しているはずであるから，同社の競争の中心は対邦商となり，そこにおいて競り負ける状況が少しずつ広がりはじめたということとなる。とはいえ同社の取扱高もこの時期急伸している。つまり，第一次大戦を契機とした日本の貿易の急拡大に際して，鈴木商店はじめ後発邦商がこの時期大躍進するのである。後発邦商がこの時期大躍進できた背景には，それに先だつ明治期終盤から大正初期にかけて，それを可能にする組織能力の整備があったと理解できる。つまり，明治終盤から実質的に三井物産との競争は

---

40　山口和雄（1998）『近代日本の商品取引――三井物産を中心に』p.139表。
41　同上 p.203表。
42　同上 p.138表。

第3節　明治30年代以降の市場競争本格期における競争力

徐々に激しくなりつつあった。この状況は明治35年以降の「支店長会議」で度々報告されている。特に明治40年あたりからは邦商間の競争激化に関する議論は頻発している。従って，先に述べた明治40年以降大正3年までの同社市場占有率の最盛期というのは，市場競争の実態からは邦商との競争が本格化しはじめた時期であったといえよう。その本格化しつつある邦商との競争状況が，第一次大戦期の日本商社にとっての貿易市場急拡大という新局面に持ち込まれたのである。ここで邦商との競争激化が本格的となる。しかし，この貿易市場の拡大は，第一次大戦の戦争特需が起動させたものであり，また第1章第3節で論じたように（第1章脚注14参照），異常な物価高騰を伴ったものであったので，極めてバブル色を濃く抱えた市場拡大であった。従って，様々な種類の大きなリスクを内包していたわけである。第一次大戦後の反動不況から昭和金融恐慌に連なる経済低迷のなかで，後発邦商のみならず高田商会や茂木など歴史を有する邦商も含めて数多くの経営破綻が発生し，これはそれらの邦商が急拡大した貿易市場で発生した多様なリスクに対して対応能力を十分には備えていなかったことの証であると考えられる。こうしたなかで，三井物産は経営の安定を維持し，他の邦商との競争関係ではより優位な状況を作り出すこととなった。

　以上から理解できる同社の競争関係と競争優位の質的変遷は次のように整理することができよう。本格期第Ⅰ期の前半では，外商との競争が本格化し，その過程で外商との競争関係が互角から優位へと進展，第Ⅰ期後半では外商との競争で優位確立，それと同時に競争相手が次第に邦商にシフトした。そして，本格期第Ⅱ期の前半，即ち第一次大戦期では，競争は対邦商が中心となり，特に後発邦商とを含め競争が激化，本格期第Ⅱ期の後半，即ち第一次大戦後では，競争相手の邦商には大戦期の異常な活況の中で経営規律を乱した企業が続出し，相対的に三井物産の優位が強化された。

　尚，本格期第Ⅰ期と第Ⅱ期を通じての三井物産の対邦商及び対外商への競争優位の展開では，商品供給元の持つ商品競争力に依存した部分は殆どなく，市場占有率で見た競争力は同社自身の競争力と理解してよかろう。

こうした競争関係と競争優位の質の変遷のなかにどのような競争能力の進展があったのであろうか。つまり，如何なる競争力要素が各段階での競争優位を主導したのであろうか。前節で抽出した競争力要素に沿って考察してみたい。

## 3　競争力の中軸要素

最初の論点であった財閥に関しては，資金力という面でも，また関連企業との連携という面においても，同社経営の基盤として明治30年代以降で重要な役割を果たしており，同社の競争力要素として機能し続けていることは疑いない。30年代以降で，三井銀行の金融支援や三井鉱山・鐘紡などとの連携は，石炭および綿花という中核二大商売の拡大を実現させた重要な原動力となっている。しかし，明治30年代の同社の目覚しい貿易商売の拡大は，こうした中核二大商売よりも，それ以外の分野での拡大がむしろ牽引の中心なのである。これが図表2-3から読み取れる。これは明治30年から明治43年までの同社主要取扱商品ベスト20位の取扱高推移（国内と，明治41年以降は外国間も含めた合計額）を示しているものだが，石炭と綿花の合計額の全取扱高に占める割合は，明治30年に約35％であったものが，次第に低下していき明治41年以降は30％を切っている。従って，石炭や綿花商売の躍進を支えたという意味での財閥の貢献は，仮にそれがこれらの商売の拡大に決定的な役割を果たしたものであったとしても，明治30年代以降での同社の目覚しい市場占有率拡大を説明するにおいては中軸要因であるとは言えない。但し，財閥という論点のなかで，同社の自己資金という点については，その蓄積は，三井家の出資を軸として同社自身の内部留保が積み重なり，明治期後半から大正期にかけて大きく進展していくので，これが競争力の重要な要素であったという点は注目すべきであろう。更に，同社の最大の資金需要である貿易の運転資金の調達[43]という面では，明治30年代以降海外店で調達力が増大しており，これは人材技能としての側面もあるが，三井財閥の信用力が重要な役割をはたしていたという側面も重視されるべきであ

---

43　三井文庫編『三井事業史 本篇第3巻上』pp.108-111。

ろう。

　二番目の論点であった貿易補助機能は，前節の考察では，実質的に人材技能の問題であるとした。三番目の論点の御用商売及びその能力の実体としての創業経営者能力は，創業初期の問題であり，明治30年代以降の競争力としては対象外となる。

　四番目に営業政策という論点で採り上げられた外国間貿易は，上述の競争関係の分析には含まれていないが，これは明治40年代初期から始まったものである。これが同社の貿易事業拡大において，取扱面では極めて大きな地位をもつこととなった。しかし，前節での考察では，他社差別的な競争力要素として機能した期間は短いとして有力な要素たりえないと結論付けたものである。同じく営業政策の論点として議論された一手販売権については，正に明治30年代から本格化したものである。これも前節の考察では，競争相手も盛んに採り上げた方式であるから差別的競争力ではないとしつつ，但し，一手販売獲得を可能にした同社の販売力，即ち，リスク管理組織や人材技能は競争力の要素として注目された。

　五番目から七番目までの論点は組織に関わる議論である。即ち，海外拠点と商品の多角化，リスク管理組織，分権と統合の商務組織の三つである。これらの組織は，前節で見たように，全て明治30年以降で拡充されていった同社の特有な組織特性であり，明治30年代以降の同社の目覚しい市場占有率拡大を説明しうる重要な競争力要素であると思われる。

　リスク管理組織とは，先行研究で注目された商品相場リスクに対応するものだけでなく，その他，信用リスク，苦情・契約不履行リスク，為替リスクほか多様なリスクに対しての対応組織能力である。分権と統合の組織とは，特に注目すべきはこの組織の効果的管理の必須条件としての，全組織の活動をモニターできる緻密な経理管理システムである。

　海外拠点展開を具体的に見ていく。海外拠点設置が明治30年代の市場占有率急拡大をもたらした象徴は，明治29年の紐育支店の再開であり，先に概観した生糸商売の躍進はこれなくしては実現しえなかったことは明白である。また，

第2章　競争力における人材技能

図表 2 - 3　明治30年代

| 主要品目 | 明治30年 | 31年 | 32年 | 33年 | 34年 | 35年 |
|---|---|---|---|---|---|---|
| 石炭 | 4,631 | 9,244 | 10,208 | 13,125 | 17,678 | 16,809 |
| 綿花 | 13,940 | 13,238 | 23,984 | 18,672 | 15,064 | 21,736 |
| 綿糸 | 5,820 | 6,208 | 11,551 | 13,528 | 5,633 | 7,000 |
| 綿布 | 395 | 1,408 | 914 | 1,598 | 1,175 | 2,151 |
| 生糸 | 2,189 | 3,151 | 4,957 | 6,374 | 4,965 | 6,667 |
| 米 | 2,420 | 9,505 | 4,771 | 1,863 | 1,592 | 3,770 |
| 砂糖 | 319 | 830 | 2,770 | 4,861 | 5,577 | 5,053 |
| 銅 | 251 | 296 | 230 | 320 | 297 | 378 |
| 機械 | 8,099 | 3,420 | 2,455 | 2,238 | 3,884 | 1,920 |
| 鉄道用品 | 4,510 | 5,312 | 2,385 | 5,855 | 3,035 | 2,511 |
| 木材 | - | - | - | - | 25 | 361 |
| 大豆 | 842 | 745 | 533 | 979 | 98 | 163 |
| 豆粕 | 464 | 1,007 | 1,007 | 1,745 | 1,592 | 1,613 |
| 羊毛・毛織物 | 907 | 1,198 | 1,844 | 3,403 | 2,084 | 1,940 |
| 麦粉 | - | - | 45 | 247 | 312 | 203 |
| セメント | 217 | 165 | 70 | - | - | 410 |
| 樟脳 | - | 23 | 259 | 1,324 | 1,647 | 320 |
| 燐寸 | 68 | 219 | 381 | 456 | 682 | 1,014 |
| 煙草 | - | - | - | - | - | - |
| 燐鉱石 | - | 188 | 619 | - | - | - |
| その他 | 8,658 | 6,406 | 7,347 | 11,682 | 8,958 | 11,516 |
| 合計 | 53,730 | 62,563 | 76,330 | 88,270 | 74,298 | 85,535 |
| うち石炭・綿花計 | 18,571 | 22,482 | 34,192 | 31,797 | 32,742 | 38,545 |
| その比率（％） | 34.6 | 35.9 | 44.8 | 36.0 | 44.1 | 45.1 |

注）原資料では明治32年と42年の合計欄の数値がそれぞれ76,230及び223,742とあり，合計数になっていないが，本表では修正してある。
出典）松元宏（1973）「日本資本主義確立期における三井物産会社の発展」『三井文庫論叢』第7号，p.113，原資料『三井物産株式会社沿革史（稿本）』。

綿花輸入の発展は，先行したインド綿の輸入に加え30年代に入り紐育支店が米国綿輸入体制を構築したことによって成し遂げられたのであり，明治40年前後から米国南部に営業拠点を設けて産地買付けを開始したことがこれを本格化した。大正初期で世界各国39箇所にまで広がる海外拠点の大半は，明治29年の紐育支店再開以降のものであり，明治29年時点では倫敦，上海，香港，新嘉坡，天津，台北，孟買の7箇所に過ぎなかった。この明治30年代以降の海外拠点の拡大は，第2節で見たような競争他社の水準を大きく上回る規模の国際営業拠点網の確立となった。海外拠点の広がりは必然的に商品多角化に拍車をかけて

第3節　明治30年代以降の市場競争本格期における競争力

以降商品別取扱高の推移

(単位：千円)

| 36年 | 37年 | 38年 | 39年 | 40年 | 41年 | 42年 | 43年 |
|---|---|---|---|---|---|---|---|
| 19,308 | 22,097 | 26,024 | 34,072 | 31,963 | 30,686 | 29,965 | 32,601 |
| 17,835 | 17,674 | 25,631 | 27,041 | 37,929 | 31,341 | 32,769 | 42,718 |
| 9,584 | 12,186 | 13,292 | 25,938 | 16,946 | 13,254 | 13,859 | 22,746 |
| 2,159 | 3,763 | 8,382 | 5,415 | 10,489 | 10,687 | 10,924 | 15,630 |
| 6,448 | 8,504 | 11,785 | 14,267 | 29,786 | 24,507 | 29,581 | 31,865 |
| 9,742 | 11,664 | 5,576 | 9,620 | 15,014 | 10,728 | 4,195 | 4,831 |
| 6,161 | 7,243 | 10,370 | 11,303 | 8,178 | 12,682 | 14,084 | 18,027 |
| 1,715 | 5,220 | 20,562 | 7,607 | 3,241 | 3,313 | 2,507 | 2,465 |
| 1,876 | 2,959 | 7,389 | 4,699 | 9,080 | 21,899 | 14,523 | 14,984 |
| 3,579 | – | 4,906 | 4,536 | 11,063 | 21,530 | 3,689 | 4,536 |
| 534 | 805 | 3,304 | 4,269 | 4,126 | 4,942 | 5,517 | 5,048 |
| 330 | 833 | 1,048 | 654 | 2,372 | 2,074 | 11,194 | 15,765 |
| 1,817 | 1,249 | 2,726 | 2,141 | 4,361 | 5,766 | 4,758 | 3,549 |
| 1,439 | 5,931 | 8,238 | 5,625 | 3,677 | 2,354 | 3,265 | 3,128 |
| 181 | 478 | 858 | 2,812 | 3,543 | 3,195 | 1,619 | 2,776 |
| 779 | 615 | 516 | 749 | 2,462 | 1,440 | 1,496 | 1,904 |
| – | – | – | 401 | 988 | 842 | 4,765 | 6,966 |
| 1,471 | 1,471 | 1,517 | 1,716 | 1,947 | 1,515 | 2,155 | 2,097 |
| 194 | 938 | 1,634 | 2,732 | 2,517 | 1,537 | 837 | – |
| – | 418 | 652 | 1,172 | 1,964 | 2,349 | 2,111 | 1,928 |
| 11,063 | 23,572 | 26,484 | 32,732 | 31,239 | 36,130 | 29,931 | 44,474 |
| 96,215 | 127,620 | 180,894 | 199,501 | 232,885 | 242,771 | 223,744 | 278,038 |
| 37,143 | 39,771 | 51,655 | 61,113 | 69,892 | 62,027 | 62,734 | 75,319 |
| 38.6 | 31.2 | 28.6 | 30.6 | 30.0 | 25.5 | 28.0 | 27.1 |

いく。つまり，海外店の設営はその地での有望な特定商品の商売に眼目が置かれて実施されるが，それだけでは採算がとれないのが通常であり，必然的に商品多角化が進むのである。こうした海外拠点と商品の多角化は，必然的に多様なリスクの管理能力や，各拠点の活動をモニターする緻密な経理管理能力を必要としたのであり，こうしたこの三つの組織特性は相互関連をもって発達し，一体となって競争力の要素として機能したのである。但し，こうした組織特性は全てそれを生かす人材技能が備わってはじめて組織能力となるのであるから，これら組織特性を競争力要素とみなすにはそれらに対応した人材技能の中身を

51

第2章　競争力における人材技能

確認しなければならない。これが第Ⅱ部5～7章にて分析される。

　最後の論点は人材であるが、そのうち経営者の問題は先の御用商売の項で論じた。残るは実務人材の技能であるが、これは前節では二つの種類に分類した。貿易一般技能と貿易応用技能である。市場競争本格期第Ⅰ期の前半と後半、そして第Ⅱ期の前半と後半、この四つの期間で段階的に進行した同社の競争関係の変化をみると、二つの技能がそれぞれ果たした役割を鮮明に読み取ることができる。本格期第Ⅰ期前半、即ち明治30年代は、邦商一般が外商に太刀打ちできずにいたなかにあって、同社が外商との鍔迫り合いを展開できたのは、少なくとも外商が標準的に備えていた貿易一般技能を同社が修得していたということを物語っている。しかし明治30年代初頭では、それは組織全体の一部であり、30年代にこの部分を拡大しつつあった（30年代にこれを組織全体に拡大していった状況は、第3章第4節で、それが大正期を通じて組織全体に浸透する過程は第7章で考証する）。貿易一般技能がこの時期重要な競争力要素であったことは、先に示した図表2-3からも読み取れる。明治30年代は取扱商品の拡大がいっきに広がっている。この状況は明治41年の「支店長会議」[44]から知ることができる。この会議の主要議題の一つが明治30年代にあまりにも広がりすぎた取扱い商品の選別縮小であった。明治41年時点での取扱い商品は58品目であり、これは当時の日本の貿易商品の大半の領域に入り込んだものである。このような広範囲への商品拡大を短い期間に成しえたのは、新規商品での商売の多くが、貿易一般技能を主体にした取引を軸にし、これを同社が邦商他社に先駆けて組織的に展開できたからであろうと思われる。当時の段階の日本の貿易、特に輸出需要は、日本の商社におけるこの技能の提供を必要としていたのである。[45]

　加えて、この明治30年代は次第に外商の商域を侵食していくのであるから、貿易応用技能でも外商を凌駕する能力を次第に身に付けていったということも

---

44　三井文庫編『三井物産支店長会議議事録　第7巻』pp.4-70。
45　こうした捉え方は橋本寿朗（1998）「国際交通レジームの形成と創造された総合商社——二十世紀システムと日本経済」『ヒストリア』第158号でも示されている。但し、橋本は時期を特定してはいない。

第3節　明治30年代以降の市場競争本格期における競争力

図表2-4　明治30年以降の三井物産石炭輸出市場占有率

(単位：千円，%)

|  | 日本全体の輸出額[1] (A) | 三井物産の輸出取扱高[2] (B) | 市場占有率 | |
|---|---|---|---|---|
|  |  |  | B／A[3] | 松元宏[4] |
| 明治30年（1897） | 11,546 | 2,291 | 19.8 | 27 |
| 31年（1898） | 15,169 | 4,529 | 29.9 | 36 |
| 32年（1899） | 15,165 | 5,465 | 36.0 | 46 |
| 33年（1900） | 20,032 | 6,279 | 31.3 | 45 |
| 34年（1901） | 17,542 | 8,342 | 47.6 | 47 |
| 35年（1902） | 17,270 | 6,659 | 38.6 | 38 |
| 36年（1903） | 19,261 | 11,307 | 58.7 | 58 |
| 37年（1904） | 14,828 | 11,519 | 77.7 | 63 |
| 38年（1905） | 14,268 | 12,299 | 86.2 | 75 |
| 39年（1906） | 16,280 | 16,679 | 102.5 | 74 |
| 40年（1907） | 19,047 | 16,807 | 88.2 | 70 |
| 41年（1908） | 18,234 | 15,869 | 87.0 | 70 |
| 42年（1909） | 17,297 | 15,359 | 88.8 | 71 |
| 43年（1910） | 16,301 | 17,045 | 104.6 | 79 |

注1）『日本貿易精覧』p.106より。塊炭・粉炭・船舶用の合計。
　2）「日本資本主義確立期における三井物産会社の発展」『三井文庫論叢』第7号，松元宏（1973）p.117より，原資料は『三井物産株式会社沿革史（稿本）』。
　3）B値をA値で除した市場占有率。
　4）同上松元（1973）p.117に記載されている市場占有率。

読み取れる。ここで貿易応用技能の中心は何かというと，輸出地市場内地での販売技能である。しかし，明治30年代では，図表2-3に登場するあらゆる商品分野でそれが修得されていたものではないと思われる。というのは，この技能は輸出地内地での流通機構，品質嗜好，商習慣，法制度などの知識修得と，自らの対外信用の確立などに，それぞれの商品市場でかなりの年月の商売実績を必要とするからである。生糸の対米輸出では，図表2-2にあるように，商売が勢いづくまで5～6年を要している。一方，石炭の清国その他アジア向け輸出では明治10年代から各店が経験を積んでおり，30年代ではこの技能はかなり高い水準まで蓄積されていたと考えられる。図表2-4からそれが窺われる。石炭輸出は明治30年代中盤から同社の独占に近い状態に進展している。

　本格期第Ⅰ期後半は邦商との本格的競争が徐々に広がっていく時期であるが，貿易一般技能の修得を進展させている邦商が徐々に数を増しているため，同社

第2章 競争力における人材技能

は邦商との競争に次第に晒されている。しかし，明治30年代から展開された貿易技能の組織的教育訓練が40年代には効果を表し，他社に抜きん出た規模の貿易組織に高水準の技能修得が行きわたっていたため，邦商に対しても外商に対しても圧倒的な競争優位を発揮でき，市場占有率で最盛期をもたらしたのである。ここでの貿易技能は一般技能と応用技能の双方が高水準に発揮されていたと考えられる。応用技能としては，上記の技能に加えて，商品特有なリスク対応への技能がここで修得されつつあったと考えられる。特に，苦情対策を含む契約不履行リスクに対する対応技能がここで修得されていったと思われる。図表2－3に登場する主要20商品以外にも広範な商品が取扱われたが，それらの多くは日本の貿易で開拓途上商品である。同社は個々の商品特有な契約取決め方法，梱包・荷扱い・輸送などの物流方法について先駆的に経験を重ねていったのはこの時期であったと思われる（こうしたリスクの詳細は第5章第5節で分析される）。

　本格期第Ⅱ期では邦商との厳しい競争が展開される。その厳しい競争において同社の従来の形での競争優位に陰りが見えてきた時期である。第Ⅱ期前半ではそれが市場占有率の低下として顕在化した。ここでの競争優位の質の変化で読み取れることは，競争相手の邦商の多くにおいて貿易一般技能が概ね浸透し，貿易一般技能での同社の先行蓄積が差別的な競争能力としての力を後退させたということである。また，同社が市場競争で苦戦を強いられたのは，この段階での邦商との競争舞台に投機的色彩の濃い商売が大きな位置を占めたということが大きい。この傾向は既に第Ⅰ期の終盤から強まってきていたが，第Ⅱ期に入っての第一次大戦ブームでそれが加速された。競争相手の邦商の多くが，投機的商売を果敢に展開したのである。同社では創業期以来投機的商売には極めて警戒的姿勢をとってきていた。しかし，時代の流れで同社もその流れに巻き込まれざるをえなくなっていったが，同社の経営はこれを精力的に押さえ込んだのである。結果として貿易市場での占有率を後退させたが，逆に第一次大戦後の反動不況での損失発生も一部ではあったが，拡大を抑えることに繋がり，結果として競争他社との収益力格差を拡大することとなった。戦争など特殊な

## 第3節　明治30年代以降の市場競争本格期における競争力

状況を背景とした需要の急激な膨張収縮は，投機的商売でのリスクに留まらず，信用リスクや契約不履行リスクなどあらゆる商売リスクの拡大を伴うものであり，それへの対応には組織レベルでの高度なリスク対応能力が必要とされる。同社はこの能力蓄積で競争他社に先行しており，本格期第Ⅱ期ではこの能力が明らかに競争力の中核要素として機能した。

　以上，明治30年代以降大正末にいたる同社の貿易市場での競争の変遷で重要な役割を果たした競争力要素を考察した。ここでの結論は次のように整理することができる。

　財閥という論点に関わる問題に関しては，三井銀行，三井鉱山，鐘紡など財閥関連企業の支援，また三井家の出資及び同社の内部蓄積としての資金力が同社の競争優位の基盤的条件として重要な役割を果たしていたことが確認された。しかし，これだけでは明治30年代以降同社が達成した貿易市場での優位の拡大過程，特にその過程での競争関係と競争優位の質の変遷を説明しえない。従って，これを説明しうる競争力要素としては，海外拠点及び商品取扱いの多角化された体制，リスク管理組織，分権組織をモニターできる緻密な経理管理体制といった組織特性と，それらと合体した人材技能であった。それらの中でも，明治30年から大正末にいたる同社の貿易市場における競争関係と競争優位の質の変化を最も端的に説明しうるのは人材技能であると言えるであろう。これが幾つかの組織特性と一体となって強力な組織能力として作用していたと理解することができる。人材技能では，市場競争本格期第Ⅰ期で貿易一般技能，第Ⅱ期で貿易応用技能が主導的役割を果たしていた。

　こうした仮説の前提には，明治30年代に入る手前の段階で，同社が競争他社に先行して，貿易技能の蓄積を進展させていたことが確認されなければならない。次節では，明治20年代終盤までの市場競争模索期の段階で，中軸商売がどのようにして立ち上げられたのか，そのなかで同社の貿易技能修得がどのように進展したのかを考証する。

## 第4節　明治20年代終盤までの貿易事業の模索と貿易技能の学習

　本節では，第1章第4節で概観した明治20年代終盤までの同社の市場競争の展開を改めてみていきながら，貿易技能がどのように組織内に形成されていったのかを確認する。創業当初は第2節で考察した競争力の諸要素の大半が備えられていない。創業時は三井家からの支援も限定的であった。三井銀行から与えられた5万円の当座貸越枠が実質上の資本であり，事業志向で同社と類似性があったとされる貿易商会が20万円の資本金でスタートしたことと比べ極めて脆弱な資本である[46]。明治21年の三池炭礦払い下げは三井銀行の資金拠出で達成されたが，ここに於いて三井家の支援が同社経営に重要な役割を果たしていくこととなる。しかし，三井家の資本力が明治20年代での同社事業拡大を牽引した中軸要因というものではない。三井物産の石炭輸出は三池買収の時点では既に軌道に乗っており，三池買収はその軌道を維持するためのものであった。また，石炭以外での三井家の支援はこの段階では限定的である。従って，山崎(1987)[47]が指摘するように，創業初期で同社の存立と発展を牽引した中核要因は，創業者益田孝の存在と御用商売であり，競争力の要素として注目すべきものはこの二つに絞られる。益田孝は貿易事業の専門家として，当時として稀有な経歴を積んできている[48]。益田の経歴や経営内容は第3章第1節で詳しく見ていくが，日本での先駆的貿易商社の創業経営者としての資質と経験を十分に備えていた。

　山崎(1987)が創業初期としているのは明治20年代初期までである。御用商売のうち最も長く続いたコメ輸出が明治22年で終了しているからである。この

---

46　木山実(2009)『近代日本と三井物産——総合商社の起源』p.153。
47　前掲山崎広明(1987)「日本商社の論理」『社会科学研究』第39巻4号。
48　明治初期に於ける数少ない外国貿易専門家のなかでも，益田の幼年時の渡欧や函館での英語学習，また幕臣時の英国大使館詰め通訳，更に横浜寄留地の米国ウォールシ・ホール商館勤務や井上馨の貿易会社先収会社で経営実務を統括していたなど，一連の経験経歴は当時極めて稀有であった。

## 第4節　明治20年代終盤までの貿易事業の模索と貿易技能の学習

　創業初期での同社の貿易商売で中心となったのは，コメの英国などへの輸出，陸軍向けの毛織物の英国からの輸入，石炭の上海などへの輸出，紡績機械の英国からの輸入，綿花の清国からの輸入，である。これら五つの分野のうち，頭からの三つが政府委託輸出入の御用商売であり，貿易取扱高ということでは創業初期はこの三つが大部分を占めた。[49]この三つのうち，最初の二つは同社設立母体である先収会社と三井組国産方が既に関わっていた御用商売であり，その母体二社の組織と人員を引き継いだ同社創業期では自ずからそれら御用商売が中核となった。一方，三つ目の御用商売，石炭の輸出は，同社が設立される準備段階で先収会社と三井組が政府と協議し商権を固めていたものである。政府の外貨獲得を目的とした官営三池炭礦の石炭輸出を，新たに設立する三井物産に一手に扱わせることで合意が成立していたのである。従って，三つの御用商売は全て同社母体の二社の政商としての力で成立している。三井は当時最大級の商人であり，また先収会社も井上馨の会社であったから，この二社の政商としての力の強さは言うまでもない。これに加えて，先収会社で経営実務を統括し，また先の政府との協議ではその当事者ともなっている益田孝個人の果たした役割の大きさも注目される。益田は井上馨との関係から大蔵省造幣寮での官僚経験を通じて，政府高官との人脈を構築している。こうして設立母体や創業者益田個人の政商としての力が御用商売を生み出したが，その御用商売においても，その獲得過程や運用過程では競争があった。その状況を見ていこう。

　先ずコメ輸出であるが，コメの政府輸出は明治5年（1872年）のコメ輸出解禁以降，横浜居留地の外商を通じて始まり，その後明治9年からはほぼ毎年のペースで続けられ，[50]明治22年に終了する。民間輸出のほうも解禁と再禁止が繰り返されるものの順次拡大する。政府輸出が終了する明治22年（1889）年まで

---

49　創業初期の取扱高は第一年度半年しか判明していないが，紡績機械は大阪紡績の創業に際して開始されたのが明治15年前後であり，これが本格化したのが明治19年にプラット社より代理店権を確保し，大型紡績会社の設立が相次いだ第一次企業勃興期の明治20年前後からである。清国綿花の輸入は大阪紡績が買い付け始めた明治19年以降である。

50　山口和雄（1998）『近代日本の商品取引』pp.4-10。

57

民間輸出は全輸出の約3分の2を占めたという[51]。政府委託のコメ輸出は，初期は米国商ウォールシ・ホール，英国商 E. B. ワットソン，独国商ザーケルなど外商が活躍したが，三井組国産方の扱い開始など次第に邦商が中心となっていった。政府の邦商育成政策を反映したものと言える。三井物産は創業翌年の明治10年から政府委託取扱いを始め，同年と11年にはその中心になっている[52]。しかし，取扱権獲得での競争はあったのであり，少なくとも大倉組の攻勢の事実は明らかになっている[53]。大倉組は機械設備などで御用商売の勢力を拡大していたことが知られているが，三井物産が政府委託で陸軍向けに輸入していた毛織物を，大倉組が国産化を目論み政府に働きかけをしていたなど[54]，政商間の攻防はかなり激しかったと見られる。また，コメ輸出は数量的には政府輸出量以上が，主に外商を通じて欧州などに出されていたのであり，欧州など海外市場で日本から輸出されたコメ同士の競争が繰り広げられていた。明治19年当時，益田が欧州でのこの競争の激化を察し，同社上海支店での中核人材であった彼の弟をハンブルグに転任させることを企てていたことが知られている[55]。政府の支援を受けた委託輸出であっても，外商との競争で劣勢が危惧されたのである。

　このように同社の創業初期の貿易は全面的に御用商売に依存したものであった。御用商売は一種の権益商売であるから，競争力が不足した状態でも商売は

---

51　大豆生田稔（1992）「米穀生産の拡大と対ヨーロッパ輸出の展開」高村直助編『企業勃興』第10章，p.301。
52　山口和雄（1998）『近代日本の商品取引』pp.5-8。
53　大倉組が明治11年に「和蘭ヘ米穀輸出ヲ直輸出スルノ議」を政府に提出し，三井物産の商権に対抗する動きがなされたことが木山実（2009）『近代日本と三井物産』p.216で紹介されている。
54　木山実（2009）『近代日本と三井物産』p.213。
55　倫敦支店で契約された場合でも仕向け先は必ずしも英国だけではなく，また倫敦を仕向け先とした荷物であっても英国に入国せずに欧州他国へ転送されたものがかなりあった。また，木山実（2009）『近代日本と三井物産』pp.250-252には欧州市場全体を一括した穀物商売を展開していたハンブルグ商人の活動が，三井物産の欧州向けコメ輸出での脅威となっている状況が紹介されており，日本のコメ同士が欧州内で競合していた様子を知ることができる。

成立している。こうした状態での経営では人材の技能修得は緊急な課題とはならない。しかし，同社における貿易技能はこの御用商売を通じて効果的に蓄積されていくこととなる。これは従来の多くの研究でも注目されていることであるが，この点が同社の企業発展プロセスとして特徴的な側面の一つである。まず，貿易一般技能の修得が倫敦，上海，香港など国際取引の先進地域での活動を通じて効果的に進展していった[56]。倫敦は外航海運の傭船や保険付保，また貿易決済金融など貿易補助機能で世界の中心地であり，倫敦支店の店員たちはこの地であればこそ，それら業務の実務技能を実戦的に学習することが出来た。倫敦支店は自らが商品物流に直接関与しないアジア域内貿易であっても，これら業務の一部を担い重要な役割を果たした。その他の海外店や国内の一部の店でも，御用商売を通じて貿易実務が日常的な業務として定着していき，このなかで貿易一般技能の学習が進められた。

　特に石炭輸出はその学習に大きく貢献した。三池炭の清国向け輸出の御用商売は明治10年から始まる。その時点で清国商も日本から清国への輸出ではかなり活躍していたが[57]，同社にとって主な競争相手はジャーディン・マゼソンであった。後藤象二郎が所有の高島炭礦の経営を実質上ジャーディン・マゼソンが行っていたからである。日本に進出した外商のなかで最大の英国商ジャーディン・マゼソンは，香港を本拠にし，インド・中国間をはじめとしてアジアでの国際貿易ネットワークを構築して，海運のみならず，造船，保険，金融会社などを傘下にもつなど多角化した当時の先進国際商社であった[58]。その時点では三井物産は貿易技能で決定的劣位は明らかである。明治14年に三菱（明治18年までが郵便汽船三菱会社，明治26年までが三菱社，明治26年以降が三菱合資会社，大正7年以降三菱商事，これら総称して本書では三菱と記す）が高島炭礦を買収す

---

56　例えば，粕谷誠（1997）「創業期三井物産の営業活動」『経営史学』第32巻3号。
57　隅谷三喜男（1968）『日本石炭産業分析』pp.188-189。
58　ジャーディン・マゼソンは英国王特許の下で貿易を独占していた東インド会社の商権に食い込む私貿易から成長した海運商人である。西村孝夫（1982）『近代イギリス東洋貿易史の研究』pp.123-147。

第2章 競争力における人材技能

図表2-5 三池炭と高島炭の輸出数量比較

(単位:千トン,%)

| 年 | 日本の輸出高(A) | 三池炭 | | | | | 高島炭 | | | | |
|---|---|---|---|---|---|---|---|---|---|---|---|
| | | 出炭高 | うち輸出 | | | | 出炭高 | うち輸出 | | | |
| | | | 輸出計(B) | B/A(%) | うち上海 | うち香港 | | 輸出計(C) | C/A(%) | うち上海 | うち香港 |
| 明治9年(1876) | 166 | - | - | - | (3) | - | - | - | - | (26) | - |
| 10年(1877) | 163 | - | 3 | 1.8 | - | - | - | - | - | - | - |
| 11年(1878) | 206 | - | 10 | 4.9 | - | - | - | - | - | - | - |
| 12年(1879) | 197 | - | 63 | 32.0 | - | - | - | - | - | - | - |
| 13年(1880) | 289 | 118 | 70 | 24.2 | (59) | - | 230 | - | - | (45) | - |
| 14年(1881) | 297 | 168 | 79 | 26.6 | (56) | - | 237 | - | - | (54) | - |
| 15年(1882) | 327 | 156 | 74 | 22.6 | 70 | 4 | 254 | 64 | 19.8 | 58 | 4 |
| 16年(1883) | 393 | 158 | 119 | 30.3 | 82 | 28 | 236 | 152 | 38.7 | 42 | 82 |
| 17年(1884) | 532 | 209 | 149 | 28.0 | 86 | 52 | 226 | 124 | 23.3 | 44 | 69 |
| 18年(1885) | 586 | 248 | 128 | 21.8 | 46 | 65 | 258 | 134 | 22.9 | 45 | 68 |
| 19年(1886) | 674 | 277 | 184 | 27.3 | 61 | 111 | 270 | 184 | 27.3 | 68 | 93 |
| 20年(1887) | 710 | 317 | 219 | 30.8 | 67 | 124 | 302 | 228 | 32.1 | 87 | 114 |
| 21年(1888) | 983 | 368 | - | - | - | - | 306 | - | - | - | - |
| 22年(1889) | 1,062 | 462 | 243 | 22.9 | 104 | 99 | 265 | - | - | - | - |
| 23年(1890) | 1,224 | 487 | 287 | 23.4 | 92 | 133 | 238 | - | - | - | - |
| 24年(1891) | 1,249 | - | 315 | 25.2 | 89 | 175 | - | - | - | - | - |
| 25年(1892) | 1,309 | - | 312 | 23.8 | 83 | 162 | - | - | - | - | - |
| 26年(1893) | 1,517 | - | 430 | 28.3 | 100 | 225 | - | - | - | - | - |

注1) 数値は複数の原資料の合成であるため,厳密には全体としての整合性はない。
 2) ここにおける輸出とは船舶用を含む。
 3) 表中で-印はデータなしの意味。
 4) 三池上海輸出明治9年と高島上海輸出明治9,13,14年のセル( )内にある数値は上海側での輸入データであり参考値。
出典) 山口(1998)『近代日本の商品取引――三井物産を中心に』pp.11,12,13,15,16より集計。
 同書記載の原資料は鑛山懇話會編『日本鑛業発達史 中巻』pp.172,173;『三井物産株式会社沿革史(稿本)』第4編業務編;高野江基太郎(1898)p.36;三菱鉱業セメント株式会社編『高島炭礦史』pp.63,105;『三井物産株式会社100年史 上(稿本)』p.129。注4の上海輸入データの原資料は隅谷三喜男『日本石炭産業分析』p.186。
 日本全体輸出高は鑛山懇話會編『日本鉱業発達史 中巻』pp.172,173,原資料は商工省鉱山局調査統計。

るが,その後もジャーディン・マゼソンその他外商を代理店とし輸出業務が委ねられていた。高島炭との競争では,外貨獲得を目的とした政府は積極的対抗策をとり,貯炭能力や海運力の増強などで三井物産の要請に応えて支援を行う。図表2-5に示すとおり開始3年目の明治12年には軌道に乗せ,以降高島炭と激しい競争を繰り広げつつ量的拡大を遂げていく。清国市場では高島炭と三池

---

59 前掲山口和雄(1998)『近代日本の商品取引――三井物産を中心に』p.13。

## 第4節　明治20年代終盤までの貿易事業の模索と貿易技能の学習

炭が互いに激しい競争を通じてシェアを拡大していき，先行していた英国炭，豪州炭，米国炭を次第に駆逐していくこととなる。三菱は輸出業務を外商に委託してはいたが，現地での営業活動は行っており，明治17年までは香港に，明治19年までは上海に事務所をおいているが，この後明治35年までは清国での拠点をもっていない。明治19年は海運事業を日本郵船に引き渡した年であり，海外拠点網の引き渡しの際に，石炭輸出のための上海などの海外拠点を存続させなかった。上海支店（三菱は「支店」を「場所」と称するが）など海外拠点はそれまでも石炭商売で日常的実務を担っていなかったからであろう。自社の海外人材を育成する体制を全くとらなかった点では，三井物産とは対照的であり，これが明治30年代での輸出で三井物産に大きく水をあけられる背景の一つとなっていると思われる。因みに明治20年代高島炭と三池炭の競争の激戦地であった上海，香港，新嘉坡には，三井物産は石炭商売を中心とした駐在員が26人いる（明治26年同社「職員録」）。

　清国への三井物産の石炭輸出販売は，当初欧米大手海運会社向け焚料用途が大半であった。欧州海運会社との契約は，倫敦で船会社と価格や数量の原則年間ベースの基本契約が結ばれ，その基本枠組みに基づいて船の寄航地で都度船会社の現地事務所や船の船長などから注文をとり，それを船会社指定の現地買付け代理人を経由して売買するといった形であったと思われる。「と思われる」というのは，こうした形での取引が行われていることが確認できるのは「支店長会議議事録」で取引実情を詳しく知ることができる明治35年以降のことであるからである。しかし，そもそも欧州海運会社の清国での焚料調達は英国炭や豪州炭であったから，このような取引方法は高島炭や三池炭が清国に進出する

---

60　『高島炭礦史』pp.105-110には明治15〜20年の三池炭と高島炭の上海における激しい客先争奪戦の様子が語られている。
61　隅谷三喜男（1968）『日本石炭産業分析』p.186掲載の表では，上海の石炭輸入で明治9年では日本炭のシェアは57％で，明治10〜12年の数値はないが，明治13年では日本炭のシェアが81％となり，その中で三池炭は40％に達している。
62　三菱鉱業セメント株式会社編（1989）『高島炭礦史』pp.103-110。
63　前掲三菱商事株式会社編（1987）『三菱商事社史　資料編』pp.54-55。

以前に確立されていた可能性が高い。

　そうした理解を前提とすれば，石炭商売における輸出先現地店での当時の実務は，かなり煩雑で，ある部分はかなり高度なものであったと考えられる。倫敦経由での基本契約締結，国内店との輸入契約，現地港での陸揚げ並びに貯炭，日本国内店との荷為替決済，船の寄航の際の受注活動と商品受渡し，現地買付け代理人との代金決済，などである。取引介在者が多数で，信用リスクや契約履行の管理は複雑であったに違いない。資料はなく詳細は不明であるが，通貨ではポンド，清国内での銀貨，或いは洋銀など複数の外貨が取引されたと思われ，為替リスクの対応も複雑であったのではないかと推察される。

　こうした焚料用途に加えて，清国内での石炭需要が産業用途や一般燃料用途に広がるにつれて，販売先は紡績など製造会社や大小石炭問屋など多様化していき，現地店は清国内の色々な産業流通に入り込んでいくことになる。石炭商売は荷動きが頻繁であり，取引は継続的に進行していくので，貿易一般技能の学習密度が高く，また，輸出先の国内流通にも入り込んでいくため貿易応用技能も学習機会が多い。石炭商売を通じて，上海，香港，新嘉坡ほかアジア地域各店での貿易技能修得は極めて効果的に進展したと考えられる。国内側でも，三池，口ノ津，門司など石炭輸出の販売店や積み出し店でも貿易一般技能の修得は効果的に進展したものと思われる。第3章第4節で明治30年代の実務リーダー層を分析するが，その大部分は明治20年代石炭輸出商売に関わった人材である。

　一方，政府依託商売以外での直輸出をみると，貿易技能が未熟な状況にあったことが窺える。例えば，生糸は創業期にかなり積極的に取組んだにもかかわらず，取引が定常化される商売の構築に至っていない。定常的な取引が行われない状態では，実務学習は効果的には進まない。生糸輸出では当時の標準的な貿易での基本を無視した取引もかなりあったようである。例えば，委託輸出で，商社自体は原則リスクを負わない取引であるが，とはいえ，リスク認識すら出来ていない取引が行われていたのである。即ち，買い手との契約が定まらないのみならず，その見通しもつけられないまま，輸出委託を請け負い，船積みを

第4節　明治20年代終盤までの貿易事業の模索と貿易技能の学習

先行させていた[64]。生糸輸出は当時外商が独占的に取扱っていたが，彼らがこれを成長させえたのは，この取引を当時国際標準化された取引形態で定着させていたからに違いない。つまり，輸出先の需要家と，たとえ間接的ではあったにせよ，商談の道筋を開き，売り手たる横浜の売込み商と輸出先での買い手とを仲介して売買契約を取り結び，その上で荷為替を組んで船積みがなされるといった，標準的な貿易取引を行っていたものと思われる。明治初期においては，三井物産をはじめ他の邦商もこうした標準的な貿易取引，即ち貿易一般技能を前提とした取引を組み立てることが容易にはできずにいたのである[65]。

　明治20年代終盤以前の直貿易で中心となったその他の商売としては，紡績機械の英国からの輸入と綿花の清国とインドからの輸入があった。これらは御用商売ではない。これら商売の成立には益田孝の人脈が大きく貢献していること

---

64　前掲山口和雄（1998）『近代日本の商品取引──三井物産を中心に』p.40で，『三井物産株式会社沿革史』が次のように引用されている。「荷為替ヲ取組ンダモノハ殆ド全部当社ヘ委託セラレタモノデアッタ関係上，委託者ノ満足ヲ得ル値段デ売レナカッタモノニ就イテハ苦情ガ出タリ，売上高ガ荷為替金ニ達シナイ場合ハ，ソノ差額取立ノ為ニ法廷デ争ハネバナラナカッタ」。

65　例えば，明治9年三井物産の創業とほぼ同じ時期，同伸会社への起点となる新井領一郎のニューヨークでの活動を加藤隆他編（1987）『日米生糸貿易史料　第1巻資料編1』が詳しく伝えている。この時期での直輸出にむけて新井らが取組んだことは，新たに市場に参入する日本産生糸の品質を市場で認知させ，日本品を使用する織屋を獲得せんとするものであった。新井は紐育で日本人貿易商佐藤百太郎を伴って毎日のように織屋や生糸商を訪ね，日本より取り寄せたサンプル，或いは少量のトライアル品を持ち回り，品質評価の依頼に奔走し，徐々に高い評価を取り付けている。こうした日本産生糸の品質を米国市場で認知させる地道な努力は，長い目でみて米国での日本産生糸シェア拡大に多大な貢献をしたものとおもわれるが，商売は中々立ち上がっていかない。未開拓市場への参入には品質の評判獲得が不可欠であるが，これのみでなく，商品の安定供給，供給企業としての信用，売り手買い手間の日常的相互交流などの確立が必要となる。貿易取引でこれを確立するのは，貿易一般技能と応用技能の修得が前提であるが，新井らの活動は，こうした部分での組織能力構築には程遠い段階であったことが窺われる。明治初期の三井物産も似たような状況があったとおもわれるが，当時の現地支店長山尾熊蔵は，同店には新井のような生糸専門家もおらず，全くなすすべがないような状況であったものと思われる。新井を三井物産に雇い入れる思惑をもっていたとされるが成功していない。

第 2 章　競争力における人材技能

は木山実(2009)[66]が明らかにしている。大阪紡績は日本で最初の世界水準の大規模紡績企業であり，この設立には多くの財界人が関わったが，益田孝もその一角にあり，盟友の渋沢栄一が主唱者である。この益田と渋沢の関係とこの2人を取り巻く人脈群が，大阪紡績への大規模紡績機の輸入取扱いチャンスを三井物産にもたらした。明治19年には世界的にもトップメーカーである英国プラット社の代理店権を獲得し，これがその後の重要な商権となる。機械商売を得意としていた大倉組は，倫敦の拠点開設では三井物産より先行しており，また大阪紡績設立にも社長大倉喜八郎が関与していたなど，英国からの紡績機械輸入を手掛ける好条件を備えていたものの，三井物産がこの商権を獲得できたのは，先に触れた木山実（2009）にあるとおり，渋沢を巻き込んだ益田人脈が決め手となっていた。

　綿花の輸入はこうして構築された大阪紡績との関係を背景として始まった。最初は清国綿の上海からの輸入である。国内の販売窓口は，紡績機械でも販売窓口であった大阪支店である。大阪紡績は設立当初は国内綿を使用したが，明治19年から清国綿の輸入を開始する。これを三井物産が担当することとなった。[67]清国綿の輸入は当初清国商はじめ外商が押さえていたところに，三井物産が徐々に勢力を伸ばしていくのである。同社は明治23年に上海に合弁繰綿工場を設立するなど，安定供給源の確保にも積極的に踏み込んでいる。清国綿を中心とした輸入綿での邦商のシェアは明治20年代にはいると2～3割になり，明治23年で5割を超える。この明治23年は三井物産の取扱高がわかるが，邦商総輸入額のなかで8割以上を占めている。[68]

---

66　木山実（2009）「明治前期における益田孝の人的ネットワーク」『近代日本と三井物産』第6章 pp.186-191において，渋沢栄一の主導で大阪紡績の設立準備が始まった明治12年当時，渋沢の甥で三井物産倫敦支店の初代支店長になった笹瀬元明と，渋沢を軸とした津田束や山辺丈夫などの人脈が，三井物産による大阪紡績の英国よりの紡績機輸入の道を切り開いたことが詳述されている。
67　前掲山口和雄（1998）『近代日本の商品取引』p.42。
68　ここで述べた邦商のシェア，その中の三井物産のシェアは山口和雄（1998）p.9とp.44にある表の数値から割り出したものである。

第 4 節　明治20年代終盤までの貿易事業の模索と貿易技能の学習

　明治20年代は企業勃興期を迎えて大規模紡績設立が相次ぎ，輸入需要量とともに品質要求も高まり，清国綿に比べ長繊維のインド綿の輸入が始まる。明治20年に大阪の有力綿商8社によって内外綿が設立され，明治26年には日本棉花が設立されるが，この2社と三井物産が綿花輸入の中心となる。インド綿の輸入拡大に向けて，三井物産は明治25年に孟買に事務所を設置し[69]，現地直買付けを開始する。明治28年にはそれを支店に昇格させ7～8人まで陣容を拡大している[70]。一方，内外綿は明治24年孟買のタタ商会と一手販売契約を締結し，インド綿輸入で先んじているが[71]，現地拠点は設けていない。明治25年に設立される日本棉花は，翌26年にガダム商会と一手販売契約を結び，併せて現地駐在員も置いているが，現地での自らの買い付けが始まるのは明治40年からである[72]。3社のうち三井物産のみが明治20年代から，産地国現地に人材を多数投入し，日常の実務を通じて貿易一般技能の修得を進めている。同時に綿花という専門性の高い商品取扱いでの特有な技能も並行して修得されていったと思われる。また，上海での繰綿工場設立とその運営という仕事でも，貿易一般技能を超えた高度な技能が求められたと思われる。これらは貿易一般技能を超えた応用技能の修得も次第に進展させていたと考えられる。

　企業の創業期では市場における競争力になりうる経営資源は極めて限られている。競争力の要素の中でも，資金力に関しては，企業によっては，創業当初から充実した態勢をとることは可能であるが，組織や人材面での競争力は，既存組織の継承でない限り，無に近い状態から事業を立ち上げるのが普通である。

---

69　東洋棉花株式会社編・発行『東棉四十年史』p.42。
70　明治25年の最初の現地事務所駐在員は安川雄之助であるが，明治27年あたりで1人増員され，明治28年には支店に昇格し，間島興喜が支店長となり，同時に5～6人増員された。安川雄之助（1996）『三井物産筆頭常務──安川雄之助の生涯』p.43より。なお，それに先立ち綿業売責任者である飯田儀一が現地調査に行っている。由井常彦（2008）「明治期三井物産の経営者──飯田儀一，小室三吉，岩原謙三に付いて」『三井文庫論叢』第42号，p.43。
71　小西平一郎他（1969）『綿花百年 上』p.95。
72　日綿實業株式会社編（1943）『日本棉花株式会社五十年史』p.22。

従って，組織や人材能力をどれだけ早く整えられるかが創業企業にとって最大の課題となる。これと並行して，これらの整備を進めていく間，企業の存立を維持しうる収益源を何らかの形で確保していくことがまた大きな課題となる。三井物産の創業期はこれを御用商売に求めたが，同社の創業期経営の特徴は，この御用商売の開始と同時に，それと連携させた形で，組織と人材構築への先行投資をかなり積極的に進めたという点にある。

これまでみてきたように，明治20年代終盤以前の三井物産の貿易商売は言わば試行錯誤の積み重ねであった。創業当時の日本の貿易業としての最重要分野は生糸と茶の輸出であり，同社もこれに力を注いだが外商との競争に太刀打ちできず，また売込み商としての地位でも邦商の中で優位を築けてはいない。結果としては，コメや石炭の輸出を中心に御用商売が創業期の貿易商売の中軸となり，これがその後の同社貿易事業発展への道筋を築いた。従って，創業期における御用商売の演じた役割は極めて大きいが，これは単に商売基盤，或いは商権の構築という面での重要性に留まらない。寧ろそれ以上に，この時期に御用商売を通じて，組織・人材基盤の地均しが効果的に進展したことが，同社のその後の発展にとってより大きな意味をもった。組織・人材基盤の地均しの進展とは，具体的には，貿易事業に不可欠である組織，とりわけ海外拠点と，そこでの貿易実務能力の構築という面で，少なくとも当時の国際貿易市場で機能しうる最低限の態勢を中軸とした限られた商売で整備し，そしてその後本格化する基盤整備を牽引していく人材群を蓄積していった，ということである。国際水準での貿易事業体制が完成するのは明治30年代から明治40年代にかけてであるが，明治20年代終盤までに，様々な試行錯誤を通じて，その基礎が競争他社に先んじて整えられたのである。この中で，先にみたように，国際貿易市場で機能しうる貿易技能を修得した人材が，組織全体からみれば一角であったにせよ，相当数形成されたのである。

最古の職員録がある明治26年の時点をみると，上海，香港，新嘉坡，倫敦，天津，孟買の7箇所に海外拠点が設けられ，合計で35人（それぞれは，17人，7人，3人，5人，2人，1人）が本社から派遣されている。この時点での他

の邦商の詳しい状況を知る資料はないが，本章第2節でみた明治30年以降でのこの面での同社の優位から推察しても，明治20年代で同社の海外での組織・人材の整備がかなり先行していたことは明らかである。これらの組織・人材を維持する経費がどの位であったかを具体的に把握する資料は手元にないが，相当大きな金額であったことは間違いない。この経費を賄えたのは，当時同社商売の基幹であった国内商売からの収益とともに，御用商売からの収益がこれを支えたと考えられる。ただし，御用商売の恩恵は経費の問題に留まらず，組織と人材の質的高度化を引き出す実務実践機会を提供したことがより重要である。特に，三池炭輸出商売がこの機会を効果的に提供した。これは海外店においてのみならず，対応国内店における組織と人材の構築を効果的に促進した。また，明治20年代終盤までの商売の中で，御用商売以外で重要な役割を演じた紡績機械や綿花輸入商売においても，倫敦や孟買など海外拠点とそこでの人材の整備水準は他の邦商を凌駕している。つまり，明治20年代終盤までの同社の貿易商売展開では，押しなべて，組織と人材の構築への積極的な先行投資が同時進行しており，国際貿易実務の現場で実践的学習機会を与えられた人材が貿易実務技能の修得を進めていたのである。

# 第3章
# 人材形成経営の進捗とOJTの進展

## 第1節　創業者の経営観・人材観

　三井物産創業者益田孝の同社発展における，特に創業初期における重要な役割は「総合商社の論理」をめぐる議論で指摘されている。この節では益田はどのような経営観をもっていたのか，またその中で人材観はどのようなものであったかを見ていく。先ず彼の経歴を要約すると以下のとおりである。

　同社創業当時弱冠29歳であるが，既に豊富な国際経験並びに貿易実務経験を積み重ねている。元々は幕臣で最後の役職は騎兵頭並である。仏国の指導で新たに組織した騎兵隊の幹部である。それ以前は幕府の英語通弁（通訳）として米国公使館に宿寺詰として勤務していた。英語との出会いは少年時代で，父親が幕府の佐渡金山の奉行所勤務から開港後間もない箱（函）館奉行所への転任時，英国人との接触に始まると言われている。その後父親が幕府の第2回渡欧使節の随行任務を受けるに際し，それに同行し海外見聞の機会を得ている。維新後は横浜で通訳や売込み商を自ら経験し，投機色の濃い当時の横浜での商人

---

1　『益田孝雑話』益田孝著，糧友会編（1938），『自叙益田孝翁傳』益田孝著，長井實編（1939）。

第3章　人材形成経営の進捗とOJTの進展

の世界に身を置いている。その後米国商館ウォールシ・ホールに雇われ欧米商人の貿易実務を体験している。為替相場，国際情報網，近代的通信方法，効率的事務管理など，貿易実務に有用な欧米の先進ノウハウを学んでいる。

　井上馨に認められ新政府に出仕し，大蔵省造幣寮で英国人のトップの下で日本人組織の管理をまかされる。英国人トップと仕事がかみ合わなかった前任者の後釜として起用された。その時期に政府要人や渋沢栄一などとの人脈を形成している。井上馨，山形有朋，伊藤博文ほか長州閥をはじめ中央政府官僚の人々とであるが，その中でも，益田と同じように幕臣から明治政府官僚という道を進み，且つ井上馨に近い渋沢栄一との盟友関係は創業初期の事業展開で重要な役割を果たしている。井上の下野に行動を共にし，先収会社設立にあたってその経営の任にあたる。井上の政府復帰に伴って同社が解散され，事業が三井物産会社に継承されるが，引き続き経営をまかされる。

　このように，幼年時からの英語学習と幕府通訳，渡欧，そして維新後は米国商館勤務，英国人トップの造幣寮管理，井上馨の貿易会社経営と，益田は多彩な経験を積み重ねていたが，こうした経歴は当時の実業家の中でも稀有である。この経験を基礎に益田の経営スタイルは先進欧米企業の経営に極めて敏感なものとなっている。創業初期から複式簿記の採用[2]や電信暗号帳策定，中外物価新報の発行に象徴される活発な国際情報収集活動など，従来の日本の商業経営にはない技法が多面的に導入されている。また，人事面でも，先に述べた学卒者採用はもとより，欧米企業に倣って夏季休暇導入したり[3]，経営や語学の社内研修を開催するなど[4]，限られた資料からの散発的な情報からも，我が国の明治前

---

2　三井文庫資料「社則」《本1215》は創業時策定の経営基本方針を綴ったものであるが，その第12条には「勘定宜シク西洋複記ノ法ヲ用イ」とある。
3　三井文庫資料「諸規則元方　明治十一年〜十二年」《物産54》に欧州企業の例に倣って，暑中休暇1〜2週間の制度を設ける旨の明治20年7月付け社内論告が載っている。
4　三井物産株式会社編・発行（1965）『三井物産小史』p.124に「明治16年12月21日　毎週1回先生ヲ雇イ幹部其他ニ経済学ヲ勉強セシム」，「明治23年7月1日　毎週月曜日ニ社員に商法ノ講義ヲ聴講セシム」とある。

第1節　創業者の経営観・人材観

期段階ではかなり先進的な経営スタイルを採っていたことが窺われる。

　こうした経営スタイルということに留まらず，経営の基本目標も当時の欧米先進商社に照準が合わされている。経営の目的をコミッション・エイジェントとしていることである。益田が創業期以来一貫して重視した事業方針はコミッション・エイジェント形態の貿易商業である。これは第2章で述べたように[5]，当時の欧州貿易商業で一般化していた経営形態である。多様なリスクに晒される貿易事業で，欧州貿易商人が長い歴史を経て到達した経営安定性重視の事業形態である。欧州事情に通じていた益田がこれを経営の基本とし，創業時の「社則」[6]に明示した。維新後の日本の貿易商人は概して投機的な商売に安易に入り込んでいたが，益田は自ら横浜で売り込み商を経験し，また外国商館にも勤務し，その経験から貿易事業経営はこのコミッション・エイジェント形態を基本とすべきとの信念をもっていた。リスク・コントロールが経営の根幹をなす経営である。益田のこの方針は彼が同社経営に直接携わっていた明治30年代中盤までのみならず，その後も経営幹部に継承されていく。時代が下り日本の貿易市場の拡大と質的変遷に伴い，リスクの大きな商売に同社も次第に入り込んでいくが，その中においても，益田が据えたリスク・コントロール重視経営の基本との整合性が真剣に議論され続けている。明治35年以降昭和6年まで議事録が残っている同社の「支店長会議」[7]では随所にこれが見出される。なお，これまでの三井物産研究では，同社のリスク・コントロールについて，商品相場リスクの問題に傾斜して議論がなされてきているが，それ以外に，信用リス

---

5　第2章第2節，論点⑧人材の項参照。

6　創業時制定された「三井物産会社規則緒言」《本1215－10》。『三井物産小史』では「社則」と略称で呼ばれている。商品売越買越の禁止方針は「此会社ノ営ムヘキ商業ハ専ラ他人ノ依頼ヲ受ケテ物産ヲ売捌ク事ヲ務メ或ハ買収シテ其手数料ヲ得ル即チ問屋欧洲謂フ所コムミシヨンエジエンシーノ商売ナリ」と表現されている。同様の方針はその他多くの資料でも登場している。

7　明治35年から昭和6年まで計17回開催されたうち16回分が三井文庫に残っている会議の口述筆記議事録。三井文庫より『三井物産支店長会議議事録　第1〜16巻』が刊行されている。この詳細は第5章第1節で説明する。

71

ク，事業投資リスク，契約不履行リスクなどのコントロールに同社の経営幹部が多大なエネルギーを使っていた様子が「支店長会議」その他の資料から確認することができる。なお，このリスク・コントロールの問題は第5章で詳しく論じる。

　益田の経営観のなかでもう一つ注目されるのが人材育成の重視である。経営史研究の多くが同社の人材重視経営を論じており，商法講習所を中心にした学卒者の積極的採用や海外修業生制度など人材育成制度の充実などに注目している。こうした人材育成政策は益田が同社経営を掌握していた明治30年代中盤までに軌道に乗っていた政策で，益田の人材育成重視経営を正に象徴するものである。また，益田が三井物産の経営を後継者に譲った後でも，三井家同族会管理部の立場で出席を続けた「支店長会議」では，人材育成の問題に関して色々発言している。初期教育の問題は「支店長会議」で度々議論されており，学歴の高低にかかわらず入社後数年間の実務教育の重要性が多くの会議出席者から指摘されているが，益田はその徹底のために実務の初期教育を専門に行う組織[8]の設立なども提案している。しかし，益田の人材育成経営ではこれら制度的な整備に留まらず，いやそれ以上に，実際の日々の仕事を通じた教育訓練が重視され，そこで最も効果をあげていた点に注目する必要がある。即ち，OJTである。当時こうした教育概念が存在したわけではなく，ごく当たり前のやり方での教育である。但し，これは明示的な資料があまり残らない人材育成の側面なのである。

　創業期の使用人は三井組国産方から継承した人員が大半を占め，それらの殆どは米や魚肥などの国内商売に従事していた。彼らは近世商家の旧来の教育方式で育てられた人々だが，創業後20年ほどはこの国内商売に重心が置かれたから，経営はかれらの働きに大きく依存した。従って，明治20年代終盤までの人

---

[8] 明治39年の「支店長会議」に三井家同族会管理部副部長として出席した益田孝は入社初期教育の徹底のため「実践科」という教育組織を設置することを提案しているが，この提案は実現していない。三井文庫発行『三井物産支店長会議議事録　第5巻』p.227。

材育成環境は旧来の伝統的方式が後退しつつも，まだその余韻を残していた[9]。こうした中で近代ビジネスとしての最先端に位置した国際貿易の専門人材を育てていくことが創業者益田に課された課題であった。極めて困難な課題であった。益田が採った人材育成行動を具体的に知る資料はあまりない。しかし，その課題は明治30年代に達成される事実を確認することができる。創業から二十数年もの歳月をかけた。明治30年代及びそれ以降の人材形成状況の詳細とそれまでの概況については本章の以下の各節，並びに続く各章で立ち入って考証する。

## 第2節　先行研究で死角となったOJT

三井物産の経営史研究は数多いが，その中で人材を論じた研究が1970年代以降十余に上る。一つの企業研究でしかも人材という特定テーマに光をあてた研究が継続性をもって数多く取り組まれているのは異例ともいえる。これは同社が人材育成経営に精力的であり，また先進的であったと広く認識されているからであろう。併せて，一般に入手が困難な人事資料に恵まれていることも大きな背景になっている。

起点となったのは森川英正（1971, 1976）[10]が展開した，「総合商社の論理」の議論における人材資源の重要性，稀少性への着目である。戦前期三井物産を観察対象の中心にすえた。もっとも，同社が人材育成に熱心であり，そして豊富な人材を擁していたとする見方は，その当時既に発表されていた社史など[11]で提供されており，格別ユニークな視点というものではない。しかしその後の研究に残した影響は大きい。人材注目はその後での「総合商社の論理」の議論とし

---

9　詳細は若林幸男（2007）『三井物産人事政策史 1876年〜1931年——情報交通教育インフラと職員組織』第2章，第3章。
10　森川英正（1971）「総合商社について」『経営志林』第8巻3号，同（1976）「総合商社の成立と論理」『総合商社の経営史』。

第3章　人材形成経営の進捗とOJTの進展

ては米川伸一（1983[12]）などにも継承されている。しかし，本格化するのは1990年代の終盤以降，人材の管理及び育成の詳細についての研究が進展しはじめてからである。それ以前の研究は[13]，人材政策と制度についての研究であり，それ以降はそれらの実際の運用の考証に焦点が移行した。

その新たな研究の流れの主なものは，若林幸男（1999[14]），粕谷誠（1999[15]），大島久幸（1999[16]），木山実（2000[17]），麻島昭一（2002, 2003[18]），高橋弘幸（2002, 2009[19]），由井常彦（2007, 2008, 2010, 2011[20]）などである。それ以前の論文・著作が着目した諸点[21]，即ち学卒者の積極的採用，海外研修制度，社内試験制度

---

11 社史では『稿本三井物産株式会社100年史』経営史研究所編（未刊行），『挑戦と創造──三井物産100年のあゆみ』三井物産株式会社編（1976），『回顧録』三井物産株式会社編（1976），『三井物産小史』第一物産株式会社編（初版1951，その後1965三井物産株式会社再版）など。

12 米川伸一（1983）「総合商社形成の論理と実態──比較経営史からの一試論」『一橋論叢』第90巻3号，同（1994）「第二次大戦以前の日本企業における学卒者」『商学研究』（一橋大学）第34号。

13 これまでの研究とは，前出の森川英正（1971, 1976），米川伸一（1983），『三井物産小史』（再版1965），『稿本三井物産株式会社100年史』（未刊行），『挑戦と創造　三井物産百年の歩み』（1976），『回顧録』（1976）や栂井義雄（1976）『三井物産の経営史的研究』などを指している。

14 若林幸男（1999）「三井物産における人事課の創設と新卒定期入社制度の定着過程」『経営史学』第33巻4号。

15 粕谷誠（1999）「近代雇用の形成──明治前期の三井銀行を中心に」『三井文庫論叢』第33号。

16 大島久幸（1999）「戦前三井物産の人材形成──部・支店における人事異動を中心として」『専修大学経営研究所報』。

17 木山実（2000）「三井物産草創期の海外店舗展開とその要員」『経営史学』第35巻3号。

18 麻島昭一（2002）「戦前三井物産の財務部門の人的側面」『社会科学年報（専修大学）』，同（2003）「戦前期三井物産の学卒社員採用──明治後半・大正期を中心として」『専修経営学論集』第75号。

19 高橋弘幸（2002）「日本におけるホワイトカラーの人的資源管理の発展──明治大正期三井物産の成功と人的資源管理の研究」『文京学院大学大学院経営学論集』第4号，同（2009）「明治大正期三井物産における人材の組織的形成」『三井文庫論叢』第43号。

第2節　先行研究で死角となったOJT

などについてその運用実態にメスがいれられ，それが実際に機能した時期や効果などの詳細が次第に解き明かされてきた[22]。例えば，それまで特に注目されてきた学卒者が，実際に人材の中核になっていくのは明治後期以降であり，従来通説では強調され過ぎた嫌いがあること，またそれまでは伝統的子飼い育成に準じたシステムが中軸にあったことなどの解明[23]である。更に海外研修制度や社内試験制度の実際の効果について，当時幹部の間で評価が分かれていたとする事実や，貿易人材の社内育成システムが未だ整わない創業初期段階では，官僚などの海外経験者の採用といった外部での育成に依存していたことなども新たな事実として明らかにされてきた。こうした人材経営進展の曲折が明らかにされつつ，それに加え人材定着率の問題[24]，特定商品や職能（勘定，受渡その他）ごとの専門人材の実態と形成過程[25]，事業進展と人材形成の関連，企業発展を牽引したリーダー達の仕事経歴[26]といった側面にも研究が広がってきている。

　こうした研究の進展で同社の人材育成の成果，即ち，有能な人材群を形成したという事実は明らかにされたが，しかし，その人材の有能さが同社の事業発展と如何に結び付くのかという重要な部分が全くブラックボックスとなっていた。つまり，人材の技能形成についての研究が行われてきていない。その背景には，同社での技能形成が，その殆ど全てOJTで行われてきたことによる。これが仮にOff-JTが中心に行われていたのであれば，それを確認しうる資料がかなり残されていたはずであるが，OJTであればそれを明示的に知る資料は殆ど存在しえないのである。このブラックボックスの解明が本書の課題の一

---

20　由井常彦（2007, 2008, 2010, 2011）「明治期三井物産の経営者（上），（中），（下1），（下2）」『三井文庫論叢』第41, 42, 44, 45号。
21　前掲，森川英正（1971, 1976），米川伸一（1994），若林幸男（1999），麻島昭一（2003）。ほかに，武内成（1985）「三井物産会社における慶應義塾卒業生の動向」『三田商学研究』第28巻5号。
22　前掲若林幸男（1999），麻島昭一（2002, 2003），高橋弘幸（2002, 2009）。
23　前掲若林幸男（1999）。
24　前掲粕谷誠（1999）。
25　前掲麻島昭一（2002）及び大島久幸（1999）。
26　前掲由井常彦（2007, 2008, 2010, 2011）。

つとなっている。

## 第3節　教育訓練制度が果たした効果

### 1　学歴・学力の影響

　創業から20年ほど，つまり明治30年あたりまでは制度的な教育訓練はなされていない。国内商売を担当する人たちが人数的には過半[27]であったと思われ，その多くは米や魚肥などの伝統的商売に携わっていた。従って，そうした人たちに対しては，三井国産方以来の旧来の教育訓練が行われていたのであろうから，あらたな教育制度の導入も必要とされなかったと思われる。明治20年代での貿易業務は国内に指導者が殆どいないので，海外店での独学的なOJTに殆ど委ねられていた。それが明治30年代にはいり，貿易実務技能の教育が制度的に行われるようになった。また，経験を積んだ指導層も育ち，組織全体に安定的に分布するようになり，OJTも組織的に展開されるようになった。

　この30年代は第1章で論じたように同社がそれまで基盤とした国内商売から貿易に事業転換が行われた時期である。組織もそれまでの近世以来の身分制的な多層階層構造が消え，日給者と月給者の二つの階層に再編されている。この二つの階層は原則では試験によって選別された。日給者試験と月給者試験であり，入社時にそのいずれかの関門を通過しなければならない。とは言っても，一定の学歴があれば月給者試験を受けずに月給者採用とされた。帝国大学（以下で帝大と略す），高等商業学校（以下では高商と略す），慶應義塾大学の卒業生

---

27　最古の職員録のある明治26年で海外店の人数は全体の1割であり，国内にあって貿易に携わっていた人数は2割以下であった可能性がある。因みに明治30年になっても船員を除く全使用人361人のうち東京本店が最大で101人だが，それに次ぐ大きな店は函館48人，大阪34人，神戸26人，兵庫22人であり，函館と兵庫それぞれ魚肥とコメの国内商売での仕入れに特化した店がランキングの上位にある。

第3節 教育訓練制度が果たした効果

図表 3-1 「パネル表」から読みとれる学歴・前歴と仕事経歴との関係(全414人から修業生9人を除く405人)

| 仕事経歴／学歴・前歴 | 日試などイ) | 「子供」などロ) | 商業学校などハ) | 私大などニ) | 高商などホ) | 帝大などヘ) | 中途採用ト) |
|---|---|---|---|---|---|---|---|
| 人数 | 71 | 58 | 86 | 28 | 101 | 12 | 49 |
| 勤続期間平均* | 9.3年 | 9年 | 10.3年 | 9.9年 | 12.8年 | 12.4年 | 11.4年 |
| 会社都合解雇の割合(％) | 28％ | 19％ | 5％ | 11％ | 8％ | 0％ | 18％ |
| 譴責懲罰を受けた人の割合(％) | 1.4％ | 0.0％ | 1.2％ | 0.0％ | 2.0％ | 9.0％ | 4.1％ |
| 管理職昇進した人の割合(％) | 10％ | 10％ | 24％ | 36％ | 58％ | 58％ | 41％ |
| 部店長昇進した人の割合(％) | 0％ | 0％ | 1％ | 4％ | 17％ | 17％ | 6％ |
| 一異動当りの平均勤務年数(年) | 5.5 | 5.5 | 4.8 | 4.3 | 4.0 | 3.7 | 5.3 |
| 赴任地域との関連度** | | | | | | | |
| 　本店 | 0.68 | 0.63 | 0.59 | 1.63 | 1.00 | 1.83 | 1.33 |
| 　国内の支店など | 2.73 | 2.26 | 3.06 | 1.43 | 2.35 | 1.73 | 1.84 |
| 　英語圏の支店など | 0.08 | 0.10 | 0.35 | 0.00 | 0.51 | 0.17 | 0.17 |
| 　その他西洋の支店など | 0.02 | 0.00 | 0.06 | 0.00 | 0.20 | 0.73 | 0.00 |
| 　中国語圏の支店など | 1.54 | 0.73 | 0.40 | 1.21 | 1.46 | 1.90 | 2.15 |
| 　その他アジアの支店など | 0.10 | 0.05 | 0.42 | 0.00 | 1.02 | 0.31 | 0.22 |

\*　調査機関18年での勤続
\*\*　各学歴前歴ごとに当該地域への赴任述べ年数を同学歴前歴の人数で除した数値
注)　イ)日試など：学歴未記載日給試験採用者。
　　ロ)「子供」など：子供，店限，臨時ほか既雇用者の日給使用人へ登用。
　　ハ)商業学校など：商(工)業学校，(尋常)中学など出身者。
　　ニ)私大など：私大等大学相当高等教育機関出身者。
　　ホ)高商など：高等商(工)業学校出身者 or 外語大など。
　　ヘ)帝大など：帝国大学 or 欧米大学出身者。
　　ト)中途採用：三井内転籍，再雇用，月試採用，嘱託，店限などから月給登用，特別技能者など。

などは無試験で月給採用されることになっている。[28]三井家企業からの移籍者も同じく無試験月給採用である。それ以外は原則日給試験及第をもって採用され，入社後に月給試験を受験する。但し，一部は最初から月給試験を受けて採用されている。

　このように日給か月給かは概ね学歴によって決められている。したがって，学歴が入社後どのような意味をもったのかを以下で検証していく。これは第7章での仕事経歴の分析で用いるパネル・データの情報を活用して分析を行う。このパネル・データは明治36年から明治38年の3年間で入社した全員414人に

---

28　前掲『三井物産小史』(p.129)では明治33年以前はこの指定校3校のみが無試験であったものが，同年以降運用枠が広げられたと記している。

対して，入社時の学歴ほか前歴の状況，入社後18年間の教育経験や人事異動の軌跡について，「社報」[29]（これに人事異動発令が載っている）と「職員録」[30]を用いてデータ化したものである。これを以下で「パネル表」と呼ぶ。この「パネル表」の414人から15年以上勤続者173人の抜粋を第7章図表7-1として載せた。この詳細は第7章で触れる。「パネル表」のデータは本章の以下の分析で随所に使われているが，図表3-1はその「パネル表」のデータから幾つかの情報を抽出し分析したものである。学歴・前歴が，勤続，解雇理由，譴責懲罰，管理職（掛主任など第一段階の管理職）昇進，部店長昇進，一異動当りの平均勤務年数，赴任地域などと如何なる関連をもつかを示している。以下で項目ごとに考察していく。

① 図表3-1で最初の行にある勤続の問題は本章第4節で詳しく分析する。そこでは低学歴者が入職初期での退職率が相対的に高いこと，高学歴者では仕事経歴を積むに従い退職率が上昇すること，更に，18年間通期で見ると高学歴者で相対的に残存率が高くなっていることが確認される。図表3-1では学歴・前歴別の平均勤続期間（18年間の調査での）をあげている。低学歴者では9～10年であるが高学歴，特に高商や帝大卒では12年を超えている。中途採用者の勤続期間も高い水準にあることが注目される。入職年齢についてのデータはないものの，新卒者よりある程度高い入職年齢を考慮すると，中途採用者の定着性は相対的に良好であったことを示している。

② 同図表2行目の解雇理由では，会社都合解雇が日給試験で採用された低学歴者で際立って高く，それに次いで「子供」など内部からの登用者と中途採用者が高い。同じ低学歴者層でも，既に仕事振りを観察できている「子供」などの内部登用者が，試験によって採用した日給試験採用者より会社都合解雇が低いのは注目される。

---

29 同社の日刊社内情報誌である。詳細は第7章第2節にて説明する。
30 多年にわたり発行されている職員名簿であり，表題は色々であるが，本書では総称として「職員録」と呼んでいる。詳細は第7章第1節で説明する。

第3節　教育訓練制度が果たした効果

③　同図表3行目の譴責懲罰では帝大など卒業者に該当者比率が突出して高いが，これはデータ数，特にこの学歴グループの標本数が少ない為ではなかろうかと思われる。

④　同図表4行目5行目の昇進との関連では高学歴者の昇進率の高さが認められる。組織管理層への昇進率で高学歴者が優位にあったことはここから明らかではある。それがどの程度の優位であったかは給与構造から一定の把握が可能である。というのは，明治30年代の給与階層は，それ以前と著しく変化し，それまでの細分化された多層職階に代わって，給与額自体が組織階層を表すこととなっているからである。[31] 給与階層ごとの学歴別人数分布は詳細なデータが当時整備されている。大正4年と大正15年時点のデータが「支店長会議議事録」に掲載されている。図表3-2はそれを基に本書での学歴分類に対応するように組み替え，且つ学歴グループごとの給与階層別人数にその構成比を付記している。

　　図表3-2から読み取れるのは，高学歴者の優位は必ずしも決定的ではないということである。つまり，月給100円以上の言わば高額給与層には，確かに高学歴グループが多いが，それぞれの学歴グループ内の構成比では，必ずしも高学歴グループが決定的に有利であったとは認められない。

⑤　図表3-1の6行目に示されている一異動当りの平均勤務年数では，高学歴者が相対的に短い点が注目される。平均勤務年数が短いということは異動が多いことを意味しており，高学歴者ほど平均的には多様な仕事経験を積まされている可能性が高いことが示されている。

⑥　図表3-1最下欄には，地域ごとの平均赴任延べ年数を学歴・前歴別に算出した数値を示している。学歴・前歴グループごとにそれに属する人が当該地域に赴任した延べ年数を合算し，それをグループの人数で除した数値である。グループごとの地域との関連度の強さを表している。特に注目される点は以下のとおりである。

---

31　詳しくは前掲，高橋弘幸（2002）「日本におけるホワイトカラーの人的資源管理の発展——明治大正期三井物産の成功と人的資源管理の研究」pp.53-63。

第 3 章　人材形成経営の進捗と OJT の進展

**図表 3-2　組織全体での学歴別の給与構造（給与ランク構成）**

（上段：人数，下段：同学歴内での構成比）

①大正 4 年[1]

| 学歴＼月給別ランク | 学歴別総数 | 400 円以上 | 300 円以上 | 200 円以上 | 150 円以上 | 100 円以上 | 50 円以上 | 50 円未満 |
|---|---|---|---|---|---|---|---|---|
| 帝國大学・外国諸大学 | 91 | 1<br>1.1% | 0<br>0.0% | 3<br>3.3% | 8<br>8.8% | 17<br>18.7% | 29<br>31.9% | 33<br>36.3% |
| 高等商業（工業）・外国語学校 | 519 | 3<br>0.6% | 2<br>0.4% | 20<br>3.9% | 25<br>4.8% | 78<br>15.0% | 190<br>36.6% | 201<br>38.7% |
| 私立大学・専門学校 | 175 | 1<br>0.6% | 2<br>1.1% | 3<br>1.7% | 8<br>4.6% | 18<br>10.3% | 57<br>32.6% | 86<br>49.1% |
| 商業学校・中学及び之に準ずる者 | 256 | 2<br>0.8% | 1<br>0.4% | 6<br>2.3% | 10<br>3.9% | 23<br>9.0% | 123<br>48.0% | 91<br>35.5% |
| その他・「子供」及び之に準ずる者 | 118 | 1<br>1% | 0<br>0% | 2<br>2% | 12<br>10% | 24<br>20% | 42<br>36% | 37<br>31% |
| 合　　計 | 1,159 | 8<br>0.7% | 5<br>0.4% | 34<br>2.9% | 63<br>5.4% | 160<br>13.8% | 441<br>38.1% | 448<br>38.7% |

②大正 15 年[2]

| 学歴＼月給別ランク | 学歴別総数 | 500 円以上 | 400 円以上 | 300 円以上 | 200 円以上 | 100 円以上 | 50 円以上 | 50 円未満 | 見習い |
|---|---|---|---|---|---|---|---|---|---|
| 帝國大学・外国諸大学 | 266 | 0<br>0.0% | 0<br>0.0% | 3<br>1.1% | 12<br>4.5% | 140<br>52.6% | 102<br>38.3% | 0<br>0.0% | 9<br>3.4% |
| 高等商業（工業）・外国語学校 | 875 | 0<br>0.0% | 5<br>0.6% | 16<br>1.8% | 66<br>7.5% | 426<br>48.7% | 318<br>36.3% | 29<br>3.3% | 15<br>1.7% |
| 私立大学・専門学校 | 492 | 0<br>0.0% | 1<br>0.2% | 6<br>1.2% | 13<br>2.6% | 126<br>25.6% | 296<br>60.2% | 26<br>5.3% | 24<br>4.9% |
| 商業学校・中学及び之に準ずる者 | 629 | 1<br>0.2% | 1<br>0.2% | 2<br>0.3% | 17<br>2.7% | 94<br>14.9% | 271<br>43.1% | 227<br>36.1% | 16<br>2.5% |
| その他・「子供」及び之に準ずる者 | 283 | 0<br>0.0% | 1<br>0.4% | 5<br>1.8% | 10<br>3.5% | 127<br>44.9% | 116<br>41.0% | 24<br>8.5% | 0<br>0.0% |
| 合　　計 | 2,545 | 1<br>0.0% | 8<br>0.3% | 32<br>1.3% | 118<br>4.6% | 913<br>35.9% | 1103<br>43.3% | 306<br>12.0% | 64<br>2.5% |

注 1 )「三井物産支店長会議議事録大正 4 年」pp.169-171「月給使用人大正 4 年 7 月 1 日調」より。この時点で日給使用人は330人前後。7 月職員録では日給238人，日給見習31人，特別採用31人，臨時雇及び嘱託31人。

2 )「三井物産支店長会議議事録大正15年」pp.70-73「本使用人出身學校細別表十五年 4 月三十日現在調」より。この時点では同表に殆どの使用人がふくまれていると見られる。大正15年10月職員録では月給者及びその見習いが2,490人，特別日給者 2 人，嘱託及び臨時雇30人，罷役54人，船員234人，造船62人。

第3節　教育訓練制度が果たした効果

- a. 本店との関連では帝大と私大グループが特に強い。
- b. 国内支店では特定のグループとの関連がみられず概ね均等である。
- c. 英語圏は赴任年数が総じて短いが，高商グループとそれに次いで商業学校グループが関連強い。
- d. その他の西洋も赴任年数が総じて短いが，帝大グループが関連強く，高商グループがそれに次ぐが，この二つのグループでほぼ独占している。
- e. 中国語圏は国内支店と同様に概ね均等であるが，中途採用グループが比較的関連が強い。
- f. その他のアジアも赴任年数が総じて短いが，高商グループが最も関連強く，商業学校グループがそれに次ぎ，パターンとしては英語圏と類似している。

　以上のような学歴と昇進，配属特性，定着度などとの関連から何が読み取れるのであろうか。全体的状況を説明しうる鍵の一つは語学力であろう。高商と商業学校の出身者には比較的英語力を期待していたことがわかる。高商出身者が相対的に英語学力で優れていたことは一般に知られている。商業学校出身者については，同社は特に優秀な成績のものは高商などと同じ扱いで月給試験を無試験で月給社員として採用しており，英語などの学力のある学生を積極的に雇い入れている。二つ目の鍵は，専門性である。英語以外の外国語や，工学，法律など専門知識の保有者は不足しており，本店の本部や機械部その他特殊な商品部，或いは欧州店などはこうした専門性へのニーズが高かった。従って，帝大や私大から専門教育を受けた人材を確保していた。専門性ニーズは高学歴者に対してのみではなく，高学歴者以外にも，固有のニーズに基づいた採用と配属が行われている。三つ目の鍵は，多様な課題への適応力である。高学歴者は，上で指摘したように語学力や専門知識の高さからそれを必要とする部署へ配属されるが，しかし，総じて異動は多く，多様なニーズに対応して活用されている。それは高学歴者が様々な仕事ニーズに対応できる可能性をより多くもっていると期待されていたからであろう。それと共に，入社後の教育が重要な

時期における定着性の良さがこうした状況を生み出しているものと思われる。また，色々な仕事経験をさせる教育投資が高学歴者により効果的と期待され，彼らにこのチャンスがより多く与えられたことを示しているとも考えられる。但し，一方で，学歴と昇進の関係をみると高学歴者は昇進者数が多いものの，同学歴内での昇進率では必ずしも決定的に有利とはいえないから，学歴は昇進に大きな影響を与えているものの，学歴とは別の要素が昇進に関わっていることを示している。

　要するに学歴ということ自体よりも，学力ということが重要な意味をもっていたのであると考えられる。明治30年代中盤以降のデータからの把握であるが，同社の実務資料や社内報などをみると，組織内のコミュニケーションでは多量の文書が日々飛び交っており，組織で底辺の実務担当者であっても，高い水準のリテラシーと一般教養知識が不可欠であった様子が窺われる。英語も日常の実務文書にかなり登場している。従って，学力というものが仕事技能の基礎として大きな意味を持っていたことは確かである。組織全体の標準的知識水準が世間一般の水準よりかなり高い水準で設定されていたと思われるが，これは社内試験制度の中身から確認できる。この組織にはあらゆる学歴経験者が分布しているが，特に低中学歴者向けに実施された試験「日給者登用試験」の内容は組織で求められていた標準的知識水準を具体的に伝えている。英語力や日本語文章力などコミュニケーション力，世界地理，世界貿易状況，また算術など基礎学力を必要条件としていたことがわかる。「日給者登用試験」は，その一つ高い水準の「月給者登用試験」とともに，毎年実施されており，それぞれ試験問題の一部が残されている[32]。資料Aは「日給者登用試験」の内容である。また，こうした試験に向けての学力習得のために夜学通学も奨励されており，費用補助の制度も整えられている。資料Bは「本店子供学術奨励規則」である。

---

32　三井文庫蔵「本社諸達規則支店長，明治33年6月〜明治34年12月」《物産89》にこの時期に開催された試験の問題が綴じられている。

第３節　教育訓練制度が果たした効果

資料Ａ　「日給者登用試験」の内容

三井文庫資料《物産89》『明治卅三年六月起卅四年十二月止本社諸達規則類支店長』（月給者日給者への昇進試験の案内「達第十八号」，発行年月日不明，明治20年代後半〜30年代初めと推定）
「日給者登用試験問題」
　地理　（壱時間）
　　（一）我国三大汽船會社ノ外國定期航路ヲ問フ
　　（二）石炭，石油，米，綿花，生糸ノ世界ニ於ケル産地ヲ擧ゲヨ
　　（三）我國ノ重要輸出商品及其輸出國ヲ問フ
　歴史　（壱時間）
　　（一）我國ノ外國貿易ノ変遷ヲ叙セヨ
　　（二）左ノ名詞ニ付歴史上知レル所ヲ問フ
　　　a. ベニース（Venice）
　　　b. バスコデガマ（Vasco de gama）
　　　c. ウエリントン（Wellington）
　算術　（壱時間）
　　（一）甲乙両人アリ距離百六十五里ノ地ノ両塲ヨリ同時ニ相向ツテ出立シ甲ハ一日九里乙ハ一日七里半ツツ歩ミタリ然ラバ両人ガ途中ニテ相會セシハ出立後何日目ナリシヤ又其會セシ地ハ甲ノ出立点ヨリ何里ナリヤ
　　（二）〔一部文字判読不明で全体の文意不明〕
　英文和譯　（壱時間半）
　　（一）"What has been done can be done again" said the boy, who became Sord Beaconsfield. "I am not a slave, I am not a captive, and by energy I can overcome greater obstacles."
　　（二）Trade, Bankrupts, Success, Progress, Industry, Increase, Effect, Supply, Navigation, Factory,
　　　右ノ語ヲ和訳セヨ
　論文　（壱時間）
　　日清貿易ヲ論ズ
　通信文　（壱時間）
　　或人ヨリ契約違反ニ依リ如何ナル結果ヲ生ズルカ問ヒ来リタルニ答フル文

83

第 3 章　人材形成経営の進捗と OJT の進展

> 漢文　（壱時間）
> 　政有名美而実不稱者不可不察也政貴実不貴名貴名則無益於民貴実則有利於國國與民相須而有者也
> 　右四十三字
> 　右句読，反リ点ステ仮名ヲ附シ解繹スベシ

### 資料 B 「本店子供学術奨励規則」

三井文庫資料《物産89》『明治卅三年六月起卅四年十二月止　本社諸達規則類　支店長』（低学歴者向け夜学奨励制度（制定年月日不明　推定；明治二十年代後半〜三十年代初め）

> 「本店子供学術奨励規則」　（〇は判読不明文字）
> 　　　第一條　本店子供ノ學術研修ヲ奨勵スル為メ本規則ヲ設ク
> 　　　第二條　本店子供ハ早朝又ハ夜間必ス學校又ハ教師〇キテ英學，數學，漢學，簿記等必〇ノ學科ヲ研修シ以テ學術ノ練磨ヲ計ルヘシ
> 　　　　　　　但就學學校名又ハ教師名及研修科目ヲ庶務課用度掛ヘ届出ツヘシ変更ノ場合モ亦同シ
> 　　　第三條　前條就學費ヲ補助スル為一ヶ月金七拾五錢〇ヲ支給ス
> 　　　　　　　但本文就學ヲ証スル為ノ毎月授業料ノ受領ヲ庶務課用度掛ニ提示スヘシ
> 　　　第四條　學術研修ノ成蹟ヲ調査スル為メ毎月第一日曜日ニ學術奨勵試驗ヲ擧行ス
> 　　　第五條　學術奨勵試驗ハ小供ノ學力ニ應ジ二組ニ区別シ庶務課用度掛之ヲ執行ス
> 　　　　　　　但試験問題ハ参事ニ於テ之ヲ調製ス
> 　　　第六條　試験成蹟ハ参事ニ於テ之ヲ審査シ本人ノ年齢，平素ノ品行，執務ノ状態等参酌シ成蹟良好ナル者ニハ賞品ヲ附與ス
> 　　　第七條　病気其他已ムヲ得サル事由アル場合ニハ受験免除ヲ庶務課用度掛ニ願出ツヘシ
> 　　　　　　　但本ノ場合ニハ更ニ日ヲ期シテ試験ヲ擧行スルコトナルヘシ
> 　　　第八條　左記條項ノ一ツニ該当スル〇・・・〇〔数字判読不明〕處分ヲ爲スヘシ
> 　　　　　一，猥リニ學術ノ研修ヲ怠ル者
> 　　　　　二，故ナク奨勵試験ニ應セサル者

第3節　教育訓練制度が果たした効果

> 　　　　三，執務上怠慢アル者
> 　　　　四，素行脩マラサル者
> 　　　　五，學業進歩ノ望ナキ者
> 　第九條　各掛主任者ハ執務上差支エナキ限リハ可成小供ヲシテ學術研
> 　　　　修ノ便宜ヲ得サシメンコトヲ○○
> 　第十條　小使中ノ小供ニ準スヘキ者ニハ本則ヲ適用ス
> 　　　　　　　　　　　　　　　　　　　　　　　　　　　　以上

## 2　昇格試験（月給試験）制度の効果

　月給試験は日給者という資格で採用された人々が上位資格である月給者になる上での社内試験の制度である。日給者としての入職は55％であるので新入者の半分以上がこの関門を通ることとなる。文書化された規則はなかったようだが実際上主任など管理職への昇進には必要要件となっていたと思われる。給与水準についても，これも文書化された規則は発見されてはいないが，昇給上月給者にならなければ不利であったことは想像に難くない。

　図表3-3その1は入社後の月給試験及第の時期を示している。この表も「パネル表」から抽出したデータで作られたものである。及第累計数は100人であるので，日給で採用された人々のうちの44％しか及第していない。最もこれは多少データ欠落があると見られる。「パネル表」は「社報」の欠落情報を「職員録」で補足しているものの，月給試験及第如何は「職員録」では見えず補足は出来ていない。しかし，少なくとも半数位は及第していなかったと見てよいと思われる。但し，大正8年と9年で日給者がほぼ全員月給者に組み替えられている。これは日給と月給の二階層制が実質的に意味を成さなくなり，その一本化人事政策がとられた為である。この転換過程では月給試験そのものが形骸化しつつあったことは容易に推定できる。事実「社報」の一部では試験及第はないが，実際上それ同等以上の能力があるとして，月給者に昇格させている例が載っている。こうした弾力的処置は「社報」に掲載されずともかなりあった可能性はある。大正期はこうした転換が進んだものの，明治36年～38年段

図表3-3　月給試験及第と勤続の関係（「パネル表」より）

その1　及第時期と数の推移

| 入社後及第<br>までの期間 | 及第人数 | 累計数 |
|---|---|---|
| 1年未満 | 27 | 27 |
| 1～2年未満 | 31 | 58 |
| 2～3年未満 | 18 | 76 |
| 3～4年未満 | 9 | 85 |
| 4～5年未満 | 6 | 91 |
| 5～6年未満 | 0 | 91 |
| 6～7年未満 | 1 | 92 |
| 7～8年未満 | 2 | 94 |
| 8～9年未満 | 5 | 99 |
| 9～10年未満 | 1 | 100 |
| 11年以上 | 0 | 100 |
| 合計 | 100 | 100 |

その2　及第後の勤続状況

| 及第後の勤続期間 | 退職数<br>（人） | 累計<br>（人） | 残存率 |
|---|---|---|---|
| 0年以上～1年未満 | 5 | 5 | 95% |
| 1年以上～2年未満 | 7 | 12 | 88% |
| 2年以上～3年未満 | 8 | 20 | 80% |
| 3年以上～4年未満 | 4 | 24 | 76% |
| 4年以上～5年未満 | 4 | 28 | 72% |
| 5年以上～6年未満 | 2 | 30 | 70% |
| 6年以上～7年未満 | 5 | 35 | 65% |
| 7年以上～8年未満 | 2 | 37 | 63% |
| 8年以上～9年未満 | 2 | 39 | 61% |
| 9年以上～10年未満 | 2 | 41 | 59% |
| 10年以上～11年未満 | 6 | 47 | 53% |
| 11年以上～12年未満 | 2 | 49 | 51% |
| 12年以上～13年未満 | 3 | 52 | 49% |
| 13年以上～14年未満 | 3 | 55 | 46% |
| 14年以上～15年未満 | 11 | 66 | 35% |
| 15年以上～16年未満 | 7 | 73 | 28% |
| 16年以上～17年未満 | 18 | 91 | 10% |
| 17年以上～18年未満 | 5 | 96 | 5% |
| 18年以上～ | 4 | 100 | ― |

注）「パネル表」全員414人の中で月給試験受験し及第した100人。

階では月給試験が厳格に運営されていた。図表3-3その1にあるように，及第者100人のうち殆どが入社5年以内に及第しており，特に1～3年に集中している。日給採用者がこの試験及第を重視していた証しであろう。

しかし，その月給者試験の及第がその後この組織内での技能形成を促進したのであろうか。及第後の勤続期間は図表3-3その2に示されている。及第後3年以内での退職数が多いことがわかる。更に，18年経過までに96％，つまり殆どが退職している。この時点で全体での残存者は3割強であるから月給者試験及第者の退職率が際立って高い。月給者試験及第は勤続を促進することに明らかに貢献していない。これは統計解析によっても示唆されている。[33] 同時にこの統計解析は月給試験の早期及第は管理職への昇進にプラスに結びついているとは限らないという点も示唆している。

## 3 海外研修制度の効果

　海外研修制度は、「清国商業見習生規則」（明治31年4月）、「支那并台湾語学研修規則」（同年12月）、「支那修業生規則」（明治32年1月）などが30年代初めに矢継ぎ早に制定され、その後も35年「貿易見習生」、37年「語学研修規則」と続く。これらは低学歴者を中心に主に中国など海外に数年派遣し、原則現地での勤務を課さず、現地語と現地の風俗習慣を習得することを主眼においている。全費用会社負担による一種の留学制度である。当時の海外派遣費用は高額であるから、教育投資としては極めて大胆な制度である。幹部会議で研修受領者の退社リスクについて議論されてもいるが、それをも押して実行されているものである。尚、上記の諸規則では研修派遣者は様々な呼び方がなされているが以下では一括して修業生と言う。

　本章第4節での勤続分析では、修業生であることが勤続を特に長くしている状況は見出されていない。制度の評価について、当時の支店長らの見方が分かれていたことは本章第2節でふれた。しかし、この制度の効果をどのような角度から評価すべきかについては、当時の支店長会議の議論も収束していない。支店長らの議論は、自身の店で預かっている修業生個人への、それぞれの自分の店の当座の視点からの評価が中心である。従って、この制度の本来の趣旨である長期的視点の人材育成政策として、その目的にあっているか否かをどう見ていたのかは不明である。長期的にみれば、こうした先進的教育制度の存在は、間接的であるにせよ、組織全体の学習風土にプラスの影響を与えていた可能性がある。

　図表3-4は「パネル表」の414人の中で修業生経験者14人の経歴を一覧にし

---

33　従属変数を、月給試験及第までの年月とし、独立変数を、①月給試験及第後の在籍年数、②第一次管理職への昇進指数、③同一部署在籍平均年数の3つとした重回帰分析。有効標本数は78、重決定 R2は0.081、①の係数マイナス0.120、t値マイナス2.158、②の係数0.045、t値0.586、③の係数0.122、t値2.027、共に有意水準5％で①と③が有意。①が係数がマイナスで有意ということは月給試験に早く及第すればするほど、早く退職する傾向があるとの推定が可能なことを示している。

第3章 人材形成経営の進捗とOJTの進展

図表3-4 「パネル表」全員414人の中で海外修業生経験者の仕事経歴

| Ref. No. (注2) | 氏名 | 入社年齢 (注3) | 入社前学歴 | 在籍期間 (注4) | 同一部署在籍数平均年数 | 昇進指数 (注5) | 部店長昇進 (1/0) | 会社都合解雇 (1/0) | 第一経験① | 異動時期 & 第二経験② | 異動時期 & 第三経験③ | 異動時期 & 第四経験以降④⑤⑥⑦⑧ |
|---|---|---|---|---|---|---|---|---|---|---|---|---|
| 117 | 江藤豊三 | 3.00 | 在天津支那修業生 | 18.00 | 3.6 | 11.25 | 0 | 0 | ①神店口S3 | ②4.00 (推) 天店 (職) 5.00-9.75 天店出雑掛 M | ③10.75 満事所 Mk/M | ④15.75 上店 /16.00 籾積掛 M/16.75& 穀肥掛 M/17.25 穀肥部上支肥部出上支 ⑤18.75 東店営 / 入雑掛 M/18.25 願解 < 取消 > /18.75 東店営 入雑掛 M ⑥21.00 * |
| 85 | 岡崎(磯島改姓)省三(蔵) | 4.50 | 高商36年度卒支那修業生 | 18.00 | 4.5 | 12.75 | 1 | 0 | ①香店 / (職) 5.00-6.50 香店販賑掛 M /7.25 輪雑掛 | ②8.50 アモSI/9.75 アモ所M | ③14.25 広所 M/18.50& 棉花部香支 /19.75& 香店 /20.00 香店 A&広所 M/20.25& 生米広支G | ④21.25 天店 G&石炭部木材部天支G ⑤22.50 * |
| 88 | 辻幸吉 | 3.00 | 在天津支那修業生 | 18.00 | 18.0 | 0.25 | 0 | 0 | ①神店口S3/4.25 天所 /4.50 口S3/12.50 ハル所 /16.25 連店春部連支 S2/17.25& 棉花部連支 < 在ル林 > /19.00 # 春所S2 < 阪店勤務加 > /20.75 連店出納掛M (職) 7.25 牛店肥料掛 /9.75-11.25 5番所 | ②21.00 * | | |
| 166 | 都築一夫 | 5.00 | 熊本県立商業学校 | 18.00 | 9.0 | 6.75 | 0 | 0 | ①修業生 < 天津 > | ②8.75 牛店入れ 終了雇部ハル S3/16.75 穀肥部連支 & 連店ハル所 (職) 11.25 満ハルS2 | ③22.00 門店 /22.25 門店穀肥部M | ④23.00 * |
| 77 | 松本久五郎 | 3.00 | 日給試験及第者 | 18.00 | 9.0 | 0.00 | 0 | 0 | ①阪店 / (職) 5.00 阪店受渡掛 | ②6.25 修業 < 天津 > (職) 9.75 修業 | ③10.25 (推) 満牛所 (蔵) 11.25 満牛所輸出品掛 /11.50 鐵所 /16.75& 穀肥部連支 /18.25 #鐵所,連店 /19.75 穀肥部連支 | ④21.00 < 穀肥部 > |

88

第3節 教育訓練制度が果たした効果

| | | | | | | ① | ② | ③ | ④⑤⑥⑦ |
|---|---|---|---|---|---|---|---|---|---|
| 91 | 山本夫大蔵 | 3.25 | 在上海清国商業見習生 | 16.75 | 3.4 | 14.00 | 0 | ①上店／4.25＜鎮南浦下＞ | ②4.75 神店口 S3／5.00 神店口 S2 | ③5.25 天店／（職）7.25-9.75 天店棉糸布掛 M | ④15.00 棉花部 ⑤16.00 棉花部上海支／18.50 棉花部上支棉糸掛 M ⑦20.00 願解 |
| | 高木陸太郎 | 3.25 | 在上海支那修業生 | 11.50 | 7.8 | 0.00 | 0 | ①上店／（職）5.00-9.75 漢所 | ②11.00 罷役 | ③14.75 罷解 | |
| | 三砂貞蔵 | 3.75 | 日露試験友第者 | 7.75 | 4.0 | 0.00 | 1 | ①上店／（職）05.50-06.50 阪店受渡掛／07.25 石炭掛 | ②7.75（推）修行（職）08.00 修業 | ③11.50 会соци＜当社都合により支那修業生解く＞ | |
| | 内田茂太郎 | 3.25 | 在上海支那修業生 | 5.50 | 0.9 | 0.00 | 0 | ①3.25 上店 | ②4.00（推）台店 | ③4.75 神店＜口 S3 | ④5.00 堂 S3／連 S3／口 S3／5.50 上店／通信掛／6.50（推）漢所（職）6.50 漢所／8.00-8.50 漢所輪出品掛／8.75 東店＜所属未定＞（職）＜9.75（推）願解（職）9.75 以降在籍記録なし＞ |
| | 大峽政吉 | 4.75 | 支那修業生（在廣東） | 7.75 | 3.0 | 0.00 | 0 | ①上店／（職）5.00-5.50 修業＜在天津＞ | ②9.75（推）台店／（職）10.50-11.25 台店用掛（職）＜7.25-9.75 職員出向掛に在籍記載なし5年間修業中と看做す＞ | ③12.75 願解 | |
| | 宮崎嘉市 | 3.25 | 在上海清国商業見習生 | 9.25 | 1.9 | 0.00 | 0 | ①上店／4.25＜韓国能巌浦＞ | ②5.00（推）門店／5.75＜清国安東県下受所＞／5.00 門店雑掛 | ③6.25 京店安 S3 | ④10.75 満ハル S3 ⑥12.50 願解 |
| | 武富七太郎 | 4.50 | 長崎商業 | 2.00 | 2.0 | 0.00 | 0 | ①支那修業生 | ②2.50 香店馬所／5.50 馬所 | ③6.50 願解（職）＜6.50 以降在籍記録なし＞ | |
| | 秋元龍起 | 5.00 | 支那修業生 | 0.50 | 0.5 | 0.00 | 0 | ①C附 | ②5.50 願解 | | |
| | 河村和一 | 4.50 | 不明 | 3.50 | 0.0 | 0.00 | 1 | ①修業＜清国修業生、清国商業見習生、上海＞ | ②8.00 修業＜清国商業見習生解く、実質上解雇＞ | | |

注1）＊印（経験年数欄の一部）：18年調査最終期。

2）Ref. No.：勤続15年未満の人には Ref. No. を付けていない。

3）入社年：1900年代の下1桁＋小数点以下2桁（四半期十進法）、その後の異動時期も同じ。

4）在籍期間：入社年と同じく年・四半期表示。（年数＋四半期十進法）での小数点以下2桁）

5）昇進指数：18年マイナス第一次管理職初任までの年数（十進法四半期ごと）、但し、学歴による年齢差推定値による調整。

たものである。1人部長昇進者がいるが，彼はここでの修業生の中で唯一の例外である高学歴者，即ち高商卒である。修業生たる経験とこれがどう関係していたのかは不明である。懲罰を受け修業中に解雇されたものが2名いる。譴責懲罰経験者は414人中6人だけであるので，その内2人が修業生であったことは若干気になる点である。修業生制度のネガティブな側面，即ち，会社生活の経験も殆どない若者を，OJTとは違って職場から離れたところで，自律的に学習させるという形の教育管理の難しさを象徴しているかもしれない。

全体を見てはっきり読み取れることは，全員が修業生経験との関連の深い仕事経歴，具体的には中国商売をその後担っていることである。この面からすれば，この制度は事業が要請する専門的技能の形成を間違いなく推進した仕組みであった，との積極的評価も可能である。この制度の初期の明治33年には，後に華々しく活躍する兒玉一造や森恪なども派遣されており，効果的な人材育成として機能した側面は否定できない。

以上，第3節では同社が整備していった教育訓練の諸制度に焦点をあてて，それらが技能形成に果たした役割を検証してきた。この組織においては基礎学力ということが極めて重要であったということは読み取ることができ，この組織的形成を学卒者の採用と低学歴者の企業内教育の両面で制度的に推進した状況が確認された。一方，貿易実務技能の形成に関して，入社後の昇格試験制度と海外研修制度を分析したが，これらが実際の実務技能の組織的形成に果たした貢献は限定的であったことが確認された。従って，これまでの研究で明らかにされた同社の人材育成の諸制度は，同社が貿易市場競争で築いた「圧倒的」ともされる優位を説明するに足る人材育成の仕組みとは到底言い難く，消去法となるが，同社の人材形成はOJTがその中心的役割を担っていたことが検証されたと言ってよかろう。

## 第4節　OJT 進展を促進した組織条件

### 1　身分階層構造の転換

　先進的人材育成制度の導入に加えて，組織構造の転換も明治30年代の人材経営の大きな変化の一つである。組織の構造の柔軟性如何は OJT の内容に影響を与える。旧来の商家経営で一般的な丁稚子飼い的な教育もある種の OJT 方式である。しかし，これは厳格な身分制度を背景としたものであったから，教育の内容や方法には柔軟性がない。近世の商家では長い間同じような内容と方式の教育が続いた。近代に入り知識の多様化と変化が進展する中では，この種の OJT は機能しえない。特に，近代的貿易人材を作り出す OJT にはなりえない。伝統的な身分制組織から機能制組織への転換が，貿易人材の OJT に必要な組織条件であったと思われる。この転換は明治30年代に行われている。詳細は高橋弘幸（2002）[34]で論じているが，要点をまとめると次の通りである。

　明治20年代終わりまでは近世商家の伝統的な呼称を用いて10段階以上の細分化された身分階層制が継続してきた。但し，明治20年代中盤以降は階層構造の簡素化が徐々に進行しており，それが30年代に入り一挙に加速した形となっている。例えば，明治25年では，経営層は社長，副社長，専務委員であり，それより下の実務層は元締，番頭一等，二等，三等，手代一等，二等，三等，手代見習，小童（子供）となっていた。手代三等までが月給者でありそれ以下が日給者である。明治28年段階では番頭という伝統呼称が消え，理事より下の実務層では，手代が一等から七等までと，その下は雇とされている。手代は月給者で雇が日給者である。この階層区分は明治30年2月の「職員録」まで見られるが，明治31年2月の「職員録」では，手代という呼称と等級も消え，身分階層

---

[34] 高橋弘幸（2002）「日本におけるホワイトカラーの人的資源管理の発展——明治大正期三井物産の成功と人的資源管理の研究」『文京学院大学大学院経営学論集』第4号。

は月給者と日給者の二階層に集約される。組織階層は店支配人，掛主任など役職で表記される形になっている。身分階層の色彩が後退して役職階層が前面に出てくる。組織秩序の大きな転換であると解釈できる。明治30年1月制定，明治32年3月改定の「使用人登用規則」[35]はこの転換の要点を語っている。使用人は月給者か日給者のいずれかで登用（ここでは採用という意味であるが）され，それぞれで施行される試験の及第が登用条件となる。但し，一定の学歴で試験は免除される。免除に指定校があり月給試験では「帝国大学，高等商業学校，慶應義塾大学」，日給試験では「尋常中学校」であり，これらの学校「又ハ之ト同等ナル官私立学校ノ卒業証書ヲ有スルモノ」は試験免除された。免除規定はあるものの試験が採用の基本条件となり，試験科目も細かく規定されている。身分的に月給者か日給者の二階層となった点が注目される。これ以外の登用条件として，信用ある紹介者よりの紹介状やその他必須提出書類などが規定されているが，この部分は従来からの慣行の延長である。従って，身分階層が月給者と日給者に簡素化された点，それらへの登用は試験で選抜されることとなった点，組織階層は役職が前面に出てきた点の3点が30年代での大きな変化ということになる。

## 2　指導層の確立

OJTを進展させうる組織条件として，見逃してはならないことは，教える側が組織的に整っているかどうかである。OJTが組織全体で効果的に進められる為には，仕事を通じた日常的訓練での指導者，或いはお手本の実行者が組織に満遍なく，且つ安定的に編成されていなければならない。これは創業20年を経た明治30年代に確立したと考えられる。創業者益田孝が目指した人材育成の試みのなかで，明治20年代での淘汰を経て組織に残った人たちが，明治30年代には組織現場を支えるリーダーを構成している。それを図表3-5と図表3-

---

35　前掲『三井物産小史』（再版1965）（p.127）では明治30年1月9日制定とある。「達，明治30～33年」《物産66》に「使用人登用規則明治32年3月8日訂正」が掲載。試験免除の規定は時期で変化している。

第4節　OJT進展を促進した組織条件

6で確認していきたい。図表3-5は「職員録」が残る最古の年である明治26年以降大正初期までの，主要部店課の長を一覧にしている。主要な部署のリーダーが定着し，安定した組織指導体制が出来上がっている状況を示している。一方，図表3-6は図表3-5に登場するリーダーたちが，何時ごろ入社し，30年代以降のどのような役職を任じられていったのかを一覧にしたものである。ここで登場する人物は，その大半は明治後期から大正期にかけての同社発展期で経営管理層の中軸として活躍することとなる人々である。これらの人々が言わば研鑽期として通過してきた明治20年代の教育環境は，人材育成の試行錯誤的な模索の時代である。次の項で触れるとおり，定着率は低水準で厳しい淘汰が繰り広げられている。既に一定の経験をもった者を所謂中途採用することが頻繁に行われ，また，その殆どが短期で去っている。とはいえ，創業当初の明治10年代と比較して，厳しい淘汰の中でも中堅層が次第に定着化する傾向が生まれつつあった。明治10年代初期の海外店の責任者は，その大半が官僚出身者など入社以前に海外経験を有する人々であったが，彼らは明治10年代末には姿を消している。それに代わって20年代の海外要員は主に高等教育経験を経た若手，つまり学卒者が中心となっている。彼らを教育する制度的基盤は未だ殆ど用意されていない。創業期の海外赴任者に対して益田が貿易実務を事細かく指示している記録が一部残っているが[36]，こうした益田による都度なされた個別の指導が教育の中心であった状況が長く続いたものと推察される。しかし，これは益田の近辺にいる人たちに対してのみであり，海外に派遣された人たちは，その地での実地訓練という形での独学に近い技能修得を進めていたものと思われる。明治22年大阪商業学校を卒業した安川雄之助の自伝がこの様子を詳しく伝えている[37]。彼は大阪支店と東京本店を経て，入社3年目で孟買に最初の駐在員として派遣された。孟買には当時日本人は皆無であったようで，現地の綿業界と英国の商社の社会のなかで，独学で貿易実務技能を修得していった。実際

---

36　笹瀬元明の倫敦赴任に際しての益田指示書「龍動出張員心得」《物産54》。
37　『三井物産筆頭常務安川雄之助の生涯』。安川本人の自伝1938年原稿を1996年に編纂発行された。

93

第3章　人材形成経営の進捗とOJTの進展

図表3-5　明治30年代以降の

| 部店課名 | | 明治26年 | 28 | 29 | 30 | 31 |
|---|---|---|---|---|---|---|
| 当時の経営実務トップ | (A) | 三井養之助 | 益田孝 | 〃 | 〃 | 〃 |
| 当時の理事（取締役）但し常勤のみ | (a) | 木村正幹<br>馬越恭平<br>上田安三郎<br>益田孝 | 馬越恭平<br>上田安三郎 | 上田安三郎<br>馬越恭平<br>渡邊專次郎 | 上田安三郎<br>渡邊專次郎 | |
| 本店本部庶務課（人事課） | (b) | － | 馬越恭平 | － | － | － |
| 本店本部調査課 | (c) | | | | | |
| 本店本部勘定方,<br>本店本部計算課，会計課 | (d) | 松本常磐 | 〃 | 〃 | 安田鐵蔵 | 〃 |
| 本店本部石炭課（掛） | (e) | － | － | － | 平田初熊 | 〃 |
| 本店営業部 | (f) | － | － | － | － | － |
| 横浜支店 | (g) | 坂本良五 | 宮本新右衛門 | 〃 | 津田與二 | 〃 |
| 名古屋支店 | (h) | | | | 寺島昇 | |
| 大阪支店 | (i) | 南一平 | 飯田義一 | 〃 | | |
| 棉花（首）部 | (j) | － | － | － | － | 飯田義一 |
| 神戸支店 | (k) | 田中考輔 | 岩原謙三 | 長谷川銈五郎 | 〃 | 〃 |
| 兵庫支店 | (l) | | 遠藤大三郎 | 〃 | 〃 | 〃 |
| 米穀肥料（穀肥）部 | (m) | － | － | － | － | － |
| 船舶部（本店船舶課・掛） | (n) | － | － | － | 大野市太郎 | |
| 門司支店（一時期馬関含む） | (o) | 服部種三郎 | 水谷耕平 | 〃 | 〃 | 〃 |
| 漁業（本）部（函館支店） | (p) | 水谷耕平 | 荘司平吉 | 〃 | 服部種次郎 | 〃 |
| 小樽支店 | (q) | 遠藤大三郎 | 木田幾三郎 | | | |
| 台北支店 | (r) | | | | 田村實 | |
| 天津支店 | (s) | | | | 呉永壽 | |
| 満州営業部（大連支店） | (t) | － | － | － | － | － |
| 上海支店 | (u) | 小室三吉 | 〃 | 〃 | 〃 | 〃 |
| 香港支店 | (v) | 福原栄太郎 | 福井菊三郎 | 〃 | 呉大五郎 | 〃 |
| 新嘉坡支店 | (w) | 福井菊三郎 | 大野市太郎 | 〃 | 〃 | 藤瀬政次郎 |
| 孟買支店 | (x) | － | 間島與喜 | 〃 | 〃 | 〃 |
| 紐育支店 | (y) | | | 岩原謙三 | 〃 | 〃 |
| 倫敦支店 | (z) | 渡邊專次郎 | 〃 | 〃 | 〃 | 〃 |

注1）本店本部の課（掛）長は部店長と略同格ゆえ本表に含める。明治27，35，大正1年は資料欠落。－印は組織がない，〃印は左同の意味。

2）機械部は，この時期，主要商品部の1つではあり明治41年に設置されているものの，幹部の中で適任者がいなかったとみえ部長は大正2年武村貞一郎の任命が最初である。それ以前のトップは部長心得或いは代理の役名で松尾鶴太郎（嘱託）及び加地利夫（機械掛主任より）である。

第4節　OJT進展を促進した組織条件

中核部店長への任命者推移

| 32 | 33 | 34 | 36 | 37 | 38 | 39 |
|---|---|---|---|---|---|---|
| 〃 | 〃 | 〃 | 〃 | 渡邊専次郎 | 〃 | 〃 |
| 〃 | 〃 | 〃 | 渡邊専次郎<br>飯田義一 | 飯田義一 | 飯田義一 | 飯田義一<br>岩原謙三<br>小室三吉<br>山本條太郎 |
| 田中文蔵 | 〃 | 〃 | 〃 | 〃 | 〃 | 〃 |
| 安田鐵蔵 | 〃 | 福原栄太郎 | 〃 | 松田宗則 | 〃 | 南新吾 |
| 〃 | 〃 | — | 安田鐵蔵 | 〃 | 〃 | 〃 |
| 井上泰三 | 福原栄太郎 | 犬塚信太郎 | 大野市太郎 | 河村良平 | 大野市太郎 | 谷口武一郎 |
| 福井菊三郎 | 〃 | 〃 | 〃 | 磯村豊太郎 | 〃 | 〃 |
| 〃 | 〃 | 〃 | 北村七郎 | 〃 | 〃 | 〃 |
| 〃 | 〃 | 〃 | 〃 | 岡野悌二 | 〃 | 〃 |
| 〃 | 〃 | 〃 | 藤瀬政次郎 | 福井菊三郎 | 〃 | 藤野亀之助 |
| 飯田義一 | 山本條太郎 | — | — | — | — | — |
| 呉大五郎 | 〃 | 〃 | 遠藤大三郎 | 〃 | 〃 | 武村貞一郎 |
| 〃 | 〃 | 〃 | 〃 | 〃 | 〃 | 〃 |
| — | — | — | — | — | — | 遠藤大三郎 |
| 藤村義朗 | 〃 | 三井守之助 | — | 藤村義朗 | 〃 | 田中清次郎 |
| 福原栄太郎 | 水谷耕平 | 長谷川銈五郎 | 〃 | 犬塚信太郎 | 〃 | 〃 |
| 〃 | 平田初熊 | 〃 | 平田初熊 | 〃 | 〃 | 〃 |
| — | 〃 | 藤原銀次郎 | 〃 | 〃 | 〃 | 〃 |
| 〃 | 武田貞松 | — | 南新吾 | 安川雄之助 | 〃 | 〃 |
| — | — | — | 〃 | 〃 | 〃 | 〃 |
| 〃 | 〃 | 〃 | 山本條太郎 | 〃 | 〃 | 〃 |
| 長谷川銈五郎 | 藤瀬政次郎 | 〃 | 犬塚信太郎 | 南新吾 | 〃 | 古郡良助 |
| 〃 | 河村良平 | 〃 | 河村良平 | 大野市太郎 | 河村良平 | 林徳太郎 |
| 〃 | 〃 | 〃 | 〃 | 〃 | 〃 | 〃 |
| 〃 | 〃 | 〃 | 〃 | 〃 | 〃 | 福井菊三郎 |
| 〃 | 〃 | 〃 | 小室三吉 | 〃 | 〃 | 〃 |

3）大連近辺では，満州営業部の明治43年設置に先だち，明治30年代を通して営口，牛荘，大連などに出張所が置かれている。満州営業部はそれらの統括。なお，牛荘は明治40年前後一時支店となっており井上泰三が支店長である。また，満州営業部はその後大連支店と名称変更する。

4）京城は上表に登場しないが，明治32年以降出張所が置かれ，小田柿捨次郎が首席／出張所長である。大正に入り支店となる。

第3章 人材形成経営の進捗とOJTの進展

図表3-5 つづき

| 部店課名 | 明治40年 | 41 | 42 | 43 | 44 | 大正2年 |
|---|---|---|---|---|---|---|
| (A) |  | 飯田義一 | 〃 | 〃 | 〃 | 岩原謙三 |
| (a) | 飯田義一<br>岩原謙三<br>小室三吉<br>山本條太郎 | 渡邊專次郎<br>岩原謙三<br>小室三吉<br>山本條太郎 | 渡邊專次郎<br>岩原謙三<br>山本條太郎<br>福井菊三郎 | 渡邊專次郎<br>岩原謙三<br>山本條太郎<br>福井菊三郎 | 渡邊專次郎<br>岩原謙三<br>山本條太郎<br>福井菊三郎 | 山本條太郎<br>福井菊三郎<br>渡邊專次郎<br>飯田義一 |
| (b) |  | 〃 | 〃 | 〃 | 〃 | 藤村義朗 |
| (c) | 間島與喜 | 〃 | 〃 | 〃 | 〃 | 斉藤吉十郎 |
| (d) |  | 松野徳哉 | 〃 | 〃 | 〃 | 御酒本徳松 |
| (e) | 大野市太郎 | 大竹勝一郎 | 〃 | 〃 | 〃 | 小林正直<br>(石炭部長) |
| (f) | 〃 | 〃 | 小田柿捨次郎 | 〃 | 〃 | 中丸一平 |
| (g) | 〃 | 〃 | 〃 | 〃 | 〃 | 〃 |
| (h) | 〃 | 〃 | 〃 | 〃 | 〃 | 二神駿吉 |
| (i) | 〃 | 〃 | 〃 | 〃 | 〃 | 〃 |
| (j) | — | — | — | — | — | 児玉一造 |
| (k) | 〃 | 〃 | 〃 | 〃 | 〃 | 加地利夫 |
| (l) |  |  |  |  |  |  |
| (m) | 〃 | 〃 | 〃 | 〃 | 〃 | 〃（参事） |
| (n) | 川村貞次郎 | 〃 | 〃 | 〃 | 〃 | 〃 |
| (o) | 中丸一平 | 〃 | 〃 | 〃 | 〃 | 小林正直 |
| (p) | — | — | — | — | — |  |
| (q) | 藤原銀次郎 | 〃 | 〃 | 〃 | 〃 | 平田篤次郎 |
| (r) | 斉藤吉十郎 | 〃 | 〃 | 〃 | 〃 | 箕輪焉三郎 |
| (s) | 〃 | 〃 | 〃 | 〃 | 中山晋 | 森恪 |
| (t) | — | — | — | — | 安川雄之助 | 〃 |
| (u) | 〃 | 藤瀬政次郎 | 〃 | 〃 | 〃 | 小田柿捨次郎 |
| (v) | 小林正直 | 〃 | 〃 | 〃 | 〃 | 林徳太郎 |
| (w) | 〃 | 〃 | 〃 | 〃 | 〃 | 大村得太郎 |
| (x) | 古郡良助 | 〃 | 〃 | 〃 | 〃 | 守岡多仲 |
| (y) | 〃 | 〃 | 〃 | 〃 | 〃 | 瀬古孝之助 |
| (z) | 〃 | 藤村義朗 | 磯村豊太郎 | 〃 | 〃 | 南條金雄 |

### 第4節 OJT進展を促進した組織条件

貿易実務の学習はこうした外地での貿易商業界に入り込んでいくしか効果的な方法はなかった。益田は学卒者のほぼ全てにこうした学習機会を与えたのであるが，この学卒者たちであっても必ずしも定着率が良好であったわけではない。その一部の集団が淘汰を経て定着化に向かっていった。図表3-6の登場者にはこうした経緯を経た人々が半数を占める。一方，学卒者以外にも，明治30年代の組織指導層として活躍した人々も少なくない。明治30年代は伝統的国内商売から貿易商売へのシフトが進展するものの，米とか魚肥といった伝統商品から発展した穀物肥料商売などでは，学卒者以外の人材の重要性が継続していた。

図表3-6に登場する44人のうち約4分の1にあたる12人が後に常務として経営中枢に上る人々である。渡邊専次郎，山本條太郎，岩原謙三，小室三吉，福井菊三郎，飯田義一，小田柿捨次郎，藤瀬政次郎，安川雄之助，小林正直，武村貞一郎，川村貞次郎らである。明治後期から大正期の経営首脳の殆どがここに登場している。彼らの多くは明治10年代の入社である。その他でも10人程度は明治20年前後までに入社した人たちであったと推測でき，それらの人たちの勤続は明治30年代では20年前後となる。従って，同社の30年代の指導体制は，同社に定着し，その中で十分な実務経験を積んだ人材で固められていたことがわかる。重役に上った人たちついては，その多くは近年詳細な経歴が明らかにされてきている。[38] その他の人々について明治30年代及びそれ以降の仕事経歴を以下で概観する。

先ず明治30年代に一つの部署の責任者を長期にわたって務めた6人が特に注目される。そのひとり遠藤大三郎は唯一三井組国産方からの生き残りであるが，明治20年代終盤から大正中期まで米穀肥料商売の第一人者である。米穀肥料商売は創業以来の伝統商品で商品構造や商売形態を進化させつつ存続したが，これを長期にわたり牽引してきたのが遠藤である。30年代は彼の長い社歴の丁度最盛期にあたるとも言え，兵庫支店長，神戸支店長，米穀肥料（穀肥）部長と

---

[38] 山本條太郎や安川雄之助など伝記のある人物以外はあまり知られていなかったが，近年，由井常彦（2007, 2008, 2010, 2011）『三井文庫論叢』により次第に明らかになってきた。

第3章　人材形成経営の進捗とOJTの進展

図表3-6　明治30年代～40年代初期のリーダー層とその社歴

| | 氏名 | 入社時期[1] | 明治30年代～40年代初期に責任者として任命された中核部店（課） |
|---|---|---|---|
| 後の常務[6] | 渡邊專次郎 | 明治12年 | 倫敦支店 |
| | 山本條太郎 | 15年[2] | 棉花首部／上海支店 |
| | 岩原謙三 | 16年[3] | 紐育支店 |
| | 小室三吉 | 16年[4] | 上海支店／倫敦支店 |
| | 福井菊三郎 | 16年 | 本店営業部／大阪支店／紐育支店 |
| | 飯田義一 | 17年 | 大阪支店／棉花首部 |
| | 小田柿捨次郎 | 16～26年 | 京城出張所／本店営業部 |
| | 藤瀬政次郎 | 18年 | 新嘉坡支店／香港支店／大阪支店／上海支店 |
| | 安川雄之助 | 22年 | 天津支店／満州営業部 |
| | 小林正直 | 26～28年 | 香港支店 |
| | 武村貞一郎 | 28～30年 | 神戸支店 |
| | 川村貞次郎 | 28～30年 | 船舶部 |
| その他のリーダー | 遠藤大三郎 | 明治9年[5] | 兵庫支店／神戸支店／米穀肥料部 |
| | 間島與喜 | 明治11～16年 | 孟買支店／本部調査課 |
| | 福原栄太郎 | | 門司支店／本部調査課 |
| | 寺島昇 | | 名古屋支店 |
| | 服部種次郎 | | 漁業（本）部＜函館＞ |
| | 長谷川銈五郎 | 明治16～26年 | 神戸支店／香港支店／門司支店 |
| | 大野市太郎 | | 新嘉坡支店／船舶課／本部石炭課 |
| | 平田初熊 | | 本部石炭課／漁業（本）部＜函館＞ |
| | 水谷耕平 | | 門司支店 |
| | 犬塚信太郎 | | 本部石炭課／香港支店／門司支店 |
| | 田村實 | | 台北支店 |
| | 武(竹)田貞松 | | 天津支店 |
| | 呉永壽 | | 天津支店 |
| | 谷口武一郎 | | 本部石炭課 |
| | 北村七郎 | | 横浜支店 |
| | 岡野悌二 | | 名古屋支店 |
| | 安田鐵蔵 | 明治26～28年 | 本部計算課＜後の会計課＞／調査課（兼務） |
| | 井上泰三 | | 本部石炭課／牛荘支店 |
| | 林德太郎 | | 新嘉坡支店 |
| | 藤野亀之助 | | 大阪支店 |
| | 田中文蔵 | 明治28～30年 | 庶務課＜後の人事課＞ |
| | 磯村豊太郎 | | 本店営業部／倫敦支店 |
| | 中丸一平 | | 門司支店 |
| | 松田宗則 | | 本部調査課 |

第4節　OJT進展を促進した組織条件

図表3-6　つづき

| | | |
|---|---|---|
| 呉大五郎 | | 神戸支店／香港支店 |
| 南新吾 | | 天津支店／香港支店／本部調査課 |
| 河村良平 | | 新嘉坡支店／本部石炭課 |
| 藤原銀次郎 | 明治30年以降 | 台北支店／小樽支店 |
| 藤村義朗 | | 船舶部／倫敦支店 |
| 田中清次郎 | | 船舶部 |
| 古郡良助 | | 香港支店／孟買支店 |
| 斉藤吉十郎 | | 台北支店 |

注1）伝記などで明らかになっている入社年以外は職員名簿で推定される期間で示す。職員名簿とは明治26年以降は付表2に載せた「三井物産職員録一覧」にある各「職員録」であるが，それ以前については次の資料を用いている。明治11年は明治10年末の社員分賦金受領者のリスト「明治十年第一月より十二月到ル計算済ニ付社員分賦金其外諸控」《本1215》。但し，これは明治10年終盤での入社の者は分賦金対象となっていないため記載されていない。明治16年の職員名簿とは「社員人名録」《続2346-7》だが，手代3等に達していないものは記載されていない。
2）山本條太郎は明治15年入社だが明治16年名簿にはいない。手代3等になっていないためと思われる。
3）岩原謙三の入社は明治16年12月だが16年の名簿にはいない。
4）小室三吉の入社は明治16年12月だが16年の名簿にはいない。
5）遠藤大三郎は同社の母体の一つである三井国産方から引き継いだ使用人中，明治30年代以降での経営管理層に残った唯一の人材。
6）大正末期までの常務としては明治30年代後半入社の南條金雄のみが上記に登場していない。

して国内商売の第一線のリーダーを務めている。

　次に，同じく伝統商売たる漁業商売（主体は魚肥）の推進リーダーとして明治30年代に長期にわたり活躍した人物として平田初熊が注目される。同商売は20年代後半以降水谷耕平，荘司平吉（このふたりは図表3-5に記載），30年代初期は服部種次郎が責任者を務めているが，各々は2～3年しか担当していない。平田はその後を継ぎ明治33年以降，同商売が終結する明治39年まで函館を拠点にかなり長く取り仕切っていた。

　間島與喜は渡邊専次郎とともに創業初期段階での商法講習所（後の高商）出身者の代表的人物である。孟買支店の初代支店長であり明治20年代後半以降のインド綿花商売で供給地側の責任者であり，綿花商売開拓を主導した飯田義一，及び，孟買が支店に昇格するまで現地商売の基礎づくりで活躍した安川雄之助

第3章　人材形成経営の進捗とOJTの進展

らと共に綿花商売開拓期の中心的人物である。明治28年から39年まで11年間もの長期間孟買支店長を務め，帰国後明治末期まで本店本部調査課長，その後監査役となっている。孟買はその後図表3-5と図表3-6に登場する古郡良助が引き継ぐ。

　北村七郎は渡邊・間島らより一つあとの世代の商法講習所出身者のひとりである。同社が一時中断を余儀なくされていた生糸輸出を明治29年に再開後，外商並びに国内同業者との競争で優位を確保するまでの再構築期の最中，明治36年から同商売の拠点たる横浜で支店長を務める。その後同社が生糸輸出で圧倒的地位を築いていく中で，販売側の紐育支店の岩原謙三らと共に生糸商売の牽引者であり，大正6年までの15年の長きにわたり横浜支店長を務め，その後間島と同時期に監査役となっている。

　注目した長期責任者6人のうち残りの2人は本店本部で全社的経営管理の要となる計算課（後の会計課）と庶務課（後の人事課）を明治30年代を通して取り仕切った安田鐵蔵と田中文蔵である。創業期以来経理（同社では勘定と称する）統括の中心的役割を果たしてきた松本常磐のあとを継いで，安田は明治30年以降40年までその責任者である。一方，田中は明治32年以降大正15年まで人事管理部門の実質上の責任者（明治45年までの組織名は庶務課，大正元年以降人事課，大正元年と2年のみ人事課長は藤村義朗）であり，昭和元年取締役に昇進後も引き続き人事課長であった同社の人事政策の第一人者である。

　その他本部関係者としては明治31年の天津支店長呉永壽（図表3-5に登場）は大正期に本部秘書を経て中国専門家として庶務課所属北京駐在となっており，売買実務とは直接的には離れた多様な情報収集の役割を担ったとみられる。

　その他の人々の中では，石炭商売との関わりの強い人々が数多くいることがわかる。石炭商売は創業初期以来の最重点商売領域であるが，それだけに明治30年代以前で相当厚い人材層が構築されている。従って，この領域だけに限れば30年代が人材層の構築では決して画期であるとはいえない。しかし，明治30年代，同商売の収益力のもとで国内外の中核拠点が成長し，店経営のリーダーたちが育ち，並行して雑貨ほか多様な商売が各店で定着していったことは大き

な意味がある。石炭商売の国内拠点は供給側では口ノ津，三池，門司などだが，図表3-5では30年代での中核店である門司のみ載せている。本店には石炭部が設置されるまで本部に石炭課がおかれ統括的機能を果たしている。国内の販売側では船舶焚料商売の拠点となる神戸などが主役を演じるものの殆ど全ての店が関与し重要商売の一つにしている。海外の販売側でも船舶焚料商売の拠点たる上海，香港，新嘉坡が主軸となっている。長谷川銈五郎，大野市太郎，犬塚信太郎，林徳太郎，呉大五郎らは，こうした石炭商売の中核拠点を複数跨いで活躍した石炭商売牽引の代表的人物である。その他，福原栄太郎，水谷耕平，井上泰三，谷口武一郎，中丸一平，南新吾，河村良平らも石炭商売に深く関わっている。

　明治30年代で特に注目される海外展開の一つに，日清戦争後明治28年に日本に割譲された台湾での現地店経営拡大がある。台湾はアジアでは30年代末段階で上海，香港に次ぐ重要拠点となっている。上海，香港はこの時期に既に基盤が整った店であるが，台湾は30年代の新たなる組織編成の最前線である。台湾では台北を中心に台南，台中に活動を広げていくが，同時に対岸中国本土の厦門，福州，汕頭などを一体の経済圏として経営されていく。支店としての最初の設置は明治31年台北であるが，初代，二代，三代支店長はそれぞれ田村實，藤原銀次郎，斉藤吉十郎である。田村は帰国後一時本店の毛類掛主任で売買部門にいるが，その後本部畑で輸出奨励課主任，保険課主任，調査課長へと進み，大正期では本店本部管理畑の中心人物として人事の田中文蔵と会計の御酒本徳松（図表3-5に記載）と並んで重きをなす人物である。台北支店二代支店長藤原は帰国後，木材関連商売の基盤作りを主導し小樽支店長，木材部長となっている。王子製紙に移籍後も大正4年には同社専務取締役の地位で「支店長会議」に参加している。三代斉藤は帰国後大正期に入って本店本部で参事から検査員を務めている。先に述べた谷口も同じ時期検査員である。検査員は部店が健全に経営されているかをチェックし，経営中枢に直結している重要な経営監督機関である。

　松田宗則は明治38年に本店本部調査課長であり前年37年では調査課長心得と

して「支店長会議」に出席し、台湾での砂糖商売ほかの実情と将来戦略を述べている。極めて立ち入った報告であるので台湾勤務経験の砂糖商売の専門家とみられる。「職員録」では30年には手代七等で神戸支店だが、34年には台北支店に在籍していることが確認できる。調査課では40年には間島が課長であり、松田は課長心得の肩書はついておらずその後の動静は不明である。

その他では、磯村豊太郎は福井菊三郎の後を継ぎ第二代本店営業部長であり、明治41年まで務め、その後明治末まで倫敦支店長、帰国後は北海道炭礦汽船に移籍し社長となる。藤野亀之助は明治39年以降大正4まで大阪支店長であり、大阪支店史では最も長期の支店長である。寺島昇と岡野悌二は明治31年以降名古屋支店長をそれぞれ7年、8年勤め、国内重要商域の一つでありながら当時基幹商売をもたない名古屋支店の基盤開拓者である。藤村義朗は多少特異な経歴であり、口ノ津支店長から船舶部長、倫敦支店長、本店人事課長をいずれも短期に務め、大正4年から上海支店長である。爵位をもつ家柄出身で本人も男爵である。田中清次郎は谷口武一郎と同じく船舶部長を務めるが設立初期の短期に留まる。船舶部の基盤が整えられるのは明治40年就任の川村貞次郎の部長時代である。明治33年から34年天津支店長の武（竹）田貞松は31年「職員録」で東京本店参事とあるが、天津支店長後の動静は殆ど不明である。

## 3 定着率の向上

### 1 明治30年以前の勤続状況

定着率に関してはこれまで殆ど明らかにされていない。唯一、粕谷誠（1999）[39]が明治10年から明治28年までを賞与受給者名簿を使って、それ以降明治35年までは「職員録」を使って3～4年間隔で残存率と新入職率を調査している。残存率では創業翌年の明治10年から28年の間は若干増加傾向が見られるが、それ以降では逆に減少傾向となっている。従って定着率の持続的改善の進展はこの報告からは見えてこない。一方新入職率は明治28年までは若干減少傾

---

39　粕谷誠（1999）「近代雇用の形成——明治前期の三井銀行を中心に」『三井文庫論叢』第33号。

第4節　OJT進展を促進した組織条件

向だがその後は増加傾向が顕著である。明治28年以降のこの状況は特に注目される。残存率が減少傾向であることと並行して新入職率が著しく高まっている。人の出入りが甚だしく激しい状況が示されている。粕谷（1999）では更に名簿記載者を賞与金額で第一から第五分位に分けた調査もなされている。この調査で興味深いことが二つ読み取れる。一つは第三分位、即ち賞与金額で丁度中間クラスは明治17年までは残存率が低かったものの、それ以降明治28年にかけてはそれが高まっている点である。もう一つはその第三分位の新入者はどの時期においても相当数いるということである。ここでの分位は賞与水準での仕分けであるが、賞与を給与に置き換えて解釈できうるとの仮定にたてば、この二つから次のことが推察できる。即ち、創業当初より明治35年あたりまでは中間層がかなり新入しており、その中間層は明治17年あたりまでは定着率が極めて低いものの、それ以降では上昇しつつあったという推察である。安定性をもった中間層が徐々に組織内に形成されつつあったことを示唆している。先に30年代のリーダー層を概観したが、彼らが通り抜けてきた明治20年代或いはそれ以前の状況はかなり組織的には不安定で厳しい淘汰の時代であり、それが徐々に安定化しつつある過程の中で生き残ってきた人々であったことがわかる。最もこの粕谷（1999）では前半部と後半部とで異なった性格の名簿を使っていること、名簿間の間隔は一定ではないこと、更に分位が給与でなく賞与であることなど、ここから勤続動向を正確に捉えるのは限界がある。また、名簿間の残存者調査によって割り出した残存率は、仮に各年の入職各世代の勤続性向に大きな差がなく、また年ごとの入職数が概ね一定であれば、これをもって勤続動向を推定できる。しかし、ここで報告されている期間の雇用状況はこの前提条件が極めて不確かである。同社の創業時の人員構成は先収会社と三井国産方の二つの母体組織からの継承者を主体とした。それに伝統的雇用方式の子供とともに、学卒者、官僚出身者、商売既経験者など新たに加わり、また入れ替わり、明治20年代末あたりまでは様々な背景をもつ人々の混成であり、一体性、定着性に欠ける組織であった。

　明治期日本における職員層一般の勤続状況は殆ど実証研究がない。有効な資

第3章 人材形成経営の進捗と OJT の進展

図表3-7 「パネル表」全員414人
――学歴・前歴，採用時給与，月給試験，修業生経験，

| 勤続年 | 退職数 | 勤続期間 | 退職人数 | 退職人数累計（対入社総数比率） | 退職理由 会社都合解雇 | 退職理由 依願解雇 | 退職理由 移籍 | 退職理由 死亡 | 月給採用者 |
|---|---|---|---|---|---|---|---|---|---|
| 1 | 21 | 2年未満 | 50 | 50 (12%) | 12 24% | 37 74% | 1 2% | 0 0% | 9 18% |
| 2 | 29 | | | | | | | | |
| 3 | 31 | 3〜5年 | 78 | 128 (31%) | 8 10% | 61 78% | 3 4% | 6 8% | 29 37% |
| 4 | 25 | | | | | | | | |
| 5 | 22 | | | | | | | | |
| 6 | 10 | 6〜10年 | 67 | 195 (47%) | 20 30% | 45 67% | 0 0% | 2 3% | 34 51% |
| 7 | 7 | | | | | | | | |
| 8 | 18 | | | | | | | | |
| 9 | 14 | | | | | | | | |
| 10 | 18 | | | | | | | | |
| 11 | 6 | 11〜15年 | 45 | 240 (58%) | 11 24% | 29 64% | 0 0% | 5 11% | 22 49% |
| 12 | 11 | | | | | | | | |
| 13 | 13 | | | | | | | | |
| 14 | 7 | | | | | | | | |
| 15 | 8 | | | | | | | | |
| 16 | 6 | 16〜18年 | 37 | 277 (67%) | 4 11% | 28 76% | 2 5% | 3 8% | 24 65% |
| 17 | 18 | | | | | | | | |
| 18 | 13 | | | | | | | | |
| 退社総数 | 277 | | 退社数 退社総数に対する割合 | | 55 20% | 200 72% | 6 2% | 16 6% | 118 43% |
| 18年経過時点在籍数　137 | | | | | | | | その内構成比 | 70 51% |
| | | | | | | | | 残存率 | |
| 入社総数　414 | | | | | | | | その内構成比 | 188 45% |

注1）各勤続期間欄の下段（％）は，当該期間退職人数に対する割合。
　2）＊：修業生は「パネル表」では14人登場するが，そのうち9人が入社前での修業生を経て正式入社した者で，その他5人は入社後修業生となっている。入社時の学歴が修業生としてカウントされているのは9人である。その他5人は上表の学歴・前歴に分布している。
　　　＊＊：修業生全体での数値。

第4節　OJT進展を促進した組織条件

(明治36～38年入社全員) の勤続状況

第一次昇進, 退職理由などの勤続年別の分析結果　　　　　　　　　　(単位：人)

| 学歴・前歴 | | | | | | | | 入社後修業生5人* | 主任など経験 |
|---|---|---|---|---|---|---|---|---|---|
| 日試採用 | 子供臨時雇登用 | 商業学校 | 私立大学など | 高商など | 帝大など | 中途採用 | 修業生 | | |
| 20<br>40% | 9<br>18% | 11<br>22% | 1<br>2% | 4<br>8% | 3<br>6% | 1<br>2% | 1<br>2% | | 0<br>0% |
| 10<br>13% | 17<br>22% | 19<br>24% | 8<br>10% | 14<br>18% | 0<br>0% | 10<br>13% | 0<br>0% | 2 | 2<br>3% |
| 5<br>7% | 10<br>15% | 14<br>21% | 7<br>10% | 17<br>25% | 1<br>1% | 10<br>15% | 3<br>4% | 1 | 8<br>12% |
| 11<br>24% | 5<br>11% | 6<br>13% | 3<br>7% | 10<br>22% | 1<br>2% | 8<br>18% | 1<br>2% | | 10<br>22% |
| 4<br>11% | 5<br>14% | 4<br>11% | 0<br>0% | 16<br>43% | 2<br>5% | 5<br>14% | 1<br>3% | | 24<br>65% |
| 50<br>18% | 46<br>17% | 54<br>20% | 19<br>7% | 61<br>22% | 7<br>3% | 34<br>12% | 6<br>2% | 9 **<br>3 % ** | 44<br>16% |
| 21<br>15% | 12<br>9 % | 32<br>23% | 9<br>7 % | 40<br>29% | 5<br>4 % | 15<br>11% | 3<br>2 % | 5 **<br>4 % ** | 90<br>66% |
| 30% | 21% | 37% | 32% | 40% | 42% | 31% | 33% | 36% ** | |
| 71<br>17% | 58<br>14% | 86<br>21% | 28<br>7 % | 101<br>24% | 12<br>3 % | 49<br>12% | 9<br>3 % | | |

105

料入手が難しいからである。職員名簿では仮に毎年同月発行資料が入手できたとしても，入職時点の推定は最大2年の誤差が発生しうる。豊富な経営資料を残す同社にしても，明治26年以降，「職員録」が残されているものの欠落している年もあり，また発行月は一定ではない。以下の項 *2*, *3* では「パネル表」をもとに明治30年代中盤からの勤続状況を分析する。

## *2* 明治30年代中盤以降の勤続状況

勤続状況を正確に把握するには個人別入職データを入手する必要があるが，これは名簿調査からは把握できない。「パネル表」は明治36～38年に入職した使用人全員414人について入職から退職まで詳細な勤続状況の把握を可能にしている。これをもとに集計された図表3-7は，入職後1年刻みの退職状況を示している。入職後2年未満で約1割強が退職している。5年目で約3割，10年目で約5割弱，15年で6割弱，調査満期の18年目では7割弱である。退職理由の中で会社都合解雇は総じて退職理由全体の丁度2割であるが，入職後2年未満の退職では2割を超えている。それが3年以上～5年未満では約1割に半減し，6年以上で反転拡大する。6年以上10年未満が会社都合解雇の最も多い期間となり，それ以降は減少する。

ここで確認された入職10年での残存率約5割という数値を如何に評価すべきであろうか。同じ条件でそれ以前の状況を知ることはできない。図表3-7のデータは現存する個人別人事情報，即ち「社報」の最も古い資料から導きだされたものである。全く同条件にはならないが名簿調査に頼らざるを得ない。粕谷（1999）の調査と同じ方法で明治26年と36年の10年間残存率を知ることができる。筆者の調査では残存率は23％である。調査条件が異なるのでこの二つの数値を単純に比較できないものの，明治30年代中盤以降，定着率が著しく改善されていることは間違いない。

## *3* 退職とその背景

図表3-7には同じく入職後2年，5年，10年，15年，18年で区切った各期間の退職者の属性が示されている。即ち，採用時給与，月給採用者か否か，学歴・前歴が何であったか，修業生経験者か否か，主任など第一次管理職経験者

か否か，などである。

　月給採用者は入職1〜2年での退職は相対的に少ないが次第に増加する。月給採用は概ね学歴と対応する指標であるので，学歴欄でその内容が見える。初期は日給採用試験採用者を中心とする低学歴者が退職の大半をしめる一方，5年経過以降の退職では高商に代表される高学歴者の比率が高まり，15年経過後はそれが退職者の半数近くに上り主役となる。図表の下部に示されている18年経過時点の状況では，高学歴者は低学歴者と比べ累計数としては退職率が多少低く，相対的には定着性の良好なグループではある。しかし，仕事経験を積んでいくなかで相対的な退職率が高まっている点は注目すべきことであろう。

　図表の右側の3列には，退職時点で修業生経験者の割合と主任など第一次管理職の割合とが示されている。ここでの二つの数値のもつ意味は全く異なる。第一次管理職への昇進は，平均的に概ね10年位要するので，入社10年以内の退職者で昇進済みの場合は早期昇進で早期退職者である。早期昇進者の中でも退職がかなり発生している点は注目に値する。

　修業生と勤続との関係の解釈は管理職の場合と異なる。修業生経験が入職初期段階で発生するものであるから，入職後の時間経過での退職数推移に注目する必要ある。修業生経験者は入社総数414人のうち14人，3.3％である。18年経過時点での残存率は平均的であり，高学歴者ほど高くはない。退職は10年以内に集中している点が注目される。修業生は懲罰者が比較的多いことから，組織への不適合者が多いのかもしれない。或いは，技能修得した後，他社に引き抜かれたのかもしれない。しかし，前節でみたとおり，組織に残った人たちは清国で学んだ技能を活かした仕事を担っていっており，清国商売の戦力になっている。

# 第II部 人材技能の分析

第Ⅰ部では，先ず，三井物産の明治9年創業後大正末まで半世紀の事業発展と市場競争進展の軌跡を辿り，明治30年以降が同社の事業発展並びに市場競争の本格期であったと考証した。その明治30年以降大正末までの同社の競争優位確立過程とその中での競争の中身の変遷を分析し，如何なる競争力の要素が重要な役割を果たしたのかを考察した。結果として，幾つかの組織特性と一体になった人材技能が競争力での中軸となる役割を果たしていたとの結論が導かれた。組織特性とは，多角的な海外拠点展開と商品取扱い，それらに必然的に求められてくる多様なリスク管理や緻密な経理管理での高度化ということである。第Ⅰ部の締めくくりは，競争力での中軸となった人材技能に焦点をあて，それを形成した同社の人材育成経営の軌跡を考証した。
　この第Ⅱ部では，最初に，技能形成研究の理論的考察を行う。経営学および経済学分野での先行研究を展望し，小池和男の知的熟練論が有効な枠組みを提示していることを論じる。同理論では競争力を左右する技能とは不確実性に対処するノウハウであるとの命題を置いている。この理論枠組みを用いて，以下で同社人材の技能とその形成について事例検証を行う。但し，知的熟練論での不確実性分析の方法は主にブルーカラー事例で描かれているため，これをホワイトカラー事例にそのままでは適用できず，従って，本事例のようなホワイトカラー分析に有効な分析方法を構想する。
　先ず，不確実性への対応の仕方が，ブルーカラーの場合とホワイトカラーの場合では異なる状況を説明し，そのことが不確実性分析で異なった方法を要求していると論じる。即ち，ブルーカラーの仕事での不確実性分析は，知的熟練論が例示するように，不確実性でも損失機会，つまりリスクへの対応を，個人ベースで仕事観察することで可能であるが，ホワイトカラーの場合は，損失機

会のみならず利益機会も含めた不確実性全体を，個人ではなく先ず組織ベースでの仕事観察を行い，その観察の中で人材技能を選り分けていくという，やや複雑なプロセスが必要であることを提起する。

　こうした不確実性分析の枠組みに沿って，人材技能の分析とその形成の分析を行う。先ず一番目に，同社の競争力の要素として重要な位置を占めた，リスクに対処する組織的能力を考証する。次に，同社での価値生産の流れに沿って，組織全体的な仕事内容の分析を行う。即ち，商売の種まきから始まる取引基盤構築の仕事，それを基にした取引契約締結の仕事，そして取引契約の履行の仕事まで，その間の数多くの仕事工程の実態を明らかにし，組織ベースでの不確実性対応と，その中での人材技能による対応を分析する。そして最後に，人材技能がどのような仕事経歴を歩んで形成されたのかを分析する。ここでは，明治36年から38年に入社した全員414人について，20年間にわたる個人仕事経歴のパネルデータを構築して，技能形成のパターンや筋道を明らかにする。

# 第4章
# 技能形成研究の理論的枠組み

## 第1節　人材マネジメントにおける技能論

### 1　近年の人材マネジメント研究の潮流

　人材マネジメント研究では動機付けと技能形成の問題が大きなテーマとなる。本書が焦点をあてるのは後者である。後者には立ち入った研究が少ない。技能研究は，その形成要因も含めて，測定や分析の方法など，方法論上のハードルがあるからである。技能形成研究では方法論が大きな論点となる。本書第Ⅱ部は技能形成の事例研究ではあるが，同時にその方法論も考察する。

　なお，動機付けと技能形成は完全に独立した変数ではない。一定の技能形成が土台となって動機付けが効果的に作用する。一方，技能形成の効果的促進には動機付けの下地が必要である。長期に亘る技能学習では，それを支える動機付けが必要となる。また，本書で特に注目する，インフォーマルな形のオン・ザ・ジョブ・トレイニング（以下ではOJT）による技能形成では，教え手と習い手の自発性が重要な役割を担い，これを持続的に引き出す動機付けの問題は重要である。このようにこの二つは相互に影響しあうが，本書では技能形成に

焦点をあてる。なお，技能形成という言葉は技能が形成された状態と，その動的過程の両方の場合に使われる。本書でも二通りに使用している。本節次項では技能形成研究を展望していくが，先ず近年の人材マネジメント研究の潮流を概観し，その中で，技能形成に関わる研究がどう位置付けられてきたかをレビューする。

人材マネジメントが生み出す経済的成果が，経営に如何なる影響を及ぼしているか，これを検証する研究が1980年代以降国際的に拡大してきている。研究対象として，1970年代までは人事管理，或いは労務管理と称されていた分野を，人的資源管理と表現することが一般化したこともこの流れと呼応している。人材を特に重要なる経営資源と位置づける考え方の深化と捉えられる。研究関心は，従来の中心的対象であった人事職能領域から，実際の生産現場などでの仕事の進め方，つまり生産システムへも拡大してきた。生産システムに組み込まれた人材マネジメント施策として，例えば，チーム制，自主管理，情報共有，QC，報酬分配や改善提案といった経営参加，多能化，などへの関心が高まった。これは人事管理と仕事管理を一体として捉える研究志向である。ホワイトカラーに関しても，業績管理を中心とした仕事管理を，人的資源管理の拡張領域にする議論も登場している[1]。

このように経済的成果への関心を強める研究潮流の中で，特に注目されるのは1980年代以降，特に90年代，米国で旺盛な展開をみせた所謂 HPWS（high performance work system；高業績仕事システム）研究である。これが80年代以降の人材マネジメント実証研究の主流であるといえる。米国の高業績企業の多

---

[1] 議論の大きな広がりには至っていないが，中村圭介・石田光男編（2005）『ホワイトカラーの仕事と成果——人事管理のフロンティア』では成果主義への批判に基礎をおいた人事管理論として，仕事管理，特に業績管理への重要性が主張されている。成果主義の議論は金銭的報酬による動機付けに焦点をおいたものであるが，これに対する批判は動機付けの効果をめぐる議論が主流を占める中で，仕事管理の重要性を提起した点が注目される。しかし，仕事分析を業績管理の分析に焦点をあてた段階に留まっており，労働研究として，仕事分析が更に広角的に展開されていくことが期待される。

くが採用しつつある人的資源管理施策及び仕事方式は、「伝統的（traditional）[2]」な人材マネジメントからの注目すべき転換であるとして、これに研究者の関心が集まった。「革新的仕事方式（innovative work practices）[3]」と称される新しいスタイルの人材マネジメントが、企業業績をどのように高めているかを検証する一連の研究の流れである[4]。経済のグローバル化でもたらされた市場競争の激化のなかで、企業が試行しつつある新たな人材マネジメント施策と企業成果との関連性が検証されていく。産業横断的な大規模調査や[5]、特定業種、或いは個別事例など、多様な調査を通じて幅広い実証研究が展開された。なお、1980年代中盤以降の所謂戦略的人的資源管理論[6]は、実証研究という面では、このHPWS研究と実態は大部分が重なっている。

こうした研究の流れは、1960年代中盤に登場する人的資本論以降の、人的能力に着目した労働経済学の進展[7]にも後押しされている。更に、1980年代におけるNUMMI[8]に象徴される、米国に進出した日本企業の生産性の高い生産システムや、雇用システムへの注目は、この流れの背景ともなっている[9]。

このHPWS研究は実証方法として統計解析を中心としている。これはこの時期に社会科学一般で広まった方法であるので、この研究の流れ特有なものではない。しかし、研究対象事象の広がりと方法論の深化が時期を同じくして進展した。従って、統計解析の精緻化が[10]、研究発展を刺激、牽引しているという側面がある。1997年に発表されたIchniowskiらの研究はその精緻化の極みに達している[11]。しかし、それにも方法論での論争があり、本来の因果関係の解明の上では循環論に陥る一面も呈している[12]。こうした統計解析に軸を置く研究は、技能形成研究ということにおいては、主に方法論上の制約から進展が乏しい。方法論上の制約とは、技能やその形成の測定が困難であるということにある。

---

2　この研究の流れでは「伝統的」な人的資源管理方式とは脚注3での「革新的」に対置した表現である。多くの研究者がこの表現を用いている。含意は「ニューディール」以降米国の伝統的企業で一般的な統制的色彩の強い人的資源管理を指している。

3　「革新的仕事方式」（innovative work practices）という言葉は一部の研究者の間で使われているものであるが、「高業績仕事システム（或いは組織）」で採用されている新しいスタイルの人的資源管理施策及びそれと関わる仕事方式を指している。

第4章　技能形成研究の理論的枠組み

技能形成の重要性は広く認識されている。上で述べた殆どの研究が，技能や教

---

4　一連の流れの代表的な著作には次のものがある。
　・Osterman, Paul（1994）"How Common Is Workplace Transformation and Who Adopts It?," *Industrial and Labor Relations Review*, Vol.47, No.2, 及び（1995）"Skill, Training, and Work Organization in American Establishments," *Industrial Relations*, Vol.34, No.2（April）, pp.125-146.
　・Huselid, Mark A.（1995）"The Impact of Human Resource Management Practices on Turnover, Productivity, and Corporate Financial Performance," *Academy of Management Journal*, Vol.38, No.3, pp.635-672.
　・MacDuffie, John P.（1995）"Human Resource Bundles and Manufacturing Performance: Organizational Logic and Flexible Production Systems in the World Auto Industry," *Industrial and Labor Relations Review*, Vol.48, No.2（January）, pp.197-221.
　・Ichniowski, Casey, Kathryn Shaw and Giovanna Prennusi（1997）"The Effects of Human Resource Management Practices on Productivity: A Study of Steel Finishing Lines," *The American Economic Review*, Vol.87, No.3（June）, pp.291-313.
　・Ichniowski, Casey, Thomas A. Kochan, David I. Livine, Craig Olson and George Strauss（2000）"What Works at Work: Overview and Assessment," *The American Workplace: Skills, Compensation and Employee Involvement*," pp.1-37, Cambridge University Press.
　・Pfeffer, Jeffrey（1998）*Human Equation: Building Profits by Putting People First*, Harvard Business School Press.
　・Appelbaum, Eileen, Thomas Bailey, Peter Berg and Arne L. Kalleberg（2000）*Manufacturing Advantage: Why high performance work systems pay off*, Cornell University Press.
　・Cappelli, Peter and David Neumark（2001）"Do 'High Performance' Work Practices Improve Establishment-level Outcomes?," *Industrial and Labor Relations Review*, Vol.54, No.4（July）, pp.737-775.
5　例えば全米主要産業大規模調査で Osterman, Paul（1994）は694事業所，又，Huselid, Mark A.（1995）は968社からの調査回答を得た分析を行っている。
6　戦略的人的資源管理論における「戦略」という用語は曖昧な表現である。「ベストプラクティス」「コンティンジェンシー」「コンフィギュレーショナル」の三つの研究流派がある。その一つの「コンティンジェンシー（状況依存）」派は依存する状況を「戦略」に求めている。要するに「戦略」重視の「戦略的」人的資源管理論である。但し，ここにおける「戦略」とは主にコスト志向か品質志向かといったような極めて大括りでの「戦略」を議論の中心にしている。
7　Becker, Gary S.（1964）*Human Capital*, Doeringer, Peter B. and Michael J. Piore（1971, 1985）*Internal Labor Markets and Manpower Analysis* ほか。

第 1 節　人材マネジメントにおける技能論

育訓練を調査項目に入れている。技能を特に重要視している研究も少なくない[13]。多くの研究は技能の重要性を質問表調査で検証しているが，技能の中身やそれが形成される仕組みや方策については極一面しか調べられていない[14]。教育訓練としては，殆どオフ・ザ・ジョブ・トレイニング（Off-JT）しか見てお

---

8　New United Motor Manufacturing, Inc. 1983年設立のGMとの合弁によるトヨタ初の米国内生産事業。
9　日系企業の経営に組み込まれた仕事及び人事システムへの関心の高まりがこれを刺激した側面がある。Cappelli et al.（2001）*Industrial and Labor Relations Review*, Vol. 54, No.4, pp.739.
10　精緻化とは，大量データの入手，標本の同質性確保，従属変数として人材マネジメント施策と連結する組織成果の選択，独立変数の選択とバンドル化，それと裏腹の問題で変数独立性確保，コントロール変数選択，時間経過分析，などである。
11　前掲脚注4のIchniowski, Casey et al.（1997）は，これらで最高レベルの精密度を確保している研究の代表的なものといえる。これは全米で60箇所ある鉄鋼製品最終ラインのうち36ライン（17社）からの回答を得て，年月の経過を含む人的資源管理施策と生産性との関係を，上にあげた諸問題に幅広く，かつ緻密なコントロールを施し統計解析を行っている。
12　前掲脚注4のCappelli, Peter et al.（2001）は，従来の研究で組織成果向上に有効とされた諸施策の費用対効果の問題をとり上げている。コスト分析に重点が置かれると，分析対象が財務データ入手可能な組織レベルでの分析になる。HPWSのそれまでの研究の進展は，統計解析の精緻化に向けて分析対象を全社レベルから事業所レベルへ，更に生産ラインレベルへと独立変数と従属変数との関係を近接化させてきているが，財務データでの分析ではこれを逆戻りさせてしまう可能性が大きくなる。
13　例えば，前掲脚注4のPfeffer, Jeffrey（1998）では，"More of the effect undoubtedly comes from individuals "working smarter" — in part by being able to actually implement their wisdom and knowledge in the actual work process and in part because of the training and job rotation practices……"（pp.60）と述べている。"working smarter"とは"working harder"との対で用いている。概ね前者は技能形成，後者は動機付けを意味している。この他でもArthur, J.B.（1992）"The link between business strategy and industrial relations systems in American steel minimills," *Industrial and Labor Relations Review,* Vol.45, No.3（Apr.）, pp.488-506などは高技能とその教育に力点をおいている。
14　例えば，Appelbaum, Eileen et al.（2000）では，"The regression analysis for panel data set does not include a measure of training. Training data are notoriously difficult to obtain, because plants often do not keep good records."（pp.133）と述べ，Off-JTであってもデータ入手困難としている。

らず[15]，また仕事経験の関連でも，ジョブ・ローテーションに注目している程度である[16]。但し，ジョブ・ローテーションといっても時間刻みの持ち場移動に焦点がおかれ，長期の技能形成プロセスという視点は少ない。また，研究対象としては大半がブルーカラー研究であり，ホワイトカラー研究は数少ない[17]。

　要するに，OJTに関する分析には立ち入っていない。この測定が極めて難しいからである。OJTは実際の仕事の中で進行するので，どこまでが仕事で，どこからが訓練かの境界がない。数値測定は殆ど望めない。つまり，統計解析に軸をおく研究では進展し難い。但し，OJTの重要性に関心が全く向けられていないということではない。経済学のなかでもOJTの議論は長い歴史をもっている[18]。しかし，重要性の指摘に留まり，OJT自体の内容には立ち入っていない。近年でも一部の研究でとりあげられているが，本来の長期に亘る仕事経験を分析したものは殆どない[19]。なお，OJTはフォーマルOJTとインフォーマルOJT[20]に分けられるが，上記で単にOJTと表現したものは，後者を指している。以下の記述でも同じである。

　以上のように，人材マネジメントが生み出す経済的成果への関心が一段と高

---

15　例えば，Huselid, Mark A.（1995）.
16　例えば，MacDuffie, John P.（1995）.
17　少ない例として，以下がある。
　・Bartel, Ann P.（2004）"Human Resource Management and Organizational Performance: Evidence from Retail Banking," *Industrial and Labor Relations Review*, Vol.57, No.2（January），pp.181-203.
　・Batt, Rosemary（2002）"Managing Customer Services: Human Resource Practices, Quit Rates, and Sales Growth," *Academy of Management Journal*, Vol.45, No.3, pp.587-597.
　・Delerry, John E. et al.（1996）"Modes of Theorizing in Strategic Human Resource Management: Tests of Universalistic, Contingency, and Configurational Performance Predictions," *Academy of Management Journal*, Vol.39, No.4, pp.802-835.
18　古くはShultz, Theodore W.（1961），Mincer, Jacob（1962），Piore, Michael（1968）などが注目し，80年代以降でもLaLonde, Robert J.（1986），Barron, John M. et al.（1989），Bartel, Ann P.（1995），MacDuffie, John P. et al.（1995），Osterman, Paul（1995）などで論じられているが，詳しくは脚注19参照。

められつつ，マネジメント施策の有効性を検証する研究が精力的に展開されたが，一方で，人材がどのように価値をうみだすか，その人材がどのように形成されるかに関しての研究は必ずしも広がりを見せてはいない[21]。こうした研究潮流の中で，企業競争力を左右する技能形成のメカニズムを，OJT に焦点をあてて解明してきたのが，労働経済学領域での技能形成研究であり，その先鞭が知的熟練論である。

## 2　労働経済学における技能形成論

知的熟練論[22]とは1970年代以降の小池和男の一連の著作[23]において展開されてい

---

19　OJT を最も深く掘り下げているのは，Barron, John M. et al.（1989）"Job Matching and On-the-Job Training," *Journal of Labor Economics,* Vol.7, No.1, pp.1-19であり，インフォーマル OJT に踏み込んだ米国での数少ない研究の一つである。但し，入職初期のみの調査である。その他では，MacDuffie, J. Paul et al.（1995）"Do U.S. Firms Invest Less in Human Resources?: Training in the World Auto Industry" は質問票で本来識別ができない OJT の時間を訊ねていたり，又，Bartel, Ann P.（1995）"Training, Wage Growth, and Job Performance: Evidence from a Company Database" *Journal of Labor Economics,* Vol.13, No.3, pp.401-425は実質上 Off-JT と解釈されうる企業内訓練を OJT として扱うなど，本来の OJT 研究とはいえない。また，古くは Mincer, Jacob（1962）"On-the-Job Training: Costs, Returns, and Some Implications," *The Journal of Political Economy,* Vol.70, No.5（Oct.）, Part 2: Investment in Human Beings（pp. 50-79）では OJT 測定を給与分析で試みているが，Training の内実に立ち入ってはいない。

20　それぞれ，structured OJT, unstructured OJT と呼ばれることもある。

21　守島基博（2002）「知的創造と人材マネジメント」『組織科学』Vol.36, No.1（pp.42-44）では，「人材がどうやって企業に価値をもたらすのかについては，現在まで，ほとんど本格的に議論されてこなかったのである。……ただ，もちろん，人材を……考える存在として捉え，それについての人材マネジメント論を展開した研究は，これまで皆無ではなかった。」と論じ，小池和男らを評している。

22　知的熟練に対しては批判もあり，例えば，中村圭介・石田光男（2005）『ホワイトカラーの仕事と成果』（p.273）では，知的熟練論では「ホワイトカラーの生産性を叙述できない」と批判する。守島基博（「知的創造と人材マネジメント」『組織科学』（2002）,Vol.36, No.1, p.44）は高次な創造的技能についての適用の限界を指摘している。これは小池自身でも想定されている（小池和男（2001）「競争力を左右する技能とその形成」『経営志林』第38巻1号）。

## 第4章 技能形成研究の理論的枠組み

る，技能形成に関する経済学理論をいう。労働経済学の歴史のなかで中心的論点とされてきた，賃金や労働配分，或いは雇用や労使関係というテーマに，技能が果たす役割の重要性に着目し技能の形成を理論化した，これが技能形成研究の先鞭をつけている。技能の重要性の問題は，企業内にとどまらず，広く産業社会全体にも敷衍するという，このテーマの奥行きを提起している。技能は伸張するという労働の重要な側面を経済理論の中に組み入れてきた，1960年代以降の新たな労働経済学の流れの[24]一角と位置付けることができる。知的熟練論は経済学に軸足をおいてはいるが，同時に人材技能の企業競争力への影響を分析し，その形成方法についての経営政策論を提示している。その面では人材マネジメント論としての側面を有している。知的熟練という概念は小池が創ったものであり，不確実性をこなすノウハウと定義され，これが競争力を左右するものとして捉えられている。知的熟練論という用語は小池自身あまり用いていないが[25]，これへの評者の間では広く使われているので本書でもこの表現を用いる。

　この理論は事例実証を基本においている。小池の研究ではホワイトカラー事例も数あるが，理論を具体的に説明するモデルは自動車組み立てラインなど，ブルーカラーの事例が中心となっているので，ここではこれをブルーカラーモデルと呼ぶ。基本となる主要概念は「知的熟練」「不確実性」「OJT」「キャリア」の四つである。「知的熟練」は単に技能と表現されることが多いが，先に述べた固有の定義がある。理論のキー概念である「不確実性」という抽象概念は，ブルーカラーモデルでは具体的で平易な言葉に変換されている。即ち，「問題と変化」，或いは「ふだんとは違った作業」という言い方である。理論の大筋は次の通りである。

---

23　小池和男による『職場の労働組合と参加』(1977) 以降の『海外日本企業の人材形成』(2008) に至る一連の著作で展開されている。

24　本節前項で述べたベッカーの人的資本論やドリンジャー＆ピオーレの内部労働市場論などをさす。

25　小池和男 (1997)『日本企業の人材形成』では第1章を「知的熟練の理論」としているが，他所ではあまり登場しない。

① 「知的熟練」，即ち技能とは「不確実性をこなすノウハウ」と定義する。
② 「不確実性」とは仕事における「問題と変化」であり，更に具体的に「ふだんと違った作業」である。
③ 「不確実性」の把握は仕事分析による。ブルーカラーモデルでは「ふだんと違った作業」を観察することでこれが把握可能とされている。それに対処するのが「知的熟練」である。
④ 「知的熟練」は「OJT」が主体となって形成される。実際にはその殆ど全てであるインフォーマルな OJT が含意されている。
⑤ 「OJT」はそれだけを分離して観察できない。従って「キャリア」をみる。「キャリア」とは「長期に経験する関連の深い仕事群」と定義される。一般の使われ方とは異なるこの理論特有の用法である。
⑥ 「キャリア」に「幅」と「深さ」での違いがある。その「キャリア」，即ち，OJT を通じて習得される「知的熟練」は「幅」と「深さ」での水準差を生む。それらの高低が知的熟練の測定基準となる。計量的厳密さはないが，記述分析による類別化とその水準判定で測定が行われる。
⑦ 組織の人材の資質的条件を一定と仮定すれば，こうして測定される，より幅広く，より深い知的熟練をもった高水準の人材層をより厚く形成している組織ほど高い競争力を有する。

ブルーカラーモデルでの技能形成分析の枠組みを図式化したのが図表4－1である。図表の流れに沿って説明すると次のとおりである。仕事観察から「ふだんの作業」と「ふだんとは違った作業」を識別する。後者は基本概念の「不確実性」にあたる。この「不確実性」に対処するのが「知的熟練」である。その対処とは，具体的に「問題と変化」への対応となる。そこで「問題」とは何か，「変化」とは何かが観察される。このモデルとなる自動車生産ラインではこの観察は比較的容易とされている。続いて，これら「問題」と「変化」に対して，どのような対応がなされているかが丹念に観察され，様々な種別の技能の存在が明らかになる。と共に，そこでの技能を幅や深さといった視点から難

## 第4章 技能形成研究の理論的枠組み

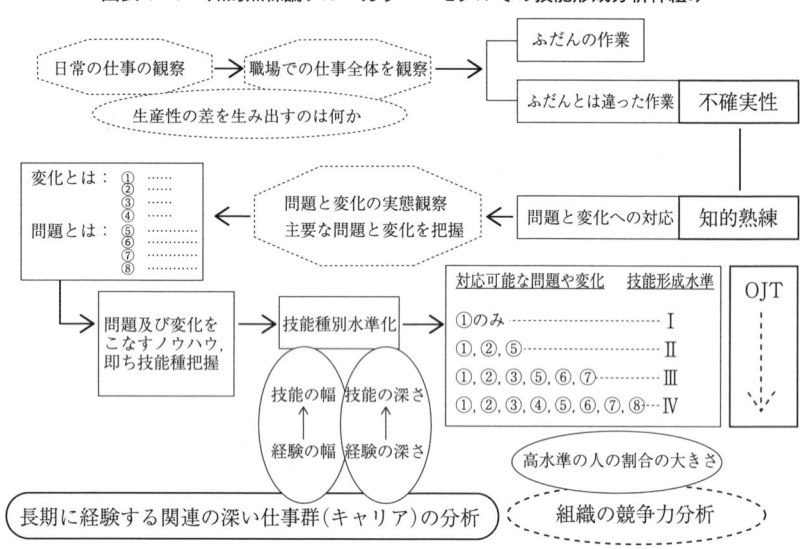

**図表4-1 知的熟練論ブルーカラー・モデルでの技能形成分析枠組み**

```
日常の仕事の観察 → 職場での仕事全体を観察 → ふだんの作業
                                        ふだんとは違った作業  不確実性
    生産性の差を生み出すのは何か
                                                              ↓
変化とは：①②③④     ← 問題と変化の実態観察   問題と変化への対応  知的熟練
問題とは：⑤⑥⑦⑧          主要な問題と変化を把握

    ↓
問題及び変化を      技能種別水準化      対応可能な問題や変化  技能形成水準
こなすノウハウ、                       ①のみ ……………………… Ⅰ        OJT
即ち技能種把握                         ①、②、⑤ ………………… Ⅱ
                                       ①、②、③、⑤、⑥、⑦ …… Ⅲ
              技能の幅 技能の深さ        ①、②、③、④、⑤、⑥、⑦、⑧ … Ⅳ
                ↑      ↑
              経験の幅 経験の深さ       高水準の人の割合の大きさ
  長期に経験する関連の深い仕事群(キャリア)の分析    組織の競争力分析
```

度ランク付けが可能となる。また人材それぞれを分析すると，どのような種別の技能をどの程度広範に，或いは深く修得しているかがわかり，人材ごとの技能水準が割り出される。組織の競争力は高い水準の技能を修得した人材の割合の多少で判定することができる。

　知的熟練論とその技能分析枠組みを要約したが，以上からわかるように，この理論の要は技能を「不確実性」という視点で捉えていることにある。しかし，ブルーカラーモデルで提示されている技能分析枠組みは，要である「不確実性」の分析でホワイトカラーには使い勝手が悪い。本事例の貿易商社の仕事では「ふだんの作業」と「ふだんとは違った作業」の識別が殆どできないのである。「問題と変化」に置き換えても同じである。ホワイトカラー分析で「不確実性」をどのように把握していくのか，これが課題となる。以下の各節ではこの課題に挑んでいく。先ず，次節でホワイトカラー人材の研究を概観する。

## 第2節　ホワイトカラー研究

### 1　ホワイトカラーとは

　ホワイトカラーとブルーカラーとを対比した議論を進めるにあたっては，最初にこの両者の違いとは何か，また用語の定義を定かにしておかなければならない。ブルーカラーとホワイトカラーという言葉は研究用語として確立しているものではない。通念的には，肉体労働か精神労働か，職場が工場かオフィスか，モノの生産かサービス生産かなど類別基準が一般に用いられている。しかしいずれも曖昧である。現実にある多様な仕事はこうした仕分けではその内実の違いを整理できない。とはいえ，ブルーカラー，ホワイトカラーという表現は仕事を類別するには便利なラベルになっている。それゆえ曖昧さを残しながらも研究の世界でも用いられることは少なくない。

　多様な仕事の内実は全体として連続体を形作っていると考えることが可能である。次項以下で論ずるが，本研究では知的熟練論の基本枠組みに沿った形で，仕事分析に「不確実性」概念を用いている。これを，仕事の内実を明らかにする有効な方法と位置づけている。本書での分析では，様々な仕事を，全体として，不確実性が組織的に高度にコントロールされている仕事からそのコントロールが殆どなされ得ない仕事まで，連続体として把握する。組織的コントロールとは，生産企業であれば，分業組織機構の構築，設備やテクノロジー整備，仕事標準化，それらの為の各種管理制度や規則・規範の構築などである。技能を分析する上で，観察する仕事の性格がこの連続体のどこに位置するかは重要なポイントになる。というのは，技能とは，組織的コントロールがカバーできない残された部分の不確実性に対処する役割を担っているからである。この点は本章第3節で詳しく論じる。一般にブルーカラーの仕事といわれるものは，不確実性が組織的に高度にコントロールされている場合が多い傾向をもっているといえよう。生産活動に関わる不確実性のコントロールで高度に整備が進ん

でいるからである。一方，生産に直接関わらないホワイトカラーの仕事の多くは不確実性の組織的コントロールの整備水準は低い。本書では，前者の傾向をもつ仕事領域をブルーカラーの仕事，後者の傾向をもつ仕事領域をホワイトカラーの仕事，と捉えている。こうした定義のもとでは，本書で採り上げる事例は典型的なホワイトカラー事例ということができる。

## 2 ホワイトカラー研究の経緯

ホワイトカラーの人材研究は昇進構造に関する研究として1980年代より国際的に広まってきた。米国でのローゼンバウム J. E.（1984）[26]や日本での花田光世（1987）[27]が起点となっている。その後もこの分野では数多くの研究が発表され，これがホワイトカラー研究の中心の一つともなっているが，この流れには技能の内実や形成のメカニズムに立ち入った研究は殆どみられない。技能の内実や形成に関する研究は小池自身による，または小池が参加する共同研究や，或いは小池が中心となった出版物に発表されている論文がその殆どを占めている。

前節で述べたように，知的熟練論はブルーカラーの技能形成分析に重心がおかれてきたが，ホワイトカラー領域での研究も次第に広がりつつある。1980年代半ばが起点と考えられる。1986年の『現代の人材』[28]は，ブルーカラーとホワイトカラー両面を扱っているが，ホワイトカラー分野では，スーパーの従業員や技術者の技能形成或いは人材開発をテーマとし，幾つかの研究が発表されている。その後で，ホワイトカラーに焦点をあてた研究書で注目されるのは『大

---

26　Rosenbaum, James E.（1984）*Career Mobility in a Corporate Hierarchy*, Academic Press.

27　花田光世（1987）「人事制度における競争原理の実態──昇進・昇格のシステムからみた日本企業の人事戦略」『組織科学』第21巻2号。

28　小池和男編著（1986）『現代の人材形成』はブルーカラーとホワイトカラー両面で多数の研究者が執筆にあたっているが，ホワイトカラーでは，第1章で「大型小売業における技能形成」冨田安信，第2章で「女子労働者昇進の可能性──スーパー調査の事例から」脇坂明，第3章で「技術者の人材形成」今野浩一郎，第4章で「英・米の技術者は競争的か」村松久良光。

第2節　ホワイトカラー研究

卒ホワイトカラーの人材開発』[29]である。職能別，或いは業種別の事例研究集であり，カバーされている職種は営業，事務系管理，人事，システムエンジニア，建設技術者など，業種では，デパート，小売業，自動車ディーラー，素材製造業，重電機製造，食品製造，都市ガス製造，商社，銀行，など幅広い。更に1990年代後半に，日本労働研究機構の国際比較研究共同プロジェクトとして，『国際比較——大卒ホワイトカラーの人材開発・雇用システム』が報告されている。そこでの調査結果を基に，2002年には小池和男・猪木武徳編著『ホワイトカラーの人材形成』が上梓されている。これは国際的に幅広い事例を集め，また，先行研究を展望し，更にホワイトカラー研究に横たわる方法論上の課題を論じ，ホワイトカラー研究で一つの画期をなす体系的な研究書である。研究事例は日，英，米，独の四カ国にわたり，業種は，総合電気製造，重機製造，デパート・スーパー・家電ストアなど大型小売業，公益事業，保険，銀行，セキュリティー・サービス，電気通信，金融，家電，と極めて広範である。職種も多様である。

　こうした研究が進展しつつあるが，この中でホワイトカラーの技能形成分析は，ブルーカラー分野で明らかにされたような水準には到達していない。もっとも，これらのホワイトカラー諸研究の全てが技能形成分析に焦点を絞っているものではない。共通のテーマとしては人材形成或いは人材開発であるが，それぞれの研究関心には幅がある。これらの研究が明らかにしているのは，ホワイトカラーの部署移動による仕事経験や昇進・昇給の実態である。これが一般的にキャリア研究と言われている[30]。しかし，その部署移動や昇進・昇給のプロセスに，どのような技能の修得が進行し，それがどのような組織成果に結びついているのか，といったことは十分には掘り下げられていない。

---

29　小池和男編著（1991）『大卒ホワイトカラーの人材開発』，執筆者は小池和男ほか，今野浩一郎，中村恵，八代充史。
30　知的熟練論での「キャリア」は「長期に経験する関連の深い仕事群」であるから，仕事群の関連性にメスがいれられていない場合は「キャリア」研究とはいえない。しかし，一般には仕事群の深い関連性有無はあまり意識されていない。

ホワイトカラー研究の難しさは，上記の『ホワイトカラーの人材形成』のなかでも猪木が述べている。「生産性の測定・組織内の個人の貢献の評価・仕事ぶりのモニターが難しいところにホワイトカラーの特徴がある」と。要するに，ホワイトカラーの仕事実態の把握の難しさ，ということである。猪木は，この難しさを抱えるホワイトカラー研究に，小池がブルーカラー研究を通じて築いてきた理論枠組みを応用していくことが一つの有力な方法であると述べている。技能を，猪木の表現では，「変化への対応能力」，つまり不確実性への対応と捉え，それを仕事観察によって分析していくことを提起している。

## 第3節　ホワイトカラー技能分析の枠組み

知的熟練論をホワイトカラー分析に応用するにあたって，最も大きな問題は，ホワイトカラーの仕事での不確実性の把握が難しいことである。ホワイトカラーの仕事は，例えば，本書での貿易商社の事例でみても，間違いなく様々な不確実性と向き合っている。しかし，それを分析するのにブルーカラーモデルの応用が難しい。ブルーカラーモデルでは「問題と変化」，或いは「ふだんとは違った作業」を仕事観察から識別している。実際，自動車組み立てラインの現場を観察すれば，その識別はさほどむずかしいことではないとしている。しかし，ホワイトカラーの多くの仕事では何が「問題と変化」であり，また何が「ふだんの作業」で，何が「ふだんとは違った作業」かの判定は極めて難しい。知的熟練論に準拠して不確実性を分析するにあたっては，分析方法を改めて構想しなければならない。

知的熟練論では「不確実性」の定義はなされていない。但し，「不確実性」への対応如何が競争力を左右するとの命題がおかれている。この命題を小池はF. ナイト（1921）の議論を引き合いに出して説明している。即ち，「やや一般

---

31　Knight, Frank H. (1921) *Risk, Uncertainty and Profit*.

化していえば，かのフランク・ナイトの議論にそう……組織の効率はすくなからず組織の各層の不確実性をこなすノウハウに依存する」と。但し，ナイト(1921)の不確実性の定義を踏襲しているものではない。ナイトは予知可能性の有無でリスクと不確実生を区別する。リスクとは予知可能な部分とする。予知できないものを不確実性と称する。これが「企業者に独特な収入を与えることを説明するものである」とする。つまり予知しえない不確実性というものが生みだす経済的帰結を受け入れるのが企業者であり，その報酬が利潤であるとする利潤論を展開する。小池の場合はリスクと不確実性を区別せず，利潤論でなく経営の具体論としての効率論に展開する。共通点としては，ともに不確実性を企業が生み出す経済的成果に結び付ける。経済的成果という用語はナイトも小池も使っていない。小池の言葉では，組織の効率や競争力，或いは小池自身は明言してはいないが生産性である。経済的成果は不確実性への対応によって左右されるという命題である。

　経済的成果とは負と正の両面をもっている。正とは利益であり，負とは損失である。つまり，不確実性とは平たく言えば，利益或いは損失をもたらす源である。ナイトは，リスクと不確実性という言葉が，それぞれ損失をもたらすもの，利益をもたらすもの，と通俗的に理解されていることを認めつつも，これは不確実性の曖昧な把握であるとする。予知可能性の有無で区別すべきと主張している。ナイトの利潤理論ではこの区別が決定的に重要な意味をもっている。しかし，企業経営の実際においては，予知可能性の有無を識別することより，利益をもたらす可能性，或いは損失をもたらす可能性に関心があるのである。

　本書では前者の不確実性を利益機会，後者の不確実性を損失機会と表現していく。つまり，企業は利益機会と損失機会への出会いの可能性に対する認識に

---

32　小池和男（1999）『仕事の経済学（第2版）』p.18。
33　Knight, Frank H.（第7刷，1948）*Risk, Uncertainty and Profit.* 邦訳『危険・不確実性および利潤』（1959）奥隅栄喜訳，第7章 p.303。
34　その後の不確実性の経済学の広がりの中においては，このナイトの不確実性定義には批判がある。例えば，酒井泰弘（1982）『不確実性の経済学』p.11。

基づいて，利益機会の可能性はその実現を最大化，また損失機会の可能性はその実現を最小化したい。その為に，それら不確実性を組織的にコントロールする方策を講じることになるのである。不確実性の組織的コントロールとは，生産組織であれば，生産管理組織，設備やテクノロジーの整備，仕事標準化（マニュアル化も含め），それらの為の各種管理制度や規則・規範の構築などである。

　本事例のような商社組織の場合であれば，不確実の組織的コントロールとは，売買活動をコントロール或はサポートする組織，仕事標準化（マニュアル化も含め），それらに関わる管理制度や規則・規範の構築などということになる。[35] それに加えて同社独特のものとして，情報共有化の諸制度も注目される。具体的には，一つは，定例会議であり，国内外の支店長を召集する会議，商品分野ごとに各地支店の担当者を召集する会議，本支店の経理担当者を招集する会議などである。二つには，出張報告の提出義務化と報告形式の統一である。出張中得られた貴重な情報は組織全体で共有されている。また，毎日発生しているこの出張に関して，出張者の行動予定の情報は組織全体に伝えられている。地理的に離れた支店間での日常的通信手段が電報であった時代では，担当者間の面談打ち合わせは極めて重要な情報交換の機会であり，これを最大に生かすシステムが定着していた。

　これら不確実性の組織的コントロールの体系をここでは「仕事システム」と呼ぶこととする。経営の安定化からすれば，費用対効果で正当化されるならば，それを可能な限り企業活動の広い領域で持ちたい。しかし，実際は難しい。従って，かなり緻密な「仕事システム」が整備されている領域，「仕事システム」はあるが不十分な領域，ほんの一部しか用意されていない領域，殆ど用意されていない領域，これらが混在しているのが現実である。業種によってその濃度には違いがあり，また同じ業種であっても企業ごとに違いはある。ということ

---

35 「仕事システム」に何まで含めるかは議論のあるところである。この概念は不確実性に対処する主体として，人材技能と対置させるべく，それ以外の組織技能を意図しているが，上記本文で特定した内容以外にも含めるべきものはありうる。

## 第3節　ホワイトカラー技能分析の枠組み

は、「仕事システム」がない、或いは不十分な部分は、経営としては人材技能に依存せざるを得ない。（但し、人材技能による不確実性への対処は、その対処の仕方、つまり技能次第で実効の程度には極めて大きな違いが生じるのではあるが）つまり、人材技能が生産活動で機能する背景には、経営が取り組む不確実性コントロールのあり方というものが深く関わっている。これを理解することが人材技能の分析で重要である。

技能形成が経営による不確実性コントロールのあり方と深く関わっているということは、ブルーカラーモデルが描く事例が、明示的ではないが、実質的には示している。つまり、ブルーカラーモデルでは、「不確実性」が高度にコントロールされている生産システムが舞台と設定されている。「ふだんの作業」とはそのコントロールのなかで想定されている、いわば標準化された仕事である。そこで生み出される経済的成果はあらかじめ想定されている。「ふだんとは違った作業」だけが、その想定を覆す仕事である。これに対処するのが知的熟練なのである。

このように知的熟練論での「不確実性」の意味を理解すると、ブルーカラーモデルとホワイトカラーの仕事との、技能分析方法の違いが以下のように明確になってくる。ブルーカラーモデルで観察する仕事は、その大部分で高い水準の組織的コントロール、即ち、高水準の「仕事システム」があるなかで、そのコントロールでは想定外、言わば「例外的」に発生する「ふだんとは違った作業」を観察すればよかった。とはいえ、その「例外的」な部分は、現実にはごく稀というものではなく、かなりの頻度で発生し、かつこれが組織の競争力を大きく左右する状況が広く見いだされるのである。従って、その部分の観察と技能の分析が極めて重要な意味をもっている。

一方、ホワイトカラーの仕事では、高水準の「仕事システム」の整備が少ない。大半の仕事が、「仕事システム」があっても部分的なものであり、不確実性対応の大半の仕事領域が人材技能に委ねられている。従って「仕事システム」から発生する「例外的」な部分だけの観察では、不確実性のごく一部しか把握できない。「仕事システム」が用意されていない広い仕事領域、つまり仕

事領域のほぼ全体を観察しなければ不確実性への対応の実態を掴めない。

　また，ホワイトカラーの仕事の様々な特性が個人ベースでの観察による不確実性分析を困難にしている側面もある。例えば，ホワイトカラーの仕事は個人ベースでみると定型性が乏しい。したがって，もし多様な仕事全体を把握しようとすれば，かなり長期の個人観察が必要となるが，これは実際上難しい。また，ホワイトカラーの仕事でのリスクは仕事の進行過程では顕在化していないことが多々ある。更に，個人による対処が本来想定されておらず，複数の人々の役割分業，つまり協業関係による組織的対処が常態となっていることも少なくない。つまり，個人の仕事観察では，リスクに対処している仕事であるかどうかの識別が困難となる。

　以上のようなホワイトカラーの仕事における「仕事システム」の少なさや仕事の色々な特性から，不確実性への対応の分析は個人ベースの仕事観察ではなく，組織ベースの組織全体的観察によってはじめて可能となると考えられる。組織ベースの観察とは，「仕事システム」と人材技能とが一体となって不確実性に対応している状況の観察という意味である。人材技能の役割は，組織ベースでの不確実性対応を把握した上で，「仕事システム」の実際の貢献の度合いを推量し，その部分を差し引くことによって割り出していく。

# 第5章
# 貿易取引でのリスクの分析

## 第1節　分析の方法

### 1　損失機会と利益機会の顕在性

　前章では不確実性について損失機会, 即ちリスクと利益機会の二面性を論じたが, この二つを実際に分析していこうとすると, 分析の難易で大きな違いがでる。一般に, リスクというものは具体的にイメージしやすいが, 利益機会はそうでない。というのは, 人々はリスクというものは, 顕在化したもの, 或いは顕在化しつつあるもので大方理解している。従って, それへの対応ということは具体性をもっていることが普通である。しかし, 利益機会というものは, 人々はそれに接して対応を行っているとしても, そこで利益機会がどのようなものであったのかは意識的に把握しない場合が多い。利益機会であった何か不確実なことに接して, それに対処したということが必ずしも意識されなくとも, 結果として何らかの利益が生まれていれば, 利益機会への対応がなされているのである。利益を生み出した行動のプロセスは記憶にのこり, 且つ結果として利益が生まれたことは認識があるが, 行動プロセスのどこでどのような利益機

## 第5章　貿易取引でのリスクの分析

会への対応がなされていたかは意識していないことが多いのである。利益追求を目的としている企業経営の中でさえ，日々発生する色々な利益機会との出会いとそれへの対応ということについては，組織として体系的に把握することは必ずしも容易なことではない。それは記録に残されることも少ない。利益機会というのはそれほど数多く，且つ時々刻々と発生し，また実際に知らず知らずのうちに多くの対応がなされているということなのである。生産プロセスのように，利益機会がある程度の定型性をもって，且つ繰り返して，数多く発生する場合は，そのプロセスに組織的な分析がなされ体系的な対応の方式が考案される。つまり利益機会を実現させる「仕事システム」である。ホワイトカラー組織では「仕事システム」が構築しにくいことは前章で論じたとおりである。

　前章で考察した通り，ホワイトカラーの仕事での不確実性分析は，リスク分析のみならず利益機会の分析までも踏み込まなければならないのであるが，この利益機会の分析が容易ではないのである。従って，利益機会の分析においては，利益機会とは何であるかという問題には立ち入らず，利益機会に対処している仕事，つまり利益を生み出している仕事の実態を観察し，そこに人材技能の存在を確認する。もし，一部に「仕事システム」の存在が確認されれば，その貢献の度合いを推量し，それを差し引いた部分に人材技能の貢献を見出す。これは「第6章　仕事内容の分析」で進めていく。一方，リスク分析に関しては，組織全体的に観察しなければならないというハードルはあるものの，幸いにして本事例においては有用な経営資料が数多く入手でき，かなり精度の高い分析が可能となっている。本章では以下でこの分析を行う。三井物産におけるリスク対応の組織能力は従来の研究でも同社の発展をもたらした重要な要因の一つとして注目されたものであり，また第Ⅰ部での分析では，明治30年代以降の同社の競争力要素の中で重要なる地位にあったとの考察がなされたものである。

## 2 リスク分析の資料

「社報」《物産41-1〜42-3》

　同社組織が向き合ったリスクの全体像の凡そは総合社内情報誌である「社報」から把握することができる。この情報誌は定型用紙に活字印刷され，本店が毎日発行し国内外の全組織に郵送或いは電信で送られている。日常実務で必要な情報が幅広く含まれているので，全職員の目にふれたものであったと思われる。毎回の情報量は大体1,000字以内だが，2,000字ないしは3,000字を超えるような場合もある。言語は原則邦文であるが，海外情報は部分的に英文も混じっている。リスクに対処する「仕事システム」の中軸であった信用程度管理制度及び売買越管理制度の許可通知はここに登場する。それに加え，この二つの制度を含め重要な規則や規範を徹底するために運用された譴責懲罰の制度運用状況も登場する。これもリスクの組織的コントロールの実態を知る重要な資料である。更に，市況・相場情報，世界各地の政治，経済，産業，気候，作柄動向など一般的なリスクに関する情報が日々掲載されている。これらが日々の商売活動に重要な情報であるからである。その他各種社内通知類も同時に掲載されている。大正期に入ると個々の問題に焦点をあてた様々な定期情報誌が発行されてくるが，明治後期段階では，「社報」が組織全体にむけた重要な情報伝達の中核手段となっている。

　掲載内容の詳細は資料Cに示すが，これは明治36年からの10年間での掲載全情報を集約したものである。掲載項目としては，訓示（又は告辞），達，指令，辞令，雑件，譴責懲罰の6項目になっている。最後の項目，譴責懲罰の情報は，同社経営陣が重大なものとして認識したリスクを示したものであるので，明治36年から大正11年までの20年間を拾い出し，その要約を第2節の図表5-1にまとめた。なお，辞令は第7章での個人別仕事経験分析での中核情報となっている。

## 資料C 「社報」に登場する情報の概要

三井文庫資料《物産41-1〜42-3》「社報」明治36〜45年の10年分より抽出
「訓示（又は告辞）」：幹部による訓話で稀に登場する。
「達」：下記のような社内規則類の通知である。
- 各種社内規程の制定や改定の告知（規程の内容は省略され，表題と規程番号のみ記載）
- 全店に向けて各種調査や報告を求める指示
- 社内金利の改定の案内（各部店の商売運転資金は直接社外から個別に調達する以外は社内貸借でまかなうが，金利は貸し借りとも市場金利に呼応する形で随時変動する）
- 組織間監督権限，責任関係，社内間で提供し合うサービスの内容変更や請求費用などの通知（商品系列で統括する「部」と，地域を統括する店の間での業務権限は交差しており，頻繁に調整のルールが改定されている）

「指令」：下記のような社内でのあらゆる申請事項の許可通知（許可内容は省略され，申請部署名，表題と許可番号のみ記載）。
- 事務所備品の購入申請許可
- 固定資産の購入申請許可（事務所社屋，社員寮，倉庫その他の事業用施設，それらの底地，車両，船舶などの購入）
- 投融資申請許可（売買に伴う融資，取引先の株式買い取り，新規事業への投資など）
- 売買越の権限枠申請許可（売り又は買いがどちらか確定しない状況で片方の売買契約を行うことがあり，その契約残高の許される上限枠を事前許可を受け，その範囲内で運用することを認めている。この運用はかなり多い為，枠の追加の申請が数多く出されている。商品のみならず傭船や外国為替も売買越されたとみられるが，この申請の詳細は不明）
- 信用程度申請の申請許可（取引にあたり，取引先の信用状態を精査し取引限度額を本部に申請することが義務付けられており，許可をうけた金額内でのみ取引が許される。取引拡大に伴って許可金額の増枠が必要となるため，新規や増枠の申請が出される。その件数はかなりの数に上ったはずであるが，社報で許可通知されているのはそのほんの一部とみられる。何らかの規準で許可通知方法が分けられていたと思われる）

「辞令」：全社の人事発令。異動，昇格の社内告知であるが，正規職員（本店採用職員）のみを原則対象としている。いわゆる非正規職員である店限雇人に

ついては昇格情報など例外的に掲載しているものもある。
「雑件」：内容が多様で，実際この情報量が最大である。日々の仕事の遂行に密接なビジネス情報と，その他一般的な社内通知に大別される。

　a）ビジネス情報
・各種商品相場情報（銀相場はほぼ毎日掲載されている。商品相場情報は一部登場するが，主たる情報伝達手段は社内の関連部署間で別途設けられていたと考えられる）
・外国政府の市場統制や法改正の動向
・外国景気一般情勢
・外国大手企業での異常な操業状態
・国内外金融市場情報
・海外運輸情報（運賃相場情報，関税の変更情報，外地の通関での異常な情報）
・外地政情治安情報（政情不安地域での動向，戦争地域での戦況とか商業活動への影響など）
・気象情報（農産物作柄情報や，流氷，港湾凍結など運輸面で影響をあたえる情報を含む）
・疫病流行地域の災禍進展動向

　b）出張者，赴任者の旅程情報
・世界各地に転勤赴任や出張で移動する全ての社員の出発，到着見込みの情報（殆ど毎日数件が掲載され，雑件の中でも情報量が多いものである。国際電話などのコミュニケーション手段がないこの時代では，面談打ち合わせが意思疎通の最良手段であるから，人が移動している情報の価値は一段と高かったと思われる）

　c）その他社内通知
・三井家の動静（三井家一族の冠婚葬祭，外遊，受賞，年始ほか儀典など）
・三井同族会，三井各社の動向（幹部の人事など）
・三井家関連の各種儀典への役員ほか社員の出席招集
・支店長会議ほか全社的会議の召集
・社内昇進試験の実施案内
・職員の訃報，職員の改姓の通知
・組織変更／組織改称／業務役割変更／部店間取引ルールの改定（例えば，商品ごとの主店の指定や変更）

・支店など事務所の移転，郵便宛先変更，電信宛名（コード）変更
・執務時間の変更（夏季の執務時間はそれ以外の期間と異なっていた）
・海外各国の休祭日の通知
・昇格や異動の告知が雑件に含まれている場合がある（本来辞令の項にはいるべきであろうが，物理的に勤務場所に変化のない場合はこの雑件に含まれているようである。又，店限雇人の一部の昇格の告知と見られるものもある）

「譴責懲罰」：年に数回登場する。件数が多いものは上にあげた売買越と信用程度の運用ルール違反などで損失などが生じた場合である。処罰は，本人とその上司が同時に対象となる。内容に応じて，上司の処罰の軽重が違っているが，必ず上司も処罰の対象になる。上司は掛の主任のみならず支店長又は部長まで処罰の対象に含まれるので，役員たちも支店長や部長在任時にその多くが処罰を受けた経験を持っている。軽い処罰を譴責と言い，重い場合は懲罰である。後者の場合は必ず罰俸があり，例えば月給の何分の一かを数ヶ月減額といったものである。

## 「支店長会議議事録」

同社の定例会議事録で最も体系的に残るものは明治35年から昭和6年まで17回開催された「支店長会議」の議事録である。この「支店長会議議事録」には売買越リスク，信用リスク，苦情及び契約不履行リスク，為替リスク，事業投資リスク，その他様々なリスクに関しての議論が随所に登場している。その議

---

1 「支店長会議」とは，明治35年から昭和6年までの間に計17回開催された経営中枢と上級管理職層が集まる全社会議である。名称は支店長会議（大正2年までは支店長諮問会議，大正4年のみは支店長打合せ会議）であるが，本書では総称として「支店長会議」と呼び，会議を特定する時は開催年を付記する。役員，商品を主管する部長，支店長，主要出張所長，本店本部課長（主任）・参事・検査員などが定常的に参加し，また議題によって実務者も招集されている。三井家からは同社役員はもとより，トップ（同族会議長或いは三井合名社長），更に三井同族会幹部が原則常時出席している。三井家関連企業からは三井鉱山は毎回幹部が複数出席し，その他三井銀行，北海道炭礦汽船，王子製紙なども随時参加している。全17回のうち，明治44年以外は議事録が残されている。『三井物産支店長会議議事録』全16巻が三井文庫から発刊されており，出席者の生の発言を口述筆記した6,000頁を超える議事記録である。出席者数は191人に上る。この議事録を本書では「支店長会議議事録」と呼ぶ。

論から，経営幹部が多様なリスクをどのように認識していたのか，どのように管理がなされていたのか，またその実際の運営にどのような困難があったのかなど，組織ベースの対応の実態を知ることができる。

　この会議の名称は変化しているが，本書では「支店長会議」と総称で表し，それらの議事録は「支店長会議議事録」と表現している。原資料の会議開催番号もやや混乱しやすい。明治42年に株式会社化すると，そこから番号が振り出しに戻っている。多くの研究での引用はその番号が用いられているが，本書では最古の記録である明治35年を起点として，以降会議開催を連続したものと理解しやすくするために，三井文庫が出版した『三井物産支店長会議議事録』第１巻～第16巻の巻番号，或いは開催年で表記している。議事録は各発言の口述筆記であり，全体で400万字を超える膨大な記録である。約30年に亘る17回で191人が出席している。この支店長会議開催年と各回の出席者一覧は巻末に付表１として載せた。

### 「経験録」《物産468》

　この資料は取引契約の締結及びその履行の過程で発生する様々なリスクの実態を伝える稀少な資料である。同社大阪支店が大正10年に発行した社内冊子で，大阪支店の職員から商売で経験した各種トラブルを聞き取り調査した結果を，カテゴリー別に分類して，一種の仕事マニュアルにまとめたものである。分類されたカテゴリーは資料Dに一覧した通り35類にのぼり，商売上のトラブル種がほぼ網羅的に体系化されている。但し，残念ながら，三井文庫に保存されている冊子は完全なものではなく，35類のうち約半分の18類が部分脱落している。とはいえ，残存している17類だけでも292事例が掲載され，ページ数も250ページに上る大部なものである。資料Dの各類項目の（　）の数値は事例件数である。大阪支店は同社全体のなかで本店に次いで大規模な店であり，同社商品の殆どを扱っているので，商品ごとに特性のあるトラブルのほぼ全体像を伝えている。しかし，大正10年は綿関連商売を東洋棉花に移管したあとなので，聞き取り対象から外れたものとみえ，この商売についてのトラブルの記録はごく一部にすぎない。

## 第5章 貿易取引でのリスクの分析

**資料D 「経験録」の掲載項目一覧**《物産468》
──契約締結及び履行のプロセスで発生する各種トラブルの事例

| | | | |
|---|---|---|---|
| 第一類（51）荷造 | 第十類（7）積卸及保管 | ＊第十九類（不明）TERMS | ＊第二十八類（不明）不可抗力其他 |
| 第二類（52）数量 | ＊第十一類（不明）保険 | 第二十類（4）乗合勘定 | ＊第二十九類（不明）LICENCE |
| 第三類（25）品名 | 第十二類（10）一手販売 | ＊第二十一類（不明）委託荷 | ＊第三十類（不明）積出通知 |
| 第四類（36）品質 | 第十三類（不明）値段 | 第二十二類（3）信書取扱 | ＊第三十一類（不明）DOCUMENTS |
| 第五類（12）夾雑物 | ＊第十四類（不明）口銭 | ＊第二十三類（不明）産地製造家 | ＊第三十二類（不明）荷印及口分 |
| 第六類（24）外観 | ＊第十五類（不明）REBATE及戻税 | ＊第二十四類（不明）積出地 | ＊第三十三類（不明）荷物不渡又ハ積遅 |
| 第七類（7）BRAND | 第十六類（7）CREDIT | ＊第二十五類（不明）船腹 | ＊第三十四類（不明）賣買相手トノ受渡 |
| 第八類（4）登録商及パテント | 第十七類（6）代金支拂（為替） | ＊第二十六類（不明）積期 | ＊第三十五類（不明）運送者トノ受渡 |
| 第九類（36）検品 | 第十八類（4）擔保 | 第二十七類（4）ROUTE | |

（注）各類番号の後にある（ ）内の数値は事例件数。（不明）とあるのはこの項目のページが残存冊子から脱落しており事例件数が不明。類番号に＊印を付している。

この冊子の冒頭「緒言」には，商売上のリスクについての同社の基本認識が綴られているのでその一部を以下に引用する。

「当社の如く利き所利き所へ海山千年の経験家を配置しありても，猶且つ一方で今苦い経験を得た許りの事を他方で知らず知らずやり始めて居るとか，数年以前の失敗を同じ場所で異なった人が繰返すとか云う事の稀でないのは各自経験を異にする事，及一店が高價なる犠牲を拂ひし経験もその関係者が轉々せざれば社内の全般に普及せず，又関係者が當社を去れば湮滅して其の跡を止めざるに至る事が，縦し原因の全部ではなくとも少くも主要なる一因ではなかろうかと思はれる……如何なる場合にも如何なる相手に對しても又如何なる品を取扱ふにも本書の各項に記述せられある如き手違いのProbabilityを絶無たらしむべしと云うのでは勿論無い，またRiskを絶無ならしめんとせば恐らく商賣をせぬのが最上の方法であろ

う……」

「係争事件摘録」《物産349》

　これは大正10年に本店業務課によって編集され，同年の「支店長会議」で提出されているもので，内容は上記の「経験録」にあるような契約履行上の問題で，仕入と販売の部店間で係争化した「事件」であり，その内容と決着を詳細に報告している。問題発生期間は大正7年～9年の3年間で報告件数は11件である。この11件は部店間の係争がこじれ，これの仲裁を本店業務課に求めてきたもののみであるから，実際に発生した問題の件数の氷山の一角に過ぎない。報告は社内の部店の間での係争であるが，実際はそれぞれに客先があるのであり，それらを含めた関係者のどこかでの損失発生について，ここでは仕入店と販売店が社内間で争われている。実際の損害は客先が負担すべく別途社外との交渉が進んでいるものとは思われるが，両店間の激しい争いの状況をみると，同社として損害負担を予期したものであることが推察できる。

## 第2節　リスクの多様性

　従来の経営史研究では，三井物産はリスク管理に特に周到であったとされている。第一次大戦後の急激な景気後退で，多くの貿易商社が主にリスク対応への不十分さから経営的危機，或いは破綻に陥ったとされている。三井物産もこの時期に打撃を蒙ったが相対的に安定した経営を維持することができた。どのようなリスクにどのような組織ベースでの対応がなされていたのであろうか。以下の各節では主要なリスク領域ごとにその実体を分析していくが，それに先だち本節ではリスクの全体像を概観する。
　第2章で論じた「総合商社の論理」をめぐる議論では，同社のリスク管理組

---

2　数多くの研究でそれが指摘されているが，特に山崎広明（1987）「日本商社史の論理」『社会科学研究』第39巻4号では，それがこの企業の発展の主要な要因の一つと分析している。

織能力は競争他社との比較で高く評価されている[3]。これまでの経営史研究では，その殆ど全てが，それへの対処として売買越管理制度の進展に注目している。経営史研究は発見史料に制約される側面をもつが，三井文庫に残る同社史料には売買越の管理に関連した記録は多い。会社設立時に定めた経営方針に明示されているのをはじめ[4]，その後の経営者の訓話録や「支店長会議議事録」などでも頻繁に登場し，また売買越規則の色々な変遷を知る資料も数ある。これが同社のリスク管理の最も重要な領域の一角であったことは間違いない。しかし，リスク管理の問題に関して，売買越管理に注目が傾斜し，特にそこにおいてのリスクとは相場商売における価格変動リスクに焦点があてられてきているこれまでの議論の流れは再点検が必要である[5]。仕事実態を分析していくと従来の議論の偏向が浮かび上がってくる。同社が向き合っていた商売リスクには，相場リスク以外にも幾つかの重要な領域があった。

　図表5-1は明治36年から大正11年までの20年間で「社報」に登場する75件の譴責・懲罰の一覧である。譴責・懲罰は社内規則や当時の社内規範に反した行為によって会社に大きな損害を与えた問題の中で，特に重大であると経営陣に受け止められたものが対象とされていると見ることができる[6]。但し，譴責・懲罰という制度は言わばみせしめ的効果をもって規則や規範の徹底を図るための手段であるので，ここで現れるものは実際に発生した問題の一部に過ぎない。個別には損失規模が小さくとも，日常的に発生する損失問題は多数にのぼり，それらの損失総額は多大なものであったと考えられる。大正初期段階で国内外に約80の営業拠点で2,000人（正社員のみで実際は現地店雇いを加えると更に大きな数字となる）が2,500社もの販売先と日々取引を行っていたのであるから[7]，

---

[3] この根拠は，第一次大戦後の反動不況から昭和恐慌へと連なる一連の経済停滞の中で高田商会，古川商事，鈴木商店といった大手貿易商社の破綻が相次ぐ中で三井物産が相対的に安定した業績を維持した事実と，こうした大戦後の経済変動を見越した対応が組織的に講じられていたことを示す社内議論の記録が数多く残されていることなどである。

[4] 同社創業時に定められた「組合約定」や「社則」。共に三井物産株式会社発行(1965)『三井物産小史』に載っている。

第 2 節　リスクの多様性

問題発生数と損失額は相当なものであったと推察され，20年間で75件というのは氷山の一角であろう。しかし，これは同社が重大とみなした商売上のリスク領域としてほぼ全体像を表していると考えられる。

　問題を類別すると図表 5 - 1 最右欄に記号で示したようになるが，類別ごとの譴責・懲罰者数（以下人数は一部案件で重複）は，売買越管理関連26人，信用管理関連17人，為替管理関連 3 人，不適切な金銭処理関連19人，その他不適切な取引行為が17人となっている。不適切な取引行為とは様々なものを含んでいる。客先の選別が不適切なことによって損害を蒙ったり，船積みや商品引渡しなど取引実務の不適切から重大な損害が生じたり，また不適切な取引行動によって取引先からの苦情をうけ信用失墜した，などが含まれているが，これら

---

5　これまでの研究では，山崎広明（1987）を中心として，同社商売のリスクについて商品価格変動に関心が集中しすぎている。このリスクが同社商売の最大且つ大半のリスクであるかのような理解，また同社のリスク管理能力の高さはこれを巧みにコントロールしたことといった理解が通念化した状況を呈している。この通念では商品価格変動のリスクを商社自体で負わない商売はリスクの殆どない商売であるかのごとく認識されており，それが「委託商売」と理解されている場合がある。確かに「委託商売」は原則としてあらゆる商売リスクを委託者にヘッジすることが意図された契約であるから，リスクが小さい。特に商品価格変動リスクは委託契約で明確にヘッジされうるものであるから，ここで商社がリスクを負っていたことはないであろう。但し，その他色々なリスクから発生するあらゆる損害の責任所在を全て網羅的に契約当事者間で事前に取決めることは現実にはあり得ず，また委託者は無条件にあらゆる損害を負担することも実際にはありえないため，現実に損害が発生した時はいろいろ交渉が行われ，ある部分は商社が負担したと思われる。尚，商品価格変動のリスク以外について近年は信用リスクが注目されつつある。例えば，大島久幸は「第一次大戦期における三井物産——見込み商売の展開と商務組織」『三井文庫論叢』第38号別冊（2004）を発表後，2009年10月経営史学会において「両大戦間総合商社のリスク管理」を報告している。但し，本書では採り上げる苦情リスクを含めた契約不履行リスクなどその他のリスクに対してはこれまで殆ど注目されていない。

6　明治終盤に発生した超大型重大事件である，いわゆる名古屋事件（融通手形不正運用事件）や海軍事件（海軍への軍艦金剛納入をめぐる贈賄事件）に関しては「社報」の譴責・懲罰に登場せず，特別な扱いとされている。

7　大正 4 年「支店長会議」での田村調査長談（三井文庫発行『三井物産支店長会議議事録』第 9 巻 p.164）では，その時点では2,500軒の販売先ありと述べている。

第5章 貿易取引でのリスクの分析

図表5-1 「社報」に登場する譴責・懲罰（明治36年～大正11年の20年間での発生全件）

(その1)

| 社報掲載日<br>明：明治<br>大：大正 | 対象者・所属又は役職<br>（カッコ内は事件発生当時役職、役職は職員録より一部補足） | 掲載記事要点 | 処罰の内容 | 問題の原因<br>K：金銭処理<br>B：売買越<br>S：信用管理<br>E：為替<br>T：取引方法 |
|---|---|---|---|---|
| 明36.10.07 | 小田良治、札幌出張員 | 砂川木挽工場運搬施設の建設にあたり社内許可得ず実施 | 譴責 | K |
| 明36.10.31 | 藤瀬政次郎、大阪支店長 | 本年2月以降三ツ矢印平野水製造主に許可なく融通 | 譴責 | T |
| 明36.10.31 | 藤瀬政次郎、大阪支店長 | 大阪支店在任中香野商店砂糖取引で社則違反して巨額信用供与 | 懲罰、6ヶ月給1/3罰俸 | S |
| 明36.10.31 | 吉富磯一（大阪支店輸入雑貨主任） | 同上 | 懲罰、6ヶ月給1/3罰俸 | S |
| 明37.02.10 | 川村貞次郎（新嘉坡支店長代理） | リチャードソン社との錫取引で信用調査不十分で新規取引、手形引受けと同時に船積書類を相手に引渡し、第一回積み出し品支払いを受ける前に第二回積み出し譴責発生 | 譴責 | S、T |
| 明37.02.22 | 田中忠次郎、大阪支店務掛主任 | 用度掛担当病気中代理で起用した店限渡が現金及郵便切手895円横領、監督不行届き | 譴責 | K |
| 明37.11.11 | 藤原銀次郎、台北支店長 | 硫黄、米及び砂糖商内前渡金を社内許可なく支払い | 譴責 | T |
| 明37.11.11 | 箕輪喜三郎、参事（台北支店） | 同上 | 譴責 | T |
| 明38.08.29 | 大塚新太郎、門司支店長 | 部下「用生由太郎ノ朝日炭鉱主ニ対スル出状無礼リ極メタノハ平素監督不足」 | 譴責 | T |
| 明38.08.29 | 相生由太郎、門司支店 | 朝日石炭仕入れ先との契約トラブルで無礼状出状「商人ハトシテ有ル間敷不都合」 | 譴責 | T |
| 明39.07.10 | 山本増雄、門司支店雑品掛主任 | 客先担当と同道台湾出張時に権限超えた砂糖買付け、帰国後客先より告情発生の際商売協妥協 | 譴責 | T |
| 明39.07.10 | 大塚新太郎、門司支店長 | 上記に関し監督不妻監督不足 | 譴責 | T |
| 明39.10.02 | 南新吾（香港支店） | 三井鉱山から委託をうけた為替業務の意慢で損失発生 | 懲罰、3ヶ月給2/10罰俸 | E |
| 明40.10.16 | 井上泰三、牛荘支店長 | 無許可で運送機器及び石油なく買付け、並びに許可限度超え綿糸、砂糖買持 | 譴責 | B |
| 明41.11.16 | 井上泰三、（牛荘支店長） | 部下監督欠如し譴責（代金回収遅延）と損失生じ | 懲罰、1ヶ月給1/3罰俸 | S |
| 明41.12.31 | 小室三吉、理事（倫敦支店長） | 許可限度超えて羽二重買持、並びに本店指示を誤認し木材買持 | 懲罰、2ヶ月給1/4罰俸 | B |

142

## 第2節 リスクの多様性

| 年月日 | 氏名（所属） | 部署 | 事由 | 処分 | 減給等 | 区分 |
|---|---|---|---|---|---|---|
| 明41.12.31 | 吉沢銑一（倫敦支店雑貨掛主任） | 同上（上記の当事者） | | 懲罰、3ヶ月月給1/4罰俸 | | B |
| 明41.12.31 | 山本庄太郎、木材部（漢口出張所長） | 胡麻の先約監督竝上海支店長よりの注意無視し実行 | | 懲罰、3ヶ月月給1/4罰俸 | | B |
| 明41.12.31 | 藤野亀之助、大阪支店長 | 綿布、麻、杵籛糸など取引先の信用調査不足監査不行届き | | 注意のみ | | S |
| 明41.12.31 | 堀内明三郎、本店営業部（大阪支店毛織掛主任兼製品掛主任） | 上記の信用調査不十分（滞貨又は焦付き発生と見られる）の実務当事者 | | 懲罰、1ヶ月月給1/5罰俸 | | S |
| 明42.03.01 | 横山直康、漢口出張所 | 為替予約怠り、買弁1)廃止の指令無視（商品は不明） | | 譴責 | | E |
| 明42.04.06 | 大庭敏太郎、安東県出張員 | 許可無く買持（商品は不明） | | 懲罰、2ヶ月月給1/5罰俸 | | B |
| 明42.04.09 | 斉藤吉十郎、台北支店長 | 米糖取引で既約の滞貨と不適切な債権保全手続き | | 懲罰、2ヶ月月給1/4罰俸 | | S |
| 明42.12.09 | 中山秀之、本店調査課（札幌出張所長心得） | 「木浅商売」経営方法、製品在庫滞留などの問題と推測される）不健全な工場経営現場責任者として | | 懲罰、5ヶ月月給1/4罰俸 | | B |
| 明42.12.09 | 大井寛治、小樽支店（札幌出張所） | 上記の当事者として | | 懲罰、4ヶ月月給1/4罰俸 | | B |
| 明42.12.09 | 片桐文蔵、小樽出張所（札幌出張所） | 同上 | | 懲罰、4ヶ月月給1/4罰俸 | | B |
| 明42.12.09 | 手束譲吾、本店（札幌出張所） | 売買越社則違反の監督不行届き、商品は繊維製品の一種（杵籛白試験所無断経営） | | 懲罰、3ヶ月月給1/4罰俸 | | B |
| 明44.04.28 | 藤瀬政次郎、上海支店長 | 同上 | | 注意のみ | | B |
| 明44.04.28 | 綾野磯太郎、漢口支店長 | 上記担当当事者 | | 解雇 | | B |
| 明44.10.13 | 丹羽義次、漢口支店長 | 店限雇任の社金横領監督不行届き（商品は不明） | | 懲罰、2ヶ月月給1/10罰俸 | | K |
| 明44.10.13 | 横山直康、漢口支店主任 | 同上 | | 懲罰、2ヶ月月給1/10罰俸 | | K |
| 明45.06.14 | 粟谷英夫、紐育支店 | 米綿を許可なく売り繋ぎ巨額損失 | | 懲罰、3ヶ月月給1/4罰俸 | | B |
| 大01.08.14 | 安川雄之助、満州営業部長 | 部内出納掛主任小笠原長彦の社金の私的融通に対する監督不行届き | | 注意のみ | | K |
| 大01.08.14 | 箕輪篤三郎、大連出張所長 | 同上 | | 懲罰、2ヶ月月給1/5罰俸 | | K |
| 大01.08.23 | 中山晋、天津支店長（本店営業部横浜船積取扱所主任） | 部下島田文雄の伝票偽造、小切手騙取など社金横領に対して監督不行届き | | 懲罰、2ヶ月月給1/5罰俸 | | K |

143

第5章　貿易取引でのリスクの分析

(その2)

| 社報掲載日 明：明治 大：大正 | 対象者・所属又は役職 （カッコ内は事件発生当時役職、役職は職員録より一部補足） | 掲載記事要点 | 処罰の内容 | 問題の原因 K：金銭処理 B：売買越 S：信用管理 E：為替 T：取引方法 |
|---|---|---|---|---|
| 大01.08.23 | 志田勝丞、(本店営業部横浜船積取扱所) | 同上 | 懲罰、4ヶ月月給1/5罰俸 | K |
| 大01.08.23 | 中原又雄、(本店営業部横浜船積取扱所) | 上の事件につき注意を欠く | 懲罰、月給1/5罰俸（罰俸期間不明） | K |
| 大01.08.23 | 笠松勝義、(本店営業部横浜船積取扱所) | 上の事件につき注意を欠く | 懲罰、月給1/5罰俸（罰俸期間不明） | K |
| 大01.08.23 | 磯村豊太郎、(本店営業部長) | 上の事件につき当時の本店責任者として監督不足 | 注意のみ | K |
| 大01.08.23 | 小田柿捨次郎、(本店営業部長) | 同上 | 注意のみ | K |
| 大01.08.23 | 中丸一平、(本店営業部長) | 同上 | 注意のみ | K |
| 大01.09.05 | 安川雄之助, 満州営業部長 | 売買越の許可無しにて大豆相場で巨額取引、損失なるも「職務上不都合」 | 懲罰、2ヶ月月給1/10罰俸 | B |
| 大02.02.27 | 中丸一平、本店営業部長 | 肥料取引先巨額滞貨発生、部下の監督不行届 | 注意のみ | S |
| 大02.02.27 | 千葉清、営業部肥料主任 | 肥料取引先窮状気付かず信用程度軽視滞貨発生並びに現品受渡し包回収注意欠く | 懲罰、2ヶ月月給1/10罰俸 | S |
| 大02.03.01 | 大村得太郎、新嘉坡支店長（長崎支店） | 信用審査怠り巨額滞貨発生、並びに本店に真相隠匿（商品は不明） | 懲罰、2ヶ月月給1/10罰俸 | S |
| 大02.03.01 | 井上鹿三、(長崎支店) | 勘定掛主任として在任時上記信用精査怠る | 注意のみ | S |
| 大02.03.01 | 佐々布覚太郎、(長崎支店) | 上記担当事者 | 懲罰、月給1/10罰俸（罰俸期間不明） | S |
| 大03.06.19 | 丹羽義次、漢口支店長（同支店長代理） | 雑貨掛で胡麻取引で信用程度を超えた買付けで損失発生、当時上京中で店不在により実態把握怠慢 | 懲罰、3ヶ月月給1/4罰俸 | S,B |
| 大03.06.19 | 船津完一、(漢口支店) | 上記担当当事者 | 懲罰、3ヶ月月給1/4罰俸 | B |
| 大03.06.19 | 松山小次三郎、(漢口支店) | 上記担当当事者 | 懲罰、3ヶ月月給1/4罰俸 | B |
| 大03.07.20 | 中丸一平、本店営業部長 | 金物及び米取引で信用程度超え巨額損失と滞貨発生監督不行届き | 懲罰、3ヶ月月給1/5罰俸 | S |
| 大03.07.20 | 脇村正七、本店営業部穀物肥料参事附 | 上記事件の米取引で巨額損失かつ勝簿整理不行届き | 懲罰、2ヶ月月給1/4罰俸 | S |

第2節　リスクの多様性

| 日付 | 氏名・役職 | 事由 | 処分 | 罰俸 | 記号 |
|---|---|---|---|---|---|
| 大03.07.20 | 中村藤一、営業部穀物掛主任 | 上記金物取引にて巨額損失で事実隠匿 | 懲罰 | 3ヶ月月給1/5罰俸 | S |
| 大03.07.20 | 藤瀬政次郎、取締役（天津支店長） | 芝罘出張所勤定掛梅本孝太郎の社金横領監督不行届き | 譴責 | 2ヶ月月給1/5罰俸 | K |
| 大03.07.20 | 武田隆夫、本店（芝罘出張所長）浅野長七、本店本部調査課長検査員（京城支店長兼仁川出張所長） | 同上 | 懲罰 | 2ヶ月月給1/5罰俸 | K |
| 大04.05.03 | 井出千次、上海支店（青島出張所長） | 「経営其宜シキヲ得ス」即チ、信用調査不備、信用程度超え取引、前貸方法誤りなどで巨額滞貨発生（商品は不明） | 懲罰 | 24ヶ月月給1/4罰俸 | S．T |
| 大05.10.24 | 飯塚重五郎、青島出張所長 | 部下の社金使い込み監督不行届き | 譴責 |  | K |
| 大05.10.24 | 小林誠廉衛、木材部砂川木挽工場 | 同上 | 譴責 |  | K |
| 大06.03.01 | 高野省三、天津支店長（京城支店長） | 工場出荷監督不行届き | 譴責 |  | T |
| 大08.11.07 | 中島清一郎、本店本部参事（漢口支店長）[2] | 朝鮮米満州栗を許可なく買持 | 懲罰 | 3ヶ月月給1/5罰俸 | B |
| 大08.11.07 | 菅原與惣治、本店本部参事（天津支店長） | 許可なく皮革類乾場用地購入木材置き場建築、木材置き場地購入 | 懲罰 | 3ヶ月月給1/5罰俸 | K |
| 大08.11.07 | 瀬古孝之助、（紐育支店長） | 為替処理誤り損失発生（商品は不明） | 譴責 |  | E |
| 大08.12.31 | 三島義三郎、穀肥部京城支部員（群山出張所員首席） | 部下の豆油など巨額売越に気づかず損失発生、また本店許可なく買持、飛行機製造所への巨額貸金で資金滞留 | 懲罰 | 6ヶ月月給1/3罰俸 | B．T |
| 大09.03.18 | 福島喜三次、本店本部参事（綿花部ダラス支部長）[2] | 部下出張員附き出納物の社金一万余円使い込みに気づかず監督不行届き（商品は不明） | 懲罰 | 月給1/10罰俸（期間記述なく1ヶ月と見られる） | K |
| 大09.03.18 | 加藤保、倫敦支店馬耳塞出張員附き[2] | 許可限度を超えた買持し損失発生 | 懲罰 | 6ヶ月月給1/4罰俸 | B |
| 大09.03.18 | 濱崎苿、倫敦支店里昂出張員[2] | 許可なく巨額買持に加え、取引先選択及び取引上注意欠く（商品は不明） | 懲罰 | 6ヶ月月給1/5罰俸 | B．T |
| 大09.03.18 | 丹羽保次、本店（甲谷他支店長代理）[2] | 許可限度を超えた買持、取引先選択並びに取引上注意欠き「不利益」発生（商品は不明） | 懲罰 | 4ヶ月月給1/5罰俸 | B．T |

第5章　貿易取引でのリスクの分析

(その3)

| 社報掲載日 明:明治 大:大正 | 対象者・所属又は役職 (カッコ内は事件発生当時役職、役職は職員録より一部補足) | 掲載記事要点 | 処罰の内容 | 問題の原因 K:金銭処理 B:売買鈍 S:信用管理 E:為替 T:取引方法 |
|---|---|---|---|---|
| 大10.01.17 | 飯塚重五郎、本店（棉花部青島支部長） | 部下支部長代理の専断なる買持ち監督不行届き | 譴罰、3ヶ月月給1/5罰俸 | B |
| 大10.01.17 | 鹽田良温、本店業務課（シアトル出張員首席） | 許可なく巨額買持ちで損失発生（商品は不明） | 譴罰、3ヶ月月給1/5罰俸 | B |
| 大10.09.09 | 加名生良信、本店業務課（紐育支店雑貨主任） | パルプ売契約の行き違いで手持在庫発生、更にこれを隠匿 | 譴罰、2ヶ月月給1/5罰俸 | B |
| 大10.9.29 | 内野栄太郎、台南支店 | 砂糖取引先への不適切な資金融通と支店長代理として職務怠慢支店長の指示とはいえ支店長代理として職務怠慢 | 譴罰、2ヶ月月給1/5罰俸 | T |
| 大10.9.29 | 三井亮、台南支店勘定掛主任 | 同上理由、勘定掛主任として職務怠慢 | 譴罰、2ヶ月月給1/5罰俸 | T |
| 大10.11.12 | 清水善造、本店（甲谷他支店輸出雑貨掛主任） | 許可を超えた買持ち、及びその隠匿 | 譴罰、6ヶ月月給1/5罰俸 | B |
| 大11.11.04 | 阿部吟次郎、本店勤務（甲谷他支店長代理） | 「在任中ノ職責宜シキヲ得ス」といったもので具体的内容記載のない異例の処罰 | 譴罰、6ヶ月月給1/5罰俸 | T |

注1) 買弁とは主に中国内商売で現地客先との仲介役として契約した現地人代理人であるが、これが商売発展やリスク管理での足枷となったとの判断で明治30年代初期に廃止方針が出されていたもの。
2) この6人は「パネル表」に登場する7人。そのうち相生由太郎を除く5人は第7章図表7-1に登場し、仕事経験分析対象者173人に含まれている。

出典）三井文庫蔵三井物産資料：社内日刊情報誌『社報』明治36年～大正11年の記事から《物産41-1～42-13》。

第 2 節　リスクの多様性

は全て契約の締結や履行における不適切な実務の問題である。この類の問題は数限りなくあったはずであるが，特に経営上大きな損害をもたらしたものが譴責・懲罰の対象となったものと思われる。更に，取引先への金融支援を無許可で行って貸し倒れなどが発生したり，商売の為とはいえ施設や土地を無許可で購入したなども含まれている。不適切な金銭処理とは会社の金の横領などの問題である。この類の不祥事は度々発生している。明治45年に起こった「三井物産史上空前……未曾有の不祥事」[8]である「名古屋手形事件」がここに登場していないのが不可解であるが，これは社内事件の域を超えて社会的に話題となった大事件であるので，「社報」での譴責・懲罰公表ではなく，別の形で処理されたものと思われる。

　為替リスクの問題での譴責・懲罰は3人のみで，少ない。ここで為替とは外国為替の意味であるが，この運用に関しては正式な社内規則が整備されていたものではないようなので，明確な規則違反としての譴責・懲罰とはなっていない。大きな損失が通常の仕事規範を逸脱して発生したものが譴責・懲罰されたものと思われる。外国為替リスクの管理に関しては，少なくとも海外店を含めて営業現場では，意図的に為替相場のオペレーションが行われることはあまりなかった模様である[9]。実際はある程度はあったのではないかと思われるが，営業現場でこのオペレーションがあった事実を知る資料はいまのところ筆者は出会っていない。

　明治30年代の日本は金本位制に移行しており，清国など銀本位国向け商売では常に為替リスクに晒されていた。明治36年の「支店長会議議事録」では，石炭の清国向け輸出では為替リスクが極めて重大な問題であるとしており[10]，次のような状況が説明されている。即ち，為替リスクを回避する為に先物（ここで

---

8　荻野仲三郎編（1934）『兒玉一造傳』p.51。
9　日綿實業株式会社発行（1943）『日本棉花株式会社五十年史』(1943) p.25によると，日本棉花が上海支店で明治41年に起こした大きな損失は銀貨の暴落が原因とされているが，これに銀相場での失敗が含まれていた可能性はある。三井物産の清国各支店においても同様の損失発生の可能性があったであろうが，この状況は報告されていない。
10　三井文庫発行『三井物産支店長会議議事録』第2巻，pp.181-182。

147

の先物とは契約後商品の受渡しが先となるという意味であり、商品先物市場での先物定期取引を指すものではなく、石炭輸出の通常の形の商売である。）の契約に際して、横浜正金、或いは倫敦の金融機関との間で出来る限り為替の取決めをしているが、いずれを利用しても契約高全ての為替を契約時に取決めることはできないとし、為替リスクを常にある程度抱えているという。しかし、明治39年の「支店長会議議事録」では、海外店が社内為替制度のもとで為替を本店に付け替え、リスク回避を図っている場合がかなりあるとしている。この場合は本店が為替リスクを負ってその運用を行ったということになるが、その運用の実態は不明である。このように銀貨国との商売では為替リスクは極めて大きなリスクであったが、日常的に個々の契約の損益に埋没しているので、その実態を把握するのは困難である。

　また、譴責・懲罰の対象には馴染まない重要なリスク問題を見逃してはならない。同社経営陣が認識していた最も重大なリスクに事業投資リスクの問題がある。事業投資リスクという問題は、リスク問題が基本的には全てがそうなのではあるが、商売の拡大と裏腹の問題であり、一般的にも企業経営の最も基本的な選択の問題なのである。鈴木商店の破綻の根底的原因はこの問題にあるのだが、益田孝の経営観は鈴木商店の金子直吉とは極めて対照的であり、商業企業或いは銀行業など非製造業における製造業への事業投資には極めて警戒的であった。彼の後継者もこの考え方を継承してきており、従って、第1章での競争力の議論でも触れたように、同社経営は明治大正期には製造業への事業投資

---

11　ここでの為替取決めは、予約のことであるのか、もしくは、即時買取りであるのか不明である。
12　三井文庫発行『三井物産支店長会議議事録』第5巻、pp.180-181。
13　この考え方は「支店長会議」の中で、益田やその他経営幹部の発言が度々登場するが、益田が中上川彦次郎の死後、三井銀行の経営に関与することになって、銀行事業にとっての資金流動性を重んじ、三井銀行のそれまでの事業投資を圧縮したことでも知られている。但し、益田が創業当初からこうした考え方に徹していたのではなく、粕谷誠（1995）「明治前期の三井物産」『社会経済史学』第61巻3号 pp.20-21にあるように、明治10～20年代に鉱山経営投資で多額の損失発生を経験している。

は慎重であり，あまり拡大しておらず，株式引き受け先の経営破綻などの事例はあるが，事業投資リスクが重大な経営問題として現実化したことはない。

　譴責・懲罰を受けた人数をみると売買越管理関連が最大であるが，重要なリスク問題の中でもこれが上位にあったことがここでも示されている。しかし，これは重大な規則違反の発生頻度において最大なのであって，損害自体の発生頻度の多さを表しているものとは言えない。規則・規範の重大な違反の無い状況で，実際には商売上の損失は色々発生しているのであるから，それを把握しなければならない。以上で鳥瞰された同社が向き合った色々なリスクの中で，商売遂行上特に重大視された分野は，売買越リスク，信用リスク，苦情及び契約不履行リスクであった。その内容を以下に詳しくみていく。

## 第3節　売買越リスク

　先ず，売買越という一般に聞きなれない用語を説明しておかなければならない。売買越とは，商品売買取引において，商社が商品の供給者と需要者の間に立って売買契約当事者となる場合，買い契約と売り契約で日時をずらして締結する状態，或いは行為を言う。つまり，買い契約と売り契約のいずれかが，契約タイミングという点で片方を「越す」状態や行為である。これが重大なリスクを抱えるので，組織的にコントロールする制度が設けられており，それを同

---

14　しかし，明治終盤以降の「支店長会議」ではこれへの積極化に転換すべきではないかという議論が出始め，昭和期に入るとこれが実際に積極化していくこととなる。
15　鈴木邦夫（1981）には売買越状態について第一物産株式会社『商売常識』(1951) p.59を参照して次のような定義が述べられている。「商品の売越とは，在荷（現物）プラス買約定分が売約定を下回っている状態，買越状態を上回っている状態」。この定義は誤ったものではなく，また実務者にとって便利な定義と思えるが，売買越の経営的意味を考察する上では必ずしも適切ではない。従って，本書では上記本文で示したような定義で売買越を捉える。第2章第1節で触れた中川敬一郎（1967）も本書と同じような捉え方をしている。

社では売買越管理制度という。これが同社のリスク管理の「仕事システム」の中で最も重要な地位の一角にある。売越或いは買越は商売ごとに事前に本社本部（取締役会の決済）の許可を得なければならず，許可された限度と期間の範囲内でのみそれらが許されるという制度である。大正7年（1918）3月までは社内手続きに加え三井合名の許可も必要とされており，このリスクへの認識は極めて重大であった。特に，投機商売を警戒したものである。買越（買持ちと呼ばれることもある）は商品が自社の在庫となっている場合もあり，まだ受け渡しを受けていない買約残の場合もある。両方の場合を含めて買越という。何がリスクなのかというと，売りか買いか何れか片方だけの契約残をもつことによって商品を自社リスクの下においている状態が発生するからである。買越の場合は，商品価値の減耗可能性がリスクである。減耗とは主に市場での商品価格の低落であるが，自社の在庫であれば品質の劣化や，火災その他による消失もありうる。売越では売りのみの契約残を持つことで，将来商品を買い付けた上で引き渡す義務を抱え，この場合商品価格上昇で損失を生む可能性をかかえる。

それでは何ゆえ売買越を敢えて行うのであろうか。二つの理由がある。一つは，価格変動を利用して利益を追求するという，所謂投機商売の為である。投機商売は貿易に限らず極めて一般的，且つ伝統的な商行為である。二つ目は，継続的な取引において，需要家への便益を図る，またそれによって商売を安定・拡大することを目的に常備在庫を商社の責任において保有する為である。商品供給元がこの便宜を自社負担で行うこともあるが，商社の判断で行うことが次第に多くなっていった。同社の経営方針は創業当初から前者，即ち投機商売には踏み込まないことを明確にしており[16]，その後継続してこの方針を維持していた。従って，この売買越は後者の目的で運用されるのが本来の趣旨であり，その中で売買越商売が拡大していったが，営業現場での実際の運用では前者が次第に混じり込んでいき，これが経営上問題化していった。これは同社が市場

---

16 創業時に制定された「社則」。三井物産株式会社発行（1965）『三井物産小史』p.158。

## 第3節 売買越リスク

競争の状況変化に対応した進展である。即ち，明治終盤くらいまでの同社の貿易市場での圧倒的優位が，大正にはいる前後あたりから後発企業のキャッチアップによってだんだん揺らいでいき，投機的商売を果敢に展開した後発企業と同じ土俵での戦いを演じざるを得なくなった為である。

同社の売買越管理に関する研究の起点となった鈴木邦夫（1981）[17]はこの売買越の拡大の経緯を詳らかにしている。即ち，同社経営は事業発展に伴って売買越商売が拡大せざるを得ないことを認めつつ，しかし，それに起因するリスクが極めて重大と認識し，そのコントロールを徹底する経営管理を色々模索していった経緯が描かれている。鈴木は「見込商売」という表現を売買越商売と同義としているが[18]，「1894・95年を起点として[19]開始された三井物産の見込み商売は，1900年代・1910年代に本格的な展開をみせ，ほぼ1910年代後半には完全に定着するに至った」としている。

図表5-1でみると，売買越に絡んだ譴責・懲罰は明治40年牛荘支店の例[20]が最初だが，その後は連続的に発生し，勢いは増加している。売買越の限度許可額では明治期後半に漸増していくが大正期になって急増に転じ，因みに明治33

---

17　鈴木邦夫（1981）「見込商売についての覚書——1890年代後半～1910年代の三井物産」『三井文庫論叢』第15巻。

18　これまでの研究の多くは「見込商売」を「売買越（商売）」と同義で使用している。しかし，三井物産社内の議論では，それらを使い分けずに使用している場合も多いが，「見込商売」を投機的商売とし，売買越商売とは使い分けしている場合もある。言葉の定義は当時も厳密になされていたものではないので，用語としては混乱があるが，商売の当事者は，相場リスクをコントロールするために行う売買越と，投機的利益を目的とした売買越との識別は当然のこととして理解していたのであり，実体を混乱していた訳ではない。

19　前掲脚注17鈴木邦夫（1981）では，売買越管理制度の展開という視点で「見込商売」の起点は明治27～28年としているが，売買越管理制度が現れる以前においても実質的に「見込商売」はかなりあったのではないかと筆者は推測している。管理制度が導入されるのは，それが経営上重大な問題として経営陣に認識されたことを示すものであり，この類の商売がその以前には殆ど無かったことが証明されているものではない。

20　この件は前掲鈴木邦夫（1981）pp.37-40や『三井事業史 本篇第三巻上』p.55でも採り上げており，売買越に絡む重大な損失事件の代表的なものの一つである。

第5章　貿易取引でのリスクの分析

年と大正9年では金額で売越限度は7倍，買越限度は10倍[21]となっている。その過程で投機的商売も拡大していき，規則違反も歩調を合わせて拡大していく。

　投機的性格の商売として最も代表的なものが綿花と綿糸商売であるが，それらは同社の最大規模の商品分野である。図表5-1では米国綿花の投機商売で2件懲罰が発生したことがわかるが，それぞれ米国綿花商売の初代および2代目の責任者が起こした懲罰事件である。2代目の責任者福島喜三次は，第7章で論じる仕事経験の分析で調査対象となる414人の1人に含まれているが，大正2年の「支店長会議」[22]で，米国から帰国の上，米国綿花商売の状況を幹部に報告をしている。この大正2年のタイミングは前任者藁谷英夫が無許可での綿花売越で巨額損失を発生させ懲罰を受けた翌年である。福島の報告は，綿花商売がリスクの極めて大きい商売との一般認識があるものの，リスクを最小限に抑えた運用が可能であるとし，その状況を詳しく説明し幹部に心配無用であると公言している。しかし，大正9年に許可限度を越えた買越での巨額損失[23]で懲罰を受けることとなるのである。綿花商売が如何に投機的な取引にのめり込む可能性が高いかを象徴している。また，綿糸商売も日常的に相場リスクに晒されていることが，次章で紹介する「業務要領日報」に綿糸相場情報が日々掲載されていることからも窺える。

　また，『回顧録』[24]に登場する石田礼助（昭和11〜16年の間常務）は，第一次大戦期米国シアトル店赴任時の商売を語っているが，当時は同店に限らず投機的商売が盛んに行われていた状況が描かれている。図表5-1にある大正8年の紐育支店長瀬古孝之助が起こした豆油売越による巨額損失発生事件もそこに登場している。石田は商品の売買越以外にも船腹の買越も盛んに行っていた。このように投機的色彩が強まった商売は第一次大戦期に急拡大していくが，これ

---

21　前掲鈴木邦夫（1981）p.24.
22　三井文庫発行『三井物産支店長会議議事録』第8巻。
23　2012年7月経営史学会関東部会で，高村直助は米国国立公文書館資料（E160/C54）を基に，大正7年（1919）ダラス店の6百万円を超える巨額損失を指摘している。
24　三井物産株式会社編（1976）『回顧録』pp.117-。

第3節　売買越リスク

に並行して売買越許可限度の圧縮によるこの商売膨張の抑制が進み，その成果が現れていく[25]。

　以上からわかることは，売買越商売は貿易事業発展過程の中で拡大せざるをえない分野であったということである。これに対して組織ベースでの対応がどうであったのか。つまり，組織的コントロールが如何にして機能したのか，そして人材技能がどのように貢献したのであろうか。大島久幸（2004）は第一次大戦期における同社の売買越管理の強化は投機的商売の抑制に効果をあげていたとし，第一次大戦期に相場商売の失敗で相次いだ商社の経営破綻の例を上げ[26]，管理強化が「同社の損失を相対的に軽微にした」と論じている[27]。山崎広明（1987）はこの面での同社の組織能力が同社発展の重要な要因の一つであったと指摘する[28]。こうした先行研究でも明らかにされているように，同社では売買越リスクへの対応において，組織的コントロールが，長い年月の中で種々模索もあったものの，総じて重要な役割を果たしていた。一方，人材技能のほうは，売買越を利益機会として活用することに傾斜しがちである様子が窺われるが，リスク発生をコントロールすることにはどのような役割を果たしていたのであろうか。

　売買越リスクとは，先に説明したとおり買契約と売契約のタイミングのずれから発生する。即ち，リスクの源は時間の経過ということなのである。従って，リスクの現実化を抑えるには，出来る限り売買越状態の時間を短くすることが求められる。人材技能はこれに重要な役割を担っている。売買越状態を出来る

---

25　この状況は以下で詳しく論じられている。大島久幸（2004）「第一次大戦期における三井物産——見込商売の展開と商務組織」『三井文庫論叢』第38号，pp.141-。
26　高田商会，茂木，古川商事などの破綻の要因に相場商売の失敗があるとされている。
27　前掲脚注25，大島久幸（2004）「第一次大戦期における三井物産——見込商売の展開と商務組織」p.179。但し，上記のように第一次大戦期米国でおきた二つの巨額損失発生からも，この時期には組織的コントロールが必ずしも十分に機能していたとは言えない。
28　前掲山崎広明（1987）は同社発展の基本的条件に同社のリスク管理能力の高さを挙げているが，ここでのリスクを相場商売におけるリスクに焦点をあてている。これにのみに焦点をあてていることへの疑問を本章前節で論じている。

限り短期間に抑えるために必要なことは，売り，又は買いの未取り決め状態を発生させる際に，それが近々契約に移行する見通しを確かなものするということである。それを可能にするのは商売経験から養われる取引技能が重要となる[29]。ここでの取引技能とは，一般には，商品相場の動きを予想する技能に焦点があてられる。純粋な投機商売，つまりカラ（空）売り買いの相場オペレーション商売ではこの技能にのみ焦点があてられる。しかし，同社の商売ではこれ以上に重要な技能が要求されている。先に述べたように，同社経営は貿易市場の流れに逆らえず投機性の色濃い商売を拡大するが，投機商売自体を是認していたのではない。このことは鈴木邦夫（1981）が明らかにしている同社の売買越制度の進展の実証から明らかである。しかし，現実には組織の一部で投機商売にのめり込んでいる。利益機会の誘惑が大きいからである。投機性の色彩をもつ商売と投機商売との違いが何かというと，日常的に取引している客先の買い，或いは売りの需要，つまり実需を具体的に掴んでいるか否かである。それを可能にするのは，日常的実需商売での取引遂行能力なのである。但し，これは買い先と売り先の両面，つまり販売店と仕入店の両方でなされなければ実効があがらない。そこに組織的コントロールの役割もでてくるのであるが，同社の売買越申請の制度には，売りの担当部署と買いの担当部署双方の協議と合意の義務が設けられている[30]。また，売買越申請の制度は，売買越期間の短縮化を促す仕組みともなっている。この制度は特定の商品ごとに限度額を定めるものであるから，これは，一つの商品で反復される商売において（これが普通の商売であるが），一つの契約での売買越期間の最短化を促す。また，本店本部は限度額遵守の監督を厳しく行うなかで，買越在庫に関しては早期売り抜きを指導している。以上のように売買越リスクのコントロールは，人材技能と組織

---

29 いわゆる空売り，空買いといわれる投機商売は，こうした商売実務技能の蓄積がなくとも，取引所を通じて行われることがあり，同社経営陣はこの類の商売を警戒している。

30 三井文庫資料「達」（明治30〜33年）《物産66》に収録されている「生糸商売共通計算規程」。

的コントロールが共に作用しあって機能している。

## 第4節　信用リスク

　図表5-1で，信用リスクに関わる譴責・懲罰は件数では売買越リスクに次いで多いものの一角にある。しかし，図表にあるのは，信用程度許可取得を怠ったと見られるのは4人だけで，その他13人は信用調査が不十分な結果，大きな損失が発生した事への懲罰である。規則違反というより，信用判断という営業現場の仕事の質を問題としたものである。信用リスクで実際の損害発生の件数及び金額は膨大なものである。全ての取引にこのリスクはあり，発生は組織全体では定常的なものである。大正6年時点の延滞売掛金の状況は同年の「支店長会議議事録」[31]における本店調査課長報告[32]が詳細を伝えている。大正6年は第一次大戦期の異常なる貿易市場拡大の最中である。ここでの報告によると，大正4年と大正5年の2年間で発生した延滞売掛金及び早晩この勘定に移行される予定である延滞売掛金の予備軍との合計は230万円であり，これはこの2年の取扱高合計11億6,000万円の0.2％，利益合計2,500万円の9％に相当する。同社の従来の経験では延滞売掛金の3～4割が最終的に貸し倒れとなるという。つまり利益の約3％は貸し倒れである。

　同社の信用リスクに対する組織的コントロールには信用程度管理制度[33]がある。先に示した資料Cに説明されている通り，取引にあたり，取引先の信用状態を精査し取引限度額を本店本部に申請することが義務付けられており，許可をうけた金額内でのみ取引が許される制度である。しかし，この制度の実際の運用

---

31　三井文庫発行『三井物産支店長会議議事録』第11巻，pp.23-26。
32　本店本部調査課は全社信用リスク管理の担当部署。
33　信用リスクは商業企業にとってきわめて重要な管理対象であり，この制度的管理は同社では明治中期頃には始まっていたと推測されるが，日本の商業界で一般化したのは大正末以降であったようである。三菱商事でさえも大正7年設立時にはこうした制度をもっていなかった。三菱商事株式会社編『三菱商事社史』(1986) p.135。

は容易なものではなかった。明治35年「支店長会議議事録[34]」に益田孝と支店長らの議論は注目される。益田はこの制度の重要性を説き，且つ，形式的な興信所調査などは当てにならないので，現地の店が取引先の実際の信用状態を把握し取引限度額を設定し，本店の許可をとることを徹底せよという。しかし，支店長らからこの制度運用に批判的な発言が続出する。例えば，清国では即金での代金取立てができないことが通常であり，信用情報の入手がきわめて困難な実情では，本店本部より要求されるような形の信用調査は実質困難であると訴える。即ち，当地の銀行も取引先の資産状況を必ずしも掴んでいない，石炭などでは小商人と取引をせざるを得ない，織物や綿糸の商売では資産のない仲買を介在させざるを得ない，また大きな資産を持つ商人が信用できるとは限らない，平生は信用あっても商況が変わると経営状態が急変する客先もある，等々である。紐育店でも，販売先の信用を把握するのは容易ではないとし，実際には小額で取引を開始し，その経過で見極めていくしかないとする。益田はこうした実情に理解を示しつつ，しかし信用程度申請がされない状態では商売をするなとも言う。但し，信用調査の形式は二の次であり，重要なのは支店長が取引先ごとにどの位の与信までは許容すべきかを適時判断を下すことであり，支店長の判断を尊重する方針であるので制度を遵守せよと命じる。その後の「支店長会議」などでも，本店よりの許可が下りるまで時間がかかりすぎ商機を失することがあるなど問題点も議論されるが，上記明治35年の益田の考え方に基づいた制度運用は定着しているようである。同社の組織ベースでのこのリスクへの対応はかなり周到であった。大正6年の第一次大戦時の日本貿易の急拡大期，商業信用が一般に急膨張している最中にあっても同社対応が極めて順調であったことが，同年の「支店長会議」での本店本部調査課長の以下の報告から読み取れる。

　「商品賣上代金ノ回収ハ今日ノ如ク商賣発展扱高激増ノ際ニ當リテハ最モ注意ヲ加フヘキ一事ニシテ，果シテ圓満ニ順次行ハレツツアリヤ否ヤハ

---

34　三井文庫発行『三井物産支店長会議議事録』第1巻，pp.234-241。

第4節　信用リスク

頗ル重要ナル問題ナルヲ以テ……今其現状如何ヲ見ルニ商賣高モ前述ノ如ク膨張シタルヲ以テ賣掛金モ相当ニ増加シタレトモ，併シ取扱高増加ノ割合ニ賣掛残高ナルモノ増加セス，即チ其割合ハ大正二年度ニ於テハ取扱高ニ對スル一割六分，同三年度には一割五分，同四年度ニハ一割三分ナリシモノ同五年度には八分七厘ニ減少シタル有様ニシテ，其回収率頗ル佳良ヲ示セリ，又約手ノ残高モ……減少ヲ見是亦漸次成績良好」

このように同社の明治終盤から大正期にかけての売掛金管理は順調であり，しかも貸し倒れの予想額に対しては十分な貸し倒れ準備金の計上も定常化している。第一次大戦後の経済混乱時に同社は多額の貸し倒れ損失を発生させてはいるが，しかし同業他社より打撃は小さく，組織ベースでの信用リスクへの対応能力は総じて高い水準にあったと言える。

なお，従来の経営史研究でのリスク問題は，売買越リスク管理に議論が傾斜しているが，同業他社への優越性という点では信用リスク管理能力がより注目されるべきではないかと思われる。第2章第1節で触れたように，売買越リスク管理は日本棉花など綿商大手では整備されていたようであるが，信用リスク管理体制の構築は遅れていた可能性が高い。それを推測する理由は，一つには，綿花の輸入においては，主たる販売先は国内紡績であり，その大手は明治終盤段階においては「最も安全」な客先であるので，信用リスクへの警戒感が一般に甘かったのではと思われること，二つには，日本棉花の明治41年の大損失は綿糸などの商売で与信管理の難しい現地商人への販売で起こったものだが，損[35]

---

35　第2章第1節脚注7で日本棉花の二大損失事件の主因を述べている。これと同じ時期の三井物産の「支店長会議」(明治41年) では，会議の議長飯田儀一は会議冒頭で次のような発言をしている。「八九月ノ頃ヨリシテ銅及銀ノ下落アリシテ……支那方面ニ於テハ其レ以前ヨリ銅貨ヲ濫造シタル弊害著シク顕ハレ各地共非常ニ悲況ヲ極メ，従テ商品ハ各開港場ニ堆積シ……此地ニ於テモ外国商館及日本ノ反対商ハ多大ノ打撃ヲ蒙リタル者少ナカラシニ拘ハラス我支店ノミハ僅少ノ滞貨ヲ生シタル丈ニテ，而モ夫レスラ全然取立ノ見込ナキ次第ニ非サレハ，此程度ニ於テ切抜ケ得タルハ是亦支店長カ早クヨリ注意警戒ヲ加ヘタル結果ニシテ其成績良好ナリシモノト謂ハサルヘカラス」三井文庫発行『三井物産支店長会議議事録』第7巻，pp.1-2。

失は銀貨崩落を契機とした市場混迷の中で発生した契約不履行や代金不払いなどであり，つまり取引先信用管理の不徹底から生じた可能性が高く，それも後の社長である喜多又蔵上海支店長の監督下で発生しているということである。また，大正期においての三井物産の信用管理能力の高さは三菱商事との比較からも窺われる。三菱商事は大正7年設立時の方針が，代金決済の原則は現金のみとしていたとのことで，従って，設立後しばらくの間，信用限度などの制度を設けていない。[36] ところが，設立後代金回収不能となる事件が相次ぎ，大正14年に至って信用限度制度が設けられている。[37]

信用リスクは代金決済を，信用状を伴った銀行経由の荷為替決済としている限り殆ど回避でき，欧米先進商社の標準的貿易商売はこのやり方を原則にしていた。しかし，三井物産はじめ日本商社の輸出は外国現地において客先に与信を与えることを比較的柔軟に対応していったので，[38] 信用リスク対応能力が競争きわめて重要な側面となっていたのである。この組織能力は現地市場に根を下ろした活動によって蓄えられる。三井物産の現地拠点構築の先駆性と，リスク管理制度の徹底といった経営方針がこの組織能力構築をもたらした。とはいえ，リスク管理は制度以上に人材技能としての取引先与信判断能力が重要な役割を担う。先に述べたように，この問題に関わる懲罰はこの判断の甘さを弾じたものが大半である。人材技能の重要性がここに表れている。

## 第5節　苦情及び契約不履行リスク

客先からの苦情や契約不履行による損失は，リスク問題として従来の同社研

---

36　三菱商事株式会社編『三菱商事社史』（1986）p.135。
37　同上『三菱商事社史』（1986）p.170。
38　日本商社の輸出は清国向けが多いが，ここでは現地の客先とは荷為替決済でなく，現物での売り掛け取引が主体であった。また，生糸などの米国輸出でも，外商の取引地盤を侵食していくには，輸出先現地内での商売に踏み込まざるを得ず，ここでも売り掛けの取引が中心となる。

究では殆ど採り上げられていない。契約不履行リスクは一般的には商品の売り先からの代金不払いの問題に集中しがちであるが、買い先の契約不履行も重大なリスクである。第6章で紹介する大正中期の大阪支店長の「訓話録」の中ではこの点が強調されており、これが同社のリスク管理の中で重要な位置におかれている[39]。同社の買い先が契約不履行、即ち、商品の不渡りや納期遅延、或いは品質不良などを発生させた場合、商社としての損害が発生する[40]。また、同社自身の契約不履行のリスクもありうる。業務上のミスが主にその原因であるが、それ以外で重大なのは売買越運用の問題である[41]。売買越状態の場合、売りか買いいずれか未取決めの契約を予定通りに締結できないことがありうる。

苦情に関して、一般的に商社のリスク問題として採り上げられることは少ない。研究書は言うまでもなく、実務書においてもこの問題を詳しく採り上げたものは数少ない。数少ない中で、極めて稀少な著作がある。第二次大戦後の貿易統制の時代、昭和26年に出された『貿易クレイム』という本である[42]。極めて稀少という理由は、この本は日本の貿易全体が統制されるなかで、そこで発生するトラブルを全体的に把握できる立場にある総司令部の苦情問題担当官によって書かれたものだからである。3年間で発生した1,478件の貿易苦情問題を調査分析し、それを体系的に整理している。発生頻度については契約件数の

---

39 正式に制度化された時期は不明であるが、少なくとも戦前期旧三井物産の諸制度をそのまま継承していたとされる戦後の第一物産などでは、信用程度の制度に第一信用程度と第二信用程度の区別が設けられていたとされているが、第二信用程度とは買先への与信であり、同社の取引先信用管理には伝統的に売りと買い両面のリスク識別があったようである。

40 例えば、明治30年益田孝の三井商店理事会での報告において、紡績会社への輸入機械の供給で機械メーカーのうち2社でこれが発生しているとしている。『三井事業史資料篇四上』p.98。

41 委託契約が売り先或いは買い先いずれかと成立していた場合でも、売買契約を商社が売りと買いの間に立って取り交わしているとすれば、いずれかの契約履行能力がなくなった場合、売買契約の当事者となっている商社の履行責任は実際上残る。契約不履行が発生すれば、商社としてその処理に多大な時間と経費が費やされ、実質大きな損失を生む。

42 上遠野孝太郎（1951）『貿易クレイム』。

第5章　貿易取引でのリスクの分析

30％としている。第二次大戦前の貿易での苦情発生の状況はここで描かれている内容と近いものであったと推定される。この中で著者は次のように述べている（pp.17-18）。

　　「クレイムの解決を一日でも早くするということは，現在の我が国の貿易，特に輸出貿易を振興するためには，極めて重要な意義をもっているにもかかわらず，貿易業界の指導者たちはよく理解していないようである。」

ここで指摘されているように，苦情問題は貿易商売にとって重要な問題であるが，あまりにも営業現場における実務的問題であり，またそれが体系的に把握されにくいので，経営で問題視され難い。しかし，当時の三井物産の経営幹部は高い関心を払っていた。例えば，明治41年「支店長会議」では，各店での取扱商品目を選別して減らすことが議題となっているが，取扱いの継続の可否の議論のなかで，苦情発生が多いか少ないかについての言及が経営幹部や支店長からなされている。[43] 本章第1節で紹介したとおり同社では苦情問題への対処のために「経験録」（資料D）という冊子を編集している。同冊子の緒言には「主任者のみならず本書を掛員に迄も一般的に配布」すべしと述べており，実務マニュアルとして活用していた。この「経験録」は，先にのべたように完全な状態で保存されておらず，約半分が脱落しているものだが，保存部分での事例掲載の内容は『貿易クレイム』と類似性が大きい。

『貿易クレイム』では調査事例1,478件が64項目に分類されているが，その中で事例件数が300件を超えるような苦情多発項目は，品質不良，損傷，着荷不足の3項目であり，これらで全体の70％を占めている。それに準じて，事例件数10件以上の項目は，荷役中の損傷，契約キャンセル，品質相違，紛失，出荷遅延，法令による入国禁止，出荷不足，マーキング不良など8項目であるが，上記3項目を含めた11項目では全体の90％となる。三井物産の「経験録」で保存部分の事例数は資料Dのとおり292件であるが，この中には，『貿易クレイム』の11項目に相当する事項が全て含まれている。「経験録」では35項目（「経

---

43　三井文庫発行『三井物産支店長会議議事録』第7巻，pp.4-9。

験録」での表現は類）に分類されており，このうち保存部分は17項目にすぎないが，その内容をみると一つの苦情事例の実際の内容は複数の項目に跨った問題となっている場合がかなりあり，項目数での保存部分は5割であるが，ここにある諸事例は実質的に幅広い問題をカバーしている。従って，『貿易クレイム』での主要事例の全てに相当した事例が残されているのである。

「経験録」の292事例の苦情内容を分析すると，トラブルの発生原因には五つの領域があることがわかる。即ち，①商品知識の欠如，②契約処理技能の欠如，③貿易付帯知識の欠如，④地域特性の知識欠如，⑤異例な取引その他，などである。

①商品知識の欠如とは，商品特有の品質仕様の取決め，数量の取決め，見本確認，検品，梱包などの方法に関しての知識欠如である。商品によって必要とされる知識の複雑さの程度や内容には差がある。例えば，石炭と比べて綿商品では総じて商品知識が複雑であるが，その綿商品でも，綿花，綿糸，綿布とでは異なる。農産物である綿花は品質の幅が極めて広く，品質識別に高度な知識・経験が必要となる。しかし，綿花は米国やインドなど各産地で品質の標準化が進み，商品取引所で売買されている。その限りでは高度な商品知識は必ずしも必須ではない。綿糸の場合も，原料，太さ（番手），あるいは撚り方などで商品仕様は多種ではあるが，品質の業界標準化が進んでおり，商品取引所で売買される。一方，綿布は，材料，織り方，色合い，仕立て方ほか品質仕様は極めて多様であり，品質標準化は限定的で複雑な専門知識が必須である。商品知識の欠如に関わるトラブルは「経験録」に最も数多く登場する最大の苦情領域である。各商品の品質仕様や数量の取決めは国ごとの産業界において標準があっても，供給国と受け入れ国では内容が異なっている場合が少なくない。従って，商社が両地域の実情を理解した上で，契約でそれを明確に規定する必要がある。しかし，それが不完全な場合が発生する。数量の取決めも，商品ごとに異なるが，同一商品であっても許容範囲の規定，純成分の規定，また国による表現方法の違いなど複雑である。

見本確認とは，商品供給者から見本を取り付けて買い先に送付するという商

社として極めて単純で事務的な仕事であり，往々にしてその重要性が看過される。しかし，これが実際の取引で買い先から商品引取りを拒否されるという重大なトラブルを起こしている事例が数多く掲載されている。見本送付履歴や見本控え保管，見本品質が実際の供給商品を代表しうるものかの確認などでの注意が喚起されている。また，検品，梱包の方法などは，当時は業界標準というものが確立していなかった。多くの場合商社が契約ごとに適切な方法を選択していたようである。商品の国際物流が現代のように確立していなかった当時では，梱包の問題ですら商社の経験と知識が大きな役割を担っていたのである。

②契約処理技能の欠如とは，一つには，特に外国の契約相手との契約締結に際して，或いはその後の交渉においてのコミュニケーション技能の欠如である。外国の相手先とのコミュニケーションでは，語学力の欠如によるトラブル事例が幾つも登場している。また，もう一つは，契約締結およびその履行における実務処理での不手際である。日々多数のコレスポンダンスが交錯している実務現場では，正確で手際よい情報処理が不可欠である。しかし，実務経験が不十分な場合これがなされず，契約取決め時の条件で行き違いを生じ，後になって重大な苦情となっている事例が多数登場している。

③貿易付帯知識とは，経理，物流，保険，法律などの知識であるが，特に，経理と物流は日常的に関わる問題であり，売買実務者にとっては必須技能である。同社の明治30年代以降の教育方針では，入社初期に全員を経理（同社では勘定と言う）と物流（同社では受渡と言う）部署への配属とすることを原則としていた。しかし，大正期に入って大量採用が始まるとこの原則が守れなくなり，入社早々売買部署に配置されることが一般化し，「支店長会議」でも若手職員の教育不足の問題が度々議論されている。「経験録」が作られたのは大正10年であるから，こうした経理，物流の基礎知識の不足をはじめとして，その他実務の基礎的知識の不足した職員が売買部門に数多くいたと思われ，商売上のトラブルをかなりの頻度で起こしていたのではないかと推測される。

④地域特性の知識不足の問題とは，世界各国それぞれでの商習慣の違いから発生しているトラブルが主たるもので，苦情発生のなかで二番目に多い領域で

ある。商品の品質仕様や数量取決めに関わることが大半であるが，一部で法律や文化などの違いから発生した問題もある。これが契約条件の解釈で食い違いを生じる。

⑤異例な取引その他とは，相手先が極めてトリッキーであったり，特許権や商標権にからむトラブルなどでの苦情発生である。

なお，「係争事件摘録」で報告されている内容も，問題の領域としては，全て「経験録」に載っている領域と重なる。但し，社内部店間の係争，つまり大論争に発展しているものであるから，契約締結時の単純なミスの問題ではなく，契約内容の当事者間，或いは法律面の解釈の問題や，契約履行処理の仕方での相互認識食い違いなど複雑なものとなっている。

「経験録」全体をみて，特に注目されるのは，こうした苦情の発生は，商品市況或いは相場の変動時に多発しているということである。いわゆるマーケット・クレイムとされるものであり，契約条文で明確化が不十分な部分，特に商品品質にかこつけて苦情が発生し，商品引取りの拒否や，価格値引きを要求され紛糾している。従って，ありうるトラブルを予測して，その発生可能性を極力抑える契約締結の技能が重要であった。

「経験録」は，苦情や契約不履行リスクへの対応の仕事マニュアルであり，一つの組織的コントロール，即ち「仕事システム」であるが，それ以外にも，苦情が発生した場合の組織連携の仕組みを制度的に整えた「仕事システム」も据えられている。トラブルが物流過程で発生したものである場合は，受渡部門が中心になって，社内では売買や経理部門，社外では船会社，損保会社，運送店など関係者全体を統括し，トラブル事実確認，責任所在の特定，弁金など最終解決について体系的な管理を行っていた[44]。このようにこの問題での組織的コントロールは，当時の貿易商社のなかでは三井物産が最も整備されていたと思われる。しかしながら，その発生の可能性を抑え，また発生した場合損害を最小限にしていくのは人材技能であり，このリスクへの対応は人材技能の蓄積が

---

[44] 三井文庫資料「川村貞次郎資料」《川村30-5》に収録されている「Claim 整理方法」。

### 第5章 貿易取引でのリスクの分析

極めて重要な役割を果たしている。

# 第6章

# 仕事内容の分析
——不確実性に対応する仕事

## 第1節 分析の方法

### 1 分析の対象

　本章では，第4章で論じたホワイトカラーの技能分析枠組みを用いて，三井物産の価値生産活動における人材技能の果たしている役割を分析する。先ず，同社人材技能の利益機会への対応がどうなされていたのかを分析し，その上で，前章で分析した損失機会（リスク）への対応と合体させ，同社の不確実性への対応の仕事を全体的に把握していく。但し，前章で説明したように，利益機会の中身が何かということには立ち入らない。即ち，利益を生み出している仕事を観察し，そこでの「仕事システム」を拾い出してその貢献を推量し，差し引いた部分に人材技能の利益機会への対応を見出していく。つまり，組織ベースでの不確実性対応の分析を行う。「仕事システム」に関しては把握できる資料

---

[1] 組織ベースという意味は第4章第3節で説明した。即ち，組織ベースの分析とは，人材技能と「仕事システム」とが一体となって不確実性に組織的に対応している状態を分析するという意味である。

第6章　仕事内容の分析──不確実性に対応する仕事

がかなりある。前章でのリスク対応の分析のように,「仕事システム」を網羅的に調査するとまではいかないが,主要なものは拾い出すことができ,それとの対比で技能の貢献度を推定していくことは可能である。なお,利益創出に結び付いている一連の仕事を連続的に追っていくと,その過程のある部分に損失機会への対応も見出すことができる。損失機会への対応については前章で既に明らかにしているので,利益機会の対応と合体させることで,人材技能の不確実性への対応の全体像を把握することができる。なお,仕事観察の対象期間は明治30年代以降の同社市場競争本格期である。

　企業の中での仕事は全て何らかの形で利益創出に関わっているのであるが,直接的に関わっている仕事と間接的にしか関わっていない仕事に大別できる。後者の中には経営上重要な役割を担っている仕事も含まれるが,競争力をめぐる分析では前者に焦点を合わせるのが妥当であろう。本書では利益創出に直接的,且つ日常的にかかわる一連の仕事のみを分析対象とする。これをここでは価値生産ルーティーン[2]と呼ぶ。価値生産ルーティーンでは,活動の主役は売買部門の人々であるが,彼らと日常的に連携する管理部門,例えば,勘定(経理),出納用度集金,物流その他幾つかの部署の活動も分析対象に含まれる。不確実性への対応が売買部門との協業関係で進められている場合が多いからで

---

[2] ここでは価値生産ルーティーンとは,製造企業であれば商品企画から,原材料調達,製造工程を経て商品販売(代金の回収,苦情対応なども含め)までの価値生産に直接かかわる一連の日常的活動を想定している。商業企業としての本事例では,取引関係の構築にはじまり,個々取引での商品の仕入れから販売(代金回収,苦情対応なども含め)まで価値生産を直接担う日常的売買活動を指すが,流通機能が価値生産の主役であるので,いわゆるマーケット・メイク,物流,信用供与或いは金融などの各活動が価値生産ルーティーンの中核として注目される。

　なお価値生産活動プロセスに関して経営学で「価値連鎖(value chain)」という概念が使われる場合がある。Porter, Michael (1985, 1998) や San Miguel, Joseph (1996) などに登場し,企業組織の内部ということでは,価値生産の組織(職能)間連携関係を,中軸活動(primary activity)の一連の流れと,それを取り巻く多様な支援活動(support activity)の連携として概念化している。本章での価値生産ルーティーンはこの概念を援用したものだが,本事例では支援活動を中軸活動に直接関与するものと,間接関与するものに分け,前者と中軸活動の連携に視線を向けている。

ある。

　同社の価値生産ルーティーンの仕事は三段階に分けることができる。第一段階は，取引基盤の構築の仕事，第二段階は，個別取引の契約締結の仕事，第三段階は，個別取引の契約履行の仕事である。第一段階の取引基盤構築の仕事とは，生産企業であれば言わば商品の開発段階であるが，この事例は商業企業であるから，言わば商売の種蒔きから始まり，新たな商流の開拓，或いは拡大強化といった仕事であり，これがその後継続的取引を生む基盤となる。同社の取引で原則スポット取引はない。ほぼ全てが構築された取引関係の中で繰り返されて発生する引き合いから契約に進む取引である。この取引基盤構築の仕事には「仕事システム」は全くと言ってよいほどない。同社は数多くの専門組織を作っているが，新たな商売開発ということに関しては特別な組織を作っていない。従って，この段階での不確実性対応，つまり利益機会への対応は全て人材技能に委ねられている。

　第二段階は，第一段階で構築されている基盤の上で，引き合いが始まり，交渉がなされ取引契約締結へと進む仕事である。第三段階は締結された契約を履行する仕事である。生産企業であれば。言わば生産部門ということになる。商業企業においてもここで付加価値が産み出されることとなる。履行完了までは幾つもの実務工程があり，多くの時間が費やされる。数カ月を要し1年を超えるものも少なくない。この第二と第三段階には，利益機会実現の効率を高めるために随所に「仕事システム」が整えられている。これを知る経営資料も数多く残されている。資料の概要は次項のとおりである。

## 2　資　　料

　実務実態を知る資料は多様である。業務報告書類，業務規則類，会議録類，業務マニュアル類などは多く残されている。また，帳票類，業務引継書なども若干残されており，実務実態を知る助けとなる。また，仕事の実際の進め方を知るには伝記類も一部参考となる。なお，実務状況を知る最も有効な資料は契約交渉過程の書簡や電信であるが，三井文庫にはこの類の資料が殆ど残されて

第6章　仕事内容の分析——不確実性に対応する仕事

いない。しかし，近年米国国立公文書館所蔵資料など海外の資料を活用した研究が広がりつつあり，そこでは海外店での書簡類が分析され始めている。その一部において仕事実態を伝えているものもある。以下が本章で用いる主な資料の概要である。

「業務要領日報」

日常的仕事は「業務要領日報」[3]（以下で「日報」という）で要点が読み取れる。この「日報」は本店の営業各部が日々の活動を経営幹部宛に報告するものである。1,000字から3,000字の情報が事項ごとに箇条書きにまとめられている。定型の用紙に活字印刷されている。内容は引合いの発生以降の商談の進捗状況である。商談進捗状況以外には，銀相場や，米，綿糸などの商品相場の情報，約束手形の所有，割引，振出の日々残高などが報告されている。「日報」は，経営幹部宛報告という性格上，商売進捗の要の部分のみ報告されるので，実務の細かい状況はここからは読み取れない。三井文庫で保存されているのは明治37年から大正元年までの9年間である。「日報」での報告内容は，毎日多数の引合いが持ちこまれる状況からスタートしており，多数の取引先からの日常的引き合いの発生は定常化している状況がわかる。この定常性こそ持続的利益の基盤である。大正8年と9年は「日報」ではなく「業務要領旬報」[4]が散発的に残されている。旬報であるので報告ボリュームは大きい。

「現行達令類集」（業務規則類）

実務の細部についての標準的な姿は，商品部別，或いは店別の仕事規則で知ることが出来る。例えば，「石炭部規則」[5]では，引合から，採算，為替，保険，商品運搬保管，船積，代金決済，広告料や電信費用などの経費清算に至る仕事の一連の流れを細かく記載している。店別規則は更に細かい仕事内容を伝える。

---

3　三井文庫資料《物産43-1～43-9》。
4　三井文庫資料「業務要領旬報」《物産44》大正8～9年。
5　三井文庫資料「現行達令類集，大正11年9月訂正増補」《物産90-6》に所収。この大正11年版の「石炭部規則」（以前は規則ではなく規程と称している）は大正7年5月以降8回の改正を経た当時の最新版である。平均して半年ごとに改定されていることになる。引合以降の仕事手順と対応の方法が細かく規定されている。

第1節　分析の方法

例えば、「大連支店業務取扱規則」及び「大連支店各出張所、出張員業務取扱手続」[6]は、商品別に異なるオッファーの仕方、前貸金売掛金の回収、商品の受渡責任の地点、利子計算、船腹や運賃取決め、更に、商況、市況、同業者動静の監視報告、といった仕事の細部にわたる規定である。これらは「現行達令類集」[7]という冊子に体系立てて収められている。この「現行達令類集」には規則類以外に、様々な仕事の内容を理解する上で有用な情報が収められている。その大要を示せば次の通りである。先ず、「定款」「取締役執務規程」「支店長職務規程」「営業規程」など経営管理の基本的規程から始まり、商品部や店など組織部署の仕事遂行方法に関する規程、業務上特別に配慮しなければならない各種注意事項、更に人事関連の諸規則や使用人懲罰規則などが連なる。「現行達令類集」はほぼ毎年更新されたものと思われ、その一部が三井文庫に残されているが、資料Eは明治45年版に所収された規則類のなかで、特に仕事内容を知る上で有用な原資料の項目を抽出した。

資料E　「現行達令類集」（実務規則の全社集成冊子）にある規則類の抜粋

出典：三井文庫資料《物産90-4》「現行達令類集　明治45年6月訂正増補」
1）商品部或いは商品ごとの取扱い規則類
「石炭部規程」、「棉花部規程」、「米国南部ニ於ケル棉花買附方ノ事」ほか、機械部、木材部、砂糖部、船舶部など部単位の規程、及び、生糸、羽二重、米穀肥料、燐寸、麦粉小麦、セメント、紙巻煙草、朝鮮人参など商品ごとに取扱に関する規則がある。
2）店ごとの規則類
「本店営業部規程」、「小樽支店規程」、「小樽支店砂川木挽工場規程」ほか、横浜、名古屋、大阪、神戸、門司、若松、唐津、長崎、三池、台北、京城、

---

[6] この二つの規則はともに「現行達令類集，大正11年9月増補」《物産90-6》の掲載だが、大正元年の改定版がそのまま有効となっている。
[7] 「現行達令類集」と称する規則類を集めた冊子は、表題名や編集形式は異なるが創業初期から随時整えられていたとみられ、その一部が保存されている。それが明治30年代後半には表題と編集形式を定型化させ、活字印刷製本の規則集となった。毎年或いは数年ごとに改定冊子が発行されている。B5版400ページ内外の大部である。

大連，満州営業部，牛荘，天津，上海，漢口，香港，倫敦　など店ごとの規程。

3）その他業務規則類

「委託売買取扱注意ノ事」，
「営業部ニ於ケル貨物受渡並金銭収支順序ノ事」，
「契約保証金品徴収ニ関スル注意ノ事」，
「金銭出納取締ノ事」，
「外国品注文引受ニ付契約条項注意ノ事」，
「インボイス並保険状ノ事」，
「買越品処分方ノ事」，
「生糸商売上注意ノ事」，
「電信為替ノ事」，
「火災保険規則」，
「税関並鉄道構内所在荷物保険方ノ事」，
「海上保険証券中記入スベキ事項ノ事」，
「輸出入取扱店保険注意方ノ事」，
「勘定整理方ノ事」，
「得意先トノ勘定突合ノ事」，
「伝票調製ノ事」，
「小蒸気船艀船並倉船管理規程」，
「取引先信用程度経伺規程」，
「倫敦ニ於ケル流通手形報告ノ事」，
「業務要領日報ノ事」，
「電信暗号取扱方ニ関スル注意」

「石炭協議会議事録」

会議での発言録も仕事の細かい状況を伝える。実務の内容を伝えるのは，重要商品ごとに開催されている関係店連絡会議の議事録である。石炭商売では「石炭協議会議事録」[8]が残されている。十数店の担当者と一部では鉱主も参加

---

[8] 明治後期に年次開催されていたとみられるが，保存されている会議録は明治30, 31, 34, 38, 39, 40, 41の7回分である。名称は「石炭諮問会」「石炭商務諮問会」「石炭協議会」など。議事録は口述筆記録である。

している。因みに明治41年開催の「第5回石炭協議会議事録」[9]は16店から21名が4日間討議し，最終日には貝島，麻生，金田，三井鉱山の4鉱主も参加している。石炭の積み込みの方法や品質問題などの議論が交わされている。社内各店の石炭担当者間で，また商品供給側との間で，物流問題や品質問題など競争力に直結する重要な情報の共有化が図られている様子がわかる。米穀肥料でも同様な会議が定例化されていた[10]。

「會計課報」（勘定主任会議報告）

大正期は勘定掛でも主任会議が定例化されており，その内容は「會計課報」[11]で報告されている。勘定科目，入帳，決算などの事務処理方法統一，売買担当者の監督の徹底，勘定担当者による関係規則熟読の徹底などを含めて仕事の標準化や情報共有化が図られている状況を伝えている。

「支店長会議議事録」

第5章で既に説明した「支店長会議議事録」には実務的な問題も随所に登場する。この当時の「支店長会議」は参加者数の全職員のなかでの割合からすれば，現代の執行役員会議に概ね相当する。しかし，現代とは異なり，こうした会議で至って実務的な様々な問題が議論されており，仕事実態を知る有用な情報源である。また，他の資料では得られにくい取引基盤の構築の様子などについても，この「支店長会議議事録」では有用な情報が提供されている。

商品マニュアル類，業務マニュアル類

契約締結の仕事での手引きとして「取扱重要商品引合條件並習慣」[12]が作られている。主要商品ごとに建値（価格規定基準），受渡条件，決済条件，品質条件の取決め方法や契約文記述方法の標準型を列記している。海外各地での商習慣が異なるので地域別に書かれている。また契約締結に関する一般的手引き書として，契約締結時の注意事項をまとめた大阪支店長の「訓話録」[13]が冊子にま

---

9 　三井文庫資料「石炭協議会議事録」《物産205》。
10　三井文庫資料「米穀肥料打合会議事録，明治40年」《物産212》。
11　三井文庫資料「會計課報」《物産47》。
12　三井文庫資料「取扱重要商品引合條件並習慣」本店業務課《物産467》。

### 第6章 仕事内容の分析——不確実性に対応する仕事

とめられ全店に配布されている。第5章で紹介した苦情事例集「経験録」とともに，貿易業務の基本である契約締結実務水準を高める「仕事システム」が色々整備されている状況がこれらから窺える。

契約成立後その履行における物流業務の仕事は「川村貞次郎資料」《川村30》に「受渡事務要項」やその他多数の実務資料がある。輸入と輸出の受渡業務での大枠の流れの図解，商品ごとの処理系統の流れ図解，苦情（クレーム）処理方法，また実際に使われる伝票サンプル[14]が付されている。受渡業務の管理面については業務引継書で知ることが出来る。[15]

綿関連商売においてのマニュアル類の整備は目を見張るものがある。棉花部棉製品掛の発行による「輸出棉製品解説」[16]は500ページを超える大部であるが，商品知識が複雑な綿製品の輸出実務が体系化されマニュアル化されている。その他綿関連には商品説明や取引方法などにつきマニュアル類が数多く残されている。[17]

#### 伝　記　類

伝記類から仕事の内容についての情報を得たいが，実際には記述の大部分は経歴に関するものであり，実務の内容を伝える情報は限られている。しかし，以下の伝記の一部に，断片的な情報ではあるが，当時の実際の仕事の実態を理

---

13　契約書の不備がもたらすトラブルについて大阪支店長平田篤次郎著の体験談「訓話録」《物産321》が残されている。店内教育のために書かれたものを本店業務課が全店に配布したもので，三井文庫での残存資料は後半部分が欠落しているが，7,000字程度の文章に契約締結時の落とし穴の事例が具体的に語られている。将来あり得るトラブルをできるだけ予測し，自社が不利にならぬような契約締結の方法を具体的に説いている。但し，同時に，自社の一方的な論理だけでは商売が成り立たない側面も強調している。特に，国柄が異なり，商習慣や考え方に違いもあり，売り買い客先との商談を纏め上げる難しさを指摘している。また，リスク問題は一般に代金回収に関心が偏る傾向があるものの，買契約のリスク，即ち供給元による契約不履行のリスクへの対応が重要とされている。

14　帳票に関しては，早稲田大学中央図書館（明治期図書）蔵に「三井物産會社臺北支店用紙」もある。

15　三井文庫資料「川村貞次郎資料」《川村30-3》「受渡事務引継要領」。

16　早稲田大学図書館（原田繊維文庫）蔵。

第 1 節　分析の方法

解するのに参考になる情報が含まれている。

　『兒玉一造傳』荻野仲三郎編（1934），『三井物産の思出』高橋敏太郎（1937），『回顧録』日本経営史研究所編（1976）（この中で大正末以前における実務体験を伝えているのは，石田礼助，伊藤与三郎，田代茂樹，新関八洲太郎，若杉末雪など），『追想録　向井忠晴』向井忠晴追想録編纂委員会（1986）（向井自身の回想ではなく，この中に登場する向井の部下であった鳥羽貞三などの回想），『三井物産筆頭常務安川雄之助の生涯』安川雄之助（1996）など。

　**研究書類**

　従来の研究書の記述には仕事の実際の状況を伝える部分はあまりない。これはこれまでの研究が利用してきた三井文庫資料には，取引契約の成立過程や履行過程の日常的な仕事実態を伝える資料が少ないことも背景にある。しかし，近年広がりつつある米国国立公文書館所蔵資料など海外の資料を利用した研究では，三井文庫には残されていない取引先との間，或いは部店間での日常的遣り取りの書簡類が分析されており，この中で仕事実態についての詳細が次第に明らかにされつつある。その代表的な著作に『北米における総合商社の活動──1896〜1941年の三井物産』上山和雄（2005）があり，新たな商売開拓の仕事などに関して具体的な状況を伝えている。

---

17　「現行達令類集」には主要商品はすべて仕事規則が掲載されているが，この他に綿関連だけでも以下のような冊子が確認されている。『天津棉糸布事情』（1918），『天津棉花事情』（1919再版），『高陽及饒陽地方ニ於ケル織物業』（1917），共に棉花部天津支部編，『青島の棉糸布』（1919）青島支店編，『輸出棉製品解説』（1918）棉花部棉製品掛編，『棉布概説』（1914），『本邦棉布ノ印度輸出』（1913推定），『甲谷他棉花引合取調報告』（1917），『埃及（エジプト）棉事情』（1913），共に棉花部編。以上全て早稲田大学図書館（原田繊維文庫）蔵。

第6章 仕事内容の分析──不確実性に対応する仕事

## 第2節 貿易商社の仕事の実態

### 1 取引基盤構築

　第一段階の仕事は取引基盤の構築である。様々な産業界の人々，及びその中の有力な人々との交流を土台として，商品動向や市場動向を国際的視野で観察し，商品流通の中で自社のありうる役割を見出す。そして商品の供給元と需要先，即ち販売先とを自社が仲介して結び付け，新たな商流を作り出す仕事である。その取引基盤の上で個々の取引が継続的に繰り返される。中には10年，20年或いはそれ以上も継続されているものもある。一旦新たな基盤が形成されると，商品種の拡大，販売地域や販売先の広がり，或いは供給元の広がりなどを通じて，商流は次第に拡張していく。更に，供給元への原材料や機材供給，或いは販売先への別の商品での新たな商流開拓など，多角的な発展に繋がることもある。以下でその進展を幾つかの具体的な例で見ていく。

　商社にとっての貿易商売の立ち上がりは，商品の供給元[18]，或いは需要先が主導することで成立することが極めて多い。供給元による輸出の依頼，或いは期待に基づき海外の買い手を商社が探し回る。又は，需要先の輸入依頼，或いは期待に基づき，海外の供給元を商社が探す。従って，商社は，依頼者などから求められる海外の取引相手を探し，そして供給元と需要先の取引条件を纏め上げる。ここにおいてある商品の供給元と需要先を商社が仲介した新たな商流が生まれる。この三者の関係がお互いに満足するものに定着し，取引が繰り返されるようになると，これが商社にとっての特定の商品での取引基盤の構築ということになる。

　三井物産の創業初期に構築された取引基盤の多くは御用商売の形をとった。御用商売というのは，この三者全ての満足しうる条件が商業的に必ずしも整っ

---

18 ここで供給元とは鉱工業製品であれば供給企業，農産物の場合は産地など特定の地域を含意している。

ていない状況でも継続しうる特殊な商売である。政府が外貨獲得などといった政策ニーズから，商流を維持する為の強力な支援を提供し三者間の満足を作り出している。その代表例が石炭輸出である。創業早々から取り掛かったこの商売では，同社は必要とされる貿易実務技能を当初十分には備えていない状況であったが，創業経営者や設立母体の人脈による御用商売として立ち上がり，商売が継続されながら次第に商業性のある取引に成長していった。創業初期に構築された取引基盤で御用商売でなかったのは紡績機械の輸入であった。紡績会社よりの依頼に基づいて海外紡績機械メーカーとの商流が形成されたが，これも同社の貿易実務技能が十分には整っていない段階で始められたものであり，創業者の人脈がこれを作り出した。このように，石炭輸出御用商売にしても，紡績機械の輸入商売にしても，これを牽引したのは創業者や設立母体の人脈であり，必ずしも人材技能が決定的な役割を果たしていない。これは必ずしも同社創業初期のみの，また同社のみの特殊な現象というものでもない。新たな商流が構築される際，それを牽引するのは人材技能以外の力が大きな役割を演じることが多いのは一般的である。人脈はその一つだが，一般的にはカネの繋がりということが大きな力になる。同社の石炭商売で三井鉱山以外の鉱業会社との新たな商流はほぼ全てが融資を背景にした一手販売権獲得から始まっている。

　以上のように，新たな商流の立ち上げという段階においては，人材技能の重要性は必ずしも顕在的ではない。しかし，それが将来につながる取引基盤に構築される過程においては人材技能の役割の重要性は大きい。それがなければ継続して繰り返される取引に発展しない。石炭輸出においても，紡績機械の輸入においても，これらの商売の立ち上げ以降，同社がその人材技能の組織的形成を精力的に進めていたことは第2章で見たとおりである。

　人脈とか資金力とかではなく人材技能が新たな商流の立ち上げを牽引する例は明治30年代以降には幾つも生まれている。その代表が生糸輸出である。これは創業当初から色々模索し続けてきて，明治30年代にようやく花開いた商売である。生糸輸出は明治初期では外商によって開拓され，同社が本格的に参入したのは明治30年代である。即ち，同社は後発参入である。先発と後発では商流

175

の立ち上げ方は異なり，牽引した人材技能の内容も違う。外商が生糸輸出を立ち上げた仕事について，藤本實也（1987）『開港と生絲貿易』[19]が日本での買い付け状況をかなり明らかにしているが，輸出先でどのように販売されたのかは殆どわかっていない。藤本（1987）によると明治初期では輸出された生糸は全て一旦英国に送られ，その後欧州各国や米国に転売されたとされているので，最大の輸出先となった米国での販売は，少なくとも初期段階では，横浜に店を構えた外商が直接米国内の織屋や内地問屋に売り込んだものではない。従って，横浜の外商は荷物の引渡しを横浜で受け，英国などの貿易商に荷為替を組んでC&F（或いはCIF）で売り渡していたものであろうと推測される。つまり，貿易一般技能での輸出である。但し，商品に関する知識は相当高いレベルにあったようであり，これは貿易応用技能の域に入り込んでいたと思われる。例えば，それを知る情報として，品質鑑定の専門家を雇っていたとか，また産地での品質改良に色々な情報を提供していたというような事例が幾つも紹介されている。一方，三井物産の場合は，第2章で見たとおり，米国市場に明治30年代に参入し，その後急速に商売を伸ばすが，これは先行していた外商ルートを侵食していくのであり，これを可能にしたのは，既に外商が有していた技能と少なくとも同等以上の技能で競争したと理解することができる。同等の技能とは，貿易一般技能と高度な商品知識ということになる。明治30年代の同社の邦商との競争は対米輸出では先行していた横浜生糸合名とだけであり，他の邦商はこの段階では競争関係に登場しない。三井物産と横浜生糸合名の2社のみが外商と少なくとも同等の技能を持っていたのであろう。しかし，三井物産が外商の商域を急速に侵食していったのは，外商を相当上回る組織能力を蓄積していたからであろう。その組織能力の実体がどのようなものであったかについては納得するに足る事実を知る資料が出てきていないので，正確なところはわからないが，これまでの通説では，一つは国内買い付けでの自社独自の品質選別力と，もう一つは米国内での客先選別力での巧みさであったとされている。[20]いずれに

---

19　藤本實也（1987）『開港と生絲貿易　中巻』pp.266-。

第2節　貿易商社の仕事の実態

せよ貿易応用技能の範疇の能力である。つまり，同社の生糸輸出での取引基盤の構築は，貿易一般技能に加えて，こうした貿易応用技能，即ち高度な品質選別能力や信用管理能力などが牽引していったものと理解することができる。

　新規商流開拓のその他の例としてよく知られているのは，明治41年に始まった満州大豆の欧州などへの外国間貿易の開拓である。これを推進したのは兒玉一造（後の同社棉花部長，東洋棉花株式会社社長）であるが，伝記その他で商売開拓の状況を知ることができる[21]。清国では古くから大豆の生産は盛んであり，また食用油として大豆油の使用が一般化していた。植物油は石油化学が発達する以前においては，欧米諸国で石鹸その他工業用油脂原料として主に用いられていたが，その主力は綿実油であり，大豆油は使われていなかった。大豆油は欧米では食用油としても使われていなかった。しかし清国においてはこれが食用油として一般に普及していた。兒玉は明治33年に清国への修業生として三井物産に入り，厦門で3年間生活した後，台湾と独逸での勤務を経て明治40年に倫敦に赴任するが，こうした経験から清国と欧州での植物油市場の違いを把握していた。そして倫敦で満州大豆の欧州向け供給という画期的外国間貿易を企

---

20　三井物産は明治10年代紐育や巴里その他海外での売り込み拠点を設けて直貿易も試みるが成功をみず，この商売は休眠状態を続けた。海外拠点も一旦撤収する。この時点では貿易実務技能も十分ではなく，それに加えて生糸に関する商品知識も競争相手の邦商の中でも劣っていた可能性がある。これを再開するのは明治29年紐育店再開以降であるが，ここから目覚しい成長を遂げる。仕入れ店の横浜支店長北村七郎は，製糸業者の原料手当てにまで監督の目を光らせ，品質を厳しく選別した仕入れを行い，高品質のブランド化という商品戦略を講じ，また，内地での直接買い付けを試みるなどして，品質競争力を強化したとされている。また，販売側の紐育支店長岩原謙三は，客先を厳選し米国での優良客先だけとの取引関係構築に成功したとされる。結果としては目覚しい実績を残していることは事実であるが，仕入れ側，販売側ともに，どのようにしてそうした卓説した体制を構築できたのかはいま一つ不明である。

21　荻野仲三郎（1934）『兒玉一造傳』pp.42-46。この画期的新商流開拓は満鉄（南満洲鉄道）編（1924）『満洲に於ける油坊業』に以下のように評されている。「1908年三井物産会社の英国に対する試売は大豆，大豆粕，大豆油の発達に第二の紀元を与えたものであって最初は棉実及亜麻仁の代用品として欧州に取引されたが其後三品の価値が年と共に認識せられ間もなく代用品の域を蝉脱し立派な一大貿易品となった。」

177

第6章　仕事内容の分析——不確実性に対応する仕事

画し，英国の植物油メーカーに新たな植物油原料として大豆を売り込み，成功させた。安定集荷，梱包その他物流，金貨銀貨為替など幾つかの問題を解決し一大商流を作り出した。日本商社にとっての外国間取引の草分けともなった。但し，この兒玉の企画には同社の満州大豆商売の前史がある。同社は明治29年頃から満州大豆を醤油，食用油，肥料（大豆粕）用途として日本向け輸入を始めていた。また，明治40年に大連に搾油工場三泰油坊を現地資本との合弁で設立していた。同社のこの商品に関する取引基盤が兒玉の企画の背景にあったのである。つまり，この満州大豆の清国と欧州との新規商流は，組織としての既存の基盤を土台にして，売買担当者の高度な技能，即ち，商品の生産市場，消費市場，国際物流などに関する幅広い知識に基づいた開拓行動によってもたらされた。この技能は貿易応用技能の最たるものであろう。

こうして開拓された新たな商流は，その後形を変えつつ拡大発展してくことになる。その例が上山（2005）で紹介されている。即ち，第一次大戦時シアトル支店が開拓した満州から米国向け大豆油の外国間貿易である。第一次大戦下，欧州内の植物油供給力低下により米国産植物油の欧州向け輸出が急拡大し米国内市場が逼迫する。当時の原料は主に綿実である。そこに綿花不作による綿実供給減が加わり，米国内植物油市場は更に逼迫する。これに目をつけ，同社シアトル支店が満州大豆油の対米輸入を開始したが，直ちに後発が参入し競争が激しくなった。しかし，輸送容器の工夫，鉄道及び船でのバルキー輸送の新たな方式の採用，また貯蔵施設の整備など，物流面での総合的な対策が功を奏し競争力を確保し，先発の優位な地位を守り続けた。前述した明治40年設立の同社出資先三泰油坊は，その当時には満州で最大の供給力をもっていた。こうした仕入れサイドで優位に立つ組織力と，満州大豆商品の外国間商売の先駆という既存基盤を背景として，シアトル店は市場の動きに機敏に応える能力や物流競争力構築の能力などを発揮して満州大豆商品の商流を拡張した。ここでの能

---

22　山口和雄（1998）『近代日本の商品取引——三井物産を中心に』p.108。
23　上山和雄（2005）『北米における総合商社の活動——1896～1941年の三井物産』pp.80-。

第 2 節　貿易商社の仕事の実態

力も貿易応用技能ということになるであろう。

## 2　取引契約締結

　第二の段階の仕事は，構築された取引基盤から日常的に発生する個々の引き合いを契約に纏めていくものである。引き合いは全く新規の供給元や販売先からのものも一部あるが，殆どは既存の取引先からのものである。「日報」に登場する日々多数の引き合い状況からそれが読み取れる。「日報」は幾つかの店で発行されていたものと思われるが，三井文庫に保存されているのは本店のものだけである。ここでの引き合いは殆どが国内外支店からである。支店で客先から受けた引き合いを本店に繋いできたものである。個々の引き合いは商談に進展していく。契約成立までの状況も「日報」で大筋が見える。但し，「日報」は経営幹部宛に要点のみを報告するものであるので，商談過程の節目だけしか観察できない。プロセスの全体の流れは緻密に整備された業務規則類から読み取れる。業務規則類は全社的なもの，商品単位のもの，部店など個別組織単位に作られたものと，重層に張りめぐらされている。それらは創業初期から都度必要に応じて発行されており，明治30年代後半には「現行達令類集」と題する大部冊子に集約されている。この業務規則類は契約締結プロセスとともに，次項で扱う契約履行プロセスの詳細も伝える。

　個々の取引契約締結に関わる仕事は，一つは，品質，仕様，梱包，数量，価格，受渡条件（場所，時期），決済条件など契約諸条件の取決め，二つには，こうした契約諸条件取決めの前提となるコスト，リスク，物流，金融など商社機能の遂行上の基礎的条件の段取りである。これらが完了したところで最後に契約締結ということとなる。

---

24　前掲三井文庫資料「業務要領日報」。
25　明治37年《物産90-1》が「現行達令類集」と題された冊子で最古である。明治40年版には「訂正増補第6版」《物産90-2》とある。明治34年段階で「本社諸達規則類」《物産89》と題する冊子があるので，それを引き継いだものと考えられる。

179

第6章　仕事内容の分析——不確実性に対応する仕事

## *1* 契約条件の取決め

　引き合いの殆どは既存の客先から発生し，各店の売買掛の商品担当が対応する。一つの取引には原則として仕入店，販売店，船積店などの複数の部店が関与（商品統括する部が仕入店か販売店でなければ別途これが関与）する。商談は客先との間のものと組織内での遣り取りとがある。各部店は原則独立採算であり，且つ最終的にそれぞれの客先の意向を代弁していくことになるので，実際の交渉の鍔迫り合いは関係部店間で激しく行われている。[26]

　取決める契約条件は，基本的には，商品の品質・仕様，梱包，数量，価格，受渡条件（場所，時期），決済条件である。品質・仕様，梱包の取り決めには専門的商品知識が不可欠である。[27] 例えば綿関連商品の場合，綿花では産地によって異なる品種の多様性や品位の基準などを熟知していなければならず，地域ごとの特殊事情に通じていることが重要であった。[28] 品質に起因する契約トラブルは係争に発展している例は少なくない。[29] また，綿糸布では品種の多様さ故の幅広い商品知識が求められた。[30] 品質・仕様の確認には，大半の商品で見本の取り交わしが行われる。

---

26　各部店は独立採算は，あらゆる取引を売切り買切りとしているというのではなく，多くの取引では基本的には商品ごとに，関与部店間での口銭，諸掛（費用），所有権管理などの分担ルールを定めて，その中で独立した利益追求活動が運営されている。

27　綿関連商品をはじめ取扱いの歴史が長く，商品マニュアル類の整備なども進んでいた分野では専門知識を有した人材が蓄積されていたが，機械類や化学品（当時は薬品と呼ばれている）などは専門人材が十分に育っていなかった。「支店長会議議事録」昭和6年（p.13）での守岡業務課長談「殊ニ薬品，機械ノ如キハ相当ノ専門的知識ヲ要スルモノナリ……」とある。

28　前掲早稲田大学図書館（原田繊維文庫）蔵『甲谷他棉花引合取調報告』(1917)では甲谷他（カルカッタ）地方での綿花取引の商習慣は孟買（ムンバイ）とも大いに異なるとして，「A. 新棉先約定，B. 一定ノ見本ニ依リ取極メル先約定，C. 棉花商各自のType品ニヨリ取極メル売約定，D. 現物ノ売込」の4方式を詳説している。現地紡績会社による品質区分のされ方，Wastageの保障水準，綿の摘み期による品質差，複数品質の混綿の構成などが説明されている。また，「現行達令類集，明治37年」《物産90-1》に収録されている「明治37年10月31日達棉花取扱規則」では「品質斤量荷造受渡期並ニ買付先ノ契約履行」を仕入れ店の責任と規定しつつ，支那棉には適用しなくてもよい余地を与えている。

180

梱包は長距離国際輸送の条件に応じて適切な選択が必要とされ経験知が必要となる。当時では商社の重要なノウハウの一つであった。品質，仕様，梱包に関しては苦情発生の原因となる場合が多いので，それを出来るだけ予防する契約条件の取決めが重要となる。数量の取決めも，一つの商品であっても国ごとの商習慣の違いなどによって規定の仕方が異なり専門知識が必要となる。受渡条件は価格取決めの前提条件となるが，同時に商品所有権の移転も規定するので特に重要な条件であり，専門知識を基に明確な規定が必要となる。諸条件取決めは殆どが英語でなされ，また国際間の交渉は英語が多いので，英語によるコミュニケーション技能が必要となる。全ての条件が関係者間で合意に達すると電信での確認で実質的に契約成立となるが，契約書の取り交わしで正式な契約締結となる。

これらの一連の仕事は，大半が貿易一般技能での仕事であり，同社では業務規則，業務マニュアル，商品マニュアルなど「仕事システム」が高度に整備されている。しかし，契約取決めに不備があると，後に苦情及び契約不履行を引き起こすことにも繋がり大きな損失を発生させる。こうしたリスクを最小化すべく同社では色々な商品マニュアルや業務マニュアル[31]を整備しており，人材の標準的技能水準を高めている。

## 2 契約基礎条件の段取り

上記の契約諸条件取決めに当たって，その基礎条件の確認や段取りが進めら

---

29 「支店長会議議事録」大正2年（pp.235-）での福島喜三次紐育支店南部出張員談より。品位判断は個々の取引で重要であり度々係争が発生する。但し，こうした事態は市場で恒常化しているので，係争を仲裁する機関が欧米では既に設立され，それが取引安定に貢献している様子が語られている。また，産地によっては異物の混入や水分過多など恣意的な品質不良の問題がありうることを同会議での質問者が語っている。

30 三井物産株式会社棉花部棉製品掛編『輸出棉製品解説』（1918）は41種の製品項目を各章ごとでまとめ，商品説明と輸出概説した新人教育用の綿製品取り扱いマニュアルである。

31 資料説明として第5章で示した苦情事例集「経験録」や本章で示した契約締結の手引「取扱重要商品引合條件並習慣」「訓話録」などの業務マニュアル類，並びに数々の商品マニュアル類が整備されている。

れる。主に六つの仕事で構成される。即ち，諸掛（費用）採算，傭船，保険付保，為替及び金融の手配，信用程度設定，売買越設定などである。これらは社内段取りと社外関連機関との段取りとの両面で行われる。

〔諸掛（費用）採算〕

諸掛（費用）は主に輸出では船への積込みまで，輸入では船からの積み下ろし以降の費用（これを受渡費用という）と電信費用である。受渡費用は，特に石炭のような嵩の張る商品では販売価格に占める比率が極めて大きく[32]，コスト競争力の決め手の一つであった。同社では専門化した組織として受渡掛を各部店に置き，受渡作業能率の向上と費用節減を徹底する体制を構築している[33]。またそれを支える各種業務規則や業務マニュアルが整備されている。電信業務は専門組織が作られている[34]。また電信暗号帳も創業期から整備され改良が進んでいる[35]。これらが各国支店間の通信効率を高め費用を節減させている。電信費用は当時非常に高額であり採算に大きく影響する。委託商売では委託主に負担を求めているほどである[36]。

---

32 「支店長会議議事録」大正15年（p.192）で小林正直常務は以下の発言をしている。「当社取扱商品中或ルモノノ売値ノ内其半額ハ諸掛，又商品ニ依リテハ原価ノ四分ノ一ニ過ギズシテ諸掛四分ノ三トモフガ如キアルモノヲ以テ，諸掛ノ研究ハ商売ノ成否ニ大関係ヲ有スルナリ」。

33 「川村貞次郎資料」《川村30-5》「其16　諸掛見積取極」「其17　諸掛支払経路」では各種諸掛の見積り取付け，報告，支払いの社内連係システムの詳細が図式で示されている。また，《川村30-12》は，委託方式である石炭商売で，諸掛費用は原則鉱主負担となっているものの，実際費用を発生させる三井物産も費用節減につき相応に責任を持つシステムとなっていることが両者間の清算表の形で示されている。《川村30-8》には石炭と雑貨の諸掛に関して費用項目とは別に実費記載がある。また，「支店長会議議事録」大正15年（p.193）での小林正直常務は以下のように続く。「鉱主ニ其事ヲ協議シタル所，石炭ノ諸掛ニ付テハ多年専門的ニ調査研究シ今日ニテハ満足シ居ル所ナルモ，尚ホ此上トモ専門的ニ調査研究ヲ煩ハシタキ希望アリ」。

34 「現行達令類集，大正3年訂正増補」《物産90-5》に掲載「本店電信掛規程」。

35 「現行達令類集，大正3年訂正増補」《物産90-5》に掲載「電信暗号取扱ニ関スル注意」。

36 「現行達令類集，大正3年訂正増補」《物産90-5》に掲載「石炭部規則」。

第2節　貿易商社の仕事の実態

〔傭船〕

　受渡条件に基づいて船腹の確保と運賃の交渉が行われる。傭船市場は船主に加え多くのブローカーが参画し投機性のある分野である。運賃相場が変動するので出荷の遅れなどで契約時見積と実際の運賃の乖離や港での滞船料の追加が生じるなどのリスクがある。更に，契約交渉時に見込んだ通りに船腹確保できるか否かのリスクもある。傭船は定期船での船腹一部傭船と不定期船の満船傭船とでは仕事内容は大きく異なり，後者は難度が高い。嵩の張る商品での満船契約の場合傭船の仕方で大きなコスト差がでるため，これが契約の成立自体を決定付ける要素にもなる。また，自社船を利用し往路と復路とをセットにした効率運行を実現すると決定的な価格競争力を確保できる[37]。明治31年以降は船舶部（当初は船舶課）が設置され自社船の運行とともに社外船の傭船の全社窓口となっているが，石炭など一部商品を除き，支店の一部では船舶部を通さず自店独自に直接海運会社と傭船交渉をしている[38]。傭船は貿易一般技能の基本であるが，同社は多角化した拠点群と商品群を利した効率輸送などで高い水準の技能を発揮している。

〔保険付保〕

　保険は国際的な保険市場が概ね形成されており，貿易一般技能での基本の仕事の一つである。同社でも標準化されている仕事である。但し，保険契約の内容は実際にはかなり難解であり，また当時は保険約款の内容も変化しつつあった[39]ので，保険契約の中身は社内一般では必ずしも十分に理解されてはいなか

---

[37] 明治36年の「支店長会議議事録」には経営トップの益田が穀物商売拡大で「如何ニシテモ船ヲ巧ミニ利用シ得意（客先の意味）ヲ満足セシムルヨリ手段ナシ」との発言がある（p.109）。また，蘭貢米の輸入では石炭輸出の自社船の帰り便活用でのコスト競争力で圧倒的に有利な商売が展開された（前掲山口和雄（1998）『近代日本の商品取引――三井物産を中心に』p.103）。更に，「支店長会議議事録」明治38年（p.108）山本條太郎上海支店長談として，日本から漢口向け石炭の帰り便に農産物や雑貨を日本向けに輸送し効率をあげているとの報告がある。
[38] 「支店長会議議事録」明治37年（pp.165-186）では，船舶部長と各店長との立場の差を明瞭にした議論が戦わされている。
[39] 「現行達令類集，大正3年訂正増補」《物産90-5》に掲載「保険規則」。

第6章　仕事内容の分析——不確実性に対応する仕事

った。従って，これを補足するのに本店本部に保険課が設けられ専門的対応がなされていた。保険会社の選択にあたっては，保険規則では都度有利な会社を選択すべしとしているが，実際は殆ど東京海上を利用している。大正7年末に子会社として大正海上を設立するまでは，三井物産は東京海上の有力代理店の地位にあり原則同社を使うのが慣例化している。全ての取引で付保が原則であり励行されていたようであるが，戦時などで保険料率が異常な高さとなった時には付保すべきか苦慮されている状況が伝えられており，100％付保されていたとはいえない。海上保険は契約によって相手先が付保する場合があり，契約の不備や手違いで無保険状態が発生することも実際はあった。

〔為替及び金融の手配〕

為替リスクへの対応は第5章で論じた問題である。清国など銀貨国との貿易で常につきまとうリスクであり，その対応は極めて重要であった。契約締結時に銀行との間（或いは本店との間での「付け替え」）で為替の予約又は買取りを行いリスク回避が試みられたが，取引金額の全額をカバーできるとは限らず，契約締結以降にも持ち越される仕事である。「仕事システム」に関しては，大正期に海外店から本店への為替付け替え制度ができたが，それまでは殆ど整備されておらず，リスク対応は人材技能に委ねられていた。しかし，銀貨国清国での商売経験に長けた同社人材のこの面での技能水準は極めて高かったように思われる。

金融手配は主に荷為替の引き受けを銀行などから事前承認を取り付けるもの

---

40 「支店長会議議事録」大正15年（pp.53-67）で山本保険課長は，保険契約の内容理解が売買担当者一般に十分浸透していないとし，保険契約上の知識解説を行っている。
41 「現行達令類集，大正3年訂正増補」《物産90-5》に掲載「保険規則」。
42 高橋敏太郎（1937）『三井物産の思出』にはこの体験談が語られている。
43 三井文庫資料「牛荘過爐銀事情」《物産447》は大正2年に牛荘出張所芳賀金六によって書かれた満州における現地通貨の解説書である。内容は過爐銀を含め満州で流通している各種通貨の発生の背景，歴史，発券銀行，流通状況，相場データなど体系的に解説している。活字印刷された冊子になっているので業務マニュアルとして活用されたものと思われる。

だが，同社は日本の貿易商社として最も高い信用力を確立していたので，外銀（又はクレジットハウス）との取引は活発に行われていた。銀行などとの折衝の仕事は主に支店長と勘定掛の主任との協働で行われていたようであるが，同社の支店長クラスや勘定掛の主任クラスは外銀などとの取引経験を通じて金融の高度な技能を備えていたと見られる。

〔信用程度設定〕

信用リスクへの対応に関しては第5章で論じた。社内手続きとしては，取引に先だち取引先の信用程度，即ち予想される債権残総額の上限額を各部店が本部に申請し，許可範囲内で取引が行われる。[44]継続的な取引が普通であるから，取引開始以降原則年1回の許可取り付けとなるが，取引量の拡大の際は都度限度増枠の手続きが行われる。貿易の一般的取引形態である信用状付き荷為替による銀行経由のドキュメント決済取引では信用リスクは原則としては発生しない。しかし，同社輸出の中核的商売，例えば石炭や生糸などでは，輸出先現地で内販に入り込んでいたため，現地販売先に対しての信用リスクを常に抱えている。各部店の信用程度設定は各部店長の判断に基本的に委ねられているが，それを同部店内での勘定掛主任が，部店長から独立性を持つ権限で管理している。それを本部調査課と会計課が監督するという二重，三重のチェック・システムとなっている。このように信用リスクに対処する「仕事システム」は整備されているが，支店長以下取引を担当する人材による取引先信用状態の把握技能が決定的に重要な役割を果たしている。

〔売買越設定〕

売買越リスクへの対応についても第5章で論じた。各部店は，売買越が予想される商品の取引では事前に売買越限度を申請し，許可を得た限度内で運用が行われることになっている。本部の監督窓口は業務課であるが，同社の中枢のみならず，大正の中ごろまでは三井合名までその監督に関与している。綿花や綿糸など相場商品では市場特性から売買越運用は避けられない。[45]また，石炭な

---

44 「現行達令類集，大正3年訂正増補」《物産90-5》に掲載「取引先信用程度経伺規程」，「取引先信用調査事務取扱規程」。

ど継続的に繰り返される取引では，安定的供給や迅速な供給など買い先への便宜提供するために売買越が不可欠となっている。しかし，商取引一般において売買越の運用は商機の拡大に効果をもつことから，大半の商品において売買越申請が行われている。相場オペレーションの利益目的の投機的売買越は禁止されているが，これが厳格に守られてはいないのが実態となっている。許可限度を超えた売買越による巨額損失発生もでている。投機商売に人材技能が向けられていくのを抑制する組織的コントロールが強化されているが，必ずしも徹底できてはいない。とはいえ，同社の人材技能が売買越リスクの最小化に実際には貢献している。つまり，売買越リスクの最小化は，売りか買いでの未取決め契約を早期に契約に移行させることだが，これに対し実際に実効をもたらすものは実需取引で養われた知識経験であり，同社はこの面での技能を蓄積した人材を組織的に形成している。このように売買越リスクのコントロールに「仕事システム」が一定の役割を果たしているが，実質的にリスク最小化をもたらしている主役は人材技能ということになる。

## 3　取引契約履行

　契約成立後，契約条件にしたがって順次それを履行していく仕事，即ち第三段階の仕事が始まる。多様な仕事があり実務量も多い。しかし，契約で取決められた事柄のフォローアップであり，且つ，商品の地理的移動のプロセスに対応し作業が進行するので，仕事の流れは定式化され，仕事内容も大半で標準化が進んでいる。仕事を大別すれば，受渡関連業務[46]，経理関連業務[47]，苦情処理業務[48]となる。
　契約履行の一連の仕事では，それぞれに専門的に対応する組織が構築されて

---

[45] 「現行達令類集」《物産90-1》掲載「棉花取扱規則明治37年7月改定」では，できる限り長期のオッファーを華主（紡績会社）より得るよう努力し，もしそれが得られない場合は売買越を許容している。「棉花部規則，大正7年」では，棉花本部（大阪）は関係支店（棉花支部）での売買越許可権限を有し，許可を受けた各支店は毎月そのポジションを棉花本部に報告義務を課している。

第 2 節　貿易商社の仕事の実態

いる。大きな店では，物流関連では，受渡掛，保険掛[49]，船舶掛[50]，経理関連では勘定掛，出納掛，集金掛[51]があり，また本店本部では，調査課（信用程度管理に絡んで），業務課（売買越管理に絡んで），会計課（各店の勘定掛などを統括），保険課，その他全領域に関わる法律問題対応として庶務課（大正期では文書課）などがある。

　これら専門部署と売買掛が連携して契約履行の一連の仕事を処理する。しかし，連携の仕方は，商品によって，また店の規模によって多少異なる。商品検査や苦情処理では高度な商品専門性が求められる場合は，例えば綿花のように，売買掛が中心になって行う。一般鉱工業製品では受渡掛に任されることが一般的である。また，店の規模という事では，少人数の店では，殆ど全てを一人の売買担当が受け持つことになる[52]。即ち，荷物の検査引き取り，運送や船積み手配，代金決済，日々の出納や会計帳簿の記帳などである。小規模店への勤務は

---

46　物流に関わる仕事は，船舶輸送（海運）の仕事と，いわゆる受渡の仕事，即ち通関，船積み，陸揚げ，陸運，保管，それらに関わるドキュメンテーションなどがある。本書ではこの二つの領域を併せて物流関連業務と呼んでいる。後者の部分は受渡関連業務としている。

47　ここでの経理業務は一般には会計業務とも称されるが，三井物産での組織名称は勘定（本社本部では会計，或いは計算）である。出納，用度，集金は経理の関連業務であるが，ここでの分析では別に区別している。

48　契約履行過程又は履行後の仕事として苦情処理業務があり，営業的対応の必要なものは売買担当の仕事であるが，輸送途上の問題は受渡掛が主に対応している。苦情処理発生は契約条件の取決め不備に起因する場合も少なくない。

49　同じく，大店では売買の掛とは別に保険掛が設けられている。保険課は全社対応組織。

50　大店では売買の掛とは別に船舶掛が設けられている。船舶部は全社対応組織。

51　次章仕事経歴分析では出納用度集金を一つの職能類型とするが，この中で用度の仕事は価値生産ルーティーンに直結しないので，本章での仕事分析の対象としていない。掛の名称としては大店では出納，用度，集金は別個であるが，店の規模によってそれらは合体されている。以下で職能類型として合体の表記では用度は記していない場合もある。

52　前掲「大連支店各出張所，出張員業務取扱手続」《物産90-6》「現行達令類集，大正11年9月増補」はその状況を伝えている。

第6章　仕事内容の分析——不確実性に対応する仕事

海外勤務者の3割位が経験しているので[53]，こうした幅広い仕事対応は決して例外的ということとはいえない。大小様々な規模の店を数多く展開する同社では，多様な仕事に対応できる幅広い技能も必要とされることが少なくなかった。

〔受渡関連業務〕

　受渡関連業務とは，商品供給元からの荷物引取りにはじまり，荷物検査，陸上輸送及び保管，保険，船積み，海上輸送，陸揚げ，通関，販売先への輸送引渡しまで，荷物移動に関わる一連の仕事である。傭船や保険の仕事は受渡掛が関与するが，ここでの仕事の分類ではこれらは契約締結段階の仕事に含めている。資料Fは受渡業務全般の業務マニュアルである「受渡事務要領」の目次で[54]あるが，物流業務の一連の仕事を一望できる。

**資料F　受渡業務マニュアル「受渡事務要領」にある項目一覧**

| |
|---|
| 　出典：三井文庫資料「川村貞次郎資料」《川村30-1》<br>一　受渡事務ノ概念<br>二　輸出事務，移出事務<br>　イ．運賃，船腹<br>　　　A．運賃交渉<br>　　　B．船腹交渉<br>　　　C．運賃取極，船腹取極<br>　　　D．積載船ノ選択<br>　　　E．運賃同盟，盟外船<br>　　　F．数量ノ決定<br>　　　G．運賃支払ト換算率<br>　　　H．運賃割戻，其種類整理<br>　　　I．Freight Broker ノ利用，利害 |

---

[53]　「パネル表」から読み取れる動向。
[54]　「川村貞次郎資料」《川村30-1》「受渡事務要領」は船舶業務を含めた広義の受渡業務（本書ではこれを物流関連業務と呼ぶ）全体の細分化された個別の作業ごとの解説である。この他に「川村貞次郎資料」《川村30-3》「受渡事務引継要領」は受渡実務を管理の視点から詳しく解説している。

J. 当社船舶部トノ干係
ロ, 荷　　　受
　　A. 荷造, 包装及材料
　　B. 荷　　印
ハ, 積 出 諸 掛
ニ, 保険（別項目ニ一括）
ホ, 官 庁 手 続
　　A. 税 関 手 続
　　　い. 輸入税ノ免除, 払戻
　　　ろ. 造石税ノ払戻
　　　は. 砂糖消費税ノ払戻
　　　に. 修繕ノ為ノ輸出
　　　ほ. 小包郵便ニヨル輸出
　　B. 税務署手続
　　C. 領 事 手 続
ヘ, 積　　　出
　　A. Shipping Order – Mates' Receipt
　　B. B／L ノ取付
　　C. Letter of Indemnity
　　D. 本 船 積 付
　　　い. 積付場所, Stowage Plan
　　　ろ. ダンネージ及ベンチレーター
　　　は. 積合セ荷物
　　　に. 船艙ノ状態
　　　ほ. 積荷方法, 積荷道具ノ選択
ト, 船 積 書 類
　　A. 作　　製
　　B. 発　　送
チ, 積 替 事 務
　　A. 通シ運賃ト積替運賃諸掛トノ比較研究
　　B. Ship to Ship
　　C. 陸揚再積出
　　D. 積替ノ監督

第6章　仕事内容の分析——不確実性に対応する仕事

（以下は大項目だけ記述し細目は省略）
三　輸入事務移入事務　— 中略 —
四　船舶代理店事務　— 中略 —
五　附保事務　— 中略 —
六　諸　掛　— 中略 —
七　海陸人夫　— 中略 —
八　本船監督　— 中略 —
九　数引人　— 中略 —
十　艀船及船頭　— 中略 —
十一　曳船及モーターボート並乗組員　— 中略 —
十二　倉庫及タンク並スタンド　— 中略 —
十三　貨物自動車　— 中略 —
十四　荷馬車　— 中略 —
十五　筏　— 中略 —
十六　荷受機械及荷役道具　— 中略 —
十七　度量衡　— 中略 —
十八　鉄道輸送　— 中略 —
十九　荷造及び包装及荷印　— 中略 —
二十　荷役作業　— 中略 —
（以下は細目はない）
二十一　直営，二十二　埠頭，二十三　帳簿，報告，伝票，二十四　書状，
二十五　勘定事務並ニ金利，二十六　各種商品解説，二十七　店限使用人

　受渡関連業務で，売買掛が実務の主体となる仕事は，買い先に対する納期の監督と，一部の商品領域での荷物引き取りと商品検査や苦情処理である。その他の仕事は受渡掛が主体となって進められていく。内容が多岐にわたり実務量が多いこの業務は，大半の仕事で標準化が進んでいる。上に示した資料F「受渡事務要領」に記載されている各項目が仕事ごとの細かい進め方を解説している。仕事の具体的内容は資料G「当掛（京浜）受渡事務系統図表ノ事」が伝えている。社内外の様々な組織との連携の中で多面的に進められている仕事の状

---

55　先に述べたように小店において売買担当があらゆる仕事をこなす場合を除く。
56　三井文庫資料「川村貞次郎資料」《川村30-2》。

況が読みとれる。連携する社内部署並びに社外の企業や機関は多数にのぼり一覧となっている。社外では，税関，税務署，船会社，その代理店，港湾荷役業者，港湾倉庫会社，保険会社，サーベイヤー（荷物検査機関），各国領事館，銀行などである。資料H「輸入受渡事務系統」[57]は，受渡部門内での各部署間とのやり取りルートを示した解説図である。これは輸入一般の原則を示したもので，実際は商品ごとに異なるので各商品別に個別に解説図がある[58]。更に，苦情処理方法，在庫品管理，諸掛見積取極，諸掛支払経路，といった個別の仕事も別個に解説図が用意されている。受渡の仕事には，これらの解説にある一連の社内業務とは別に，荷受け確認や荷役作業の監督など港湾などでの現場仕事もあり，これらは社内業務とは性格がかなり異なる仕事である。荷役作業は外部請負が原則であったが，大正期は費用低減を目指し内部化が進展している[59]。

　以上のように受渡関連業務は内容が多岐にわたり実務量も極めて多いため標準化による効率化が重要であった。緻密な業務マニュアル類の整備と専門要員の育成に加え，港湾設備拡充も積極的に進められている。受渡業務の効率性ということでの同社の組織力は極めて高い水準にあったと考えられる。これが企業の競争力に重要な役割を果たしていることが，本店受渡掛長の大正9年新入社員向け訓話[60]に示されている。そこでは同社の発展を導いた要因には，契約か

---

57　三井文庫資料「川村貞次郎資料」《川村30-5》。この図の左上には以下の説明が付されている。「注意　（一）受渡事務ハ多岐多様，商品ニヨリ，約定ニヨリ，受渡条件ニヨリ，一定ノ型ヲ以テ図解スルコト甚ダ困難ナルノミナラズ，他方，対船会社，保険会社，運送店等ノ社外交渉ニ至リテハ一片ノ図表ヨク完全ヲ期スル能ハズ，当掛内京浜連絡ニ重キヲ置キ総テノ枝葉ヲ去リ受渡事務（輸入）ノ本筋ヲ図示シタリ　（二）―中略―　（三）―中略―　（四）図表説明中側線ヲ施セルハ当該フオームヲ添附シタル意ナリ。」

58　同じく「川村貞次郎資料」《川村30-5》には，穀物，麦粉，肥料，木材，セメント，硫黄，「ア社」現物肥料，金物内地品，砂糖，小倉麻，雑貨，蟹缶（鮭缶）など商品別の業務マニュアルが掲載されている。

59　大島久幸（2002）「両大戦間期三井物産における受渡業務」『社会科学年報』第36号がこの内部化の進展を報告している。また，受渡しの仕事の内容もここで詳しく描かれている。

**資料G「当掛（京浜）受渡事務系統図表ノ事」**
出典）三井文庫資料「川村貞次郎資料」《川村30-2》

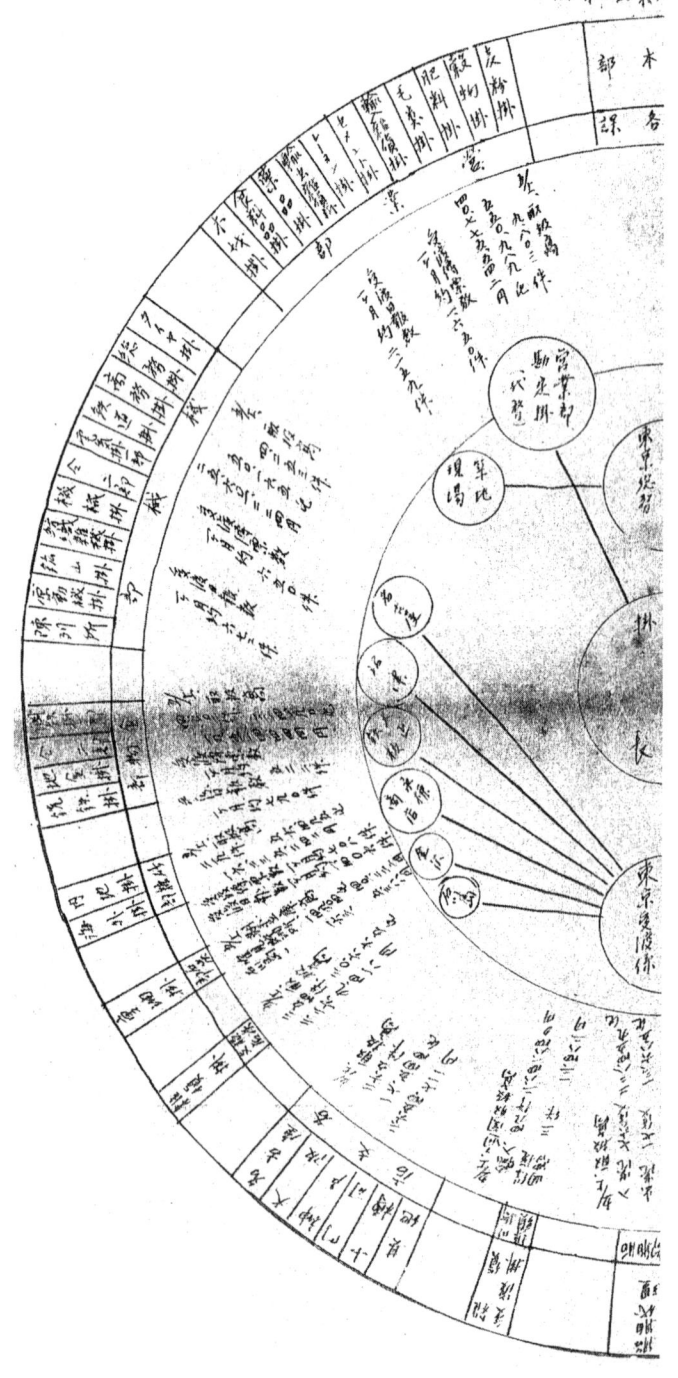

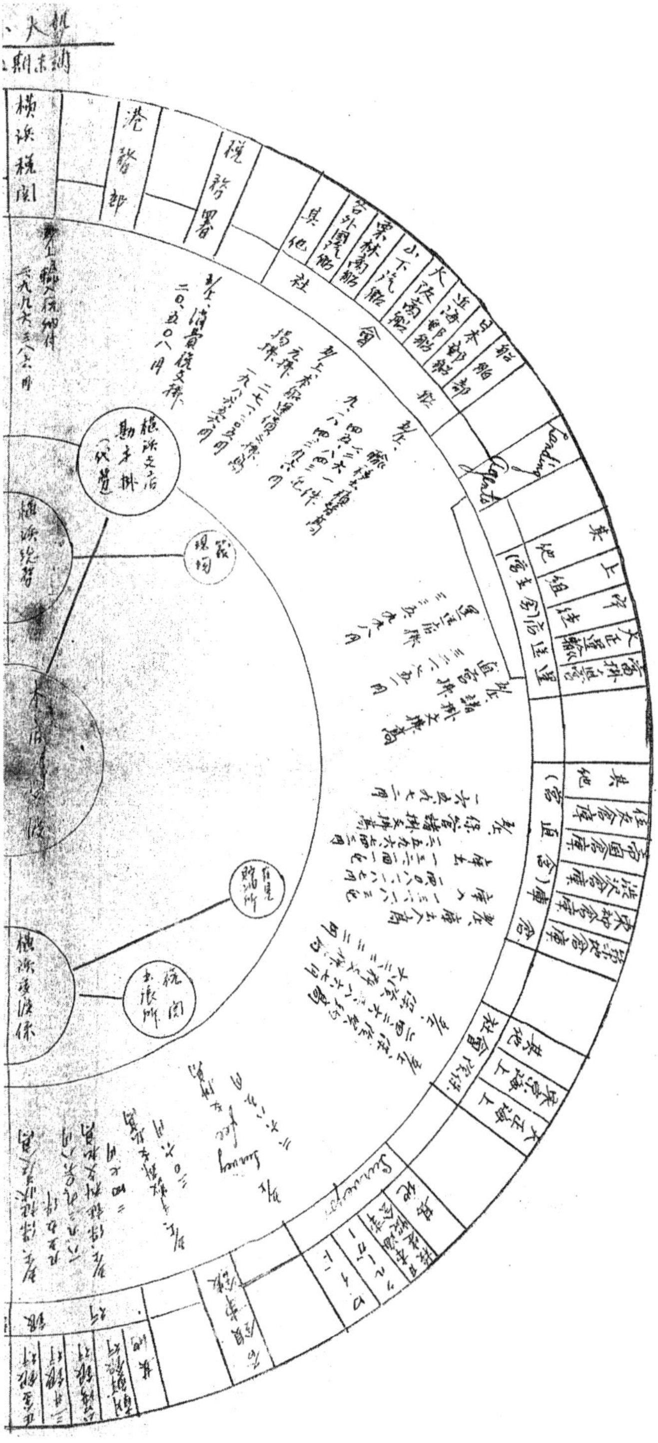

資料H「輸入受渡事務系統」
出典）三井文庫資料「川村貞次郎資料」《川村30-5》

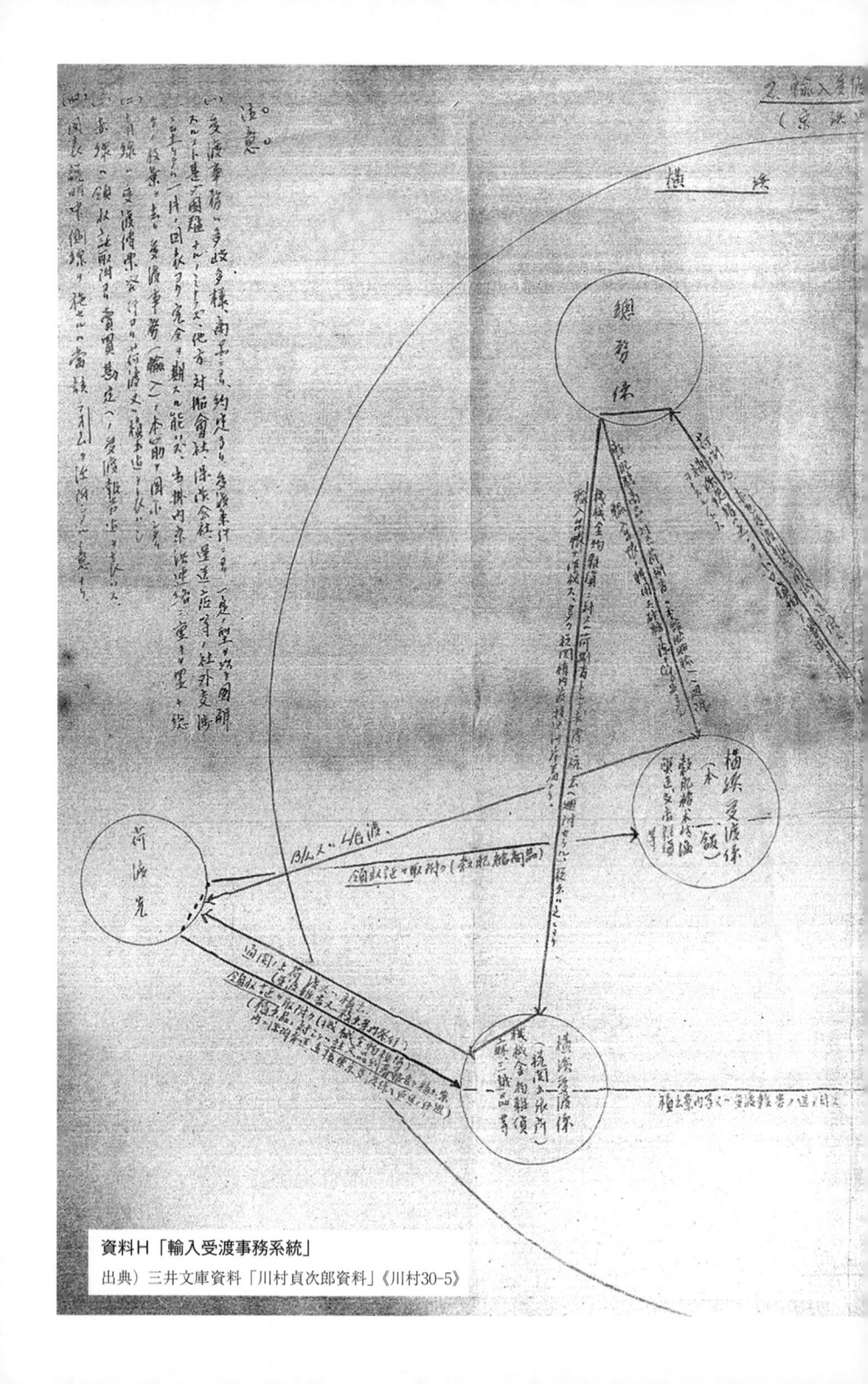

関係部店掛

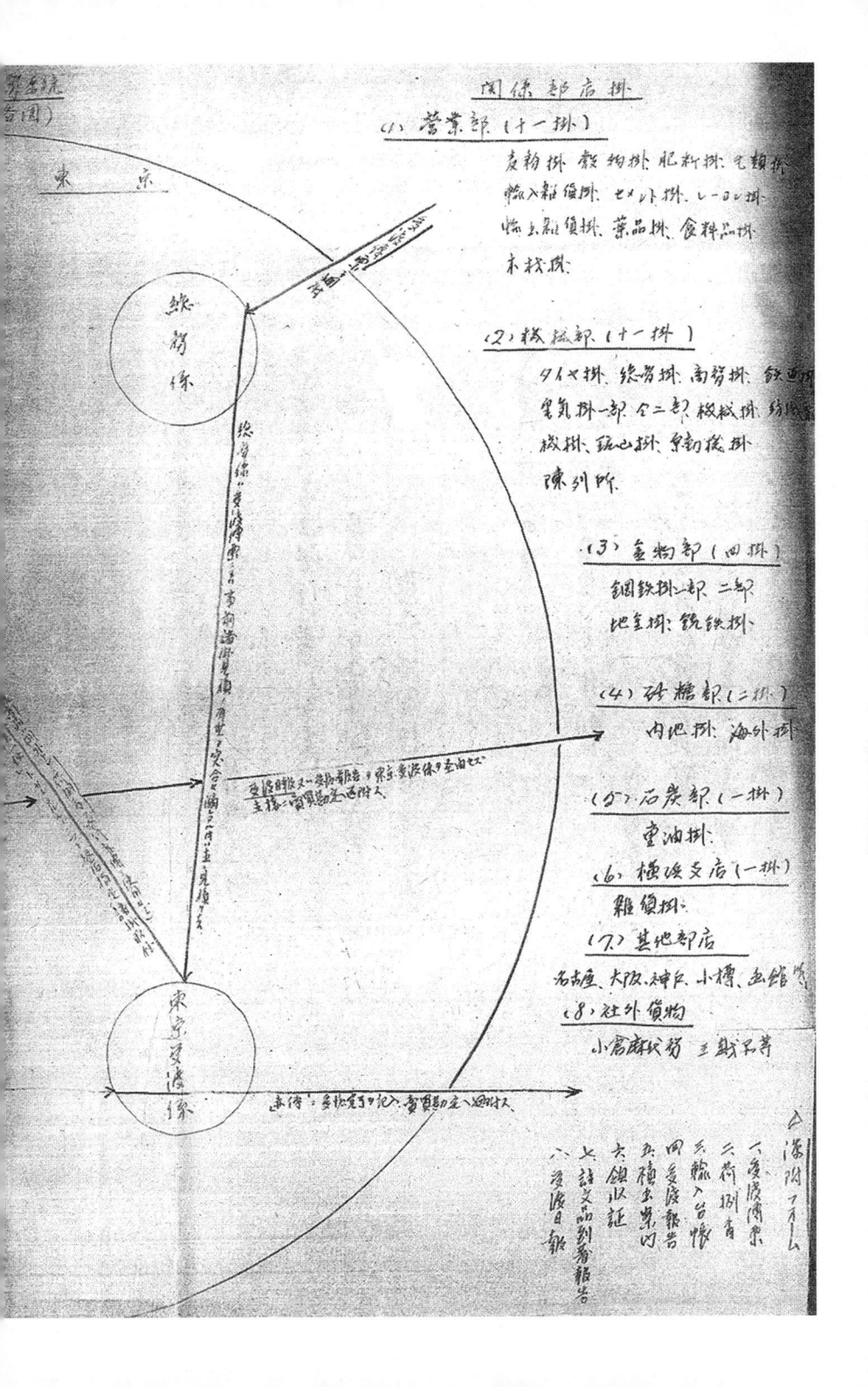

(1) 営業部 (十一掛)
　麦粉掛 穀物掛 肥料掛 毛糖掛
　輸入雑貨掛 セメント掛 レーヨン掛
　繊綿雑貨掛 薬品掛 食料品掛
　木材掛

(2) 機械部 (十一掛)
　タイヤ掛 総務掛 商務掛 鉄道
　電気掛一部 第二部 機械掛 紡織
　機掛 銑心掛 自動機掛
　陳列所

(3) 金物部 (四掛)
　鋼鉄掛一部 二部
　地金掛 銃鉄掛

(4) 砂糖部 (二掛)
　内地掛 海外掛

(5) 石炭部 (一掛)
　重油掛

(6) 横浜支店 (一掛)
　雑貨掛

(7) 其他部店
　名古屋 大阪 神戸 小樽 函館等

(8) 社外貨物
　小倉麻袋等 三戯子等

八 受渡日報
七 詰文品割券報告
六 銀収証
五 積立案内
四 輸入台帳
三 荷渡書
二 荷渡報告
一 受渡伝票
△添附フォーム

東京

総掛係

東京受渡係

ら代金決済に至る一連の業務を効率的に遂行できる組織と人材の構築があるとし，その中で受渡業務での効率性を強調している。

〔経理関連業務〕

ここでの経理関連業務の主たるものは，契約履行における一連の会計処理と，代金決済管理，それに加え，信用リスク，売買越リスク，為替リスクなどの管理監督である。価値生産ルーティーンに直接には関わらない決算業務や長期的視点での金融業務などはここでの考察の対象にはしない。経理関連業務は，情報起点は売買であるが，勘定掛が各部店ごとに置かれ，それらが遂行している。本店ほか大きな店や部においては勘定掛の他に出納掛や集金掛が置かれて，現金や手形などの管理及び代金回収業務の分権体制をとっている。会計は企業一般で専門性の高い職能であり，また仕事の大系は標準化されている。同社においてもその点では同様であるが，特に緻密で高度な体系を構築していることが特徴である。組織体制並びに規則類も整備されている。[61] 高度化された経理業務の背景には，一つには貿易事業が抱える大きなリスクがあり，もう一つは同社独特の組織特性である。リスクに関しては第5章で論じたが，その大部分である信用リスク，売買越リスク，為替リスクなどの管理は経理業務の中にも入り込んでおり，大きな役割を担っている。各部店での勘定掛主任は各部店長に報告義務があるものの，命令系統は本店本部の会計課長であり，事実上部店長をも監督する責務を負っている。[62]

組織特性とは，第2章第2節の中の「分権と統合の商務組織」で述べたものである。同社組織の特徴として独立採算の支店と，商品ごと集権的に管理する

---

60　「受渡業務ノ梗概ト新入社員ヘノ指針　本店受渡掛長杉本甚蔵氏講述」。これは「第二回（大正九年）勘定掛主任会議議事その他」《物産319》の綴りに含まれている。杉本甚蔵は創業初期に入社しており，当時では最古参の一人で，受渡分野の第一人者である。

61　麻島昭一（2005）『戦前期三井物産の財務』p.83の人員推移表によれば，経理人員の対全社比率は明治30年代は11％前後，終盤では13％前後，これが大正中期には15％前後，末期には20％前後に上昇している。

62　「現行達令類集．大正3年」《物産90-5》に所収「勘定掛服務心得」。

部組織の並存ということがある。この並存を制度化したのが明治31年制定の「共通計算規程」[63]である。二律背反的な管理を目指すこの規程は現実には色々ジレンマを内包しているので，その後規程としては幾多の変遷をとげるが，支店独立採算原則と商品部の並存という体制は定着していく。この過程で店系列と商品系列のマトリックスでの業績管理を担う会計処理は緻密なものに次第に高度化していったのである。国内外に多数の独立性のある事業所を配置する同社経営の全体的管理には，全組織の活動を緻密にモニターしうるこの経理システムは極めて大きな役割を担っていた。

「現行達令類集」に「會計規則」及び「會計細則」[64]が所収されているが，これらに全社レベルの会計の原則が細かく規定されている。大正9年から「會計課報」[65]が発行され，下記10領域について定期的報告が始まっている。10領域とは，1）金融，2）銀行信用，3）為替，4）勘定整理，5）決算，6）會計に関する規則達令類，7）形式，8）参考資料，9）臨時報告，10）其他，である。同年開催の「勘定掛主任会議」[66]では勘定科目の改廃，諸表書式の変更，勘定整理方法，決算の方法，金融為替業務の方法などについて，50件もの案件を議論し，それぞれを参加者で決議にしている。

〔苦情処理業務〕

苦情処理については，輸送中の商品損傷については受渡掛が専門的に対応する社内システムができており，保険求償まで一貫した処理が行われている。また，供給元に過失がある場合や所謂マーケットクレームの類は売買掛が営業的に折衝する。訴訟に発展する場合もあるが，この場合は本店本部の専門部署である文書課が対応した。「支店長会議」昭和6年では文書課長[67]が，訴訟事例な

---

63 この規程の成立とその後の変遷は森川英正（1972）「明治期三井物産の経営組織——共通計算制度を中心に」『経営志林』第9巻1号，同（1973）「大正期三井物産の経営組織」『経営志林』第10巻1号で詳しく分析されている。
64 両規則とも「現行達令類集，大正3年訂正増補」に掲載。
65 三井文庫資料「會計課報」第1号《物産47》。
66 同上「會計課報」の第2号に報告された「勘定掛主任会議」の内容。
67 田中文蔵取締役文書課長兼人事課長。

どを引き合いに出して色々と注意を述べている。[68] 文書課とは主務は法律対応であり，大正元年に発足した組織ではあるが，それ以前から庶務課の中で同機能があった。契約トラブルなどについて法律面での組織的対応は整備されていた。

## 4　三井物産の貿易実務技能の特徴

前項までで同社での貿易実務の仕事内容を価値生産ルーティーンの流れに沿って見てきたが，同社の競争力の軸となった貿易実務の特徴をここで纏めることとしたい。第2章での考証では，明治30年代以降の同社の市場競争本格期においては，人材技能が競争力要素の中軸に位置し，それが幾つかの組織特性と一体となって強力な競争力として作用したとの結論を導いた。また，人材技能は貿易一般技能と貿易応用技能に分けることができ，本格期の前半第Ⅰ期では前者が，後半第Ⅱ期では後者が主導的役割を果たしたとも論じた。前章と本章では同社で仕事の内容を全体的に観察してきたが，そこにおいて同社での仕事の進められ方の特徴が明らかになってきた。以下でそれを整理したい。

図表6-1は同社での価値生産ルーティーンの一連の仕事を仕事の進行段階に沿って一覧にし，その上で個々の段階の仕事が一般技能を主体にしたものか，或いは応用技能を主体にしたものかを仕分けし，それぞれに「仕事システム」がどの程度導入されているかを示している。はじめに貿易応用技能を主体とした仕事であるが，これは契約基礎条件の段取りの仕事の中の一部である信用程度設定と売買越設定の仕事，それに経理関連業務の一部でのリスク管理監督の仕事である。その他大部分が貿易一般業務を主体とした仕事である。貿易応用技能を主体にする仕事で共通する点は「仕事システム」の役割が小さいことである。そこでの仕事は全てリスクに対応する仕事だが，ここには経営が精力を投じた「仕事システム」，即ち信用程度申請制度と売買越申請制度などが構築されているにもかかわらず，実際には人材技能の役割が極めて大きくなっている。これは同社の制度に欠陥があるのではない。第5章では同社の信用リスク

---

68　「支店長会議議事録」昭和6年（pp.83-84）。

第2節　貿易商社の仕事の実態

図表6-1　貿易の仕事内容と「仕事システム」

| 仕事の段階 | 価値生産ルーティーンでの仕事の種別 | | 貿易実務技能の内訳 | 「仕事システム」 | |
|---|---|---|---|---|---|
| | | | G 貿易一般技能が主体<br>A 貿易応用技能が主体<br>S 一般・応用含めた貿易実務技能と、それ以外に人脈や資金力など多面的な能力 | L 多少整備されている<br>M ある程度整備されている<br>H 高度に整備されている | |
| | | | | 利益機会への対応 | 損失機会（リスク）への対応 |
| I 取引基盤構築 | 新規商流開拓やその拡張 | | S | | |
| II 個別取引契約の締結 | 契約条件の取り纏め | 引き合いから商談の開始 | G | M | M |
| | | 品質・仕様・梱包の取決め | | | |
| | | 数量，価格，受渡条件（場所，時期），決済条件の取決め | | | |
| | | 契約書の取り交わし | | | |
| | 契約基礎条件の段取り | 諸掛（物流・通信費）採算 | G | H | |
| | | 傭船（海運） | | | |
| | | 保険付保 | | | H |
| | | 為替及び荷為替金融の手配 | | | L |
| | | 信用程度設定 | A | | M |
| | | 売買越設定 | | | |
| III 個別取引契約の履行 | 受渡関連業務 | 荷物検査 | G | H | |
| | | 輸出側受渡管理（陸運，保管，通関，船積み，ドキュメンテーション） | | | |
| | | 輸入側受渡管理（陸揚げ，通関，保管，陸運） | | | |
| | 経理関連業務 | 契約履行過程での一連の会計処理 | G | H | |
| | | 代金取立てなど決済管理 | | | M |
| | | リスク（信用，売買越，為替など）管理 | A | | M |
| | 苦情処理 | | G | | L |

第6章　仕事内容の分析──不確実性に対応する仕事

管理制度が業界では先進的であったこと，また売買越管理制度は少なくとも業界でトップクラスであったこと，更に制度運用の監視体制が重層化されていることなどが確認されている。しかし，制度的リスクコントロールの実効には限界があり，人材技能の役割が極めて重要であったのである。

　次に貿易一般技能を主体にする同社の仕事の特徴を整理する。この一連の仕事には全般的に「仕事システム」の整備が進んでいる。貿易一般技能は19世紀での国際貿易で標準化されている技能であるから，同社社内でも標準化されやすいことは当然なことである。しかし，同社の標準化，即ち「仕事システム」はきわめて高度に構築されている。同業他社の状況を知る資料がないので，同社の水準の相対的高さを証明することが出来ないが，同社の実態を資料で知り得た限りでは，同社でのこの分野での規則化，マニュアル化，また専門組織構築などの「仕事システム」は，現代においても類例を探すのが容易ではないと感じるほど高い水準である。特に際立って整備されているのは受渡，海運，保険など物流関連の仕事と経理関連の仕事である。一般技能であるから競争上差別的な能力になり難い分野であるが，この分野において特に高度な「仕事システム」を構築しているのである。これが競争力として重要であるとの認識が同社の経営に根づいていたものと考えられる。事実，港湾受渡業務や海運でのコスト競争力が市場競争での決め手となっている事実が数多く確認されている。また経理部門の対全社に占める規模が一貫して拡大している事実も同社経営の認識を説明しうる。こうした領域での「仕事システム」の高度化は必然的にそれに対応した標準的仕事技能の水準を高めている。特に，経理業務（会計業務）の「仕事システム」は内容が本来高度であるものが更に高度化されているので，同社としての標準技能は相当高い水準であった。

　物流関連や経理関連の仕事ほどではないものの，契約条件の取り纏めの仕事でも「仕事システム」の整備は充実している。商品分野別及び部店別に業務規則，又商品別に各種業務マニュアルや商品マニュアルが整備されている。特に，契約後の苦情・契約不履行リスクに対処する業務マニュアル類の整備は業界でも例が殆どなかったのではと思われる。こうした「仕事システム」に対応して

同社人材の技能水準は業界水準よりかなり高かったのではと推測される。また，為替や荷為替金融の仕事での「仕事システム」の整備は限定的であったが，これも人材技能の水準は高かったものと第5章で考察されている。

　最後に，価値生産ルーティーンの仕事の流れの起点である新規商流開拓・拡張の仕事であるが，これは上記の一連の仕事とは性格を異にしている。というのは，先ず第一に，この仕事には「仕事システム」は全くない。それに加え，実務技能という範疇を超えた人脈力や組織の資金力などが中軸の役割を果たし，実務技能の役割がさほど大きくない場合もかなりあり，また実務技能にしても貿易一般技能と応用技能がどちらが主体ということではなく両方が活用される，などということがある。とはいえ，明治30年代以降の新規商流開拓・拡張では，生糸輸出が典型であるように，実務技能が主体となり，且つ貿易応用技能が中心となって開拓・拡張された商流が少なくない。

　以上，同社の仕事内容の特徴を全体として纏めると，先ず「仕事システム」の整備が組織全体の仕事の広い範囲に行き届いており，また「仕事システム」自体の水準も高度化されていることである。そして人材技能については，高度化された「仕事システム」に対応し，専門化された形で高いレベルでの標準技能が形成され，また「仕事システム」が構築されていてもそれが十分実効を挙げ得ないようなリスクに関しては，それに対応する人材技能が高い水準に組織的に形成されていた，と理解することができる。

# 第7章

# 仕事経験の分析
―― 人材技能の組織的形成

## 第1節　分析の方法

### 1　分析の目的，対象，期間

　第5章と第6章では同社の市場競争本格期で競争力要素の中軸に位置づけされた人材技能についてその内容を分析した。本章ではその競争力要素の中軸たる人材技能がどのように形成されたのかを分析する。

　第3章では同社の人材育成がOJTを中心に進められたことを明らかにした。OJTとは仕事経験を通じて進行する技能訓練である。OJTによる技能の形成は組織編成と一体となって進行している。事業要請に基づいて組織編成が行われ，人々は組織編成のなかで役割と課題を与えられ，その遂行を通して技能が伸張する。個々人の技能伸張の進展度，また事業要請の変化によって組織編成は組み替えられ，その積み重ねで組織全体としての技能形成が前進していく。従って，長期にわたって組織内を広範囲に移動し仕事経験を重ねる中で技能を形成して行くホワイトカラー人材の場合，サンプリングした何人かの仕事経験を，特定期間，断片的に調査するだけでは技能分析には全く不十分である。

第7章　仕事経験の分析――人材技能の組織的形成

人々の仕事経験の進展を組織横断的に，且つ時系列的に，長期間にわたって調査しなければならない。その有効な方法は，一定の期間に入職した人材群をコホートにした，仕事経験の長期パネルデータを用いる分析である。三井文庫には明治36年以降人事異動資料が残されているので，ここを起点としたパネルデータ構築が可能である。

本章の分析では明治36年から38年までの3年間の入社全員414人の，大正終盤まで約20年間の人事異動パネルデータが用いられる。このパネルデータは既に第3章第3節と第4節で利用されており，「パネル表」と呼んだものである。但し，このデータは使用人[1]と呼ばれた雇用ステイタスの人たちだけの情報である。使用人とは現代で言う正社員に相当するが，実は同社の雇用形態には使用人とは別に「店限」或いは「雇」などという下位のステイタスがあり，このステイタスの人たちは人事異動資料が残されていない。昭和期にはこの形の雇用が膨張していることは確認されており[2]，大正期でも拡大しつつあったと思われるが，明治30年代では全体の2割程度であったと推定される[3]。この人たちは仕事経験分析の対象からもれてしまうが，少なくとも明治30年代では，この人たちは使用人の仕事の補助的作業に携わっており，競争力に影響をおよぼす存在ではないと考えられる。

## 2　資　料

「パネル表」の原資料は「社報」の一部に掲載されている「辞令」[4]と「職員録」[5]である。しかし，これらのうち主体となっているのは「社報」に掲載さ

---

1　使用人の中には若干海員（船員）がいるが，ホワイトカラーの範疇ではないので本分析では除外している。

2　これらの雇用の呼び方は，単に「雇」とされる場合もあるが，「店限雇員（人）」，「店限使用人」ほか色々ある。詳細を知る資料は殆どないが，昭和5年で3,719人，昭和15年で8,620人（共に『三井物産小史』(1965) それぞれ pp.120, 122）であり膨大な数である。

3　明治30年の「職員録」では人数がわかり，船員を除いた全記載人員361人の中で「雇」は84人で，これは国内外の全支店の集計値である。

れている「辞令」の人事異動情報である。「パネル表」は414人の仕事経験を人事異動経歴で把握したものである。ここでの人事異動とは，通常の意味の部署移動や昇進に限定せず，入職から退職にいたる様々な人事的な進捗を含めている。同社の人事異動情報である「辞令」はこうした情報を提供している。日次ベースで個人ごとに入職，その学歴，部署移動，昇進，昇格，研修，試験，賞罰，退職などの情報を提供している（こうした進捗全体を本章で仕事経験と呼んでいる）。但し，その一部で，「社報」編集の事務的ミスと思われるが，本来記載されるべき情報が欠落している箇所がある。「職員録」情報はこの欠落している部分を補足している。尚，「職員録」という表現は各種使用人名簿の本書での総称であり，その内訳は巻末付表2の通りである。「職員録」は明治26年以降概ね毎年，年によっては年数回発行されており，大正末まででは3箇年空白となっている以外は各年保存されている。しかし，仕事経験の分析には「職員録」の情報だけでは不十分である[6]。「職員録」では入職，異動，退職などの時期が特定できないため経験期間がわからず，また発行月が一定ではないので情報の空白期間が最大2年近くに及ぶこともあるためである。

　日次発行の「社報」は明治36年《物産41-1》以降昭和22年まで残存し，大正12年末《物産42-14》まででは延べ22日間が散発的に脱落しているのみで，ほぼ完全な状態で保存されている。大正13年は年初より10月26日まで消失している。震災の影響と見られる。従って，「パネル表」調査期間は大正12年末までである。

---

4 「社報」に掲載されている情報の内容は第5章で詳しく紹介した。三井文庫所蔵の日次発行の社内情報誌であり，「達」「指令」「譴責・懲罰」「雑件」（市況や相場情報ならびに商売に関わる社会・政治・気候情報など多様な情報が掲載され，この部分が情報量として最も多い）に加えて「辞令」が掲載されており，ここから日々発生の採用，退職，部署移動ほか人事異動の情報，更に訃報や改名などの情報が得られる。
5 「職員録」は明治26年以降概ね連続して保存されている使用人の名簿であり，詳細は後述。
6 「職員録」を用いた仕事経歴分析は前掲（第3章第2節）大島（1999）や麻島（2003）でも試みられている。

第7章　仕事経験の分析——人材技能の組織的形成

## 第2節　個人別仕事経験パネルデータ

### 1　情報項目

「パネル表」は明治36年から38年の3年間に採用された使用人全員414人の入職から退職まで一連の人事異動経歴の情報を記述している。データ起点で3年の幅があるが，全員に対して18年の情報が記述されている。以下の資料Iは「社報」から抽出された情報の項目である。

資料I　「社報」掲載の「辞令」に登場する個人別異動経歴情報の内容

> 出典）　三井文庫資料「社報」《物産41-1〜42-14》
> ①　氏名及び入社年月：改名の場合はそれが「社報」に掲載されており，その都度記録を更新している。
> ②　採用前経歴：新卒の場合は学歴。学歴記載のない場合は「店限雇い」，「小供」[7]，「臨時雇」など所謂非正社員段階から日給試験及第による登用か，或は外部からの中途採用（三井家事業内の他社からの転籍や再雇用を含む）である。但し，卒業年度を記した学歴をもって採用された人の中にごく一部入社年と卒業年で相当年数の開きがある者がいる。他社経験のある中途採用者に該当する可能性が高いが，本書では学歴区分での分析で新卒と同じ区分で扱っている。
> ③　採用時の給与形態：日給者採用か月給者採用かの別。
> ④　海外修業生派遣：研修制度名と派遣先，派遣時期，終了時期。
> ⑤　月給者への昇格試験及第：日給採用者が月給者試験に及第する時期。
> ⑥　配置転換：原則全ての配置転換（部店名と部分的に掛名）の発令年月日と配転前後の部署名が「社報」に記載されている。罷役（現代での社外出向の意味），兵役なども含まれている。「社報」での辞令には同じ部店内での

---

[7]　近世商家以来の伝統的雇用形態におけるいわゆる「丁稚」に相当するもので，10代前半（調査対象期間である明治30年代後半では高等小学校卒業者が多かったと推測）で雇用された日給者は「小童」「小共」「子供」などと呼ばれた。

配置転換は掲載されていない場合がある。担当商品及び担当掛名は「社報」に記載されていない場合があるが，受渡，勘定，庶務など管理職能は記載されている。
⑦ 昇進：各管理職，即ち，掛・課主任，部長（代理），出張所長（代理），支店長（代理）などへの昇進とその時期。
⑧ 賞罰：褒賞や懲罰があった場合その時期。背景や罰俸などの記述もある。
⑨ 退職：退職とその理由（会社都合，依願解雇，転籍，死亡など）。会社都合解雇に先立ち待命という猶予期間があり，この間に社内需要が出なければ解雇となる。又，依願解雇者の再入社はかなりある。再々入社の例もある。

上記情報が「社報」から得られるが，先に述べたように情報欠落が一部あるので，パネル上で所属部署に不連続が発生している場合がある。又，部署で連続していても，「社報」記載上では長期滞留かのように情報が長期間動いていない場合がある。この場合，その期間に異動が2回以上発生し，その情報が「社報」で偶々欠落している可能性がある。従って，異動データが5年以上の間隔がある場合は，「社報」記載の欠落の可能性ありとして，その部分は「職員録」で追跡調査を行っている。なお，パネルに記述される異動の時期は3カ月括りとしているので，一つの異動経験期間は四半期の倍数として把握されることとなる。また，「社報」には異動が部店名しか記載なく担当掛がわからない場合もある為，これも「職員録」情報で補足している。「パネル表」はこのように「社報」情報を「職員録」情報で補足したものであり，そこでの「職員録」情報は「社報」情報と識別できるように（職）と表記している。

## 2 「パネル表」

上記資料Ⅰの情報をそのまま一覧表にまとめると縦に人数分414行，横に期間分80列（四半期単位で20年）が展開する巨大な表となる。しかし，「パネル表」は横展開を80の期間でなく各個人の異動の順番としている。即ち，横展開の列は初列が入社時条件（学歴・前歴），第2列が第一異動経験，第3列が第

## 第7章 仕事経験の分析——人材技能の組織的形成

二異動経験，第4列が第三異動経験……というように並べた表にしてある。これによって各個人の異動経験の繋がりが明瞭に見え，且つ個人間比較や類型抽出が容易になる。なお，「パネル表」に記述する一つの異動経験は必ずしも「辞令」ごとにはしていない。個人の「辞令」の繋がりをよく観察すると，仕事経験の変化を伴っていないような状況が多々見出せるからである。例えば，ある支店から近隣の出張所などへの人事異動の「辞令」発令が，実質的に仕事内容の変化を伴っていないと考えられる場合である。こうしたことが窺える辞令は一括りとして一つの異動経験と捉えている。但し，一つの異動経験と括った場合でも，その中の個々の辞令ベースの情報は記載している。こうして作成された「パネル表」の全体像のイメージは巻末付表3に纏めている。414人のうち数人を例示した上で，調査された個人別人事異動情報の全項目を列挙して示し，各項目の意味と読み方を説明している。

「パネル表」の414人のうち15年以上の在籍者173人の抜粋が図表7－1と図表7－2である。尚，この二つの図表は多くの頁数をとる為文中でなく本章末に載せている。図表7－1は「社報」にある「辞令」と「職員録」の記述を要約したものであり，図表7－2は人事異動情報として数値（一部は数式）データ化したものである。これを本章で進める事例分析のなかでの数値分析に使っている。図表7－1の記述は文字数圧縮のため記号で略記しているので，略記した記号の意味は巻末付表4－1，4－2，4－3，4－4で解説している。尚，図表7－1と図表7－2での173人の記述順は本章の以下で行う仕事経歴類型分類に従っている。

付表4－1～4－4の内容を若干説明しておく。付表4－1は組織機構の一覧であるが，それぞれの全体組織における位置関係を解説している。基本的には，部又は店という上部組織と，掛という下部組織の二階層である。但し，商品割りと地域割りが交錯している。これが組織を複雑にしている。支部というのは，商品ごと全社統括する部の店ごとの出先機関であり，大正初期から試行された制度である。しかし，出先機関の長は店長が兼務しているので，実質的に店の独立した運営がなされている。店は，組織の規模によって，出張所や出張員と

第2節　個人別仕事経験パネルデータ

いった下位ステイタスがあり，上位の店の管轄下におかれることもあるが，独立している場合もある。部や掛，或いは課は商品名や職能名を冠しているのが普通である。これを付表4-2で一覧にしている。掛は売買の場合は通常担当一商品名を冠しているが，小店で一つの掛が複数商品を担当している場合は，商品名が複合されたり，或いは商品を特定しない呼び方が付けられている。管理系の掛は職能名を冠しているが，小店では複数職能名を併記して冠していることが多い。役職，資格，その他雇用状態の種類は付表4-3で一覧にし，それぞれ略記略号が示されている。又，店の置かれている地域名も全て一覧にされ，それぞれの略記が付表4-4に示されている。登場する地域は，国内28箇所，清国23箇所，台湾7箇所，朝鮮5箇所，その他アジア11箇所，豪欧米9箇所，合計83箇所である。

## 3　「パネル表」に登場する人々

「パネル表」は先に第3章で一部利用されている。第3章で示した図表3-7は「パネル表」に登場する414人の勤続状況を纏めたものである。同図表（最下欄）には414人の入社時の資格や学歴・前歴が示されている。改めて確認すると，資格は月給者としての採用は45％，残り55％が日給採用である。学歴では，学歴不詳だが日給試験で新規採用された人たちの比率は17％，同じく学歴は不詳だが，子供，店限雇，臨時雇など所謂非正規雇用の状態から登用された人たちが14％，商業学校卒と中学校卒が21％，私大・専門学校など卒が7％，高商（高等商業学校）など卒が24％，帝大・外国大学卒が3％，中途採用が12％，海外修業生を経て入社した人たちが2％である。

図表7-3は18年間で掛主任など第一次管理職[8]への昇進の時期と人数を示している。昇進者は136人おり入社総数の33％である。第一次管理職への昇進時

---

[8]　第一次管理職という用語は同社で使われていたものではなく，本書で便宜的に設けた呼び方である。同社で実際に使われた役職名で言えば，掛主任（現代で言えば課長に相当），主任心得，出張所長，出張員首席，部店長代理，参事，秘書などであり，要するに部長や支店長の一つ手前の役職を総称したものである。

209

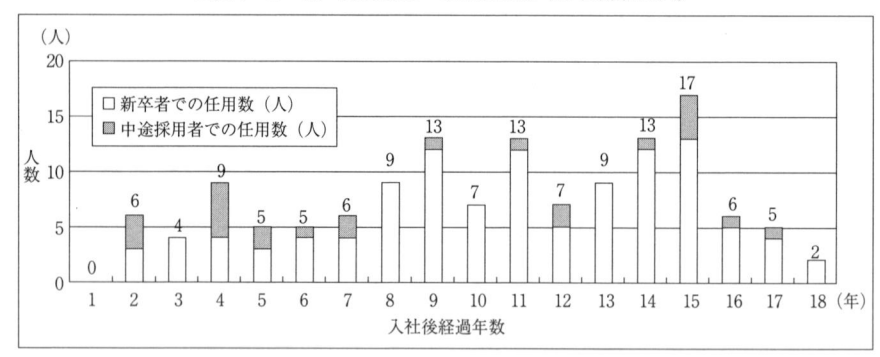

第7章　仕事経験の分析──人材技能の組織的形成

図表7-3　第一次管理職への昇進時期（18年累計136人）

注）「パネル表」より作成。

期は入社後8年目から15年目あたりまでが大半である。なお，18年間での部店長への昇進は，「パネル表」では15人おり入社総数の4％である。

　図表7-4（本章末）は「パネル表」に登場する414人の中での主立った人物を拾い出している。最初のグループは後に常務昇進者，2番目のグループは部店長に昇進し且つ15年以上勤続した12人，3番目グループはその他で「支店長会議」に出席している人々である。常務昇進者について若干触れると，4人いるので414人全体の約1％にあたる。向井忠晴に関しては伝記も幾つか残されており，戦後大蔵大臣など歴任する広く知られた人物である。その向井と伊藤與三郎は『回顧録』[9]に登場する。特に伊藤談話は実務経歴を比較的多く語っている。この2人はそれぞれ入社5年経過あたりで倫敦に約10年赴任している。いわゆる同じ釜の飯を食っている間柄である。入社は向井が半年早いだけであるが，入社時年齢が学歴差（向井は高等商業学校，伊藤は名古屋商業学校）から数歳年上であるとみられる。伊藤は先輩向井から指導を受けたと語っている。田島繁二と古川虎三郎の経歴はこれまであまり知られていない。田島は入社早々紐育支店に赴任し，本書の調査期間においては全て紐育での生糸商売一筋である。その後大正15年紐育支店長，昭和6年帰国後取締役大阪支店長となり，

---

9　前掲，第6章第1節。

その年の「支店長会議」の最終回に出席している。昭和9年に常務である。一方，古川は船舶と石炭を主なフィールドとし，田島とは対極的な商品分野を歩いている。船舶部基盤作りの第一人者川村貞次郎（部長から常務）の後の船舶部長で昭和15年常務に就任している。

## 第3節　部署移動類型

OJTによる人材技能の組織的な形成は事業要請を背景にした組織編成の進展の中で進行している。本節では組織編成の組織全体的な動きを分析する。但し，組織全体的とは言っても，ここで分析するのは組織員全員の動きではなく，「パネル表」に登場するコホートの動きである。しかし，コホートは3年間で入社した人たち全員であるので，観察は組織横断的であり，その継続的な動きは概ね組織編成全体の動きを反映していると考えられる。

15年以上の勤続者173人の人事異動情報を見ていくと，部店移動に一定の類型を見出すことができる。見出された類型は次の五つである。即ち，第一類型：国内特定地域専門型，第二類型：国内多地域移動型，第三類型：海外特定地域専門型，第四類型：海外軸に国内外移動型，第五類型：国内軸に国内外移動型の五類型ある。なお，先に述べた図表7-1と図表7-2は調査対象者をこれら類型に括ったもので記載している。図表7-5は各類型の特徴を分析している。図表7-5の左欄より順にみていく。

① 類型ごとの人数は第三類型と第五類型でやや多いが，全体として概ね平準化されている。

② 月給採用者の割合は第一類型で少なく，海外勤務の頻度が高い第三と第四類型で多い。月給採用者は概ね高学歴者と読み替えて差し支えない。つまり，高学歴者が海外移動の主役であったことを示している。

③ 月給試験の及第者比率は第三類型の海外特定地域専門型で低い。海外の特定地域と専門的に関わりあっている人々には月給試験に及第する必要性

第7章 仕事経験の分析——人材技能の組織的形成

図表7-5 15年以上勤続者173人の部署移動類型による分類とその対比

| 比較項目<br>部店移動類型 | 類型ごとの人数 | 月給採用者の割合 | (日給者の中での割合)入社後月給試験及第者の割合 | 異動回数 | 一異動当たり平均赴任期間(年) | 経理経験者(k)の割合 | 物流経験者(u)の割合 | 出納用度集金経験者(s)の割合 | 本部系管理経験者(o)の割合 | 第一次管理職昇進者の割合 | (データない中途採用を除く)昇進指数 | 部店長昇進者の割合 | 修業生の割合 | 譴責懲罰経験者の割合 |
|---|---|---|---|---|---|---|---|---|---|---|---|---|---|---|
| (1) 第一類型：国内特定地域専門型 | 32人 | 31% | 47%(65%) | 1.3 | 15.0 | 19% | 29% | 25% | 13% | 41% | 3.0 | 3% | 0% | 0% |
| (2) 第二類型：国内多地域移動型 | 25人 | 48% | 40%(67%) | 3.9 | 5.1 | 16% | 48% | 8% | 36% | 48% | 4.4 | 4% | 0% | 0% |
| (3) 第三類型：海外特定地域専門型（a.中国語圏以外アジア，c.中国語圏，e.西欧圏） | 42人 | 60% | 21%(41%) | 3.0 | 7.4 | 19% | 26% | 14% | 21% | 69% | 5.4 | 12% | 10% | 7% |
| (4) 第四類型：海外軸に国内外移動型 | 27人 | 74% | 30%(86%) | 5.1 | 3.8 | 52% | 19% | 7% | 22% | 85% | 7.6 | 19% | 4% | 0% |
| (5) 第五類型：国内軸に国内外移動型 | 47人 | 55% | 40%(81%) | 5.1 | 4.2 | 23% | 45% | 13% | 43% | 77% | 4.2 | 6% | 2% | 2% |

注）「パネル表」より作成。

が少ない人々が相対的に多いと解釈できる。海外特定地域の専門家として比較的重用されていたことが理由かもしれないが，或いはそれ故に試験なしに月給者に昇格できたのではと思われる。

④ 異動回数と一異動当たりの平均赴任期間はお互いに裏腹であるので意味することは同じである。第四類型と第五類型に部署移動頻度が多い。一方，第一類型と第三類型は国内或いは海外の特定地域に長期に留まっているが，国内や海外特定地域の地域スペシャリストがこの類型を構成しているように思われる。

第3節　部署移動類型

⑤　経理経験者（同社では経理という用語を使わない[10]）の割合は第四類型が際立って高い。即ち，経理経験は海外軸に国内外を多移動する経歴を歩んでいる場合が多いことを示している。

⑥　物流経験者（この物流という用語も同社で使われているものではない[11]）の割合が多い部店移動類型は第二と第五類型であり，傾向として国内においての移動が多いようである。

⑦　出納用度集金経験者の割合は第一類型がかなり高い。つまり，国内の特定地域に長く勤務している場合が多いことを示している。

⑧　本部系管理経験者は国内を軸に移動することが多いようである。これは物流経験者の傾向と類似しているが，同じ理由とは考えにくい。物流の仕事は現業実務的性格が強いが，本部系管理はそれと対照的に全社監督的性格の仕事であり，本店を軸にして移動したものと思われる。

⑨　第一次管理職並びに部店長への昇進率では海外勤務を多く経験している人たち，即ち第三，第四，第五類型が，そうでない人たち，即ち第一，第二，第五類型より総じて高い。

⑩　修業生比率が第三類型に高いのは，彼らの殆どが清国の地域スペシャリストとして育成されていることから当然である。

⑪　譴責懲罰比率は第三類型が高いが，譴責懲罰件数は6件とデータが少ないので，ここから傾向はわからない。

以上五つの類型に仕分けした形での同社の組織編成の動きを見てきたが，ここから理解できることは，同社の組織編成は幾つかの異なったキャリア・パス

---

10　三井物産では，当時，経理という職能や組織名は使われていない。部店組織の中では勘定と呼ばれ，本店本部では計算，或いは会計と呼ばれている。これらを本書では経理という用語で括る。尚，出納・用度・集金は経理系の職能であるが，実務技能の分析上別区分としている。

11　脚注10と同じく，当時，物流という表現も職能や組織名としては使われていない。本書では，受渡と船舶という運輸関連業務の二つの職能領域を一括して物流と呼んでいる。

を生み出しているということ，そしてそのキャリア・パスは専門技能の形成と関わりをもったものである，ということである。五つの類型は国内移動と海外移動の二要素を単純に組み合わせて想定した大雑把な括りのキャリア・パスのモデルであるが，この大雑把な括りにおいてもそれらがかなり鮮明に読み取れるのである。人材技能の形成は部署移動歴からは読み取れないことが少なくない。部署を動かない中での技能形成が重要な場合もあるからである。しかし，上記の分析の中で，例えば，経理の専門技能の形成が高学歴者による海外を軸にした国内外の極めて頻繁な部署移動で促進されていることが示唆されている。

## 第4節　職能経験類型

### 1　職能での仕分け

15年以上勤続者173人を職能専門性の視点から仕分けする。経理専門型，物流専門型，出納用度集金専門型，本部系管理専門型，売買担当型の五類型である。仕分け人数はそれぞれ10人，14人，8人，7人，134人である。売買担当が大半であるので，これを更に担当商品別の専門性で仕分けする。次節での各類型ごとの中身の分析に入る前に類型間の比較を，(1)月給採用者の割合，(2)第一次管理職昇進者の割合，(3)学歴構成，(4)平均異動回数でみていく。図表7-6はこれらの比較一覧である。

図表7-6に沿って，五つの類型を相互比較して特徴をみていきたい。
① 　月給採用者の割合は経理専門型で高く，出納用度集金専門型，物流専門型で低い。特に出納用度集金専門型で皆無というのは注目される。
② 　第一次管理職昇進者の割合では経理専門型と本部系管理専門型が相対的に高い。一方，物流専門型が際立って低い。
③ 　学歴構成をみると経理専門型は高商卒が圧倒的に多く，物流専門型は日給試験及第者，子供，臨時雇い登用，商業学校など低学歴者で大半が占め

第 4 節　職能経験類型

図表 7 - 6　15年以上勤続者173人の専門性分類とその対比

| | | 全体 173人 | 経理専門型 10人 | 物流専門型 14人 | 出納用度集金専門型 8人 | 本部系管理専門型 7人 | 売買担当型 | | | | |
|---|---|---|---|---|---|---|---|---|---|---|---|
| | | | | | | | 全体 134人 | 特定一商品の専門 65人 | | 2～3の商品担当 27人 | 商品専門性不鮮明 42人 |
| | | | | | | | | そのうち石炭専門 25人 | そのうち綿花綿糸綿布専門 12人 | | |
| (1) | 月給採用者の割合 | 54% | 80% | 29% | 0% | 57% | 58% | 32% | 75% | 67% | 69% |
| (2) | 第一次管理職昇進者の割合 | 65% | 90% | 14% | 50% | 86% | 69% | 60% | 58% | 74% | 74% |
| (3) | 学歴 | | | | | | | | | | |
| | 日給試験及第者 | 17% | 0% | 21% | 50% | 0% | 16% | 24% | 25% | 19% | 14% |
| | 子供、臨時雇い登用 | 10% | 20% | 14% | 13% | 14% | 8% | 16% | 0% | 7% | 5% |
| | 商業学校など | 21% | 0% | 36% | 0% | 29% | 22% | 24% | 17% | 15% | 19% |
| | 私大など | 5% | 0% | 0% | 0% | 14% | 6% | 8% | 0% | 7% | 5% |
| | 高商など | 32% | 70% | 21% | 0% | 14% | 33% | 16% | 58% | 41% | 36% |
| | 帝大など | 4% | 0% | 0% | 0% | 14% | 5% | 0% | 0% | 4% | 7% |
| | 中途採用 | 12% | 10% | 7% | 38% | 14% | 10% | 12% | 0% | 7% | 14% |
| (4) | 平均異動回数 | 3.7回 | 4.0回 | 3.4回 | 1.9回 | 2.9回 | 3.9回 | 3.1回 | 3.7回 | 3.7回 | 4.8回 |

注)「パネル表」より作成。

られている。出納用度集金専門型には際立った特徴があり、日給試験及第者、子供、臨時雇い登用、中途採用だけで固められ、その他の学歴は皆無である。本部系管理専門型では日給試験及第者は皆無だがその他はほぼ平準化した構成である。

④　平均異動回数では経理専門型は最も多く、売買担当型では石炭専門以外は比較的多く、出納用度集金型は特に少ない。

## 2　売買での商品別仕分け

次に売買担当型134人を商品別にみていく。専門性の内訳は特定一商品の専門が65人、2～3商品担当が27人、商品専門性不鮮明42人である。特定一商品専門は代表的商品の石炭と綿花綿糸布専門が10人以上となっているので、この二つに焦点をあてる。

①　特定一商品専門のうち石炭専門の特徴は、第一次管理職への昇進者の割合を除いて、物流専門型と非常に類似性が高いことが注目される。即ち、

月給採用者比率が低く，学歴構成では低学歴者が比較的多く，平均異動回数も平均より少なめである。相違点の第一次管理職昇進の割合では石炭専門売買担当は物流専門型より4倍も大きい。この二つの専門集団での学歴・前歴並びに部署移動経歴の類似性は，次の第5節で触れる物流専門型の特徴と重ねあわせると以下のような解釈が可能となる。第5節では物流専門型のうち船舶専門を除く受渡業務専門の半数は石炭に特化していることを確認している。つまり，同社創業以来の伝統的かつ最大級のこの商売では受渡業務の位置づけが大きく，学歴前歴を問わず多数の人材が投入され，彼らは仕事経歴の積み重ね過程で売買担当と兵站的役割の受渡専門に分化し，前者は商売統括の管理職への道筋が開かれるが，後者は実務専門家に留まっていくといったキャリア・パスが成立しているものと思われる。

② 同じ単一商品担当でも綿花綿糸布（以下では綿関連と言う）専門は石炭専門と際立った違いがある。前者は後者より月給採用者の割合は2倍以上で高商卒の割合も3倍以上である。つまり，採用時の条件が大きく異なる。但し，第一次管理職昇進の割合では大差ない。綿関連専門で特に注目されることは高商卒が多く，約6割を占めているということである。経理専門型では7割が高商卒であったが，これと類似している。経理専門型で高商卒が多いことは，高商卒が入社時点で，一定の経理専門知識の素養が備わった人材が多かった為であろうと推察される。一方，綿関連専門集団に高商卒が多いことが，学校教育と直接的に関連しているとは考えにくい。綿関連商売の最大の特徴は，リスクの大きさとそれへの対応の専門性である。また，大正9年に棉花部を独立した会社である東洋棉花に分離した背景も，この商売でのリスクの大きさとその対応の専門性にある。こうした性格をもった商売に，高商卒を中心として組織編成がなされた事実は技能形成との関連で注目に値する。

③ 売買担当の4集団の間では，第一次管理職昇進割合は大きな差がないことは興味深い。売買担当では担当商品によって，昇進で違いがでないということである。商品系統ごとに指導者の育成が目論まれていたと推察でき

る。2～3商品担当集団は，各分析項目で売買担当全体の平均値に近く，特徴が見出せない。

④ 商品専門性が不鮮明な集団，つまり複数の商品担当や，管理職能への異動も経歴の主要な要素である人たちであるが，この集団の特徴として目立つのは，平均異動回数の多さである。つまり，この集団は一般的な理解では「ジェネラリスト」と言うことになろう。しかし，この一般的な理解での「ジェネラリスト」育成を同社では経営的に意図した形跡は見当たらない。制度資料の中でこれを示唆するものはない。「支店長会議」でも，この育成を主張する幹部発言は見出されない。最も，入社後数年は売買要員にも勘定（経理）や受渡業務を経験させるのが好ましい，という認識は幹部に共通している。しかし，それは育成初期段階に限ってである。「支店長会議」で人事異動について数多く登場する議論は，歴代の経営トップが人材育成には人を一つの商売に固定させるべしと説き，支店長など現場の長も有用な人材を手放せないとし，その中で組織全体の人事配置の当事者である人事課長が，人材の全社的有効活用の視点で流動性を主張するといった構図である。多様な商品と多様な職能の経験が好ましいとする人材育成方針はない。専門性がより重視されている。従って，この一見ジェネラリスト的な集団は，専門的技能育成が図られている組織にあっても，組織編成上，発生するものであろう。15年以上勤続者の約4分の1という数字である。実際問題として，異動には適材適所を見出す試行錯誤も必要であり，また事業が急転回する場合には，急場しのぎの人事異動もあり得る。また，一つの異動発生から押し出されるような形での，連鎖異動も十分あり得るであろう。

第7章 仕事経験の分析——人材技能の組織的形成

## 第5節　専門性の形成

### 1　経理専門

　図表7-7（本章末）は経理専門型の人々10人の仕事経歴を図表7-1と図表7-2から抜粋したものである。「子供」[12]からの登用者2人と再入社1人を除いて高商卒が占め，子供登用のうち1人が唯一の管理職未昇進者であり，入社16年目で待命後解雇されている。従って，それを除くと全員第一次管理職昇進者である。再入社の1人を除いて全員が海外を回っている。高商卒が大半のなかで管理職昇進を果たしている子供登用者は，昇進指数[14]では高数値であり高商卒早期昇進者グループとほぼ互角である。10人のうち部店長昇進者が1人いる。第4節での分析とも重ねあわせると，この経理専門型の人々は，極めて多様な部店移動経験を積み重ねた，高学歴者中心の専門集団であることがわかる。そこでの専門性とは会計簿記といった一般に定式化されている専門知識に留まらず，長期にわたる国内外での多様な経験を通じて形成される，高度な専門的技能の存在が示唆されている。国内外，特に海外に重点がおかれる多様な移動経験が，経理の仕事にとって重要な意味は，それが国際的広がりをもつ同社の売買活動がもたらす極めて多種多様な不確実性に，とりわけ損失機会の側面に，監視と計数的把握の責任を担わされているということから理解することができる。

---

12　経歴展開の中に，特に経歴の後期に調査掛（課）配属が多くに見られるが，調査の主な機能は取引先の財務分析であり，経理の基礎があっての応用の仕事という側面が強いので，経理専門経歴の流れと判断している。
13　「子供」とは脚注7の説明にあるように，いわゆる「丁稚」に相当するが，正規の使用人になる手前の段階で見習的な資格で雇われている低年齢者をいう。
14　表7-2の注の説明を参照。

第5節　専門性の形成

## 2　物流専門

　図表7-8（本章末）は物流専門型14人の仕事経歴を図表7-7と同じ形で図表7-1と図表7-2から抜粋している。この図表で仕事経歴の詳細をみると，この集団には二つのグループがあることがわかる。一つは船舶関係ともう一つは受渡である。前者に6人，後者に8人である。高商卒3人全員は船舶関係であり，その内2人が管理職昇進者である。管理職昇進者は14人のうちこの2人だけである。船舶関係以外の集団8人のうち4人が石炭商売の受渡業務を担っている。この物流専門型には海外経験者は少なく，船舶関係で1人，その他で2人だけである。部店長昇進者が1人いる。このように，分類上当初物流専門型と一括りとした集団は，実際には性格をかなり異にした二つの集団で構成されている。船舶事業は，創業初期から，石炭輸出商売での機動力確保の為に一部で自社船の運航を始めたもので，明治30年代には船舶部を設立し独立性をもつ事業に発展させ，専門人材の構築が本格化している。一方，受渡とは船舶運航の前後段階の港湾荷役や通関業務，更に保管や陸上輸送など一連の物流業務をいう。当時の貿易企業で欠くべからざる基本機能であり，特に石炭商売のように大量の物量を日々捌かなければならない商売では，競争力の中核的機能でもあった。大掛かりな組織を擁し，これを統括管理する管理職ポストは多くあるが，現場実務に特化した経歴を辿る人々は管理職への昇進の機会は少ない。先に見たように，この集団は部店移動での多様性に乏しく，低学歴者を中心としていることなどを重ね合わせると，ここでの仕事の大勢は，多様で長期な経験を必要とする高度な技能が必ずしも必須ではなかった状況が推察できる。

## 3　出納用度集金専門

　出納用度集金専門型の仕事経歴は図表7-9にその特徴をまとめている。これらも図表7-1と図表7-2からの抜粋である。出納用度集金専門型は図表7-9にあるように殆どが低学歴者で占められている。しかし，8人中4人が第一次管理職昇進しており，その内2人は昇進指数が相当高い早期昇進者である。

また，注目されるのはその他の職能を併せ経験することが少ない点である。従ってかなり特化した専門集団である。この職能は経理系補助的機能であるが，勘定，会計，計算といった経理の中核職能と性格がかなり異なる。現金や手形などを扱う仕事であるので信用度が重視され，その面から選抜特化され，給与でも特別手当が支給されている。第4節でみたようにこの集団は部署移動経験が際立って少ないことも大きな特徴である。仕事の繋がりで関連の深い経理専門型が，逆に最も部署移動の多い集団であることと考え併せると，この二つの専門性の対比は興味深い。同社での出納用度集金の仕事の内容を詳しく知る資料は残されていないが，一般的に考えれば高度な専門的知識を要求されるものではないように推察される。低学歴者に偏っていること，また移動や他の職能経験が少ないことなどもこの推察と整合する。しかし，似たような傾向を持つ受渡特化の集団との大きな違いは，ほぼ平均的な昇進機会が与えられており，専門化した管理層を生み出す仕組みが成立していることである。他の仕事技能とは異なって，個人の信用度という一種の「仕事力」は部署移動や経験する職能の多様性から形成されるものではないが，それを組織が評価するには一定の期間を要する。人材の組織的形成の一側面と理解することもできよう。

## 4　本部系管理専門

　本部系管理専門型の仕事経験の特徴は図表7-9と同じ形式で図表7-10に纏めている。本部系管理とは，本店本部に置かれた全社統括的な管理部署をさしている。即ち，庶務，人事，調査，保険，電信，業務，検査，参事などで，類型分類において便宜的に一括して束ねた職能群である。内容は多様である。庶務課での仕事は雑多なものを含むが，一つの重要な役割に法務対応の全社統括があり，売買や金銭貸借の契約書の規則化や管理，また商売で発生する各種紛争での法的対処を，法律専門の立場から社内各部署へのサポートをしている。明治期には人事も庶務機能の一部であった。調査とは経済や産業などの一般調査に関わっている一方，取引先の信用管理の全社統括機能が特に重要であった。各部店から本店に申請があがってくる取引先信用程度設定許可は，調査課が審

第5節　専門性の形成

図表7-9　15年以上勤続者173人の中で出納用度集金専門型の仕事経歴

| Ref. No. | 氏名 | 入社年[1] | 学歴前歴 | 入社時給与 | 経歴分類[2] | キャリア・パターン[3] | 管理職[4] | 月給試験[5] | k, s, o, u 経験[6] |
|---|---|---|---|---|---|---|---|---|---|
| 5 | 佐藤録太郎 | 4.00 | 不明 | 日給 | 2Szz | 18hos | 0 | # | so |
| 6 | 林　熊吉 | 4.25 | 子供日給試験及第者 | 日給 | 2Szz | 18.00ds | 0 | # | s |
| 7 | 村川為助 | 3.75 | 再雇 | 日給 | 2Szz | 18.00ds | 1 | 4.00 | s |
| 46 | 柏木俊一 | 5.00 | 慶應義塾商業学校卒再入社 | 日給 | 3Szz | 0.25h+5.50d+0.75hs+1.00m+10.50hs | 0 | 1.50 | s |
| 69 | 明字律太郎 | 3.75 | 特別技能ある者 | 日給 | 4cSz | 17.00cs | 1 | # | s |
| 70 | 相羽鷹綱 | 4.00 | 日給試験及第者 | 日給 | 4cSz | 6.75cu+7.75cs+3.50cs | 0 | # | us |
| 129 | 山口眞槻 | 3.00 | 日給試験及第者 | 日給 | 5nSz | 4.75co+13dso | 1 (昇進指数14.25) | 2.50 | so |
| 130 | 村松竹三郎 | 3.00 | 日給試験及第者 | 日給 | 5nSz | 1.50c+16.50dus | 1 (昇進指数13.25) | # | us |

注1）入社年：1900年代の下1桁＋月数を小数点以下2桁（四半期10進法，即ち，1-3月は：.00，4-6月は：.25，7-9月は：.50，10-12月は：.75），その後の異動時期も同じ表示方法．但し，年は1900年代の下2桁に広がる．

2）経歴分類：専門性S：出納・用度・集金専門　2：国内特定地域専門，3：国内多地域移動，4：海外特定地域専門，4c：内中国語圏，4e：欧米，4a：その他アジア，5：国内外移動，5g：海外を軸，5n：国内を軸．（尚，z記号は全データ4桁への桁あわせ）

3）キャリア・パターン：h：本店，d：他国内，e：英語圏，w：その他西洋圏，c：中国語圏，a：その他アジア圏，m：社内任務無き期間．管理部門の場合は上記に付託，k：経理（勘定，計算，会計），u：物流（受渡，船舶），s：出納用度集金，o：庶務，調査，業務，保険など．

4）管理職：第一次管理職昇進者は：1，未昇進は：0．昇進指数は入社後第一管理職昇進までに要した年数を調査満期18年から減じた数値．村川為助と明字律太郎は中途入社故昇進指数計算対象外．

5）月給試験：入社後試験及第までの経過年数，#は試験及第記録なし．

6）k, s, o, u経験：k：経理（勘定，計算，会計），s：出納，用度，集金，o：庶務，調査，業務，電信ほか本部系管理．

「パネル表」より作成．

査実務にあたっている．業務課は言わば営業企画であるが，売買越の統括実務を行っている．但し，信用程度及び売買越の部店レベルでの管理は勘定掛が担っているので，本部においてもそれを監督する計算課，後に改名した会計課が関与していた．保険に関しては部店ではそれぞれ担当掛員を置いているが，保険契約が専門的側面を有することからその全社統括業務を本部保険課に担わせている．電信の場合も各部店が掛員をおいている．しかし，本店が通信網の集

第7章　仕事経験の分析──人材技能の組織的形成

図表7-10　15年以上勤続者173人の中で本部系管理専門型の仕事経歴

| Ref. No. | 氏名 | 入社年[1] | 学歴前歴 | 入社時給与 | 経歴分類[2] | キャリヤ・パターン[3] | 管理職[4] | 月給試験[5] | k, s, o, u 経験[6] |
|---|---|---|---|---|---|---|---|---|---|
| 3 | 赤尾眞夫 | 3.75 | 四日市商業学校 | 日給 | 2Ozz | 18dso | 0 | # | so |
| 4 | 呉　仙壽 | 5.00 | 早稲田大学英語政治経済科卒見習者 | 月給 | 2Ozz | 18ho | 1 | 0.00 | o |
| 33 | 三枝　基 | 4.75 | 中学卒業と同等学力ある者 | 日給 | 3Ozz | 6.25do+7.75do+4.00ho | 1 | 0.75 | o |
| 34 | 増田力之助 | 4.75 | 高商37年度卒 | 月給 | 3Ozz | 1.50du+1.25ho+1.50h+3.00do+3.25do+2.25du+5.00dk | 1 | 0.00 | kou |
| 67 | 澤田　實 | 4.75 | 法学士 | 月給 | 4cOz | 1.25d+1.75co+14.00co | 1 | 0.00 | o |
| 68 | 小平修二 | 5.75 | 日給者試験及第子供 | 日給 | 4cOz | 0.50ho+17.50co | 1 | 4.75 | o |
| 128 | 藤井正章 | 3.50 | 三井銀行より移る | 月給 | 5nOz | 6.00cs+5.50do+6.50ho | 1 | 0.00 | so |

注1)，3)，4)，5)，6)：図表7-9と同じ。
　2)　経歴分類：専門性O：庶務，調査，業務，電信，保険ほか本部系管理専門　2：国内特定地域専門，3：国内多地域移動，4：海外特定地域専門，4c：内中国語圏，4e：欧米，4a：その他アジア，5：国内外移動，5g：海外を軸，5n：国内を軸。(尚，z記号は全データ4桁への桁あわせ)
　「パネル表」より作成。

約拠点であり圧倒的多量の通信を扱い，かつ通信技術面，或いは多大な通信費用の管理の必要などから，本部に専門部署が設けられ専門人材を擁していた。検査は各部店が社内規則にのっとり健全な経営を行っているかの監視機関である。参事の任務は特命により多様であったようだが，検査の役割や，試験運営など社内教育なども担っている。この本部系管理専門型では学歴は多様であり，第一次管理職へ昇進割合が高いこと以外には特徴は見出しにくい。分類上便宜的に括った類型であるから内容は多様で，固有の特徴は見出せないのはむしろ当然であろう。但し，いずれも比較的高い専門性が求められている仕事と考えられる。

## 5　売買部門での商品専門

図表7-11は売買担当の134人を商品別で仕分けしている。大きな集団は先に

第5節　専門性の形成

述べたように石炭と綿関係であるが，その他では米穀肥料が7人，機械が5人，生糸絹製品が4人，砂糖が3人，雑貨が2人，あとは金物，毛類が1人ずつである。二つの商品担当経験者が11人，三つ以上の商品担当経験者が16人，商品専門不鮮明が42人である。売買担当であっても，15年以上の仕事経歴のなかでは，管理職能を部分的に経験する人もかなりおり，経理は22％，物流は30％，出納用度集金は8％，その他本部系管理は26％の人が経験している。従って，売買担当と言っても大半が副次的にこうした管理業務経験を積んでいるということになる。

　売買部門の特定一商品専門型の例として綿関連専門型の人々の仕事経歴を図表7-12（本章末）で見ていきたい。12人いるが，学歴では高商卒が5人，上海修業生が1人，商業学校卒（大阪高等商業学校を含む）が4人，日給試験で採用（高等小学校卒と見られる）が2人である。綿関連専門型においては，学歴が入社後の仕事経歴を大きく左右している。商業学校卒4人のうち2人は優等卒業生であるが，その他の2人は日給採用者2人と共に海外経験を全くしていない。また，部署移動も1～2回と少ない。商業学校の優等卒業生は高商卒と同じく無試験で入社しているはずであり，仕事経歴では高商と同様に海外勤務が多い。この2人と高商卒5人と修業生出身者は共に海外を含めて部署移動の回数が多い。しかし，昇進では違いがあり，優等卒業生ではあるが商業学校卒の2人は管理職への昇進に至っていない。高商出身者5人は海外で皆綿花を担当しており，うち3人が印度（孟買），2人が米国（紐育とダラス）である。海外赴任は1人を除き皆入社早々又は翌年であり，最初から綿花専門の道に入っている。米国ダラスは福島喜三次で，米国南部綿花商売開拓の二代目ではあるが，実質基盤作りをした中心人物である。但し，第5章で触れた売買越の失敗で巨額損失を出しており，図表にあるように1919年に日本に戻されている。高商出身者の1人山崎一保は入社2年目から孟買に3年近く赴任し，帰朝後は綿花商売の牽引者となり東洋棉花設立に際し取締役として移籍，その後同社の会長を務めている。高商卒は5人中3人が経理経験をしている。対照的に日給試験採用者はその経験をしていない。高商以外の人々に綿糸布の担当の機会

第7章 仕事経験の分析――人材技能の組織的形成

図表7-11　15年以上勤続者173人の中で売買担当の仕事経歴

1. 商品別の分解

| | 商品 | 人数 |
|---|---|---|
| 特定1商品を専門担当 | 金物 | 1 |
| | 機械 | 5 |
| | 毛類 | 1 |
| | 米穀肥料 | 7 |
| | 砂糖 | 3 |
| | 雑貨 | 2 |
| | 石炭 | 25 |
| | 生糸絹製品 | 4 |
| | 綿糸綿製品 | 12 |
| | 木材 | 5 |
| 小　計 | | 65 |
| 特定2商品を担当 | | 11 |
| 3商品以上を担当 | | 16 |
| 商品専門性不鮮明 | | 42 |
| 合　計 | | 134 |

2. 管理職能経歴の構成

| 管理職能 | 人数 | 割合 |
|---|---|---|
| 経理（勘定，計算，会計） | 29 | 22% |
| 物流（受渡，船舶） | 40 | 30% |
| 出納用度集金 | 10 | 8% |
| その他本部系管理 | 35 | 26% |

注）一人で複数経験もあり。
「パネル表」より作成。

注）「パネル表」より作成。

が多い。同じ綿関連商売であっても，綿花と綿糸布では専門が分かれていたことが窺われる。

# 第6節　仕事経験による技能の形成

　以上，「パネル表」の中の15年以上在籍者173人の仕事経験，即ち図表7-1に纏められたパネルデータを幾つかの断面に分解しながら分析してきた。この173人による20年間の仕事経験の展開は，第6章で分析した，不確実性に対応する技能の形成に，どのように作用していたのであろうか。最後にこの点を考察したい。
　173人の動きは，同社での20年にわたる全社的な組織編成の大体の推移を示していると言える。組織編成には横と縦の編成があるが，ここでの横の組織編成の長期の推移のなかに，大きな流れがかなり明瞭に読み取れる。即ち，職能

第6節　仕事経験による技能の形成

専門化へのキャリア・パスの流れである。ここで職能専門とは，経理や受渡その他管理系部門での職能の専門，又，売買部門での商品分野の専門という意味である。専門集団の形成が組織の大部分，つまり約四分の三を覆う形で進行していることが見出された。これは特定の専門領域で固有の不確実性に対応する技能を学習する人材群の形成が，組織内において長い年月をかけて着実に進行していることを示している。専門技能に対応して，それに好ましい形のキャリア・パスのパターンが存在していることを物語っている。しかしながら，このキャリア・パスがその専門領域固有な不確実性に対しての学習に何故有効なのか，それを解き明かすのは中々難しい。というのは，不確実性への対応訓練，即ち技能学習がどのように進行しているのかということは，所属部署の情報からだけでは見えない部分がかなりあるからである。一つの部署の中で進行する色々な仕事経験の中身が見えてはじめて，技能学習の実態が見えてくるのである。とはいえ，組織編成のなかの一部においては，ある部署移動のパターンが技能学習を示唆している。例えば，経理（勘定）専門での部署移動の多さ並びに移動先の多様性である。一般的に考えて，仕事の不確実性が多様である場合は，それに対応する技能修得には多様な仕事経験が有効であろう。経理専門の仕事を出納用度集金専門の仕事と対比させると，そこでの不確実性はより多様であり，対応する技能はより高度であるが，部署移動をみると，経理専門の移動はより多様で，より回数が多いというパターンが見出せる。又，売買部門の綿関連専門でも同じようなことが言える。綿関連専門の仕事を石炭専門の仕事と比較すると，綿関連専門では，概して，より多様でより多くのリスクを抱えているが，部署移動を見ると，より多様で，より回数が多いというパターンが見出せる。部署移動の仕方は，様々な要因で左右されるものであるから，仕事が抱える不確実性ということでの説明には限界があるが，示唆として以上のようなことも読み取ることができる。

　次に，縦の組織編成から読み取れる技能形成であるが，組織の大部分を占める売買専門の現場実務層の人たちについて，図表7－1に表されている売買専門の人たちのキャリア・パスを全体的に観察することでそれを読み取っていき

第7章　仕事経験の分析——人材技能の組織的形成

たい。売買の現場実務層での技能形成の達成段階を知るのに，この事例で最も妥当な指標は第一次管理職（主任など）への昇進である。というのは，この事例ではこれが技能形成を表すかなり客観性のある指標であるからである。[15] 売買部門での掛の主任に昇進するということは，一定の商品領域の中においてではあるが，貿易実務技能をオールラウンドに修得した証なのである。つまり，契約締結から契約履行のプロセス全体において，担当掛での色々な商売における多様な不確実性に対して，適切な対応ができる能力があると指導者たちに認められて昇進したということなのである。一つの掛には大体5人から10人の掛員がいて，一部見習い段階の若手もいるが，その他はそれぞれ担当商域（客先）をもたされ，契約締結から契約履行完了までの仕事を遂行している。掛主任は掛員全員の商売遂行を監督している。各掛員が担当している商売は，地理的には世界多地域に分散しており，特定商品領域内であっても扱い商品種は多様となる。掛全体としての客先は多数となり，その経営状態もまちまちである。掛員の中には経験未熟な者も含まれ，彼らは一応担当商域での責任をもたされているとはいえ，適切な不確実性対応をしているとは限らない。主任はこうしたこと全体を監督しなければならない。会社組織として部店長が主任を監督しているが，日々の取引先との活動と一連の契約処理の実務を監督しているのは主任であり，不確実性への対応は実質上主任の技能に負うところが大半なのである。

　図表7-3にあるように，掛主任に昇進するのは大半が入社後8年から15年

---

15　同社は大正元年には，現代企業とかなり近い形の人事査定方式を正式に導入しており，複数（2つから3つ）の階層の上司が全社統一の査定フォームで査定に当たっている。又，同社での人事異動はかなり頻繁であるので，主任に到達する入社10年（平均で）あたりまでに大体3人の上司に仕えることとなっている。更に，高学歴者が多い組織であるが，実力主義が徹底され，学歴など属人的要素での人事評価が殆どなかったとされていることなど，第一次管理職への昇進選抜はかなり客観度の高いものであった。但し，これは実務管理者としての第一次管理職の選抜で言えることである。部店長以上の選抜では客観的評価が確立していたとは必ずしも言えない。なお，第一次管理職への昇進に要した年月は，「パネル表」では一定のコントロールを加えて数値指標化され，これが本章の分析でも使われている。

の間であり，平均で10年位である。従って，8年から15年くらいで，貿易実務での組織基準の技能修得が概ね完成段階に達するとみてよい。売買部門で主任への昇進率は平均で約7割[16]であるので，大半の人たちがこのプロセスで貿易実務技能の形成を成し遂げていくといえる。

　この段階に至るまでの技能形成プロセスとしては，入社後初期において経理業務と受渡業務での基礎的技能学習というステップがある。これは入社後初期教育の原則として少なくとも大正初期までは社内で励行されていた慣行である。期間は色々で，数カ月から数年であったようである。「パネル表」でも入社早々は経理や受渡の掛への配属が目立つ。正式にそれらの掛に配属されていない場合であっても，実質的には原則として新卒入社職員全員がその実務を一定期間やらされていたことは「支店長会議」や伝記などから確認できる。初期教育で経理や受渡の仕事をさせられた理由は，この2つの業務で契約履行プロセスの実際に触れることができ，商売の流れ全体を学習する上で効果的な訓練となっていたからである。又，この2つの業務は共に標準化が高度に構築されているため，教育効率がよいということもあったと見られる。

　この初期教育段階が終わって売買掛員としてのキャリアがはじまるが，当初は担当商域（客先）を与えられず，先輩の補佐という形で商売に少しずつ入っていくこととなる。その期間は大体1～2年であったようであるが，もっと長い場合もあったと見られる。売買部門でも担当商域（客先）をもたず，掛の中で補佐的な業務に長くに携わっていた人たちの存在も確認できるからである。こうして入社して数年で売買の担当者ということとなる。その後は大半の人たちは平均4年位ごとに部店を移り，異なった地域（市場）での異なった商売経験を積み重ね，多様な不確実性への対応を積み重ねて，主任という地位に達するあたりで，実務技能の修得ということにおいて一応完成段階をむかえる。但し，商売での不確実性は広大であり，際限がないのであるから，その後も実務技能を越えた高次の技能修得のプロセスが待ち受けている。

---

16　「パネル表」での15年以上勤続者173人の中での割合。

第 7 章　仕事経験の分析――人材技能の組織的形成

図表 7 - 1　15年以上勤続者173

(1)　仕事経験第一類型：国内特定地域専門型

| 経歴分類 | Ref.No. | 氏名 | 入社年 | 出身(校) | 第一経験 | 当初給料 | 異動時期 | 第二経験 |
|---|---|---|---|---|---|---|---|---|
| 2KM | 1 | 鷲頭七三 | 5.75 | 再入者 | 門店/12.00石炭部/門店/17.00石炭部若所勘定掛M&唐所勘定掛M/20.25&A/21.50(A)/(職)6.50-7.25門店幹船掛 | 月給 | 23.75 | ＊ |
| 2K | 2 | 竹原　實 | 5.75 | 三池出張所子僮日給者試験及第 | 門店池所/(職)6.50-11.25門店池所勘定掛/17.25池店勘定掛 | 日給 | 19.75 | 石炭部池支津所 |
| 2O | 3 | 赤尾眞夫 | 3.75 | 四日市商業学校 | 阪店/5.50月試/(職)5.00-7.25集金掛/8.75-11.25庶務掛/13.75電信掛/17.25-20.75庶務掛 | 日給-月給 | 21.75 | ＊ |
| 2O | 4 | 呉　仙壽 | 5.00 | 早稲田大学英語政治経済科卒見習者 | 東店庶務課秘書掛/10.25本秘書附/(職)5.00-8.00東店本秘書附/11.25-13.75秘書附/14.00(推)調査課/14.25文書課秘書 | 月給 | 23.00 | ＊ |
| 2S | 5 | 佐藤録太郎 | 4.00 | 不明 | 東店庶務課/7.25&出納課/10.25本庶務課用度掛/14.25本文書課用度掛/(職)5.00東店庶務課/17.25東店本用度掛 | 〈日給推定〉 | 22.00 | ＊ |
| 2S | 6 | 林　熊吉 | 4.25 | 子供(日給試験合格者) | 神店/&米肥部兼務/10.75#米肥部(神戸支店勤務如)/(職)5.00神店出納掛11.25-17.25神店出納掛 | 日給 | 22.25 | ＊ |
| 2S | 7 | 村川為助 | 3.75 | 再雇 | 門店若所/6.50月試/(職)〈5.00-5.50若所で応召とある〉/6.50-7.25若所石炭掛/9.75-11.25若所用度掛M&出納掛/13.75出用掛M/17.25出納掛M | 日給-月給 | 21.75 | ＊ |
| 2U | 8 | 伊藤俊郎 | 5.25 | 早稲田実業学校 | 東店本計算課(職)7.25東店本計算課 | 日給 | 7.50 | 東店営/(職)8.00-21.75東店営受渡掛(21.75受渡掛序列3位) |
| 2U | 9 | 尼子隆次 | 3.25 | 日給試験及第者 | 門店唐所/15.00月試/(職)5.00-11.25唐所勘出掛/13.75出用掛/17.25唐所/(職)18.25-20.75唐所 | 日給-月給 | 21.25 | ＊ |
| 2U | 10 | 佐野久勝 | 5.50 | 正則中学校卒業見習者 | 横店/6.75月試/20.25生糸部横支/(職)6.50横店/7.25出用掛/8.75-19.75横店倉庫掛/20.75生糸部横支倉庫掛 | 日給-月給 | 23.50 | ＊ |
| 2U | 11 | 服部清次郎 | 5.25 | 名古屋支店臨時雇、使用人登用規則附則により | 名店(受渡員)/15.50&石炭部名支/(職)6.50名店石炭掛/7.25-17.25名店受渡掛(17.25築港常置員、特採日給者) | 日給 | 21.75 | 願解 |
| 2U | 12 | 水上源五郎 | 5.50 | 大阪支店店限雇日給試験合格者 | 阪店/15.50石炭部阪支/16.50石炭部阪支受渡掛/(職)6.50阪店受渡掛/8.00石炭掛/17.25-21.75石炭部阪支受渡掛 | 日給 | 23.50 | ＊ |
| 2v | 13 | 比良井(平井改姓)梅太郎 | 5.75 | 大阪支店店限雇(使用人登用規則附則による) | 阪店/17.25石炭部阪支売買掛/(職)6.50阪店受渡掛/7.25-15.50石炭掛(特別採用日給者)/17.25-23.75石炭部阪支売買掛(17.25以降特別採用日給の資格特定なし、月給者に昇進と見られる) | 日給 | 23.75 | ＊ |

図表7-1

人の仕事経歴「パネル表」抜粋

| 異動時期 | 第三経験 | 異動時期 | 第四経験 | 異動時期 | 第五経験 | 異動時期 | 第六及び以降経験 |
|---|---|---|---|---|---|---|---|
|  |  |  |  |  |  |  |  |
| 21.50 | 待命 | 22.00 | 待解 |  |  |  |  |
|  |  |  |  |  |  |  |  |
|  |  |  |  |  |  |  |  |
|  |  |  |  |  |  |  |  |
|  |  |  |  |  |  |  |  |
|  |  |  |  |  |  |  |  |
| 23.25 | * |  |  |  |  |  |  |
|  |  |  |  |  |  |  |  |
|  |  |  |  |  |  |  |  |
|  |  |  |  |  |  |  |  |
|  |  |  |  |  |  |  |  |
|  |  |  |  |  |  |  |  |

第7章　仕事経験の分析——人材技能の組織的形成

| 経歴分類 | Ref.No. | 氏名 | 入社年 | 出身(校) | 第一経験 | 当初給料 | 異動時期 | 第二経験 |
|---|---|---|---|---|---|---|---|---|
| 2v | 14 | 松野鉄造 | 4.75 | 下ノ関商業学校 | 神店/5.50月試/19.75棉花部神支(職)5.00神店受渡掛/8.50神店花筵掛/13.50棉製品掛17.25神店棉花掛(主任の次席) | 日給-月給 | 20.25 | 〈東洋棉花に移籍と推定〉 |
| 2v | 15 | 渡邊敏衛 | 5.75 | 山口県立農学校卒店限雇 | 門店/7.25月試/12.00石炭部/&門店若所兼務/石炭部門支/12.50(人夫直営決行で臨時賞)/19.50&石炭部/19.75石炭部門支C/21.75&石炭部C/(職)6.50門店石受掛 | 日給-月給 | 23.75 | ＊ |
| 2 | 16 | 福田耕蔵 | 5.50 | 大阪高商優等卒業生見習者 | 阪店/(職)5.50石炭部/7.25輸出雑貨掛/8.00砂糖掛/15.50砂糖部阪支/17.25砂糖掛(実質最上席) | 月給 | 20.75 | (推)願解/(職)〈20.75以降在職記録なし〉 |
| 2 | 17 | 堀尾末吉 | 4.75 | 高商37年度卒 | 神店/(職)5.00神店輸入掛 | 月給 | 6.75 | 兵役 |
| 2 | 18 | 小田磯太郎 | 5.50 | 高商33年度卒 | 東店営/(職)6.50東店営雑貨掛第一部 | 月給 | 9.50 | 潟S2/(職)9.75-13.50潟S2/13.75-21.75潟S1 |
| 2 | 19 | 井川利七 | 5.75 | 三重県立四日市商業学校39年度卒見習者 | 阪店/7.25月試験/18.50阪店毛類掛M/(職)6.50阪店入雑掛/13.75毛類掛/18.75毛類掛M | 日給-月給 | 23.75 | ＊ |
| 2 | 20 | 石内紀道 | 4.75 | 再入社 | 東店営/7.50機械部/10.25機械部第一部M/19.25&機械部東京支/紡績掛M,支A/19.75機械部C/機械部東支A/21.50(A)/22.25＃紡績掛M,支A&C/(職)5.00東店機械掛 | 〈月給推定〉 | 22.75 | ＊ |
| 2 | 21 | 市川栄一 | 5.25 | 京華商業学校 | 東店営 | 日給 | 5.50 | 札所/7.25月試/22.00(推)木材部〈工場掛〉M/22.50&木材部販売掛M/(職)7.25-9.75札所〈江別木挽工場〉11.25-13.75札所〈砂川木挽工場〉/17.25木材部〈樽〉商務掛/(職)18.25木材部商務掛/19.75-21.75木材部工場掛M |
| 2 | 22 | 今岡徳蔵 | 3.75 | 日給試験及第者 | 門店/7.25月試/16.75穀肥部門支&門店/(職)5.00-13.75門店雑品掛/17.25穀肥料部門支 | 日給-月給 | 21.00 | 東店 |
| 2 | 23 | 上田久雄 | 5.25 | 名古屋商業高校優等卒業生見習者 | 東店営/19.00入雑掛M/(職)5.50東店雑貨掛第二部/7.25営砂糖掛/13.75米穀掛/17.25-18.75入雑掛〈Mに次ぐ次席〉/19.75入雑掛M | 〈月給推定〉 | 23.25 | ＊ |
| 2 | 24 | 上田松之助 | 3.75 | 日給試験及第者 | 阪店/7.25月試/13.50棉花部/(職)5.00阪店棉糸掛/11.25棉糸布掛/17.25棉花部商務掛 | 日給-月給 | 21.75 | ＊ |

230

図表7-1

| 異動時期 | 第三経験 | 異動時期 | 第四経験 | 異動時期 | 第五経験 | 異動時期 | 第六及び以降経験 |
|---|---|---|---|---|---|---|---|
| | | | | | | | |
| | | | | | | | |
| | | | | | | | |
| 7.75 | 兵終神店/21.50(A)/(職)9.75-11.25/13.75-17.25雑貨掛M/神店雑貨掛/(職18.25-18.75)神店雑貨掛M/20.75-21.75神店A/ | 22.75 | *〈23.75阪店A〉 | | | | |
| 23.50 | */(職)23.75東店本Sh | | | | | | |
| | | | | | | | |
| | | | | | | | |
| 23.25 | * | | | | | | |
| 21.75 | 願解 | | | | | | |
| | | | | | | | |
| | | | | | | | |

第7章　仕事経験の分析——人材技能の組織的形成

| 経歴分類 | Ref. No. | 氏名 | 入社年 | 出身(校) | 第一経験 | 当初給料 | 異動時期 | 第二経験 |
|---|---|---|---|---|---|---|---|---|
| 2 | 25 | 大久保武 | 4.25 | 米国ミゾーリー大学文学士 | 横店／船舶部 | 〈月給推定〉 | 4.25 | 船舶部〈神戸〉/7.00〈推〉船舶部石運送掛 M/17.75＆造船部/18.00造船部経理 M〈経理主管〉/18.00造船 A＆船舶部 A18.50造船部 A〈副部長〉/〈職〉5.00-6.50船舶部/7.25-9.75船舶部石運掛 M/11.25＆船舶部 A/13.75船舶部 A/17.25＆社船掛 M |
| 2 | 26 | 桑原馬吉 | 5.25 | 佐賀中学校卒見習者 | 門店池所/6.50月試/15.50石炭部池支/19.50＆池店/池店 A/21.50(A) | 日給-月給 | 22.50 | 願解 |
| 2 | 27 | 芝本善次郎 | 3.75 | 大阪高等商業学校 | 阪店/(職)5.00阪店棉花部/13.50棉花部/18.50棉花部 A/19.50棉花部 C | 〈月給推定〉 | 21.75 | ＊ |
| 2 | 28 | 鈴木信愛 | 3.75 | 日給試験及第者 | 東店営/7.25月試〈職〉5.00-7.25東店営機械部/9.75-13.75機械部機械掛第一部 | 日給-月給 | 14.50 | 東店本会計課/16.50＆営/〈職〉17.25東店本集金掛 |
| 2 | 29 | 田中栄蔵 | 3.75 | 日給試験及第者 | 阪店/7.25月試/16.00機械部阪支/〈職〉5.00-11.25阪店機械掛 | 日給-月給 | 20.50 | 罷役 |
| 2 | 30 | 難波喜紋治 | 4.25 | 大阪高等商業優等卒業生 | 阪店/(職)5.00出雑貨掛 | 〈月給推定〉 | 6.00 | (推)兵役 |
| 2 | 31 | 益田甚六 | 5.50 | 日給試験及第者(子供) | 津店/8.00月試/9.50池店/15.50石炭部池支/22.25住 S2/〈職〉6.50津店出用掛 | 日給-月給 | 23.50 | ＊ |
| 2 | 32 | 吉田直周(直尚?) | 3.75 | 日給試験及第者 | 門店若所/唐所/11.75#唐所〈門司支店勤務如〉/12.00＆石炭部/唐所石炭部門支/19.50石炭部今 S2/20.25門店島 S3＆石炭部門支〈広島在勤〉/〈職〉5.00唐所石炭掛通信掛/9.75唐所石炭掛 | 日給 | 21.75 | ＊ |

(2)　仕事経験第二類型：国内多地域移動型

| 経歴分類 | Ref. No. | 氏名 | 入社年 | 出身(校) | 第一経験 | 当初給料 | 異動時期 | 第二経験 |
|---|---|---|---|---|---|---|---|---|
| 3O | 33 | 三枝　基 | 4.75 | 中学卒業と同等学力ある者 | 阪店/5.50月試〈職〉5.00)阪店保険掛/9.75-10.50阪店機械掛 | 日給-月給 | 11.00 | (推)神店庶務掛/17.25-17.50神店庶務掛 M/〈職〉11.25神店通信掛/13.75神店通信掛 M |
| 3O | 34 | 増田力之助 | 4.75 | 高商37年度卒 | 船舶部/5.00F〈レシントン号〉/F〈若宮丸〉 | 月給 | 6.25 | 東店庶務課秘書掛/6.75電信掛 |
| 3S | 35 | 柏木俊一 | 5.00 | 慶應義塾商業学校卒再入者 | 東店営 | 日給 | 5.25 | 札所/6.50月試/〈職〉7.25樽所 |
| 3U | 36 | 赤羽克巳 | 4.75 | 高商27年度卒 | 東店本火保課 | 〈月給推定〉 | 5.50 | F〈笠戸丸〉/5.75船舶部 |
| 3U | 37 | 阿武喜一 | 5.75 | 市立下ノ関商業学校卒見習者 | 門店/(職)6.50門店石炭掛第一部 | 日給 | 6.75 | 船舶部/〈職〉7.25船舶部石運掛 |

図表 7-1

| 異動時期 | 第三経験 | 異動時期 | 第四経験 | 異動時期 | 第五経験 | 異動時期 | 第六及び以降経験 |
|---|---|---|---|---|---|---|---|
| 22.25 | 坡店 G/石炭部坡支 G | 22.25 | * | | | | |
| | | | | | | | |
| 21.75 | * | | | | | | |
| 21.75 | * | | | | | | |
| 7.00 | 兵終阪店/18.50金物部阪支/18.50金物部阪支銅鑰掛 M/21.75＆地金掛 M（職）/7.25阪店棉花糸掛/8.00-18.25阪店金物掛〈主任の次席〉 | 22.25 | * | | | | |
| | | | | | | | |
| | | | | | | | |
| 18.75 | 東店人事部 | 22.75 | * | | | | |
| 7.50 | 機械部 | 9.00 | 〈電信暗号改正委員附属兼務〉/9.50〈同委員専任, 11.00まで夜間勤務〉 | 12.00 | 船舶部／船舶部庶務掛 | 15.25 | 船舶部門 S1　⑦17.50 船舶部勘定掛 M/19.75# 勘定掛 M, 庶務掛 M ⑧22.50願解 |
| 10.75 | 東店/11.00東店本出納課 | 11.50 | 願解 | 12.50 | 再々雇い入れ本店出納課/本店本部会計課集金掛/15.50本店営業部兼務/18.00兼務解く | 23.00 | * |
| 6.75 | 船舶部〈津〉/7.50津店 G＆津 S1/9.00津店 G | 9.50 | 池店 G＆津所 M | 12.25 | 罷役 | 13.50 | 〈復役〉東店 C〈但し阪店在勤〉/13.50石炭部東支 G　⑦15.25東店本業務 Mk/15.50業務 M/20.00〈欧　米〉T　⑧21.75願解 |
| 12.00 | 船舶部門 S3/22.50# 門 S2〈船舶部勤務如〉 | 23.75 | * | | | | |

## 第7章　仕事経験の分析——人材技能の組織的形成

| 経歴分類 | Ref. No. | 氏名 | 入社年 | 出身(校) | 第一経験 | 当初給料 | 異動時期 | 第二経験 |
|---|---|---|---|---|---|---|---|---|
| 3U | 38 | 小泉文雄 | 4.75 | 高商37年度卒 | 船舶部/(職)5.00-6.50船舶部〈担当未記載〉 | 月給 | 7.00 | 船舶部樽S2/7.25(推)船舶部札S2 |
| 3U | 39 | 中堂礼三 | 5.00 | 福井県小浜中学校卒事務見習者 | 東店庶務課 | 日給 | 7.75 | 東店営/(職)8.00-10.50東店営受渡掛 |
| 3U | 40 | 山形豊次郎 | 5.50 | 大阪高等商業学校卒見習者 | 船舶部/5.50船舶部〈担当未記載〉 | 月給 | 5.75 | 兵役 |
| 3v | 41 | 池田省三 | 3.75 | 月給試験及第者 | 東店/(職)5.00東店受渡掛 | 月給 | 9.50 | 札所/(職)9.75札所/11.25-13.75樽店販売掛〈札所は閉鎖〉(職)14.25樽店木販掛 |
| 3v | 42 | 小林雄一 | 5.75 | 市立下ノ関商業学校卒見習者 | 門店/6.50月試/(職)6.50門店船舶掛 | 日給 | 8.75 | 兵役 |
| 3v | 43 | 武田孝之 | 5.25 | 慶應義塾大学部理財科卒見習者 | 船舶部/5.75F〈揚武号〉 | 月給 | 6.50 | 神店/(職)7.25神店入雑掛/11.25雑貨掛/13.75棉製品掛M/17.25棉類掛M |
| 3v | 44 | 松尾乍朗 | 5.75 | 高商41年度卒見習者 | 東店営/(職)6.50東店営受渡掛 | 月給 | 7.25 | 東店営横積 |
| 3 | 45 | 園本平次郎 | 4.75 | 下ノ関商業学校36年度卒 | 門店/5.75月試/(職)5.00門店通信掛 | 日給-月給 | 6.00 | 上店/(職)7.25上店通信掛 |
| 3 | 46 | 石田繁雄 | 5.75 | 門店日試 | 門店/(職)6.50門店船舶掛 | 日給 | 7.75 | 兵役 |
| 3 | 47 | 阿曾沼昌一 | 3.75 | 日給試験及第者 | 阪店/7.25月試/(職)〈5.00-5.50応召とある〉/6.50-11.25阪店棉花掛 | 日給-月給 | 13.75 | (推)門店輸出入掛(職)13.75-17.25輸出入掛/20.00棉花掛〈門在勤〉 |
| 3 | 48 | 上田徳三 | 5.00 | 大阪府天王寺中学卒事務見習者 | 門店若所/6.50月試/(職)5.00-6.50若所〈担当未記載〉 | 日給-月給 | 11.25 | 阪店/15.50石炭部阪支/13.75石炭部阪支/17.25石炭部阪支都S2/19.75都S2 |
| 3 | 49 | 河原林樫一郎 | 5.50 | 早稲田大学卒独逸留学見習者 | 門店/12.00石炭部/(職)6.50-11.25門店石炭掛第一部/13.50-15.50石炭部総務掛M | 月給 | 16.50 | 石炭部阪支/18.50石炭部阪支C/支部A & 売掛M/18.75 & 阪支/阪支A/20.25 & 阪支参事/21.50(A)/石炭部A〈副部長但し大阪在勤〉 |
| 3 | 50 | 熊田悌 | 5.75 | 高商45年度卒見習者 | 東店営 | 月給 | 5.75 | 神店/米肥部/(職)6.50神肥部肥料掛 |
| 3 | 51 | 末武義介 | 5.25 | 甲府商業学校卒見習者 | 東店営/5.25横S2/7.25月試/横積 | 日給-月給 | 8.75 | 東店営/12.00砂糖部(職)9.75東店営砂糖掛 |
| 3 | 52 | 鈴木錬太郎 | 4.25 | 名古屋商業学校(日給者) | 名店/(職)5.00-9.75名店棉花糸掛 | 日給 | 12.50 | 阪店 |
| 3 | 53 | 谷梅之助 | 5.75 | 高商38年度卒見習者 | 神店/(職)6.50-10.50米肥部〈神戸〉商務掛 | 月給 | 11.00 | (推)東店営/(職)11.25東店営米穀掛(Mの次席) |
| 3 | 54 | 豊田隣太郎 | 3.75 | 東京専門学校政治経済科 | 横店/6.50月試/(職)5.00横店〈羽二重雑貨〉掛/6.50横店 | 日給-月給 | 6.75 | (推)阪店 |
| 3 | 55 | 中桐政男 | 5.75 | 高等商業学校38年度卒見習者 | 阪店/(職)6.50阪店入雑掛第二部 | 月給 | 6.75 | 兵役 |
| 3 | 56 | 服部文次(文治18.75?) | 3.75 | 日給試験及第者 | 門店若所/6.50# 若所〈門店勤務如〉/(職5)5.00若所石炭掛/8.50門店石受掛/12.00石部 | 日給 | 18.75 | 石炭部神支飾S2 |

図表 7-1

| 異動時期 | 第三経験 | 異動時期 | 第四経験 | 異動時期 | 第五経験 | 異動時期 | 第六及び以降経験 |
|---|---|---|---|---|---|---|---|
| 7.75 | 船舶部/(職)8.00-8.50船舶部雑運掛/8.75統用出掛M/9.75船舶部統用出掛M | 14.00 | 船舶部樽 S2 | 18.00 | 船舶部/18.50船舶部社船掛M | 22.75 | * |
| 11.25 | 門店/11.75門店若所/月試 | 14.50 | 船舶部 | 19.25 | 船舶部樽 S3 | 23.00 | * |
| 6.75 | 兵終船舶部/(職)11.25船舶部統計指出用掛 | 16.00 | 船舶部東 S3/(職)18.75船舶部東 S2 | 18.75 | 船舶部〈神戸〉 | 23.50 | * |
| 15.50 | (推)木材部〈東派出員〉/18.25木材部東支/(職)15.50木材部東 S2 | 18.75 | 願解 | | | | |
| 9.75 | 兵終, 門店 | 11.00 | 樽店/(職)15.50樽店〈札幌売炭部〉/18.75-20.75樽店〈共同売炭部〉 | 21.25 | 罷役 | 23.75 | * |
| 19.75 | 棉花部 | 23.25 | * | | | | |
| 12.00 | 砂糖部神 S2 | 16.00 | 砂糖部阪支 | 17.00 | 砂糖部〈東店〉/(職)17.25砂糖部総務掛/18.25〈部附き〉/19.75-21.75砂糖部〈神戸常置員〉S1 | 23.75 | * |
| 11.25 | 門店/12.00 & 石炭部/18.00石炭部門支海外掛M/21.50 & 内地掛M/22.50石炭部/石炭部総務掛M | 22.75 | * | | | | |
| 11.00 | (推)兵終門店/(職)11.25幹舶掛 | 12.00 | 石炭部 | 12.25 | 阪店石炭掛 | 15.75 | 東店本会計課/集金掛/16.75 & 石炭部東支 ⑦23.75* |
| 21.75 | * | | | | | | |
| 23.00 | * | | | | | | |
| 23.50 | * | | | | | | |
| 7.75 | 長店/14.25長店 A/15.75 & 砂糖部長支/16.75 & 穀肥部長支 | 19.25 | 穀肥部/& 穀肥部神支/穀肥部神支油脂掛M | 21.75 | 願解 | | |
| 14.50 | 門店/15.75砂糖部門支 | 16.25 | 東店本会計課 | 19.00 | 穀肥部 | 20.75 | 東店本調査課 ⑦23.25* |
| 12.50 | 東店営 | 12.75 | 横積/14.00横店〈横積組織変更〉 | 16.75 | 棉花部東支 | 22.25 | * |
| 16.00 | 樽店/雑貨掛M/18.50 & 穀肥部樽支 | 18.75 | 穀肥部 | 19.50 | 東店/19.75本営/21.25東店 | 21.75 | 願解 |
| 7.00 | (推)横店/(職)7.25-8.50横店/10.50-19.75羽二掛 | 20.25 | 生糸部/20.25生糸部庶務課 | 21.25 | *〈22.75生糸部 H〉 | | |
| 8.00 | 兵終阪店/(職)8.50阪店機械掛 | 12.75 | 東店営横積/14.00横店 | 16.50 | 東店本営受渡掛M/17.50(推)本業務課(職)17.25東店営受渡掛Mk | 17.50 | 神店19.75 & 穀肥部神支/受渡掛 ⑦23.75* |
| 21.75 | * | | | | | | |

235

第7章　仕事経験の分析──人材技能の組織的形成

| 経歴分類 | Ref.No. | 氏名 | 入社年 | 出身(校) | 第一経験 | 当初給料 | 異動時期 | 第二経験 |
|---|---|---|---|---|---|---|---|---|
| 3 | 57 | 細谷宇平治 | 5.75 | 高商38年度卒見習者 | 阪店/(職)6.50阪店入雑掛第一部/7.25燐寸掛/8.00-11.25砂糖掛/13.50阪店砂糖掛Mk/15.50砂糖部阪支 | 月給 | 16.00 | 砂糖部/東店営16.25営出雑/18.00営食料掛M |

(3)　仕事経験第三類型：海外特定地域専門型（a. 中国語圏外アジア，c. 中国語圏，e. 西欧圏）

| 経歴分類 | Ref.No. | 氏名 | 入社年 | 出身(校) | 第一経験 | 当初給料 | 異動時期 | 第二経験 |
|---|---|---|---|---|---|---|---|---|
| 4aKM | 58 | 秋庭義清 | 5.75 | 高商39年度卒見習者 | 東店本計算課 | 月給 | 6.50 | 東店営 |
| 4aKM | 59 | 多賀道吉 | 5.75 | 高商37年度卒見習者 | 名店/(職)6.50名店棉糸布掛 | 月給 | 7.00 | 孟店/14.75＆棉花部孟支/19.00棉花部孟支 A＆勘定掛 M ＆孟店C/(職)7.25孟店/9.75孟店勘定掛M |
| 4ax | 60 | 野呂隆三郎 | 4.50 | 名古屋商業学校優等卒業生 | 坡店スラS2/(職)5.00坡店計算掛/5.50勘定掛/6.50-10.50瓜S2/11.25スラS2/13.50-15.50泗S1/17.00スラ所スマS2/＆穀肥部坡支〈在スマ〉/(職)17.25スラ所スマS1 | 〈月給推定〉 | 17.50 | 砂糖部/17.75砂糖部海外掛M/18.75＆砂糖部A/19.25# 砂糖部海外掛M,総務掛 M/21.50(A)/(職)21.75砂糖部A＆総務掛M |
| 4ax | 61 | 野村嘉一 | 4.50 | 名古屋商業学校優等卒業生 | 京所/(職)5.00京店勘定掛 | 〈日給推定〉 | 6.75 | 兵役 |
| 4a | 62 | 笹倉貞一郎 | 5.50 | 大阪高等商業学校優等卒業生見習者 | 阪店/(職)6.50阪店〈担当未記載〉 | 月給 | 5.75 | 兵役 |
| 4a | 63 | 中島清一郎 | 5.75 | 高商本年度卒見習者 | 孟店/(職)5.75-6.50孟店通信掛/7.25雑貨掛/8.00雑貨掛M/9.75孟店A＆雑貨掛M | 月給 | 17.00 | 漢店G＆棉花部木材部支G/17.75＆石炭部漢支G/18.50＆穀肥部漢支G |
| 4a | 64 | 藍田(監田?鹽田?)敏三 | 4.75 | 高商37年度卒 | 門店/(職)5.00石炭掛第三部 | 月給 | 5.50 | 上店/(職)8.00上店石炭掛 |
| 4a | 65 | 有川平一 | 3.25 | 日給試験及第者 | 門店/(職)5.00石炭掛第一部 | 日給 | 6.00 | 坡店/7.50月試/15.50石炭部坡支/17.25受渡掛M/(職)15.50坡店石船掛/19.75受渡掛M |
| 4a | 66 | 加藤尚三 | 3.50 | 名古屋商業学校 | 名店/(職)5.00雑貨掛 | 〈日給推定〉 | 7.50 | 坡店/＆16.75穀肥部坡支 |
| 4cO | 67 | 澤田實 | 4.75 | 法学士 | 門店/(職)石炭掛第一部 | 〈月給推定〉 | 6.00 | 上店/(職)6.50上店保険掛 |

図表7-1

| 異動時期 | 第三経験 | 異動時期 | 第四経験 | 異動時期 | 第五経験 | 異動時期 | 第六及び以降経験 |
|---|---|---|---|---|---|---|---|
| 22.00 | 病気の為岡本為輔が臨時主任/病死 | | | | | | |
| | | | | | | | |
| 7.25 | (推)香支店馬所(職)7.25-11.25馬所/13.75馬所勘出用掛M/17.25馬所A&勘出用掛M | 18.50 | 阪店/19.75阪店調査掛M/20.25&庶務掛M/阪店A/20.75& #調査掛M/21.50(A)/22.50庶務掛M&阪店A | 23.75 | * | | |
| 19.75 | 東店本会計課/20.00東店本会計課C/21.50〈臨時会計課課長代理兼務〉 | 22.75 | 願解 | | | | |
| 22.50 | * | | | | | | |
| 7.75 | 兵終京所/9.75仁所/16.75穀肥部京支在〈在仁川〉/17.25#〈仁川在勤解〉穀肥部京支/(職)13.50仁所 | 20.75 | 東店 | 21.50 | 願解 | | |
| 6.75 | 兵終阪店 | 9.50 | 孟店/14.75棉花部猛支/(職)14.75孟店棉花掛/15.50棉花部孟支〈内地出張員〉/17.25-19.25棉花部孟支商務掛、棉花掛/20.75〈以降は(職)に登場しないが東洋棉花へ移動と推定〉 | 23.50 | *〈東洋棉花で在籍継続と看做す〉 | | |
| 19.75 | 東店/東店本C/20.00東店本業務課C | 20.50 | 甲店G&金物部甲支G | 21.50 | 東店本C/(職)21.75東店本C | 22.00 | 会解〈本部参事待遇から懲罰可能性薄い、20年設立東洋棉花など転籍の可能性大きい〉 |
| 8.25 | 坡店/15.50石炭部坡支/16.00坡店A/21.50(A)/22.00坡店G&石炭部支G(職)9.75-13.75坡店石船掛、通信掛/14.25石船掛M | 22.25 | 馬店長&石炭部支G | 22.75 | * | | |
| 21.25 | *〈22.25坡店(A)〉 | | | | | | |
| 17.00 | スラ所スマS2 | 18.75 | &金物部坡支〈盤在勤〉/&穀肥部坡支/&石炭部坡支 | 19.25 | 穀肥部/&穀肥部神支部/20.25#&神支/豆粕掛M | 20.50 | 穀肥部紐支/紐育支(A)21.75&穀肥部紐支/22.00&紐店雑貨掛M/22.75#A/〈同取消引続きA〉⑦21.50* |
| 7.75 | 香店/(推)8.00香店保険掛M/19.50&香店A/20.25#保険掛M, 香店A/21.25&庶務掛M/21.50香店(A)/21.75広所〈臨時〉 | 21.75 | 病死〈広東にて〉 | | | | |

237

## 第7章 仕事経験の分析――人材技能の組織的形成

| 経歴分類 | Ref. No. | 氏名 | 入社年 | 出身(校) | 第一経験 | 当初給料 | 異動時期 | 第二経験 |
|---|---|---|---|---|---|---|---|---|
| 4cO | 68 | 小平修二 | 5.75 | 日給者試験及第子供 | 東店C附 | 日給 | 6.25 | 牛店/10.50月試/12.75連店牛所/(職)13.75連店通信/17.25-21.75連店庶務掛M |
| 4cS | 69 | 明字律太郎 | 3.75 | 特別技能ある者 | 香店/(職)5.00-5.50香店販購用掛/7.25月度掛/8.00-13.75出用掛M/18.25出用掛/18.75-19.75出納掛M | 〈月給推定〉 | 20.75 | (推)願解〈職〉〈20.75以降在籍記録無し〉 |
| 4cS | 70 | 相羽鷹綱 | 4.00 | 日給試験及第者 | 香店/(職)5.00-10.50香店受渡掛 | 日給 | 10.75 | 香店広所/(職)11.25香店広所/13.50-18.25出納用度掛 |
| 4cU | 71 | 水澤(沼)政三郎 | 3.00 | 日給試験及第者 | 神店/(職)5.00神店受渡掛/7.25米肥部〈神戸〉受渡掛 | 日給 | 9.75 | (推)連S2/(職)連S2/11.25満受渡掛/13.75連店船受掛〈主任の次々席〉/17.25-18.25連店船受掛/19.75-20.75 受渡掛〈17.25以降連店受渡掛では殆どの期間主任の次席〉 |
| 4cv | 72 | 青木嶺松 | 3.75 | 三井鉱山会社より移る | 香店/15.75石炭部香支/14.50/(職)5.00-15.50香店受渡掛〈6月13日功労顕著臨時賞与〉 | 〈月給推定〉 | 18.50 | 造船部/(職)18.75造船部/19.75造工課 |
| 4cv | 73 | 金田龍夫 | 4.00 | 日給試験及第者 | 香店/(職)5.00香店受渡掛/9.75受渡掛/11.25石炭掛 | 日給 | 15.50 | 横店/(職)17.25横店輸出入掛 |
| 4cv | 74 | 宮崎(星子改姓)平一 | 4.75 | 台湾協会専門学校卒月給者登用試験及第者 | 天店/(職)5.00天店通信・船積掛 | 月給 | 8.25 | 東店/C附 |
| 4cv | 75 | 山室辰之助 | 5.00 | 高商36年度卒見習者 | 東店営横S3/横船積/(職)5.50横浜S2〈東店営業部管下と見られる〉 | 月給 | 8.25 | 連所 |
| 4cx | 76 | 佐原義雄 | 3.25 | 不明 | 上店/5.00月試/漢S3/(職)5.00上店勘定部/7.25漢所/17.25漢所船舶掛 | 日給-月給 | 18.75 | 罷役 |
| 4cx | 77 | 松本久五郎 | 3.00 | 日給試験及第者 | 阪店/(職)5.00阪店受渡掛 | 日給 | 6.25 | 修業〈天津〉/(職)9.75修業 |
| 4c | 78 | 阿知波四郎 | 5.75 | 慶應義塾商業学校38年度卒見習者 | 阪店/7.25月試/(職)6.50阪店庶務掛 | 日給-月給 | 7.25 | 牛店連所/(職)11.25連所機道掛/18.75機械掛 |
| 4c | 79 | 池上常太郎(恒太郎改姓) | 5.25 | 神戸商業学校優等卒業(見習者) | 神店/(職)5.50神店〈担当未記載〉 | 月給 | 6.75 | 兵役 |
| 4c | 80 | 池田清孝 | 5.75 | 高商専攻科36年度卒見習者 | 天店/(職)6.50-9.75天店木材掛/10.50-13.75木材掛M | 月給 | 14.75 | 漢店/15.75＆木材部漢〈常置部員〉/15.00漢店石木掛M＆船舶掛M/16.75＆木材部漢支部/18.00＆石炭部漢/18.25＆#/＆入雑掛M |

238

図表7-1

| 異動時期 | 第三経験 | 異動時期 | 第四経験 | 異動時期 | 第五経験 | 異動時期 | 第六及び以降経験 |
|---|---|---|---|---|---|---|---|
| 23.75 | ＊ | | | | | | |
| | | | | | | | |
| 18.50 | 連店(職)18.75連店出納掛 | 22.00 | ＊ | | | | |
| 21.00 | ＊ | | | | | | |
| 21.75 | ＊〈22.75依願解雇〉 | | | | | | |
| 22.00 | ＊ | | | | | | |
| 9.50 | 牛 S3/(職)9.75春所/13.00鐵所/17.25棉花部棉支〈在鐵嶺〉/連店鐵所/17.75鐵所M/&穀肥部棉花部連支〈鐵嶺在勤〉/19.50連店春所M/&穀肥部棉花部連支〈鐵嶺在勤〉/〈長春在勤変更〉 | 20.75 | 東店営/21.75営穀物掛M | 22.75 | ＊ | | |
| 9.50 | 東店 | 9.50 | 連所/20.00連店 C/(職)9.75連所/17.25-18.75鐵所 | 23.00 | ＊ | | |
| 19.75 | 願解 | | | | | | |
| 10.25 | (推)満牛所/(職)11.25満牛所輸出品掛/11.50鐵所/16.75&穀肥部連支/18.25#鐵所,連店/19.75穀肥部連支 | 21.00 | ＊〈穀肥部〉 | | | | |
| 22.50 | 機械部 | 23.75 | ＊ | | | | |
| 7.75 | 兵終米肥部/(職)8.00-8.50米肥料部肥料掛 | 8.75 | (推)連店牛所/(推)21.50奉所M/奉所/21.50(M)/22.25連店安S2&木材部連支〈安在勤〉/(職)8.75 牛店輸出品掛/19.75-20.75牛所/21.75奉所M〈代理〉 | 23.25 | ＊ | | |
| 19.00 | 京店/(推)A/21.50(A) | 23.75 | ＊ | | | | |

第7章　仕事経験の分析——人材技能の組織的形成

| 経歴分類 | Ref. No. | 氏名 | 入社年 | 出身(校) | 第一経験 | 当初給料 | 異動時期 | 第二経験 |
|---|---|---|---|---|---|---|---|---|
| 4c | 81 | 石渡昌吉 | 5.00 | 再入社 | 台店, 南所/8.75南所彰S2/11.75#彰S2/16.75穀肥部南支/19.25&南支, 南店A〈職〉5.00-7.25南所 | 月給 | 21.25 | 病死 |
| 4c | 82 | 井田侍郎 | 4.75 | 高商専門部36年度卒 | 東店C附 | 〈月給推定〉 | 5.00 | (推)上店/5.00上店通信掛/7.25-9.75上店出雑掛/11.25-13.75上店輸出掛/17.25-18.75上店生糸掛M |
| 4c | 83 | 井出種雄 | 3.00 | 日給試験及第者 | 香店〈職〉5.00-11.25香店石炭掛/13.75-14.25船舶掛/14.75石船掛M | 日給本邦45銭, 在勤日給洋銀45仙 | 14.50 | 馬所/〈職〉17.25石船掛M |
| 4c | 84 | 鵜濶平三 | 5.75 | 台湾協会専門学校卒見習者 | 台店 | 月給 | 6.25 | 廈S3/17.25(推)17.25香店油S1/20.00#油S2〈香港支店勤務如〉/石炭部香支/〈職〉11.25廈所/13.75廈14.75所/15.50廈所油S2/20.75-23.75石炭部香支受渡掛M |
| 4c | 85 | 岡崎省三(蔵)(磯島改姓) | 4.50 | 高商36年度卒支那修業生 | 香店/〈職〉5.00-6.50香店販購掛/7.25輸雑掛 | 〈月給推定〉 | 8.50 | 廈S1/9.75廈所M |
| 4c | 86 | 高橋茂太郎 | 5.00 | 月給試験及第者 | 上店/15.25上店輸入品掛M/16.75石油掛M/18.75&穀肥部上支＆石油掛M/〈職〉5.00上店〈担当未記載〉5.00-5.50上店〈担当未記載〉/6.50入雑掛/7.25-11.25入雑掛 | 月給 | 19.75 | 漢支G＆棉花部石炭部木材部穀肥部金物部漢支G |
| 4c | 87 | 田中秀一 | 3.75 | 特別技能ある者 | 香店/15.75石炭部香支/18.75石炭部香支受渡掛M/〈職〉5.00, 香店用度掛/7.25-11.25石炭掛 | 〈月給推定〉 | 20.00 | 東店石炭部/〈職〉20.75石炭部受渡掛〈主任の次席〉 |
| 4c | 88 | 辻　幸吉 | 3.00 | 在天津支那修業生 | 神店ロS3/4.25天店/4.50ロS3/12.50ハル所/16.25連店春所吉S2/17.25＆棉花部連支〈在吉林〉/19.00#春所吉S2〈阪支勤務如〉/20.75連店出納掛M〈職〉7.25牛店肥料掛/9.75-11.25奉所 | 〈月給推定〉 | 21.00 | * |
| 4c | 89 | 林(豊島改姓)香苗 | 4.00 | 日給試験及第者 | 津支店/〈職〉5.00津店船積掛 | 日給 | 6.75 | 上店/16.50石炭部上支/〈職〉7.25上店石炭掛/17.25-18.25石炭部上支 |
| 4c | 90 | 藤島政雄(正雄18.75?) | 3.75 | 日給試験及第者 | 東店営業部/〈職〉5.00東店営/5.50機械部/6.50〈金物類取扱首部〉/7.25-8.50木材部/8.75石炭部 | 日給 | 9.50 | (推)台店/18.85石店〈基在勤〉石炭部台支〈基在勤〉/9.75台店/10.50/11.25台店通信掛/13.75出用掛/17.25台店基S2 |
| 4c | 91 | 山本太久蔵 | 3.25 | 在上海清国商業見習生 | 上店/4.25〈鎮南浦T〉 | 〈月給推定〉 | 4.75 | 神店ロS3/〈職〉5.00神店ロS2 |
| 4eKM | 92 | 根尾克巳 | 5.75 | 高商38年度卒見習者 | 神店/〈職〉6.50神店輸出入掛 | 月給 | 7.00 | 倫店/堡所/〈職〉7.25-9.25倫店/13.50勘定掛Mk＆出納掛Mik/13.75-14.25勘定掛M |

240

図表7-1

| 異動時期 | 第三経験 | 異動時期 | 第四経験 | 異動時期 | 第五経験 | 異動時期 | 第六及び以降経験 |
|---|---|---|---|---|---|---|---|
| 19.00 | 紐店/20.50＆生糸部紐支 | 20.50 | 生糸部/22.75生糸部C | 22.75 | ＊ | | |
| 21.00 | ＊〈22.50馬支A〉 | | | | | | |
| 23.75 | | | | | | | |
| 14.25 | 広所M/18.50＆棉花部香港支/19.75＆香店/20.00香店A＆広所M/20.25＆生糸部広支G | 21.25 | 天店G＆石炭部木材部天支G | 22.50 | ＊ | | |
| 22.75 | 連店A | 23.00 | ＊ | | | | |
| 21.75 | ＊ | | | | | | |
| | | | | | | | |
| 19.75 | (推)19.75石炭部三池支部/(職)19.75池店勘定掛 | 22.00 | ＊ | | | | |
| 21.75 | ＊〈22.00東店〉 | | | | | | |
| 5.25 | 天店/(職)7.25-9.75天店棉糸布掛M | 15.00 | 棉花部 | 16.00 | 棉花部上海支/18.50棉花部上支棉糸掛M | 20.00 | 願解 |
| 17.25 | 神店 | 17.50 | 東店本会計課 | 19.75 | 紐店勘定掛M20.00＆出納集金掛M/21.00＆紐店A/21.50(A) | 23.75 | ＊ |

241

第7章　仕事経験の分析――人材技能の組織的形成

| 経歴分類 | Ref. No. | 氏名 | 入社年 | 出身(校) | 第一経験 | 当初給料 | 異動時期 | 第二経験 |
|---|---|---|---|---|---|---|---|---|
| 4e | 93 | 田島繁二 | 5.75 | 高商38年度卒見習者 | 横店 | 月給 | 5.75 | 紐店/生糸掛 M/20.00#生糸掛 M、紐店 A/20.50 & 生糸部紐支 A/21.00&紐店 G & 機械部穀肥部金物部生糸部紐支 G & 船舶部米国 G/(推)13.00 生糸掛 M (職)6.50-11.25紐店生糸掛/13.50生糸掛 M |
| 4e | 94 | 井上 信 | 5.75 | 高商38年度卒見習者 | 横店 | 月給 | 6.50 | 紐店/16.50樟脳掛 M & H/17.25 & 紐店 A/(職)11.25紐店鉄道掛/13.75樟脳掛 |
| 4e | 95 | 加藤 保 | 3.75 | 日給試験及第者 | 東店庶務課 | 日給 | 6.25 | 倫店/(職)11.25倫店勘定掛&出納用度掛 |
| 4e | 96 | 白井玉生 | 3.50 | 不明 | 東店営/4.75紐 T/(職)5.00東店営機械掛 | 〈日給推定〉 | 5.25 | 倫店/(職)6.50倫店機械掛 M |
| 4e | 97 | 永島政太郎 | 5.00 | 東京府立第一中学校 | 東店営/(職)6.50東店営横積 | 日給 | 6.00 | 横積/7.75月試 |
| 4e | 98 | 濱崎 素 | 5.25 | 高商36年度卒 | 横店/(職)〈5.50-6.50担当掛明記ない〉 | 月給 | 7.25 | 倫店/18.75倫店里支 S2/19.25 & 耳塞 S2/19.75# 耳 S2/20.00懲罰〈懲罰加藤保の監督責任〉/20.25 & 生糸部里支 M〈支部長だが G の地位と異なる〉/(職)9.75-13.75倫店里 S2/17.25倫店耳 S1 |
| 4e | 99 | 福島喜三次 | 4.75 | 高商37年度卒 | 門店 | 月給 | 5.00 | 紐店/棉花部紐支/7.00(推)棉花部ダラス支店/17.50棉花部ダラス支店長/(職)7.25紐店南部 T/8.00-11.25 南部 S3/13.50-14.25S1/13.75S2/15.50S1/17.25〈棉花部ダラス支部〉/18.75棉花部ダラス支 G |

(4) 仕事経験第四類型：海外軸に国内外移動型

| 経歴分類 | Ref. No. | 氏名 | 入社年 | 出身(校) | 第一経験 | 当初給料 | 異動時期 | 第二経験 |
|---|---|---|---|---|---|---|---|---|
| 5gKM | 100 | 山崎市太郎 | 5.75 | 高商44年度卒見習者 | 東店本計算課 | 月給 | 6.75 | 兵役 |
| 5gKM | 101 | 木村秀太郎 | 5.00 | 高商37年度卒事務見習者 | 台店/(職)6.50, 台店勘定掛 | 月給 | 7.50 | 香店/12.50(推)香店勘定掛 M/(職)9.75-11.25香店勘定掛/13.50香店勘定掛 M |
| 5gKM | 102 | 田中教太郎 | 4.75 | 高商36年度卒 | 孟店/(職)5.00孟店船積掛 | 月給 | 6.75 | 紐店/(職)11.25紐店勘定掛 |
| 5gKM | 103 | 犬塚勝之丞(丞？) | 3.50 | 高商 | 東店本計算課 | 〈月給推定〉 | 4.75 | 上店/(職)8.50勘定掛/8.75勘定掛 M/15.00#勘定掛 M、上店 H/15.25船受掛 M |

図表7-1

| 異動時期 | 第三経験 | 異動時期 | 第四経験 | 異動時期 | 第五経験 | 異動時期 | 第六及び以降経験 |
|---|---|---|---|---|---|---|---|
| 23.75 | * | | | | | | |
| 18.50 | 斯所 | 20.50 | 東店/20.75東店本C〈情報掛〉/21.50東店本業務課情報掛 | 21.75 | 罷役 | 22.25 | 〈復役〉東店本業務課 ⑦23.75* |
| 12.00 | 里S3 | 18.75 | 倫店耳S2/19.25耳S3〈濱崎素のS2辞令と同時〉/20.00〈懲罰〉/21.00 #耳S2〈倫店勤務如〉 | 21.75 | * | | |
| 8.25 | 東店機械部 | 9.75 | 倫店/16.00機械部倫支/(職)17.25機械部倫支 | 21.50 | * | | |
| 7.75 | 兵役 | 8.75 | 兵終東店営横積/9.75横店 | 11.00 | 紐店/20.50＆生糸部紐支/生糸部紐支/(職)11.25-19.75紐店生糸掛 | 23.00 | * |
| 23.25 | * | | | | | | |
| 19.75 | 東店/本部参事〈20.00の懲罰を伴う〉/20.25東店営/東店営A | 21.00 | 阪店/21.25A＆調査掛M/21.50(A)/22.50#調査掛M〈支店長代理如〉 | 22.75 | * | | |
| 7.75 | (推)兵終東店本計算課/(職)8.00東店本計算課 | 10.00 | 東店営/(職)11.25東店営勘定掛 | 11.50 | 台店/(推)13.50台店勘定掛M/20.25#台店勘定掛M/21.50(A)/(職)13.50台店勘定掛主任 | 22.50 | 東店本会計課 ⑦23.75* |
| 16.50 | 天店/16.75天店A/勘定掛M | 20.50 | 東店本会計課 | 21.75 | 願解 | | |
| 14.75 | 東店本会計課 | 15.25 | 東店本調査課 | 17.25 | 桑店/18.00＆穀肥部桑支 | 19.50 | 紐店/19.75-20.75紐店調査掛M ⑦21.50(推)/東店/22.00本調査課 ⑧22.75* |
| 16.00 | 東店本会計課/(職)18.25東店本会計課 | 18.25 | (推)池店G/＆池店G＆石炭部砂糖部穀肥部池支G/19.75＆津出G | 19.75 | 坡店G＆石炭部穀肥料部金物部坡支G | 21.50 | *〈22.25東店本C〉 |

243

## 第7章 仕事経験の分析——人材技能の組織的形成

| 経歴分類 | Ref. No. | 氏名 | 入社年 | 出身(校) | 第一経験 | 当初給料 | 異動時期 | 第二経験 |
|---|---|---|---|---|---|---|---|---|
| 5gv | 104 | 岡大次(改・四)郎 | 3.00 | 月給試験及第者 | 横店/4.50東店営横浜 S2 | 月給 | 5.50 | 門店 |
| 5gv | 105 | 小川彌太郎 | 5.75 | 高商38年度卒見習者 | 船舶部 | 月給 | 6.25 | (推)門店/(職)6.50門店石受掛 |
| 5gx | 106 | 玉置菜次郎 | 5.75 | 高商38年度卒見習者 | 阪店/(職)6.50-7.25阪店勘定掛/8.00棉布掛/11.25阪店棉糸布掛 | 月給 | 12.25 | 満連店/17.25棉花部連支/棉花部連支 C/(推)13.00連店棉糸掛 M |
| 5gx | 107 | 玉利七二 | 4.75 | 高商37年度卒 | 東店営/(職)5.00東店営勘定掛 | 月給 | 5.50 | 孟店/14.25棉花部/(職)14.25孟店棉花掛 |
| 5gx | 108 | 向井忠晴 | 4.75 | 高商37年度卒 | 上店/(職)05.00-07.25上店勘定掛/08.00-08.75入雑掛 | 月給 | 9.75 | 倫店/19.75穀肥部倫支&倫店/(職)09.75倫店海軍掛/10.50羽二重掛&通信掛/11.25羽二重掛&米穀掛/13.50, 13.75羽二重掛 Mk & 米穀掛 Mk/14.20- 15.50 入雑掛/17.25-18.75 入雑掛〈筆頭〉/19.75A & 出雑掛 M |
| 5gx | 109 | 田中雅太郎 | 5.75 | 日給試験及弟子供 | 東店計算課/14.00月試/東店会計課/(職)6.50-9.75東店計算課 | 日給-月給 | 14.50 | 東店営 |
| 5gx | 110 | 西岡英吉 | 3.75 | 日給試験及第者 | 香店/5.50月試/(職)5.00-7.25香店勘定掛/8.00香店綿糸布掛入雑掛/9.75入雑掛 | 日給-月給 | 10.00 | 広所/13.00# 広所〈香港支店勘務如〉/厦所/14.25厦所 M |
| 5gx | 111 | 野田洋一 | 5.25 | 神戸商業学校優等卒業(見習者) | 神店/(職)6.50神店勘定掛 | 月給 | 7.00 | 倫店 |
| 5gx | 112 | 長谷川潔 | 4.75 | 高商37年度卒 | 東店本計算課 | 月給 | 5.50 | 東店営 |
| 5gx | 113 | 百瀬信好 | 5.75 | 高商43年度卒見習者 | 東店営/(職)6.50東店営勘定掛 | 月給 | 7.50 | 東店本計算課 |
| 5g | 114 | 伊藤與三郎 | 5.25 | 名古屋商業高校卒見習者 | 東店営/6.50月試/6.75電信掛 | 日給-月給 | 10.50 | 倫店/18.00神上香漢天T/(推)19.50倫店入雑掛M/20.25# 倫店 A/(職)11.25倫店貨幣通信掛/13.25通信掛/18.00-18.75 入雑掛/19.75入雑掛 M/20.75倫店 A |

図表 7-1

| 異動時期 | 第三経験 | 異動時期 | 第四経験 | 異動時期 | 第五経験 | 異動時期 | 第六及び以降経験 |
|---|---|---|---|---|---|---|---|
| 6.50 | 神店 | 7.00 | 牛店連所 | 9.25 | 札所樽S2/9.50＆室S2 | 11.00 | 天店 ⑦13.50香店/15.75石炭香支/14.00〈功労顕著臨時賞与〉⑧17.25東店営/営受渡掛M/19.00横店＆営/19.75東店本附 ⑨20.00願解 |
| 7.00 | 坡店蘭S2/11.75蘭S2/12.75〈輸入米損失回避で臨時賞〉/17.00＆穀肥部坡支/甲店蘭S2 | 18.50 | 穀肥部/19.75米掛M/穀肥部神支/20.75神店A＆油脂掛M/22.25穀肥部 | 23.75 | * | | |
| 19.75 | 天店C/20.00天店A/20.50天店G＆石炭部木材部穀肥部金物部天支G | 21.25 | 紐店A | 23.75 | * | | |
| 14.75 | (推)棉花部(職)14.75-15.50棉花部商務掛 | 16.50 | 棉花部孟支 | 17.25 | 棉花部/18.50＆棉花部A/(職)17.25棉花部庶務掛M/18.25受渡掛＆商務調査掛M/19.75＆調査掛A/(推)20.25〈東洋棉花移籍〉 | 20.25 | 罷役〈願解、東洋棉花移籍と推測〉 |
| 20.25 | 東店/20.75穀肥部G | 21.75 | 連店G＆穀肥部石炭部木材部砂糖部連支G | 22.75 | * | | |
| 14.75 | 連店ハル所ウラS3 | 16.75 | 石炭部東支 | 17.50 | 京店勘定掛M | 23.75 | * |
| 18.50 | 名店/18.75名店A21.50(A) | 21.75 | * | | | | |
| 7.00 | 紐店/(職)7.25紐店 | 13.75 | 東店 | 14.00 | (推)阪店/棉花部/(職)14.25阪店棉花掛 | 15.00 | 棉花部孟支 ⑦16.50棉花部 ⑧16.75棉花部支 ⑨19.00棉花部 ⑩20.00罷役 ⑪20.50願解 |
| 6.50 | 坡店 | 6.75 | 上店 | 11.25 | 本店/11.50東店営 | 14.50 | 東店本会計課 ⑦14.75東店本調査課 ⑧15.00連店ハル所ウラS3/16.00#ウラS2連店/(職)17.25連店〈三泰油房在勤〉 ⑨22.00願解 |
| 7.75 | 兵役 | 9.00 | 兵終東店本計算課 | 9.25 | 上店/10.00青所/14.25芝所Mk/16.50上店芝所M | | (推)漢店沙S2/(職)17.25漢店沙S1/19.25#沙S2〈漢店勤務如〉/入雑掛M ⑦21.00東店 ⑧21.25甲店蘭S2 ⑨23.75* |
| 21.75 | (推)阪店/22.50阪店(A)/(職)21.75阪店〈所属未定〉 | 22.75 | 斯店G | 23.25 | * | | |

## 第7章 仕事経験の分析──人材技能の組織的形成

| 経歴分類 | Ref. No. | 氏名 | 入社年 | 出身(校) | 第一経験 | 当初給料 | 異動時期 | 第二経験 |
|---|---|---|---|---|---|---|---|---|
| 5g | 115 | 大仲斎太郎 | 5.75 | 日給試験及第者子供 | 東店営/(職)東店営米肥掛 | 日給 | 9.00 | (推)南出/13.00月試/阿S3/16.75穀肥部南支/18.75中S2&穀肥部南支/(職)8.25東店営/9.75-11.25南出米肥掛/13.50阿S2 |
| 5g | 116 | 杉浦恭介 | 4.75 | 高商37年度卒 | 神店/(職)神店輸入掛 | 月給 | 6.25 | 坡店/(職)10.50坡店雑貨掛&保険掛/11.25雑貨掛M&保険掛(推)11.00雑貨掛M |
| 5g | 117 | 江藤豊二 | 3.00 | 在天津支那修業生 | 神店口S3 | 〈月給推定〉 | 4.00 | (推)天店(職)5.00天店出雑掛/7.25-9.75天店出雑掛M |
| 5g | 118 | 岡本為輔 | 4.75 | 高商37年度卒 | 東店営/(職)5.00雑貨掛第二部 | 月給 | 5.50 | 上店/6.75上店漢出S3/(職)7.25-8.00漢出 |
| 5g | 119 | 加藤熊雄 | 5.50 | 香港支店臨時雇月給試験及第者 | 香店/(職)5.50香店(担当未記載)/6.50-8.50通信掛M/8.75通信掛M/11.25香店保険掛 | 月給 | 12.75 | 東店 |
| 5g | 120 | 小柳三吉 | 5.50 | 香港支店臨時雇日給試験及第者 | 香店/(職)6.50-9.75香店受渡掛 | 日給 | 14.50 | 門店/&石炭部/15.75石炭部唐所 |
| 5g | 121 | 近藤鎮蔵 | 4.25 | 名古屋商業学校 | 津店/5.50月試/5.00津店勘定掛 | 日給-月給 | 7.75 | 香店 |
| 5g | 122 | 島田勝之助 | 3.25 | 外国語学校仏語科 | 東店営 | 〈月給推定〉 | 4.75 | 香店/(職7)7.25香店石炭掛第一部二部/9.75香店石炭掛M |
| 5g | 123 | 島田儀市 | 5.00 | 高商37年卒事務見習者 | 津店 | 〈月給推定〉 | 5.75 | 上店/(職)7.25上店勘定掛/11.25出納掛 |
| 5g | 124 | 外山亮二 | 4.50 | 名古屋商業学校36年度卒 | 名店/5.50月試/(職)5.00名店米肥掛/7.25名店米肥掛 | 日給-月給 | 11.75 | 南所(但し台在勤)/13.50台店/14.75南店台S3/15.50南店米糖掛/(推)16.25中S3/16.75&穀肥部南支/(在中)/17.00&砂糖部中支/18.75&穀肥部/(職)17.25南店中S1 |
| 5g | 125 | 武田恭爾 | 4.75 | 高商30年度卒 | 上店/(職)5.00上店綿糸布掛 | 月給 | 8.25 | 漢所 |
| 5g | 126 | 松長 剛 | 5.75 | 法学士38年度,見習者 | 東店C附/(職) 6.50-11.25東店C附 | 月給 | 13.00 | 上店/15.00通信掛/16.00上店長H |

図表 7-1

| 異動時期 | 第三経験 | 異動時期 | 第四経験 | 異動時期 | 第五経験 | 異動時期 | 第六及び以降経験 |
|---|---|---|---|---|---|---|---|
| 21.50 | 東店 | 22.75 | 阪店 | 23.75 | ＊ | | |
| 14.25 | 池店/15.50& 石炭部池支 | 16.50 | 香店/16.75& 穀肥部香支/18.50& 金物部穀肥部香支 A/19.50# 香店雑貨 M, 店 A, 支/21.00 & 雑貨主任/21.50（A）/21.75（願解とあるが取消）/22.00#& 雑貨 M | 22.75 | ＊ | | |
| 10.75 | 満奉所 Mk/M | 15.75 | 上店/16.00 紡績掛 M/16.75& 穀肥掛 M/17.25 穀肥部掛 M/18.50 穀肥部上支 | 18.75 | 東店営/入雑掛 M/18.25 願解〈取消〉/18.75東店営入雑掛 M | 21.00 | ＊ |
| 8.50 | （推）本店/8.75計算課/（職）8.50東店〈所属未定〉 | 8.75 | （推）上店/（職）8.75上店 | 8.75 | 天店/（推）9.25天店勘定掛 M/（職）9.75-13.75天店勘定掛 M | 16.00 | 棉花部　⑦19.25東店営/22.00〈臨時食料品掛 M, 細谷字平病死の後〉/〈正式任命〉　⑧22.75＊ |
| 12.75 | （推）台店〈前後職員録記録なし〉 | 13.00 | 待命 | 13.25 | 東店/13.50機械部 | 14.25 | 東店本電暗掛/14.50文書課＆電信掛/14.75# ＄電信掛, 電暗　⑦17.25砂糖部　⑧19.00穀肥部/19.75 庶務掛 M　⑨21.25東店　⑩21.75願解 |
| 21.50 | 待命 | 22.00 | 待解 | | | | |
| 8.00 | 福 S3/13.75福所〈香港支店勤務如〉 | 14.75 | 廈所/18.50廈所 Mk/19.25M/20.00 & 福所 M/21.25# 廈所 M/# 福所 M〈台店勤務如故〉 | 22.00 | 南店 | 22.25 | ＊〈22.50台店庶務掛 M〉 |
| 14.50 | 倫店 | 17.50 | 門店＆石炭部門司支/17.75門店 A＆石炭部門支 A/18.50石炭部門支 C/19.75門店 A＆石炭部門支 C/21.25門店 G＆石炭部機械部金物部砂糖部支 G | 21.25 | ＊ | | |
| 12.75 | 青所 | 15.50 | 阪店/16.00阪店出納掛/（職）17.25阪店出納掛 | 18.25 | （推）船舶部/（職）18.25-21.75船舶部池 S1 | 23.00 | ＊ |
| 19.50 | （推）穀肥部/20.25＆穀肥部神支/穀物掛 M/20.50＆肥料掛 M/20.75肥料掛 M/21.25穀肥部（職）19.75穀肥部米掛〈主任の次席〉 | 20.50 | （推）南店/穀肥掛 M＆A/21.50（A）/21.75＆砂糖部南支 | 22.50 | ＊ | | |
| 11.75 | 東店/12.00C 附 | 12.75 | （推）神戸支店/18.50神店 C/（職）13.50-13.75上店 A ＆火薬掛 M/14.25-19.75&A | 20.25 | （推）東店本 C 附 | 20.75 | 待命　⑦21.25待解 |
| 16.50 | 芝所 M/（職）17.25-23.75上店芝所 M | 23.75 | ＊ | | | | |

247

第7章　仕事経験の分析――人材技能の組織的形成

(5)　仕事経験第五類型：国内軸に国内外移動型

| 経歴分類 | Ref. No. | 氏名 | 入社年 | 出身(校) | 第一経験 | 当初給料 | 異動時期 | 第二経験 |
|---|---|---|---|---|---|---|---|---|
| 5nKM | 127 | 藍谷正太郎 | 4.25 | 子供(日給試験及第者) | 神店/(職)5.00神店勘定掛〈以降勘定掛14.75で主任に次ぐ序列〉 | 日給 | 15.00 | 孟店/17.25甲店勘定掛M/(職)15.50甲S2 |
| 5nO | 128 | 藤井正章 | 3.50 | 三井銀行より移る | 台店/(職)5.00-8.75出中掛M | 〈月給推定〉 | 9.50 | 阪店/(職)9.75阪店/11.25調査掛庶務掛14.75阪店庶務掛 |
| 5nS | 129 | 山口眞槻 | 3.00 | 日給試験及第者 | 香店/5.50月試/(職)5.00香店保険掛/5.50石炭掛/6.50-7.25保険掛 | 日給本邦50銭，在勤日給洋銀50仙，月給 | 7.25 | 津店/9.50池店/(推)9.50池店出納掛M/19.75#出納掛M，庶務掛M/9.75-15.50池店出納用度掛M/17.25-19.75出納掛M |
| 5nS | 130 | 村松竹三郎 | 3.00 | 日給試験及第者 | 香店 | 日給本邦45銭，在勤日給洋銀45仙 | 4.50 | 門店/(職)5.00門店船舶掛/7.25出中掛/9.75-11.25用度掛/13.75長所出中掛M/17.25長店出中掛M |
| 5nU | 131 | 小林　清 | 3.00 | 日給試験及第者 | 東店営/(職)5.00東店受渡掛 | 日給 | 9.50 | 南所 |
| 5nU | 132 | 丹羽保次 | 4.25 | 名古屋商業学校(月給者) | 東店本火保課 | 月給 | 5.75 | 東店営 |
| 5nU | 133 | 濱田為治 | 3.75 | 特別技能ある者 | 香店/5.00香店受渡掛 | 〈日給推定〉 | 5.50 | 津支店/11.00池店/15.50石炭部池支/(職)17.25石炭部池支受渡掛(職)7.25津店船積掛 |
| 5nv | 134 | 石井只之丞(良三改名) | 4.75 | 神戸支店店限雇・使用人登用規則附則に依り | 神店受渡掛附/(職)5.00神店受渡掛/7.25輸出入掛&米肥部受渡掛 | 日給 | 9.75 | ウラS3 |
| 5nv | 135 | 笠松勝義 | 5.75 | 高商38年度卒見習者 | 阪店/(職)6.50受渡掛 | 月給 | 7.00 | 神店 |
| 5nv | 136 | 気駕清作 | 5.75 | 高商38年度卒見習者 | 阪店/(職)6.50阪店受渡掛 | 月給 | 7.25 | 孟店 |
| 5nv | 137 | 西浦美次 | 4.75 | 法学士37年度 | 東店営横S3/横積/(職)5.50東店営横S2/6.50-10.50横積 | 月給 | 11.75 | 南所/打S2 |
| 5nv | 138 | 野上忠三 | 5.75 | 市立下ノ関商業学校卒見習者 | 門店/6.50門店雑受掛 | 日給 | 7.50 | 香店油S3 |
| 5nv | 139 | 室岡孫次郎 | 4.50 | 月給試験及第者(門司支店限雇) | 門店/(職)5.00門店船舶掛 | 月給 | 5.75 | 兵役 |

図表7-1

| 異動時期 | 第三経験 | 異動時期 | 第四経験 | 異動時期 | 第五経験 | 異動時期 | 第六及び以降経験 |
|---|---|---|---|---|---|---|---|
| 19.75 | 神店/20.75調査掛M/(職)19.75神店/20.75神店調査掛M | 21.00 | 東店/21.25東店本会計課 | 21.75 | 願解 | | |
| 15.00 | 東店本調査課/(職)17.25東店本調査課 | 21.50 | ＊ | | | | |
| 20.75 | 願解 | | | | | | |
| 21.00 | ＊ | | | | | | |
| 12.50 | 東店営/(職)18.75東店営受渡掛 | 19.75 | 願解 | | | | |
| 6.75 | 兵役 | 7.00 | 兵終東店営 | 7.25 | (推)船舶部/(職)7.25船舶部 | 10.00 | 横店 ⑦10.75願解 ⑧12.25再雇用営業部/12.50横浜船積取扱所/14.00横浜支店 ⑨14.25東店営 ⑩16.00甲所/⑪20.00本店/懲罰を伴う/20.25本店本部業務課 ⑫22.25＊ 〈22.75依願解雇〉 |
| 21.75 | ＊ | | | | | | |
| 10.50 | 米肥部/10.75神店米肥部〈14名同時異動改組〉 | 10.75 | 満ウラS3 | 11.50 | 神店/15.50石炭部神支/17.75&穀肥部/19.75&#穀肥部, 神店 | 22.75 | ＊ |
| 7.25 | 牛店連所 | 8.25 | 東店機械部 | 9.75 | 東店営横積 | 11.00 | 樽店 ⑦14.50東店/14.75東店業務課 ⑧15.75阪店 ⑨16.75甲所/甲所〈組織名称変更〉 ⑩19.25東店本保険課 ⑪21.75待命 ⑫22.00願解〈実質は会解〉 |
| 8.50 | 東店/本調査課 | 13.00 | 連店安所/14.50安所Mk | 15.00 | 東店本調査課/(職)17.25-19.75東店本調査課/20.75-23.75東店本C附 | 23.75 | ＊ |
| 14.50 | 神店 | 16.75 | 樽店/17.75&木材部 | 19.00 | 神店/19.00輸出入掛M/19.75A&輸出入掛M/21.50(A)〈船積書類の署名捺印に限る〉/21.75(A) | 22.75 | ＊ |
| 8.75 | 東店〈電信暗号改正委員府属〉 | 9.00 | 札所室S3/(職)9.75札所室S3/10.50S2/11.25樽店室S2/13.50S1/14.25木購課/14.75木材部商務掛 | 16.75 | 木材部東支 | 21.25 | 京店平S2 ⑦23.75＊ |
| 6.75 | 兵終門店(職)10.50門店船舶掛 | 12.00 | 石炭部 | 15.25 | 馬所 | 16.75 | 阪店 ⑦17.00(推)石炭部連支/18.50石炭部連支石炭掛M/(職)17.25連店石炭掛 ⑧22.50＊ |

第7章 仕事経験の分析──人材技能の組織的形成

| 経歴分類 | Ref. No. | 氏名 | 入社年 | 出身(校) | 第一経験 | 当初給料 | 異動時期 | 第二経験 |
|---|---|---|---|---|---|---|---|---|
| 5nv | 140 | 安原為造(蔵) | 4.75 | 神戸支店店限雇・使用人登用規則附即に依り | 神店受渡掛附/5.25(推)米肥部/(職)5.00神店米穀掛 | 日給 | 6.75 | 牛店連S3〈月試及第と看做し月給者)/7.50牛店連S3/米肥部連S3/10.75満/(職)11.25満肥雑掛 |
| 5nv | 141 | 山中丈助(丈治郎改名) | 5.75 | 三重県立四日市商業学校38年度卒見習者 | 阪店/7.25月試/(職)6.50阪店受渡掛/9.75阪店雑貨掛 | 日給-月給 | 11.50 | 桑所 |
| 5nx | 142 | 手島常夫 | 3.75 | 日給試験及第者 | 門店/7.25月試/(職)〈5.00-5.50応召とある〉/6.50門店(担当未記載)/7.25石受掛/8.50船舶掛/11.25機械金物掛 | 日給-月給 | 13.00 | 南所/南店/(職)14.75南店雑貨掛 |
| 5nx | 143 | 大熊篤太郎 | 4.75 | 高商29年度卒 | 東店本計算課 | 〈月給推定〉 | 6.25 | 上店 |
| 5nx | 144 | 小田 満 | 3.75 | 下ノ関商業学校 | 東店計算課 | 日給 | 5.25 | 兵役 |
| 5nx | 145 | 川井彦八 | 4.50 | 名古屋商業学校 | 門店/5.75月試/(職)5.00-6.50門店勘定掛/7.25石炭掛第一部 | 日給-月給 | 7.50 | 東店営/(職)東店営雑貨掛 |
| 5nx | 146 | 金原正二郎 | 3.50 | 名古屋商業学校 | 東店営 | 〈日給推定〉 | 3.50 | 阪店 |
| 5nx | 147 | 五條道久 | 5.75 | 高商37年度卒見習者 | 門店/(職)6.50門店勘定掛 | 月給 | 7.75 | 桑所/9.50ボトS3/9.75桑所 |
| 5nx | 148 | 山崎一保 | 4.75 | 高商37年度卒 | 阪店/(職)5.00阪店勘定掛 | 月給 | 5.50 | 孟店 |
| 5n | 149 | 神戸俊次郎 | 4.25 | 横浜商業学校 | 東店本石炭課 | 日給 | 4.75 | (推)兵役 |
| 5n | 150 | 野村五郎 | 4.25 | 日給試験及第者 | 門店/(職)5.00-5.50門店通信掛/6.50-8.75門店雑品掛 | 日給 | 8.75 | (推)台店 |
| 5n | 151 | 末(松)隈知一 | 5.75 | 高等工業学校機械科35年度卒 | 東店営 | 月給 | 5.75 | 台店/(職)6.50台店売買掛第一部 |

図表7-1

| 異動時期 | 第三経験 | 異動時期 | 第四経験 | 異動時期 | 第五経験 | 異動時期 | 第六及び以降経験 |
|---|---|---|---|---|---|---|---|
| 12.50 | 神店/16.75穀肥部神支〈職〉13.50-13.75神店米肥掛M | 17.75 | 穀肥部/18.50豆粕掛M&穀物掛M&肥料掛M | 19.50 | 罷役 | 22.50 | 願解 |
| 14.50 | ボトS3/シアS2〈ボト派出員〉 | 16.50 | 阪店 | 20.00 | 台店勘定掛M | 23.75 | ＊ |
| 15.25 | 京店/18.25棉花部京支〈釜在勤〉/〈職〉15.50京店棉布掛M/17.25-18.25棉類掛M | 18.50 | (推)願解/〈職〉〈18.75以降在籍なし〉 | 21.00 | 再雇東店 | 21.50 | 願解 |
| 8.00 | 香店馬所M/〈職〉11.25馬所M | 12.25 | 池店G&津所M/15.50&石炭部池支G/15.75&砂糖部三池支G/16.75&穀肥部池支G/17.50#津所M | 18.50 | 東店本業務課 | 22.75 | ＊ |
| 6.00 | 兵終札所/月試/木材部/〈職〉11.25樽店〈池田S2〉/13.75〈池田S1〉 | 17.50 | 木材部名支 | 20.00 | 連店春所吉S2&木材連支〈吉在勤〉/20.75木材部連支〈奉在勤〉 | 21.75 | 東店〈22.50願解〉 |
| 8.50 | 横店/〈職〉9.75横店羽二重掛 | 12.50 | 東店営横積 | 12.75 | 坂店蘭S3 | 16.25 | 東店/16.50東店営　⑦18.00坂店蘭S3/18.25&穀肥部坂支〈蘭在勤〉/甲店蘭S3/18.50甲店蘭S2　⑧21.25東店/22.00生糸部　⑨22.50＊ |
| 5.00 | (推)神店勘定掛/(推)米穀肥料部 | 7.25 | 倫店/倫店堡所 | 8.00 | 神店 | 8.25 | 堡所　⑦13.00神店/名店/13.50神店/14.25神店勘定掛M/17.50神店調査掛M　⑧20.25東店本会計課/21.50東店営勘定掛M　⑨21.50＊ |
| 11.00 | 門店 | 12.00 | 石炭部/若所/16.25若所A/21.50(A) | 23.75 | ＊ | | |
| 8.25 | 阪店 | 9.50 | 名店 | 14.25 | 棉花部/18.25棉花部A/18.50棉花部C/19.75棉花部A〈副部長〉 | 20.25 | 〈東洋棉花設立に伴い取締役、G任用と同等と看做す〉　⑦22.75＊〈雇用継続と看做す〉 |
| 5.75 | 兵終神店米肥部 | 9.50 | ハルS3 | 10.50 | 倫店 | 13.25 | 神店/17.75&木材部神支/19.00雑貨掛M/19.50&#木材部神支/〈職〉13.75神店雑貨掛〈主任の次席〉　⑦22.25＊〈22.50甲店〉 |
| 9.25 | 若出/〈職〉9.75-11.25若店勘定掛 | 12.25 | (推)台店/〈職〉13.50台店出保掛/13.75雑品掛 | 13.75 | (推)東店 | 14.00 | (推)樽店/〈職〉14.25樽店勘定掛　⑦14.50東店/14.75東店本会計課/15.25名店A/〈職〉15.75東店本会計課/16.50&東店営/〈職〉17.25東店本集金掛　⑩22.25＊ |
| 8.75 | 東店機械部 | 9.50 | 門店/〈職〉14.25門店機械掛14.75-15.50長店雑貨掛/17.25機械掛/18.25機械M/18.75門店A機械掛M&金物掛M/14.50/〈職〉17.75長店機械掛M/18.25機械掛M&金物掛M&A/21.50(A)&雑貨掛M&砂糖部支G | 23.75 | ＊ | | |

第7章　仕事経験の分析——人材技能の組織的形成

| 経歴分類 | Ref. No. | 氏名 | 入社年 | 出身(校) | 第一経験 | 当初給料 | 異動時期 | 第二経験 |
|---|---|---|---|---|---|---|---|---|
| 5n | 152 | 井上宇太郎 | 5.75 | 高商38年度卒見習者 | 津店/(職)6.50-7.25津店石炭掛, 船積掛/9.75池店 | 月給 | 10.00 | 天店 |
| 5n | 153 | 井上竹雄 | 3.75 | 月給試験及第者 | 門店 | 月給 | 4.00 | F〈愛宕山丸事務員〉/F〈阿蘇山丸〉/5.50#F〈阿蘇山丸〉, 門店 |
| 5n | 154 | 江原卓爾 | 5.00 | 中学校及早稲田専門学校行政科卒見習者 | 東店営 | 日給 | 5.50 | 上店/6.50月試/(職)5.50上店〈担当未記載〉 |
| 5n | 155 | 加藤萊作 | 5.75 | 高商本年度卒見習者 | 孟店/(職)6.50孟店棉花掛 | 月給 | 7.75 | 阪店 |
| 5n | 156 | 川崎太輔 | 5.75 | 台湾協会専門学校本年度卒見習者 | 天店/(職)6.50-7.25天店入雑掛/8.00-8.50受渡掛 | 月給 | 11.25 | 東店/11.50奉T |
| 5n | 157 | 河村興六 | 5.75 | 工学士39年度, 見習者 | 東店営/(職)6.50東店営鉄道掛 | 月給 | 6.75 | 倫店 |
| 5n | 158 | 観世元継 | 5.75 | 高商38年度卒見習者 | 阪店 | 月給 | 6.25 | 甲S2/(職)6.50-7.25甲S2 |
| 5n | 159 | 巖谷春生 | 5.75 | 東京外国語学校34年度卒見習者 | 東店営 | 月給 | 6.25 | 天店/6.50天店/7.25-13.50通信掛M |
| 5n | 160 | 小石川松治 | 3.00 | 滋賀県商業学校 | 東店営 | 日給 | 4.00 | 東店営札S3/4.25月試 |
| 5n | 161 | 小林隆次 | 3.25 | 高商35(前年)年度卒 | 東店営 | 〈月給推定〉 | 4.25 | 神店/(職)6.50-10.50/米肥部通信掛M/7.25&商務掛/10.50&A |
| 5n | 162 | 櫻井信四郎 | 3.75 | 不明 | 東店営/東店電信掛/6.75# 電信掛/7.25〈三井同族会管理部長欧米巡回随行〉/(職)5.00東店営通信掛 | 〈月給推定〉 | 10.00 | 〈三井合名採用に付き解雇〉 |
| 5n | 163 | 宍戸千穎 | 5.75 | 東京外国語学校本年度卒見習者 | 東店営/(職)6.50東店雑貨掛第一部/7.25-11.25営砂糖部/13.50砂糖部&営/15.50砂糖部 売買掛M/17.75内地掛M/18.50砂糖部A&内地掛M/19.75砂糖部C/#内地掛M/砂糖部A/21.50(A) | 月給 | 22.50 | 酒店C/22.75酒店(A)/&砂糖部酒支 |
| 5n | 164 | 志村(旧姓細野)三郎 | 5.75 | 日給者試験及第子供 | 東店営横積/(職)6.50東店営横積 | 日給 | 10.00 | 横店羽二掛 |

252

図表 7-1

| 異動時期 | 第三経験 | 異動時期 | 第四経験 | 異動時期 | 第五経験 | 異動時期 | 第六及び以降経験 |
|---|---|---|---|---|---|---|---|
| 10.25 | 池店/11.25(推)津所/(職)11.25津所 | 13.00 | 香店/14.50香店石炭掛M/15.75石炭部香支/18.75&香店/香店A | 19.25 | 長店&石炭部長崎支/20.75石炭部査業課M/21.00&石炭部A/21.50(A)/22.50石炭部重油掛M & A/22.75#A | 23.75 | * |
| 7.25 | 京所仁 S3/11.00仁所〈京城出張所勤務如〉 | 13.50 | 石炭部/16.50石炭部住S2/19.25# 住S2〈石炭部池支勤務如〉/19.75池店出納掛M | 21.75 | * | | |
| 8.75 | 東店営/(職)9.75東店営受渡掛/13.50石炭部東支/14.00横在(勤)/14.00横支/19.50石炭部受渡掛 M/22.50#受渡掛M | 23.00 | * | | | | |
| 8.25 | 孟店 | 8.25 | 東店 C 附/10.25東店営/13.75棉花糸布掛M/15.50棉花部東京支/18.50棉花部東支A | 23.75 | * | | |
| 12.00 | 名店/15.50石炭部名支/名店豊 S2/19.50-20.75&名店半 S2 | 22.50 | 願解 | | | | |
| 8.75 | 東店機械部 | 11.00 | 神店/(職)11.25神店〈担当記載なし〉 | 14.50 | 機械部 | 16.00 | 機械部上支/(職)17.25機械部上支 ⑦17.50機械部(東店) ⑧18.00神店/18.25神店機械掛M ⑨21.50罷役 ⑩22.50願解 |
| 8.25 | 坡店 | 13.50 | 東店/13.75東店営/(職)〈13.75では東店所属未定〉 | 15.50 | 砂糖部/砂糖部勘定掛M | 17.25 | 東店本会計課 ⑦17.75船舶部/&造船部/18.00造船部計算課長 ⑧23.75* |
| 14.75 | 東店人事課 | 18.75 | 東店営 | 23.75 | * | | |
| 4.50 | F〈大孤山丸〉 | 4.75 | 東営/石炭課 | 8.25 | 門店 | 9.50 | 香店馬所 ⑦14.50石炭店/石炭部門支/17.75石炭部庶務掛M/18.25石炭部庶務掛M ⑧ 20.75斯店〈シドニー〉⑨20.75(職)20.75石炭部庶務掛M ⑩21.00* |
| 10.75 | 満/(職)11.25満肥穀掛 | 12.50 | 東店C附 | 13.00 | 神店/13.25神店秘書〈店長附〉 | 14.50 | 天店 ⑦18.75東店本調査課 ⑧ 21.25 * 〈22.00病死, ハルビン出張中〉 |
| 11.75 | 〈三井合名より復帰〉再雇東店営/12.00&砂糖部/13.50# 東店営〈砂糖部勤務如〉/15.50砂糖部 A &総務掛M | 18.50 | 上店/上店 C/18.75A &庶務掛M/19.25上店 A〈次長〉 | 20.50 | 青店 G&穀肥部石炭部青支 G | 21.75 | * 22.75東店本C |
| 23.75 | * | | | | | | |
| 11.25 | (推)横店福井 S2 | 12.75 | 営横積/14.00月試/(職)13.00東店営横積 | 14.00 | 横店/(職)14.25横店輸出入掛 | 17.25 | 坡店/(職)17.25坡店〈掛未詳〉 ⑧20.50天店 ⑨20.75(推)店/20.75生糸部横浜支部/21.75 横浜支店 ⑩23.75* |

第7章　仕事経験の分析――人材技能の組織的形成

| 経歴分類 | Ref. No. | 氏名 | 入社年 | 出身(校) | 第一経験 | 当初給料 | 異動時期 | 第二経験 |
|---|---|---|---|---|---|---|---|---|
| 5n | 165 | 竹内正三郎 | 3.25 | 名古屋商業学校 | 名店/(職)名店棉糸布掛 | 〈月給推定〉 | 5.75 | 兵役 |
| 5n | 166 | 都築一夫 | 5.00 | 熊本県立商業学校 | 修業生〈天津〉 | 〈月給推定〉 | 8.75 | 牛店〈修業生終了雇入れ〉/9.50 米肥部ハル S3/16.75 穀肥部連支＆連ハル所/(職)11.25満ハル S2 |
| 5n | 167 | 土岐利彦 | 4.25 | 子供(日給試験合格者) | 東店庶務課/11.50月試/(職)5.00-8.00東店本庶務課秘書掛 | 日給-月給 | 8.50 | (推)東店営/(職)8.50-10.50東店営受渡掛 |
| 5n | 168 | 野依辰治 | 5.75 | 法学士38年度,見習者 | 東店営/(職)6.50-11.25東店営金物掛(8.75以降主任の次席) | 月給 | 11.50 | 倫自堡所 |
| 5n | 169 | 古川虎三郎 | 5.75 | 高商38年度卒見習者 | 船舶部/F〈富士山丸〉/船舶部 | 月給 | 6.25 | 香店/(職)7.25香店勘出掛 |
| 5n | 170 | 三島浪華 | 4.50 | 月給試験及第者 | 台店南 S3/5.75台店/(職)5.00南 S2/10.50台店入雑掛米肥掛 | 月給 | 11.25 | 上店 |
| 5n | 171 | 村田良平 | 3.00 | 高商専攻部 | 東店C附/5.00東店C附 | 〈月給推定〉 | 5.50 | 坡店/(職)7.25坡店瓜 S2 |
| 5n | 172 | 山口一男 | 4.25 | 子供(日給試験合格者) | 神店/5.50月試/(職)5.00神店通信掛 | 日給-月給 | 6.75 | 紐店/(職)10.50紐店機械掛 |
| 5n | 173 | 和田周平 | 5.00 | 高商37年度卒見習者 | 門店/(職)5.00門店石炭掛第一部 | 月給 | 5.75 | 上店/9.00漢所 |

注）経歴分類コード　　K：経理（勘定，計算，会計など）専門。KM：内経理M（主任，課長）。x：経理初期のみ。U：物流専門。v：物流初期のみ。S：出納用度集金専門。O：庶務ほか本部系管理専門。2：国内特定地域専門。3：国内多地域移動。4：海外特定地域専門。4c：うち中国語圏。4e：うち欧米。4a：うちその他アジア。5：国内外移動。5g：うち海外を軸。5n：うち国内を軸。
　　その他略記は，巻末付表3，及び4-1，4-2，4-3，4-4参照。

図表 7-1

| 異動時期 | 第三経験 | 異動時期 | 第四経験 | 異動時期 | 第五経験 | 異動時期 | 第六及び以降経験 |
|---|---|---|---|---|---|---|---|
| 6.75 | 兵終名店/(職)7.25名店棉花布掛/11.25雑貨掛 | 13.50 | 紐店 | 18.00 | 東店営/18.50金物部東支/鉄鋼掛 M | 18.75 | 石炭部門支若所 ⑦20.25金物部鋼鉄掛 M ⑧20.50孟店/21.00地 S2 ⑨21.25* 22.00甲店.〈22.25(A)〉 |
| 22.00 | 門店/22.25門店穀肥掛 M | 23.00 | * | | | | |
| 13.00 | 南所/(職)13.75南店代理店掛/14.25-15.50〈職員録に登場しない〉 | 16.75 | 砂糖部大阪支部/(職)17.25砂糖部阪支 | 19.00 | 砂糖部 | 22.25 | * |
| 14.75 | 東店営/15.00東店営金物掛 M/17.25営金物掛主任& A/18.50金物部 Gk/19.25金物部 G/21.50東店営 G & 木材部東支 G | 23.75 | * | | | | |
| 9.50 | (推)東店/(職)9.75東店〈所属未定〉 | 9.75 | 池店 | 13.25 | 名店/14.75名店石炭掛 M/15.50石炭部名支 | 18.50 | 船舶部/18.50船舶部近海掛 M ⑦19.75〈船舶部〉東 S2 ⑧23.75* |
| 12.25 | 東店/12.75営 | 13.00 | 名店 | 14.75 | 阪店 | 16.25 | 東店本会計課集金掛 ⑦16.50東店本調査課/19.00 & 業務課 ⑧22.50* |
| 11.25 | 東店営 | 13.75 | (推)砂糖部/15.50砂糖部 A& 庶務掛 M/21.50(A)/(職)13.75砂糖部 | 21.00 | *〈21.75願解〉 | | |
| 12.50 | 神店 | 19.00 | 金物部東支&金物部 | 19.75 | (推)倫店/20.25倫店入雑掛 M& 絹毛掛 M/20.50 & 生糸部倫支/(職)19.75倫店絹毛掛 M/21.75入雑掛 M | 22.25 | * |
| 13.00 | 池店津所/15.50石炭部池支津所/17.50石炭部/18.25内地掛 M | 19.50 | 東店本保険課 | 20.00 | 願解 | | |

第7章　仕事経験の分析——人材技能の組織的形成

図表7-2　15年以上勤続者173

(1)　仕事経験第一類型：国内特定地域専門型

| 経歴分類 | Ref. No. | 氏名 | 入社年 | 在職期間 | 月給採用 | 月給試験 | 第一昇進 | 昇進指数 | 学歴前歴 | 修業生 | 社内実年数 |
|---|---|---|---|---|---|---|---|---|---|---|---|
| 2KM | 1 | 鷲頭　七三 | 5.75 | 18.0 | 1 | 0 | 1 | # | 7 | 0 | 18.00 |
| 2K | 2 | 竹原　實 | 5.75 | 16.3 | 0 | 0 | 0 | 0.0 | 2 | 0 | 15.75 |
| 2O | 3 | 赤尾　眞夫 | 3.75 | 18.0 | 0 | 1 | 0 | 0.0 | 3 | 0 | 18.00 |
| 2O | 4 | 呉　仙壽 | 5.00 | 18.0 | 1 | 0 | 0 | 8.8 | 4 | 0 | 18.00 |
| 2S | 5 | 佐藤　録太郎 | 4.00 | 18.0 | 0 | 0 | 0 | 0.0 | 1 | 0 | 18.00 |
| 2S | 6 | 林　熊吉 | 4.25 | 18.0 | 0 | 0 | 0 | 0.0 | 2 | 0 | 18.00 |
| 2S | 7 | 村川　為助 | 3.75 | 18.0 | 0 | 1 | 1 | # | 7 | 0 | 18.00 |
| 2U | 8 | 伊藤　俊郎 | 5.25 | 18.0 | 0 | 0 | 0 | 0.0 | 3 | 0 | 18.00 |
| 2U | 9 | 尼子　隆久 | 3.25 | 18.0 | 0 | 1 | 0 | 0.0 | 1 | 0 | 18.00 |
| 2U | 10 | 佐野　久勝 | 5.50 | 18.0 | 0 | 1 | 0 | 0.0 | 1 | 0 | 18.00 |
| 2U | 11 | 服部清次郎 | 5.75 | 16.0 | 0 | 0 | 0 | # | 2 | 0 | 16.00 |
| 2U | 12 | 水上　源五郎 | 5.50 | 18.0 | 0 | 0 | 0 | # | 2 | 0 | 18.00 |
| 2v | 13 | 比良井（平井改姓）梅太郎 | 5.75 | 18.0 | 0 | 1 | 0 | # | 2 | 0 | 18.00 |
| 2v | 14 | 松野　鉄造 | 4.75 | 15.5 | 0 | 1 | 0 | 0.0 | 3 | 0 | 15.50 |
| 2v | 15 | 渡邊　敏衛 | 5.75 | 18.0 | 0 | 1 | 1 | # | 3 | 0 | 18.00 |
| 2 | 16 | 福田　耕蔵 | 5.50 | 15.3 | 1 | 0 | 0 | 0.0 | 5 | 0 | 15.25 |
| 2 | 17 | 堀尾　末吉 | 4.75 | 18.0 | 1 | 0 | 1 | 4.5 | 5 | 0 | 17.00 |
| 2 | 18 | 小田　磯太郎 | 5.50 | 18.0 | 1 | 0 | 0 | 9.8 | 5 | 0 | 18.00 |
| 2 | 19 | 井川　利七 | 5.75 | 18.0 | 0 | 1 | 1 | 8.3 | 3 | 0 | 18.00 |
| 2 | 20 | 石内　紀道 | 4.75 | 18.0 | 1 | 0 | 1 | # | 7 | 0 | 18.00 |
| 2 | 21 | 市川　栄一 | 5.25 | 18.0 | 0 | 1 | 1 | 6.5 | 3 | 0 | 18.00 |
| 2 | 22 | 今岡　徳蔵 | 3.75 | 18.0 | 0 | 1 | 0 | 0.0 | 1 | 0 | 18.00 |
| 2 | 23 | 上田　久雄 | 5.25 | 18.0 | 1 | 0 | 1 | 7.3 | 3 | 0 | 18.00 |
| 2 | 24 | 上田　松之助 | 3.75 | 18.0 | 0 | 1 | 0 | 0.0 | 1 | 0 | 18.00 |
| 2 | 25 | 大久保　武 | 4.25 | 18.0 | 1 | 0 | 1 | 15.3 | 6 | 0 | 18.00 |
| 2 | 26 | 桑原　馬吉 | 5.25 | 17.3 | 0 | 1 | 1 | 6.8 | 3 | 0 | 17.25 |
| 2 | 27 | 芝本　善次郎 | 3.75 | 18.0 | 1 | 0 | 1 | 3.3 | 5 | 0 | 18.00 |
| 2 | 28 | 鈴木　信愛 | 3.75 | 18.0 | 0 | 1 | 0 | 0.0 | 1 | 0 | 18.00 |
| 2 | 29 | 田中　栄蔵 | 3.75 | 18.0 | 0 | 1 | 0 | 0.0 | 1 | 0 | 16.75 |
| 2 | 30 | 難波　喜紋治 | 4.25 | 18.0 | 1 | 0 | 1 | 3.8 | 5 | 0 | 17.00 |
| 2 | 31 | 益田　甚六 | 5.50 | 18.0 | 0 | 1 | 0 | 0.0 | 2 | 0 | 18.00 |
| 2 | 32 | 吉田　直周(直尚？) | 3.75 | 18.0 | 0 | 0 | 0 | 0.0 | 1 | 0 | 18.00 |
| 平均値或いは該当者の割合(%) | | | | 17.7 | 31% | 47%(65%) | 41% | | | 0% | 17.6 |

256

図表 7-2

## 人の仕事経歴の数値化データ

| 異経験回数 | 滞留/回 | キャリア・パターン<br>(数式化された仕事経歴の繋がり方) | k経験 | u経験 | s経験 | o経験 | 異動回数 | 譴責懲罰 | 部店長昇進 |
|---|---|---|---|---|---|---|---|---|---|
| 1 | 18.0 | 18.00duk | 1 | 1 | 0 | 0 | 1 | 0 | 0 |
| 2 | 7.9 | 14.00dk +1.75d +0.5m | 1 | 0 | 0 | 0 | 2 | 0 | 0 |
| 1 | 18.0 | 18dso | 0 | 0 | 1 | 1 | 1 | 0 | 0 |
| 1 | 18.0 | 18ho | 0 | 0 | 0 | 1 | 1 | 0 | 0 |
| 1 | 18.0 | 18hos | 0 | 0 | 1 | 1 | 1 | 0 | 0 |
| 1 | 18.0 | 18.00ds | 0 | 0 | 1 | 0 | 1 | 0 | 0 |
| 1 | 18.0 | 18.00ds | 0 | 0 | 1 | 0 | 1 | 0 | 0 |
| 2 | 9.0 | 2.25hk +15.75hu | 1 | 1 | 0 | 0 | 2 | 0 | 0 |
| 1 | 18.0 | 18.00dks | 1 | 0 | 1 | 0 | 1 | 0 | 0 |
| 1 | 18.0 | 18.00dsu | 0 | 1 | 1 | 0 | 1 | 0 | 0 |
| 1 | 16.0 | 16.00du | 0 | 1 | 0 | 0 | 1 | 0 | 0 |
| 1 | 18.0 | 18.00du | 0 | 1 | 0 | 0 | 1 | 0 | 0 |
| 1 | 18.0 | 18.00du | 0 | 1 | 0 | 0 | 1 | 0 | 0 |
| 1 | 15.5 | 15.50du | 0 | 1 | 0 | 0 | 1 | 0 | 0 |
| 1 | 18.0 | 18.00du | 0 | 1 | 0 | 0 | 1 | 0 | 0 |
| 1 | 15.3 | 15.25d | 0 | 0 | 0 | 0 | 1 | 0 | 0 |
| 2 | 8.5 | 2.00d +1.00m +15.00d | 0 | 0 | 0 | 0 | 2 | 0 | 0 |
| 2 | 9.0 | 4.00h +14.00d | 0 | 0 | 0 | 0 | 2 | 0 | 0 |
| 1 | 18.0 | 18.00d | 0 | 0 | 0 | 0 | 1 | 0 | 0 |
| 1 | 18.0 | 18.00h | 0 | 0 | 0 | 0 | 1 | 0 | 0 |
| 2 | 9.0 | 0.25h +17.75d | 0 | 0 | 0 | 0 | 2 | 0 | 0 |
| 2 | 9.0 | 17.25d +0.75h | 0 | 0 | 0 | 0 | 2 | 0 | 0 |
| 1 | 18.0 | 18.00h | 0 | 0 | 0 | 0 | 1 | 0 | 0 |
| 1 | 18.0 | 18.00d | 0 | 0 | 0 | 0 | 1 | 0 | 0 |
| 3 | 6.0 | 0.00du +18.00duk +0.00a | 1 | 1 | 0 | 0 | 3 | 0 | 1 |
| 1 | 17.3 | 17.25d | 0 | 0 | 0 | 0 | 1 | 0 | 0 |
| 1 | 18.0 | 18.00d | 0 | 0 | 0 | 0 | 1 | 0 | 0 |
| 2 | 9.0 | 10.75h +7.25hks | 1 | 0 | 1 | 0 | 2 | 0 | 0 |
| 1 | 16.8 | 16.75d +1.25m | 0 | 0 | 0 | 0 | 1 | 0 | 0 |
| 2 | 8.5 | 1.75d +1.00m +15.25d | 0 | 0 | 0 | 0 | 2 | 0 | 0 |
| 1 | 18.0 | 18.00ds | 0 | 0 | 1 | 0 | 1 | 0 | 0 |
| 1 | 18.0 | 18.00do | 0 | 0 | 0 | 1 | 1 | 0 | 0 |
| 1.3 | 15.0 | | 19% | 29% | 25% | 13% | 1.3 | 0% | 3% |

## 第 7 章　仕事経験の分析──人材技能の組織的形成

### (2)　仕事経験第二類型：国内多地域移動型

| 経歴分類 | Ref. No. | 氏名 | 入社年 | 在職期間 | 月給採用 | 月給試験 | 第一昇進 | 昇進指数 | 学歴前歴 | 修業生 | 社内実年数 |
|---|---|---|---|---|---|---|---|---|---|---|---|
| 3O | 33 | 三枝　基 | 4.75 | 18.0 | 0 | 1 | 1 | 8.5 | 3 | 0 | 18.00 |
| 3O | 34 | 増田　力之助 | 4.75 | 17.8 | 1 | 0 | 1 | 5.3 | 5 | 0 | 17.75 |
| 3S | 35 | 柏木　俊一 | 5.00 | 18.0 | 0 | 1 | 0 | # | 7 | 0 | 17.00 |
| 3U | 36 | 赤羽　克巳 | 4.75 | 17.0 | 1 | 0 | 1 | 15.3 | 5 | 0 | 15.75 |
| 3U | 37 | 阿武　喜一 | 5.75 | 18.0 | 0 | 0 | 0 | 0.0 | 3 | 0 | 18.00 |
| 3U | 38 | 小泉　文雄 | 4.75 | 18.0 | 1 | 0 | 1 | 4.3 | 5 | 0 | 18.00 |
| 3U | 39 | 中堂　礼三 | 5.00 | 18.0 | 0 | 1 | 0 | 0.0 | 3 | 0 | 18.00 |
| 3U | 40 | 山形　豊次郎 | 5.50 | 18.0 | 1 | 0 | 0 | 0.0 | 5 | 0 | 17.00 |
| 3v | 41 | 池田　省三 | 3.75 | 15.0 | 1 | 1 | 0 | # | 7 | 0 | 15.00 |
| 3v | 42 | 小林　雄一 | 5.75 | 18.0 | 0 | 1 | 0 | 0.0 | 3 | 0 | 14.50 |
| 3v | 43 | 武田　孝之 | 5.25 | 18.0 | 1 | 0 | 1 | 9.5 | 4 | 0 | 18.00 |
| 3v | 44 | 松尾　乍朗 | 5.75 | 18.0 | 1 | 0 | 0 | 4.0 | 5 | 0 | 18.00 |
| 3 | 45 | 園本　平次郎 | 4.75 | 18.0 | 0 | 1 | 1 | 7.8 | 3 | 0 | 18.00 |
| 3 | 46 | 石田　繁雄 | 5.75 | 18.0 | 0 | 0 | 0 | 0.0 | 2 | 0 | 14.75 |
| 3 | 47 | 阿曾沼　昌一 | 3.75 | 18.0 | 0 | 1 | 0 | 0.0 | 1 | 0 | 18.00 |
| 3 | 48 | 上田　徳三 | 5.00 | 18.0 | 0 | 1 | 0 | 0.0 | 3 | 0 | 18.00 |
| 3 | 49 | 河原林　樫一郎 | 5.50 | 18.0 | 1 | 0 | 1 | 10.0 | 4 | 0 | 18.00 |
| 3 | 50 | 熊田　悌 | 5.75 | 16.0 | 1 | 0 | 1 | 9.5 | 5 | 0 | 16.00 |
| 3 | 51 | 末武　義介 | 5.25 | 18.0 | 0 | 1 | 0 | 0.0 | 3 | 0 | 18.00 |
| 3 | 52 | 鈴木　鐐太郎 | 4.25 | 18.0 | 0 | 0 | 0 | 0.0 | 3 | 0 | 18.00 |
| 3 | 53 | 谷　梅之助 | 5.75 | 16.0 | 1 | 0 | 1 | 7.8 | 5 | 0 | 16.00 |
| 3 | 54 | 豊田　隣太郎 | 3.75 | 18.0 | 0 | 1 | 1 | 1.5 | 4 | 0 | 18.00 |
| 3 | 55 | 中桐　政男 | 5.75 | 18.0 | 1 | 0 | 1 | 7.3 | 5 | 0 | 16.75 |
| 3 | 56 | 服部　文次（文治18.75？） | 3.75 | 18.0 | 0 | 0 | 0 | 0.0 | 1 | 0 | 18.00 |
| 3 | 57 | 細谷　宇平治 | 5.75 | 16.3 | 1 | 0 | 1 | 10.3 | 5 | 0 | 16.25 |
| 平均値或いは該当者の割合(%) | | | | 17.6 | 48% | 40%(67%) | 48% | | | 0% | 17.2 |

図表7-2

| 異経験回数 | 滞留/回 | キャリア・パターン（数式化された仕事経歴の繋がり方） | k経験 | u経験 | s経験 | o経験 | 異動回数 | 譴責懲罰 | 部店長昇進 |
|---|---|---|---|---|---|---|---|---|---|
| 3 | 6.0 | 6.25do +7.75d +4.00ho | 0 | 0 | 0 | 1 | 3 | 0 | 0 |
| 7 | 2.5 | 1.50du +1.25ho +1.50h +3.00ho +3.25do +2.25du +5.00dk | 1 | 1 | 0 | 1 | 7 | 0 | 0 |
| 4 | 4.3 | 0.25h +5.50d +0.75hs +1.00m +10.50hs | 0 | 0 | 1 | 0 | 4 | 0 | 0 |
| 7 | 2.3 | 0.75ho +1.25du +2.75du +2.75d +1.25m +1.75h +6.50ho | 0 | 1 | 0 | 1 | 6 | 0 | 1 |
| 3 | 6.0 | 1.00d +5.25du +11.75du | 0 | 1 | 0 | 0 | 3 | 0 | 0 |
| 5 | 3.6 | 2.25du +0.75du +6.25du +4.00du +4.75du | 0 | 1 | 0 | 0 | 5 | 0 | 0 |
| 5 | 3.6 | 2.75ho +3.50du +3.25d +4.75du +3.75du | 0 | 1 | 0 | 1 | 5 | 0 | 0 |
| 4 | 4.3 | 0.25du +1.00m +9.25dus +2.75hu +4.75du | 0 | 1 | 1 | 0 | 4 | 0 | 0 |
| 3 | 5.0 | 5.75hu +6.00d +3.25h | 0 | 0 | 0 | 0 | 3 | 0 | 0 |
| 4 | 3.6 | 3.00du +1.00m +1.25d +10.25d +2.50m | 0 | 1 | 0 | 0 | 3 | 0 | 0 |
| 3 | 6.0 | 1.25du +13.25d +3.50d | 0 | 1 | 0 | 0 | 3 | 0 | 0 |
| 5 | 3.6 | 1.50hu +4.75du +4.00d +1.00d +6.75ho | 0 | 1 | 0 | 1 | 5 | 0 | 0 |
| 3 | 6.0 | 1.25do +5.25co +11.50d | 0 | 0 | 0 | 1 | 3 | 0 | 0 |
| 5 | 3.0 | 2.00du +3.25m +1.00du +0.25d +3.50d +8.00hk | 1 | 1 | 0 | 0 | 5 | 0 | 0 |
| 2 | 9.0 | 10.00d +8.00d | 0 | 0 | 0 | 0 | 2 | 0 | 0 |
| 2 | 9.0 | 6.25d +11.75d | 0 | 0 | 0 | 0 | 2 | 0 | 0 |
| 2 | 9.0 | 11.00do +7.00d | 0 | 0 | 0 | 1 | 2 | 0 | 0 |
| 3 | 5.3 | 0.00h +2.00d +12.00d +2.00d | 0 | 0 | 0 | 0 | 4 | 0 | 0 |
| 6 | 3.0 | 3.50d +5.75h +1.75d +2.75hk +1.75d +2.50ho | 1 | 0 | 0 | 1 | 6 | 0 | 0 |
| 5 | 3.6 | 8.25d +0.00d +0.25h +4.00d +5.50h | 0 | 0 | 0 | 0 | 5 | 0 | 0 |
| 5 | 3.2 | 5.25d +5.00h +2.75d +0.75d +2.25h | 0 | 0 | 0 | 0 | 5 | 0 | 0 |
| 4 | 4.5 | 3.00d +0.25d +13.25d +1.50do | 0 | 0 | 0 | 1 | 4 | 0 | 0 |
| 5 | 3.4 | 1.00d +1.25m +4.75d +3.75du +1.00hu +6.25du | 0 | 1 | 0 | 0 | 5 | 0 | 0 |
| 2 | 9.0 | 15.00du +3.00d | 0 | 1 | 0 | 0 | 2 | 0 | 0 |
| 2 | 8.1 | 10.25d +6.00h | 0 | 0 | 0 | 0 | 2 | 0 | 0 |
| 4.0 | 5.1 |  | 16% | 48% | 8% | 36% | 3.9 | 0% | 4% |

## 第7章 仕事経験の分析──人材技能の組織的形成

**(3) 仕事経験第三類型：海外特定地域専門型（a. 中国語圏外アジア，c. 中国語圏，e. 西欧圏）**

| 経歴分類 | Ref. No. | 氏名 | 入社年 | 在職期間 | 月給採用 | 月給試験 | 第一昇進 | 昇進指数 | 学歴前歴 | 修業生 | 社内実年数 |
|---|---|---|---|---|---|---|---|---|---|---|---|
| 4aKM | 58 | 秋庭　義清 | 5.75 | 18.0 | 1 | 0 | 1 | 10.0 | 5 | 0 | 18.00 |
| 4aKM | 59 | 多賀　道吉 | 5.75 | 17.0 | 1 | 0 | 1 | 4.8 | 5 | 0 | 17.00 |
| 4ax | 60 | 野呂　隆三郎 | 4.50 | 18.0 | 1 | 0 | 1 | 7.8 | 3 | 0 | 18.00 |
| 4ax | 61 | 野村　嘉一 | 4.50 | 17.0 | 0 | 0 | 0 | 0.0 | 3 | 0 | 16.00 |
| 4a | 62 | 笹倉　貞一郎 | 5.50 | 18.0 | 1 | 1 | 0 | 0.0 | 5 | 0 | 17.00 |
| 4a | 63 | 中島　清一郎 | 5.75 | 16.3 | 1 | 0 | 1 | 15.8 | 5 | 0 | 16.25 |
| 4a | 64 | 藍田（監田？鹽田？）敏三 | 4.75 | 18.0 | 1 | 0 | 1 | 8.5 | 5 | 0 | 18.00 |
| 4a | 65 | 有川　平一 | 3.25 | 18.0 | 0 | 1 | 1 | 7.0 | 1 | 0 | 18.00 |
| 4a | 66 | 加藤　尚三 | 3.50 | 18.0 | 0 | 1 | 1 | 4.3 | 3 | 0 | 18.00 |
| 4cO | 67 | 澤田　實 | 4.75 | 17.0 | 1 | 0 | 1 | 14.8 | 6 | 0 | 17.00 |
| 4cO | 68 | 小平　修二 | 5.75 | 18.0 | 0 | 1 | 1 | 12.5 | 2 | 0 | 18.00 |
| 4cS | 69 | 明字　律太郎 | 3.75 | 17.0 | 0 | 0 | 1 | # | 7 | 0 | 17.00 |
| 4cS | 70 | 相羽　鷹綱 | 4.00 | 18.0 | 0 | 0 | 0 | 0.0 | 1 | 0 | 18.00 |
| 4cU | 71 | 水澤（沼）政三郎 | 3.00 | 18.0 | 0 | 0 | 0 | 0.0 | 1 | 0 | 18.00 |
| 4cv | 72 | 青木　嶺松 | 3.75 | 18.0 | 1 | 0 | 0 | # | 7 | 0 | 18.00 |
| 4cv | 73 | 金田　龍夫 | 4.00 | 18.0 | 0 | 0 | 0 | 0.0 | 1 | 0 | 18.00 |
| 4cv | 74 | 宮崎（星子改姓）平一 | 4.75 | 18.0 | 1 | 0 | 1 | 5.0 | 4 | 0 | 18.00 |
| 4cv | 75 | 山室　辰之助 | 5.00 | 18.0 | 1 | 0 | 1 | 3.0 | 5 | 0 | 18.00 |
| 4cx | 76 | 佐原　義雄 | 3.25 | 16.5 | 0 | 1 | 0 | 0.0 | 1 | 0 | 15.50 |
| 4cx | 77 | 松本　久五郎 | 3.00 | 18.0 | 0 | 0 | 0 | 0.0 | 1 | 1 | 14.00 |
| 4c | 78 | 阿知波　四郎 | 5.75 | 18.0 | 0 | 1 | 0 | 0.0 | 3 | 0 | 18.00 |
| 4c | 79 | 池上　常太郎（恒太郎改名） | 5.25 | 18.0 | 1 | 0 | 1 | 4.8 | 3 | 0 | 17.00 |
| 4c | 80 | 池田　清孝 | 5.75 | 18.0 | 1 | 0 | 1 | 10.0 | 5 | 0 | 18.00 |
| 4c | 81 | 石渡　昌吉 | 5.00 | 16.3 | 1 | 0 | 1 | # | 7 | 0 | 16.25 |
| 4c | 82 | 井田　待郎 | 4.75 | 18.0 | 1 | 0 | 1 | 5.5 | 5 | 0 | 18.00 |
| 4c | 83 | 井出　種雄 | 3.00 | 18.0 | 0 | 1 | 1 | 9.3 | 1 | 0 | 18.00 |
| 4c | 84 | 鵜瀞　平三 | 5.75 | 18.0 | 1 | 0 | 1 | 6.5 | 4 | 0 | 18.00 |
| 4c | 85 | 岡崎省三（蔵）（磯島改姓） | 4.50 | 18.0 | 1 | 0 | 1 | 12.8 | 5 | 1 | 18.00 |
| 4c | 86 | 高橋　茂太郎 | 5.00 | 18.0 | 1 | 1 | 1 | # | 7 | 0 | 18.00 |
| 4c | 87 | 田中　秀一 | 3.75 | 18.0 | 1 | 0 | 1 | # | 7 | 0 | 18.00 |
| 4c | 88 | 辻　幸吉 | 3.00 | 18.0 | 1 | 0 | 1 | 0.3 | 1 | 0 | 18.00 |

図表7-2

| 異経験回数 | 滞留/回 | キャリア・パターン（数式化された仕事経歴の繋がり方） | k経験 | u経験 | s経験 | o経験 | 異動回数 | 譴責懲罰 | 部店長昇進 |
|---|---|---|---|---|---|---|---|---|---|
| 4 | 4.5 | 0.75hk +0.75h +11.25aks +5.25do | 1 | 0 | 1 | 0 | 4 | 0 | 0 |
| 3 | 5.7 | 1.25d +12.75ak + y3.00hk | 1 | 0 | 0 | 0 | 3 | 0 | 0 |
| 2 | 9.0 | 13.00ak +5.00ho | 1 | 0 | 0 | 1 | 2 | 0 | 0 |
| 3 | 5.3 | 2.25ak +1.00m +13.00a +0.75h | 1 | 0 | 0 | 0 | 3 | 0 | 0 |
| 3 | 5.7 | 0.25d +1.00m +2.75d +14.00a | 0 | 0 | 0 | 0 | 3 | 0 | 0 |
| 5 | 3.3 | 11.25ao +2.75c +0.75ho +1.25a + 0.25ho | 0 | 0 | 0 | 1 | 5 | 0 | 1 |
| 4 | 4.5 | 0.75d +2.75c +14.00a +0.50a | 0 | 0 | 0 | 0 | 4 | 0 | 1 |
| 2 | 9.0 | 2.75d +15.25a | 0 | 0 | 0 | 0 | 2 | 0 | 0 |
| 6 | 3.0 | 4.00d +9.50a +1.75h +1.00a +0.75d + 1.00e | 0 | 0 | 0 | 0 | 6 | 0 | 0 |
| 3 | 5.7 | 1.25d +1.75co +14.00co | 0 | 0 | 0 | 1 | 3 | 0 | 0 |
| 2 | 9.0 | 0.50ho +17.50co | 0 | 0 | 0 | 1 | 2 | 0 | 0 |
| 1 | 17.0 | 17.00cs | 0 | 0 | 1 | 0 | 1 | 0 | 0 |
| 3 | 6.0 | 6.75cu +7.75cs +3.50cs | 0 | 1 | 1 | 0 | 3 | 0 | 0 |
| 2 | 9.0 | 6.75du +11.25cu | 0 | 1 | 0 | 0 | 2 | 0 | 0 |
| 2 | 9.0 | 14.75cu +3.25d | 0 | 1 | 0 | 0 | 2 | 0 | 0 |
| 2 | 9.0 | 11.50cu +6.50d | 0 | 1 | 0 | 0 | 2 | 0 | 0 |
| 4 | 4.5 | 3.50cu +1.25c +11.25c +2.00h | 0 | 1 | 0 | 0 | 4 | 0 | 0 |
| 4 | 4.5 | 3.25h +1.25c +0.00h +13.50c | 0 | 0 | 0 | 0 | 4 | 0 | 0 |
| 1 | 15.5 | 15.50cuk +1.00m | 1 | 1 | 0 | 0 | 1 | 0 | 0 |
| 2 | 9.0 | 3.25du +4.00m +10.75c | 0 | 1 | 0 | 0 | 2 | 0 | 0 |
| 3 | 6.0 | 1.50do +15.25c +1.25h | 0 | 0 | 0 | 1 | 3 | 0 | 0 |
| 3 | 5.7 | 1.50d +1.00m +1.00d +14.50c | 0 | 0 | 0 | 0 | 3 | 0 | 0 |
| 3 | 6.0 | 9.00c +4.25c +4.75a | 0 | 0 | 0 | 0 | 3 | 0 | 0 |
| 1 | 16.3 | 16.25c | 0 | 0 | 0 | 0 | 1 | 0 | 0 |
| 4 | 4.5 | 0.25ho +14.00co +1.50e +2.25h | 0 | 0 | 0 | 1 | 4 | 0 | 0 |
| 2 | 9.0 | 11.50cu +6.50a | 0 | 1 | 0 | 0 | 2 | 0 | 0 |
| 2 | 9.0 | 0.50c +17.50c | 0 | 0 | 0 | 0 | 2 | 0 | 0 |
| 4 | 4.5 | 4.00c +5.75c +7.00c +1.25c | 0 | 0 | 0 | 0 | 4 | 0 | 1 |
| 3 | 6.0 | 14.75c +3.00c +0.25c | 0 | 0 | 0 | 0 | 3 | 0 | 1 |
| 2 | 9.0 | 16.25cu +1.75hu | 0 | 1 | 0 | 0 | 2 | 0 | 0 |
| 1 | 18.0 | 18.00cs | 0 | 0 | 1 | 0 | 1 | 0 | 0 |

## 第7章　仕事経験の分析——人材技能の組織的形成

| 経歴分類 | Ref. No. | 氏名 | 入社年 | 在職期間 | 月給採用 | 月給試験 | 第一昇進 | 昇進指数 | 学歴前歴 | 修業生 | 社内実年数 |
|---|---|---|---|---|---|---|---|---|---|---|---|
| 4c | 89 | 林（豊島改姓）香苗 | 4.00 | 18.0 | 0 | 0 | 0 | 0.0 | 1 | 0 | 18.00 |
| 4c | 90 | 藤島　政雄（正雄18.75？） | 3.75 | 18.0 | 0 | 0 | 0 | 0.0 | 1 | 0 | 18.00 |
| 4c | 91 | 山本　太久蔵 | 3.25 | 16.8 | 1 | 0 | 1 | 14.0 | 1 | 1 | 16.75 |
| 4eKM | 92 | 根尾　克巳 | 5.75 | 18.0 | 1 | 0 | 1 | 10.3 | 5 | 0 | 18.00 |
| 4e | 93 | 田島　繁二 | 5.75 | 18.0 | 1 | 0 | 1 | 10.3 | 5 | 0 | 18.00 |
| 4e | 94 | 井上　信 | 5.75 | 18.0 | 1 | 0 | 1 | 7.3 | 5 | 0 | 17.50 |
| 4e | 95 | 加藤　保 | 3.75 | 18.0 | 0 | 0 | 0 | 0.0 | 1 | 0 | 18.00 |
| 4e | 96 | 白井　玉生 | 3.50 | 18.0 | 0 | 0 | 1 | # | 7 | 0 | 18.00 |
| 4e | 97 | 永島　政太郎 | 5.00 | 18.0 | 0 | 1 | 0 | 0.0 | 3 | 0 | 17.00 |
| 4e | 98 | 濱崎　素 | 5.25 | 18.0 | 1 | 0 | 1 | 3.0 | 5 | 0 | 18.00 |
| 4e | 99 | 福島　喜三次 | 4.75 | 18.0 | 1 | 0 | 1 | 7.3 | 5 | 0 | 18.00 |
| 平均値或いは該当者の割合（%） | | | | 17.8 | 60% | 21%(41%) | 69% | | | 10% | 17.5 |

### （4）　仕事経験第四類型：海外軸に国内外移動型

| 経歴分類 | Ref. No. | 氏名 | 入社年 | 在職期間 | 月給採用 | 月給試験 | 第一昇進 | 昇進指数 | 学歴前歴 | 修業生 | 社内実年数 |
|---|---|---|---|---|---|---|---|---|---|---|---|
| 5gKM | 100 | 山崎　市太郎 | 5.75 | 18.0 | 1 | 0 | 1 | 10.3 | 5 | 0 | 17.00 |
| 5gKM | 101 | 木村　秀太郎 | 5.00 | 16.8 | 1 | 0 | 1 | 13.3 | 5 | 0 | 16.75 |
| 5gKM | 102 | 田中　教太郎 | 4.75 | 18.0 | 1 | 0 | 1 | 3.0 | 5 | 0 | 18.00 |
| 5gKM | 103 | 犬塚　勝之亟（丞？） | 3.50 | 18.0 | 1 | 0 | 1 | 12.8 | 5 | 0 | 18.00 |
| 5gv | 104 | 岡　大次（改・四）郎 | 3.00 | 17.0 | 1 | 1 | 1 | # | 7 | 0 | 17.00 |
| 5gv | 105 | 小川　彌太郎 | 5.75 | 18.0 | 1 | 0 | 1 | 4.0 | 5 | 0 | 18.00 |
| 5gx | 106 | 玉置　菜次郎 | 5.75 | 18.0 | 1 | 0 | 1 | 10.8 | 5 | 0 | 18.00 |
| 5gx | 107 | 玉利　七二 | 4.75 | 15.5 | 1 | 0 | 1 | 5.5 | 5 | 0 | 15.50 |
| 5gx | 108 | 向井　忠晴 | 4.75 | 18.0 | 1 | 0 | 1 | 9.0 | 5 | 0 | 18.00 |
| 5gx | 109 | 田中　雅太郎 | 5.75 | 18.0 | 0 | 1 | 1 | 12.3 | 2 | 0 | 18.00 |
| 5gx | 110 | 西岡　英吉 | 3.75 | 18.0 | 0 | 1 | 1 | 13.5 | 1 | 0 | 18.00 |
| 5gx | 111 | 野田　洋一 | 5.25 | 15.3 | 1 | 0 | 0 | 0.0 | 3 | 0 | 14.75 |
| 5gx | 112 | 長谷川　潔 | 4.75 | 17.3 | 1 | 0 | 0 | 0.0 | 5 | 0 | 17.25 |
| 5gx | 113 | 百瀬　信好 | 5.75 | 18.0 | 1 | 0 | 1 | 9.5 | 5 | 0 | 16.75 |

図表7-2

| 異経験回数 | 滞留/回 | キャリア・パターン（数式化された仕事経歴の繋がり方） | k経験 | u経験 | s経験 | o経験 | 異動回数 | 譴責懲罰 | 部店長昇進 |
|---|---|---|---|---|---|---|---|---|---|
| 3 | 6.0 | 2.75du +13.00c +2.25dk | 1 | 1 | 0 | 0 | 3 | 0 | 0 |
| 2 | 9.0 | 5.75h +12.25cos | 0 | 0 | 1 | 1 | 2 | 0 | 0 |
| 5 | 3.4 | 1.50c +0.50d +9.75c +1.00d +4.00c | 0 | 0 | 0 | 0 | 5 | 0 | 0 |
| 5 | 3.6 | 1.25d +10.25wk +0.25d +2.25hk +4.00ek | 1 | 0 | 0 | 0 | 5 | 0 | 0 |
| 1 | 18.0 | 18.00e | 0 | 0 | 0 | 0 | 1 | 0 | 1 |
| 5 | 3.5 | 0.75d +12.00e +2.00e +1.25ho +0.50m +1.50ho | 0 | 0 | 0 | 1 | 5 | 0 | 0 |
| 4 | 4.5 | 2.50ho +5.75eks +6.75w +3.00e | 1 | 0 | 1 | 1 | 4 | 1 | 0 |
| 4 | 4.5 | 1.75h +3.00e +1.50h +11.75e | 0 | 0 | 0 | 0 | 4 | 0 | 0 |
| 4 | 4.3 | 1.00du +1.75du +1.00m +2.25du +12.00e | 0 | 1 | 0 | 0 | 4 | 0 | 0 |
| 2 | 9.0 | 2.00d +16.00w | 0 | 0 | 0 | 0 | 2 | 1 | 0 |
| 4 | 4.5 | 0.25d +14.75e +1.25ho +1.75do | 0 | 0 | 0 | 1 | 4 | 1 | 0 |
| 3.0 | 7.4 | | 19% | 26% | 14% | 21% | 3.0 | 7% | 12% |
| 5 | 3.4 | 1.00hk +1.00m +2.25hk +1.50hk +11.00ck +1.25hk | 1 | 0 | 0 | 0 | 5 | 0 | 0 |
| 4 | 4.2 | 2.50ck +9.00ck +4.00ck +1.25hk | 1 | 0 | 0 | 0 | 4 | 0 | 0 |
| 7 | 2.6 | 2.00au +8.00ek +0.50hk +2.50ho +1.75e +2.00e +1.25ho | 1 | 0 | 0 | 1 | 7 | 0 | 0 |
| 5 | 3.6 | 1.25hk +11.25cku +2.75hk +1.00d +1.75a | 1 | 1 | 0 | 0 | 5 | 0 | 1 |
| 8 | 2.1 | 2.50d +1.00d +0.50d +2.25c +1.75d +2.50c +3.75c +1.75hu | 0 | 1 | 0 | 0 | 8 | 0 | 0 |
| 4 | 4.5 | 0.50du +0.75du +11.50a +5.25d | 0 | 1 | 0 | 0 | 4 | 0 | 0 |
| 4 | 4.5 | 6.50dk +7.50c +1.50c +2.50e | 1 | 0 | 0 | 0 | 4 | 0 | 1 |
| 5 | 3.1 | 0.75hk +9.25a +1.75d +0.75a +3.00d | 1 | 0 | 0 | 0 | 5 | 0 | 0 |
| 3 | 6.0 | 5.00ck +10.50e +1.50h +1.00c | 1 | 0 | 0 | 0 | 4 | 0 | 1 |
| 5 | 3.6 | 8.75hk +0.25h +2.00a +0.75d +6.25ak | 1 | 0 | 0 | 0 | 5 | 0 | 0 |
| 3 | 6.0 | 6.25ck +8.50c +3.25d | 1 | 0 | 0 | 0 | 3 | 0 | 0 |
| 9 | 1.6 | 1.75dk +0.00e +6.75e +0.25h +1.00d +1.50a +0.25d +2.25a +1.00d +0.50m | 1 | 0 | 0 | 0 | 9 | 0 | 0 |
| 8 | 2.2 | 0.75hk +1.00h +0.25a +4.50c +3.25h +0.25hk +0.25ho +7.00c | 1 | 0 | 0 | 1 | 8 | 0 | 0 |
| 7 | 2.4 | 1.75hk +0.25hk +1.25m +0.25hk +7.75c +4.00c +0.25h +2.50a | 1 | 0 | 0 | 0 | 7 | 0 | 0 |

第7章　仕事経験の分析——人材技能の組織的形成

| 経歴分類 | Ref. No. | 氏名 | 入社年 | 在職期間 | 月給採用 | 月給試験 | 第一昇進 | 昇進指数 | 学歴前歴 | 修業生 | 社内実年数 |
|---|---|---|---|---|---|---|---|---|---|---|---|
| 5g | 114 | 伊藤　與三郎 | 5.25 | 18.0 | 0 | 1 | 1 | 6.8 | 3 | 0 | 18.00 |
| 5g | 115 | 大仲　斎太郎 | 5.75 | 18.0 | 0 | 1 | 0 | 0.0 | 2 | 0 | 18.00 |
| 5g | 116 | 杉浦　恭介 | 4.75 | 18.0 | 1 | 0 | 1 | 11.5 | 5 | 0 | 18.00 |
| 5g | 117 | 江藤　豊二 | 3.00 | 18.0 | 1 | 0 | 1 | 11.3 | 1 | 1 | 18.00 |
| 5g | 118 | 岡本　為輔 | 4.75 | 18.0 | 1 | 0 | 1 | 13.5 | 5 | 0 | 18.00 |
| 5g | 119 | 加藤　熊雄 | 5.50 | 16.3 | 1 | 1 | 1 | # | 7 | 0 | 16.00 |
| 5g | 120 | 小柳　三吉 | 5.50 | 16.5 | 0 | 1 | 0 | 0.0 | 2 | 0 | 16.00 |
| 5g | 121 | 近藤　鎮蔵 | 4.25 | 18.0 | 0 | 1 | 1 | 6.8 | 3 | 0 | 18.00 |
| 5g | 122 | 島田　勝之助 | 3.25 | 18.0 | 1 | 0 | 1 | 11.5 | 4 | 0 | 18.00 |
| 5g | 123 | 島田　儀市 | 5.00 | 18.0 | 1 | 0 | 1 | 4.8 | 5 | 0 | 18.00 |
| 5g | 124 | 外山　亮二 | 4.50 | 18.0 | 0 | 1 | 1 | 8.3 | 3 | 0 | 18.00 |
| 5g | 125 | 武田　恭爾 | 4.75 | 16.5 | 1 | 0 | 1 | 4.3 | 5 | 0 | 16.00 |
| 5g | 126 | 松長　剛 | 5.75 | 18.0 | 1 | 0 | 1 | 7.3 | 6 | 0 | 18.00 |
| 平均値或いは該当者の割合(%) | | | | 17.5 | 74% | 30%(86%) | 85% | | | 4% | 17.4 |

(5)　仕事経験第五類型：国内軸に国内外移動型

| 経歴分類 | Ref. No. | 氏名 | 入社年 | 在職期間 | 月給採用 | 月給試験 | 第一昇進 | 昇進指数 | 学歴前歴 | 修業生 | 社内実年数 |
|---|---|---|---|---|---|---|---|---|---|---|---|
| 5nKM | 127 | 藍谷　正太郎 | 4.25 | 17.5 | 0 | 1 | 1 | 11.0 | 2 | 0 | 17.50 |
| 5nO | 128 | 藤井　正章 | 3.50 | 18.0 | 1 | 0 | 1 | # | 7 | 0 | 18.00 |
| 5nS | 129 | 山口　眞槻 | 3.00 | 17.8 | 0 | 1 | 1 | 14.3 | 1 | 0 | 17.75 |
| 5nS | 130 | 村松　竹三郎 | 3.00 | 18.0 | 0 | 1 | 1 | 13.3 | 1 | 0 | 18.00 |
| 5nU | 131 | 小林　清 | 3.00 | 16.8 | 0 | 0 | 0 | 0.0 | 1 | 0 | 16.75 |
| 5nU | 132 | 丹羽　保次 | 4.25 | 18.0 | 1 | 0 | 0 | 0.0 | 3 | 0 | 16.25 |
| 5nU | 133 | 濱田　為治 | 3.75 | 18.0 | 0 | 0 | 0 | # | 7 | 0 | 18.00 |
| 5nv | 134 | 石井　只之丞(良三改名) | 4.75 | 18.0 | 0 | 0 | 0 | # | 2 | 0 | 18.00 |
| 5nv | 135 | 笠松　勝義 | 5.75 | 16.3 | 1 | 0 | 0 | 0.0 | 5 | 0 | 16.00 |
| 5nv | 136 | 気駕　清作 | 5.75 | 18.0 | 1 | 0 | 1 | 9.3 | 5 | 0 | 18.00 |
| 5nv | 137 | 西浦　美次 | 4.75 | 18.0 | 1 | 0 | 1 | 3.8 | 6 | 0 | 18.00 |
| 5nv | 138 | 野上　忠三 | 5.75 | 18.0 | 0 | 1 | 1 | 13.3 | 3 | 0 | 18.00 |

図表7-2

| 異経験回数 | 滞留/回 | キャリア・パターン<br>（数式化された仕事経歴の繋がり方） | k経験 | u経験 | s経験 | o経験 | 異動回数 | 譴責懲罰 | 部店長昇進 |
|---|---|---|---|---|---|---|---|---|---|
| 4 | 4.5 | 5.25ho +11.25e +1.00d +0.50w | 0 | 0 | 0 | 1 | 4 | 0 | 1 |
| 4 | 4.5 | 3.25h +12.5c +1.25h +1.00d | 0 | 0 | 0 | 0 | 4 | 0 | 0 |
| 4 | 4.5 | 1.50d +8.00ao +2.25d +6.25c | 0 | 0 | 1 | 0 | 4 | 0 | 0 |
| 5 | 3.6 | 1.00d +6.75c +5.00c +3.00c +2.25h | 0 | 0 | 0 | 0 | 5 | 0 | 0 |
| 7 | 2.6 | 0.75h +3.00c +0.25hk +0.00c +7.25ck +3.25d +3.50h | 1 | 0 | 0 | 0 | 7 | 0 | 0 |
| 8 | 2.0 | 7.25co +0.00h +0.25c +0.25m +1.00h +3.00ho +1.75h +2.25do +0.50h | 0 | 0 | 0 | 1 | 8 | 0 | 0 |
| 2 | 8.0 | 9.00cu +7.00d +0.50m | 0 | 1 | 0 | 0 | 2 | 0 | 0 |
| 5 | 3.6 | 3.50dk +0.25c +6.75c +7.25c +0.25c | 1 | 0 | 0 | 0 | 5 | 0 | 0 |
| 4 | 4.5 | 1.50h +9.75c +3.00e +3.75d | 0 | 0 | 0 | 0 | 4 | 0 | 1 |
| 5 | 3.6 | 0.75d +7.00ck +2.75c +2.75ds +4.75du | 0 | 1 | 1 | 0 | 5 | 0 | 0 |
| 4 | 4.5 | 7.25d +7.75c +1.00d +2.00c | 0 | 0 | 0 | 0 | 4 | 0 | 0 |
| 5 | 3.2 | 3.50c +3.50c +1.00ho +7.50do +0.50h +0.50m | 0 | 0 | 0 | 1 | 5 | 0 | 0 |
| 3 | 6.0 | 7.25ho +3.50co +7.25c | 0 | 0 | 0 | 1 | 3 | 0 | 0 |
| 5.1 | 3.9 | | 52% | 19% | 7% | 22% | 5.1 | 0% | 19% |

| | | | | | | | | | |
|---|---|---|---|---|---|---|---|---|---|
| 4 | 4.4 | 10.75dk +4.75ak +1.25do +0.75hk | 1 | 0 | 0 | 1 | 4 | 0 | 0 |
| 3 | 6.0 | 6.00cs +5.50do +6.50ho | 0 | 0 | 1 | 1 | 3 | 0 | 0 |
| 2 | 8.9 | 4.75co +13.00dso | 0 | 0 | 1 | 1 | 2 | 0 | 0 |
| 2 | 9.0 | 1.50c +16.50dus | 0 | 1 | 1 | 0 | 2 | 0 | 0 |
| 3 | 5.6 | 6.50hu +3.00c +7.25hu | 0 | 1 | 0 | 0 | 3 | 0 | 0 |
| 10 | 1.6 | 1.50ho +1.00h +0.25m +0.25h +2.75du +0.75d +1.50m +2.00du +1.75h +4.00a +2.25ho | 0 | 1 | 0 | 1 | 9 | 1 | 0 |
| 2 | 9.0 | 1.75cu +16.25du | 0 | 1 | 0 | 0 | 2 | 0 | 0 |
| 5 | 3.6 | 5.00du +0.75a +0.25d +0.75a +11.25d | 0 | 1 | 0 | 0 | 5 | 0 | 0 |
| 10 | 1.6 | 1.25du +0.25d +1.00c +1.50h +1.25h +3.50d +1.25ho +1.00d +2.50a +2.50ho +0.25m | 0 | 1 | 0 | 1 | 10 | 0 | 0 |
| 5 | 3.6 | 1.50du +1.25a +4.50hk +2.00c +8.75ho | 1 | 1 | 0 | 1 | 5 | 0 | 0 |
| 5 | 3.6 | 7.00du +2.75c +2.25d +2.25d +3.75d | 0 | 1 | 0 | 0 | 5 | 0 | 0 |
| 6 | 3.0 | 1.75d +1.25c +0.25ho +7.75d +4.50h +2.50a | 0 | 0 | 0 | 1 | 6 | 0 | 0 |

第 7 章　仕事経験の分析――人材技能の組織的形成

| 経歴分類 | Ref. No. | 氏名 | 入社年 | 在職期間 | 月給採用 | 月給試験 | 第一昇進 | 昇進指数 | 学歴前歴 | 修業生 | 社内実年数 |
|---|---|---|---|---|---|---|---|---|---|---|---|
| 5nv | 139 | 室岡　孫次郎 | 4.50 | 18.0 | 0 | 1 | 1 | # | 7 | 0 | 17.00 |
| 5nv | 140 | 安原　為造（蔵） | 4.75 | 17.8 | 0 | 1 | 1 | # | 2 | 0 | 14.75 |
| 5nv | 141 | 山中　丈助（丈治郎改名） | 5.75 | 18.0 | 0 | 1 | 1 | 3.8 | 3 | 0 | 18.00 |
| 5nx | 142 | 手島　常夫 | 3.75 | 17.8 | 0 | 1 | 1 | 6.3 | 1 | 0 | 15.25 |
| 5nx | 143 | 大熊　篤太郎 | 4.75 | 18.0 | 1 | 0 | 1 | # | 7 | 0 | 18.00 |
| 5nx | 144 | 小田　満 | 3.75 | 18.0 | 0 | 1 | 1 | 11.0 | 3 | 0 | 17.25 |
| 5nx | 145 | 川井　彦八 | 4.50 | 18.0 | 0 | 1 | 0 | 0.0 | 3 | 0 | 18.00 |
| 5nx | 146 | 金原　正二郎 | 3.50 | 18.0 | 1 | 0 | 1 | 10.3 | 3 | 0 | 18.00 |
| 5nx | 147 | 五條　道久 | 5.75 | 18.0 | 1 | 0 | 1 | 7.5 | 5 | 0 | 18.00 |
| 5nx | 148 | 山崎　一保 | 4.75 | 18.0 | 1 | 0 | 1 | 4.3 | 5 | 0 | 15.50 |
| 5n | 149 | 神戸　俊次郎 | 4.25 | 18.0 | 0 | 1 | 1 | 6.3 | 3 | 0 | 17.00 |
| 5n | 150 | 野村　五郎 | 4.25 | 18.0 | 0 | 0 | 0 | 0.0 | 1 | 0 | 18.00 |
| 5n | 151 | 末（松）隈　知一 | 5.75 | 18.0 | 1 | 0 | 1 | 5.5 | 5 | 0 | 18.00 |
| 5n | 152 | 井上　宇太郎 | 5.75 | 18.0 | 1 | 0 | 1 | 9.3 | 5 | 0 | 18.00 |
| 5n | 153 | 井上　竹雄 | 3.75 | 18.0 | 1 | 1 | 1 | # | 7 | 0 | 18.00 |
| 5n | 154 | 江原　卓爾 | 5.00 | 18.0 | 0 | 1 | 1 | 3.5 | 4 | 0 | 18.00 |
| 5n | 155 | 加藤　莱作 | 5.75 | 18.0 | 1 | 0 | 1 | 10.0 | 5 | 0 | 18.00 |
| 5n | 156 | 川崎　太輔 | 5.75 | 16.8 | 1 | 0 | 0 | 0.0 | 5 | 0 | 16.75 |
| 5n | 157 | 河村　興六 | 5.75 | 16.8 | 1 | 0 | 1 | 5.5 | 6 | 0 | 15.75 |
| 5n | 158 | 観世　元継 | 5.75 | 18.0 | 1 | 0 | 1 | 8.3 | 5 | 0 | 18.00 |
| 5n | 159 | 巌谷　春生 | 5.75 | 18.0 | 1 | 0 | 1 | 16.5 | 6 | 0 | 18.00 |
| 5n | 160 | 小石川　松治 | 3.00 | 18.0 | 0 | 1 | 1 | 5.8 | 3 | 0 | 18.00 |
| 5n | 161 | 小林　隆次 | 3.25 | 18.0 | 1 | 0 | 1 | 14.8 | 5 | 0 | 18.00 |
| 5n | 162 | 櫻井　信四郎 | 3.75 | 18.0 | 1 | 0 | 1 | # | 7 | 0 | 16.25 |
| 5n | 163 | 宍戸　千顗 | 5.75 | 18.0 | 1 | 0 | 1 | 8.3 | 4 | 0 | 18.00 |
| 5n | 164 | 志村（旧姓細野）三郎 | 5.75 | 18.0 | 0 | 1 | 0 | 0.0 | 2 | 0 | 18.00 |
| 5n | 165 | 竹内　正三郎 | 3.25 | 18.0 | 0 | 1 | 1 | 5.8 | 3 | 0 | 17.00 |

図表7-2

| 異経験回数 | 滞留/回 | キャリア・パターン<br>(数式化された仕事経歴の繋がり方) | k経験 | u経験 | s経験 | o経験 | 異動回数 | 譴責懲罰 | 部店長昇進 |
|---|---|---|---|---|---|---|---|---|---|
| 6 | 2.8 | 1.25du +1.00m +5.25du +3.25d +1.50a +0.25d +5.50c | 0 | 1 | 0 | 0 | 6 | 0 | 0 |
| 4 | 3.7 | 2.00du +5.75c +5.25d +1.75d +3.00m | 0 | 1 | 0 | 0 | 4 | 0 | 0 |
| 5 | 3.6 | 5.75du +3.00e +2.00e +3.50d +3.75ck | 1 | 1 | 0 | 0 | 5 | 0 | 0 |
| 4 | 3.8 | 9.25du +2.25d +3.25a +2.50m +0.50h | 0 | 1 | 0 | 0 | 4 | 0 | 0 |
| 5 | 3.6 | 1.50hk +1.75c +4.25a +6.25d +4.25ho | 1 | 0 | 0 | 1 | 5 | 0 | 1 |
| 5 | 3.5 | 1.50ho +0.75m +11.50d +2.50d +1.75c | 0 | 0 | 0 | 1 | 4 | 0 | 0 |
| 8 | 2.3 | 3.00dk +1.00h +4.00d +0.25hu +3.50a +1.75h +3.25a +1.25h | 1 | 1 | 0 | 0 | 8 | 0 | 0 |
| 9 | 2.0 | 0.00h +1.50d +2.25dk +0.75w +0.25d +4.75w +7.25dk +1.25hk | 1 | 0 | 0 | 0 | 8 | 0 | 0 |
| 4 | 4.5 | 2.00dk +3.25e +1.00d +11.75d | 1 | 0 | 0 | 0 | 4 | 0 | 0 |
| 5 | 3.1 | 0.75du +2.75a +1.25d +4.75d +6.00d +2.50d | 1 | 0 | 0 | 0 | 6 | 0 | 0 |
| 5 | 3.4 | 0.50h +1.00m +3.75d +1.00c +2.75e +9.00d | 0 | 0 | 0 | 0 | 5 | 0 | 0 |
| 9 | 2.0 | 4.50do+0.50c+3.00dk +1.50cso +0.25h +0.50dk +0.75hk +0.50dk +6.50hk | 1 | 0 | 1 | 1 | 9 | 0 | 0 |
| 3 | 6.0 | 3.00c +0.75h +14.25d | 0 | 0 | 0 | 0 | 3 | 0 | 0 |
| 5 | 3.6 | 4.25du +0.25c +2.75d +6.25c +4.50d | 0 | 1 | 0 | 0 | 5 | 0 | 0 |
| 4 | 4.5 | 0.25d +3.25du +6.25a +8.25ds | 0 | 1 | 0 | 0 | 4 | 0 | 0 |
| 3 | 6.0 | 0.50h +3.25c +14.25hu | 0 | 1 | 0 | 0 | 3 | 0 | 0 |
| 4 | 4.5 | 2.00a +0.50d +0.00a +15.50h | 0 | 0 | 0 | 1 | 4 | 0 | 0 |
| 3 | 5.6 | 5.50cu +0.75h +10.50d | 0 | 1 | 0 | 0 | 3 | 0 | 0 |
| 8 | 2.0 | 1.00h +2.00e +2.25h +3.50d +1.50h +1.50c +0.50h +3.50d +1.00m | 0 | 0 | 0 | 0 | 8 | 0 | 0 |
| 7 | 2.6 | 0.50d +2.00a +5.25a +2.00h +1.75hk +0.50hk +6.00dk | 1 | 0 | 0 | 0 | 7 | 0 | 0 |
| 4 | 4.5 | 0.50h +8.50co +4.00ho +5.00h | 0 | 0 | 0 | 1 | 4 | 0 | 0 |
| 9 | 2.0 | 1.00h +0.50d +0.25hu +3.50h +1.25d +5.00a +6.25do +0.00e +0.25do | 0 | 1 | 0 | 1 | 9 | 0 | 0 |
| 7 | 2.6 | 1.00h +6.50do +1.75c +0.50ho +1.50d +4.25c +2.50ho | 0 | 0 | 0 | 1 | 7 | 0 | 0 |
| 4 | 4.1 | 6.25ho+1.75m +6.75ho +2.00co +1.25c | 0 | 0 | 0 | 1 | 4 | 0 | 1 |
| 2 | 9.0 | 16.75h +1.25a | 0 | 0 | 0 | 0 | 2 | 0 | 0 |
| 9 | 2.0 | 4.25du +1.25d +1.50d +1.25du +3.25d +1.50a +1.75c +0.25h +3.00d | 0 | 1 | 0 | 0 | 9 | 0 | 0 |
| 7 | 2.4 | 2.50d +1.00m +6.75d +4.50e +0.75d +1.50 d +0.25 h +0.75a | 0 | 0 | 0 | 0 | 7 | 0 | 0 |

267

第7章　仕事経験の分析――人材技能の組織的形成

| 経歴分類 | Ref. No. | 氏名 | 入社年 | 在職期間 | 月給採用 | 月給試験 | 第一昇進 | 昇進指数 | 学歴前歴 | 修業生 | 社内実年数 |
|---|---|---|---|---|---|---|---|---|---|---|---|
| 5n | 166 | 都築　一夫 | 5.00 | 18.0 | 1 | 0 | 1 | 6.8 | 1 | 1 | 14.25 |
| 5n | 167 | 土岐　利彦 | 4.25 | 18.0 | 0 | 1 | 0 | 0.0 | 2 | 0 | 18.00 |
| 5n | 168 | 野依　辰治 | 5.75 | 18.0 | 1 | 0 | 1 | 8.8 | 6 | 0 | 18.00 |
| 5n | 169 | 古川　虎三郎 | 5.75 | 18.0 | 1 | 0 | 1 | 9.0 | 5 | 0 | 18.00 |
| 5n | 170 | 三島　浪華 | 4.50 | 18.0 | 1 | 1 | 0 | # | 7 | 0 | 18.00 |
| 5n | 171 | 村田　良平 | 3.00 | 18.0 | 1 | 0 | 1 | 5.5 | 5 | 0 | 18.00 |
| 5n | 172 | 山口　一男 | 4.25 | 18.0 | 0 | 1 | 1 | 8.0 | 2 | 0 | 18.00 |
| 5n | 173 | 和田　周平 | 5.00 | 15.0 | 1 | 0 | 1 | 4.8 | 5 | 0 | 15.00 |
| 平均値或いは該当者の割合(%) | | | | 17.8 | 55% | 40%(81%) | 77% | | | 2% | 17.4 |

注）　#：有効データなし

経歴分類：以下のコードによる経歴類型の分類。勤務地域類型記号（2, 3, 4a, 4c, 4e, 5g, 5n）の後に職能専門性を表す次の付帯記号を付す。K, KM, x, U, v, S, O。売買担当の場合は付帯コードなし。分類コードの各記号の意味は以下のとおり。
勤務地域類型記号は，2：国内特定地域専門，3：国内多地域，4：海外特定地域専門，その内　4c：中国語圏，4e：欧米，4a：その他アジア，5：国内外移動，その内　5g：海外を軸，5n：国内を軸。
職能専門性の付帯記号は，K：経理専門，その内　KM：内経理主任を経験，x：経理初期のみ，U：物流（受渡，船舶）専門，v：物流初期のみ，S：出納用度集金専門，O：庶務，調査，業務，電信ほか本部系管理専門。
Ref. No.：15年以上勤続者172人に便宜上付した氏名番号。本表の記載順。
氏名：改名が「社報」で報じられている場合は（　）書き。それ以外で，「社報」や「職員録」の異なった発行時において一部類似した氏名が登場する場合は，前後データの連続性より同一者と確認された場合のみパネル記録を継続させている。（　）に表記の違いを示す。
入社年：1900年代1桁＋小数点以下の四半期記号で表す。四半期記号は，1－3月は：.00，4－6月は：.25，7－9月は：.50，10－12月は：.75。例えば，5.75とは，1905年の10月－12月四半期を表す。なお，前掲資料にある異動時期の表示方法も同じ。但し，1900年代は2桁となる場合がある。
在職期間：年数＋月数。月数は小数点以下に次の四半期記号で示す。1～3ヶ月は：.00，4～6ヶ月は：.25，7～9ヶ月は：.50，10～12ヶ月は：.75。
月給採用：月給での採用者（入社時月給試験免除者と月給試験で採用された人）の記号は：1，日給での採用者の記号は：0。
月給試験：月給試験を受験して及第した人の記号は：1，その他の人（即ち，入社時試験免除者と日給で入社後月給試験に及第していない人）の記号は：0。集計欄下（　）内は日給者だけでの割合。
第一昇進：第一次管理職（主任，その心得も含む，出張所長，出張員首席，部店長代理，参事，秘書など）への任用有りの記号は：1，なしの記号は：0。
昇進指数：上記第一次管理職任用まで入社後から経過年月を指数化したもの。学歴による年齢調整後経過年月を調査期間満了18年より減じた数値。
学歴前歴：入社時点での学歴・前歴を7類型記号で表す。学歴未記載日給試験採用者は：1，子供，店限，臨時ほか既雇用者の日給使用人へ登用は：2，商（工）業学校，中学など出

図表7－2

| 異経験回数 | 滞留/回 | キャリア・パターン<br>(数式化された仕事経歴の繋がり方) | k経験 | u経験 | s経験 | o経験 | 異動回数 | 譴責懲罰 | 部店長昇進 |
|---|---|---|---|---|---|---|---|---|---|
| 2 | 9.0 | 3.75m +0.75c +13.50d | 0 | 0 | 0 | 0 | 2 | 0 | 0 |
| 5 | 3.6 | 4.25ho +4.50hu +3.75c +2.25d +3.25h | 0 | 1 | 0 | 1 | 5 | 0 | 0 |
| 3 | 6.0 | 5.75h +3.25w +9.00h | 0 | 0 | 0 | 0 | 3 | 0 | 1 |
| 7 | 2.6 | 0.50du +3.25cks +0.25h +3.50d +<br>5.25d +1.25du +4.00du | 1 | 1 | 1 | 0 | 7 | 0 | 0 |
| 7 | 2.6 | 6.75c +1.00c +0.75h +1.75d +1.50d +<br>0.25hs +6.00ho | 0 | 0 | 1 | 1 | 7 | 0 | 0 |
| 3 | 6.0 | 2.50ho +5.75a +2.50h +7.25ho | 0 | 0 | 0 | 1 | 4 | 0 | 0 |
| 5 | 3.6 | 2.50do +5.75e +6.50d +0.75h +2.50e | 0 | 0 | 0 | 1 | 5 | 0 | 0 |
| 4 | 3.8 | 0.75d +7.25c +6.50d +0.50ho | 0 | 0 | 0 | 1 | 4 | 0 | 0 |
| 5.1 | 4.2 |  | 23% | 45% | 13% | 43% | 5.1 | 2% | 6% |

身者は：3，私大等大学相当高等教育機関出身者は：4，高等商(工)業学校出身者or外国語大などは：5，帝国大学or欧米大学出身者は：6，中途採用，三井内転籍，再雇用，月試採用，嘱託，店原などから月給登用，特別技能者などは：7。
修業生：支那修業生ほか海外修業生制度での教育を経験した人は：1，ない人は：0。
社内実年数：在籍期間から兵役や一時退社，罷役，待命などの期間を差し引いた期間。表示方法は在職期間と同じ。
異経験回数：原資料情報から判断される「異なった仕事経験」の数。
滞留／回：上記の「異なった仕事経験」での一回当たり平均在任期間。
キャリア・パターン：以下の記号による勤務地域及び担当職能を在任期間とともに表した一次式。
　勤務地域　　h：本店，d：国内支店，e：英語圏，w：その他西洋，c：中国語圏，
　　　　　　　a：その他アジア
　担当職能　　k：経理，u：物流，s：出納用度集金，o：本部系管理
k,u,s,o.経験：次の非営業職能での仕事経験ある場合は記号：1，なしは記号：0。k：経理（勘定，計算，会計），u：物流（受渡，船舶），s：出納，用度，集金，o：本部系管理（庶務，調査，業務，電信ほか）。
譴責・懲罰：経験ある場合は記号：1，なしは記号：0。
部長昇進：18年調査期間で昇進者は記号：1，未昇進者は記号：0。

第 7 章　仕事経験の分析──人材技能の組織的形成

図表 7 - 4　15 年以上勤続者

| | 氏名 | 入社年1900年代下1桁＋四半期 | 出身（校） | 主任ほか第一次管理職昇進時期 | 入社後経過年数 | 部店長初任年月 | 部店長（心得）初任までの期間 |
|---|---|---|---|---|---|---|---|
| 後に常務 | 向井　忠晴 | 4.75 | 高商 37 年度卒 | 13.75 | 9.00 | 20.75 | 16.00 |
| | 伊藤　與三郎 | 5.25 | 名古屋商業高校 | 19.50 | 14.25 | 22.75 | 17.50 |
| | 田島　繁二 | 5.75 | 高商 38 年度卒 | 13.50 | 7.75 | 21.00 | 15.25 |
| | 古川　虎三郎 | 5.75 | 高商 38 年度卒 | 14.75 | 9.00 | | |
| 上記以外で調査期間18年間内での部店長昇進者 | 赤羽　克巳 | 4.75 | 高商 27 年度卒 | 7.50 | 2.75 | 7.50 | 2.75 |
| | 犬塚　勝之亟（？丞） | 3.50 | 高商（卒業年次不明） | 8.75 | 5.25 | 18.75 | 15.25 |
| | 大熊　篤太郎 | 4.75 | 高商 29 年度卒 | 8.00 | 3.25 | 12.25 | 7.50 |
| | 櫻井　信四郎 | 3.75 | 不明 | 15.50 | 11.75 | 20.50 | 16.75 |
| | 島田　勝之助 | 3.25 | 外国語学校仏語科 | 9.75 | 6.50 | 21.25 | 18.00 |
| | 高橋　茂太郎 | 5.00 | 月給試験及第者 | 15.25 | 10.25 | 19.75 | 14.75 |
| | 玉置　菜次郎 | 5.75 | 高商 38 年度卒 | 13.00 | 7.25 | 20.50 | 14.75 |
| | 中島　清一郎 | 5.75 | 高商 38 年度卒 | 8.00 | 2.25 | 17.00 | 11.25 |
| | 野依　辰治 | 5.75 | 法学士 38 年度卒 | 15.00 | 9.25 | 18.50 | 12.75 |
| | 藍田（監田？鹽田？）敏三 | 4.75 | 高商 37 年度卒 | 14.25 | 9.50 | 22.00 | 17.25 |
| | 大久保　武 | 4.25 | 米国ミゾーリー大学文学士 | 7.00 | 2.75 | 22.25 | 18.00 |
| | 岡崎（磯島改姓）省三（蔵） | 4.50 | 高商 36 年度卒支那修業生 | 9.75 | 5.25 | 20.25 | 15.75 |
| 上記以外で支店長会議出席者 | 池田　省三 | 3.75 | 月給試験及第者 | 期間内未就任 | | | |
| | 小川　彌太郎 | 5.75 | 高商 38 年度卒 | 19.75 | 14.00 | | |
| | 加藤　尚三 | 3.50 | 名古屋商業学校 | 20.25 | 16.75 | | |
| | 河原林　樫一郎 | 5.50 | 早稲田大学卒独逸留学者 | 13.50 | 8.00 | | |
| | 笹倉　貞一郎 | 5.50 | 大阪高等商業学校優等卒業生見習者 | 期間内未就任 | | | |
| | 宍戸　千穎 | 5.75 | 東京外国語学校 38 年度卒 | 15.50 | 9.75 | | |
| | 杉浦　恭介 | 4.75 | 高商 37 年度卒 | 11.25 | 6.50 | | |
| | 玉利　七二 | 4.75 | 高商 37 年度卒 | 17.25 | 12.50 | | |
| | 根尾　克巳 | 5.75 | 高商 38 年度卒 | 13.50 | 7.75 | | |
| | 野呂　隆三郎 | 4.50 | 名古屋商業学校優等卒業生 | 17.75 | 13.25 | | |
| | 濱崎　素 | 5.25 | 高商 36 年度卒 | 20.25 | 15.00 | | |
| | 福島　喜三次 | 4.75 | 高商 37 年度卒 | 15.50 | 10.75 | | |
| | 堀尾　末吉 | 4.75 | 高商 37 年度卒 | 18.25 | 13.50 | | |
| | 松長　剛 | 5.75 | 法学士 38 年度卒 | 16.50 | 10.75 | | |

注）「パネル表」より作成。

図表7-4

## 173人の中で主な人物

| 明治35年-昭和6年の間で開催された「支店長会議」出席年と当時の肩書き | 備考 |
|---|---|
| 大10 穀肥料部長, 昭6 本店営業部長 | 昭9-14 常務, 昭15-18 会長 |
| (出席なし) | 昭15-18 常務, 18年目ではシドニー支店長 |
| 大15 紐育支店長, 昭6 取締役大阪支店長 | 昭9-11 常務 |
| 昭6 船舶部長 | 昭15-16 常務 |
| 明40&41 口ノ津支店長, 明41 三池支店長, 大4 本店業務課長心得, 大5, 6, 7, 8&10 本店業務課長, 昭6 北海道炭鉱汽船常務 | 18年目に退社し以降に北海道炭礦汽船に移籍 |
| 大8 三池支店長 | |
| 大2, 4, 5, 6&7 三池支店長兼口ノ津出張所長, 大8&10 本店業務課次長 | |
| 大10 青島支店長, 大15&昭6 砂糖部長 | |
| 明40 本店営業部金物掛主任, 大8 門司支店長代理, 大10 門司支店長, 大15 石炭部長, 昭6 倫敦支店長 | |
| 大10 漢口支店長, 大15&昭6 木材部長兼小樽支店長 | |
| 大10 天津支店長 | |
| 大6, 7&8 漢口支店長 | 東洋棉花への移籍と推定 |
| 大8&10 金物部長, 大15 大阪支店長 | |
| (出席なし) | 18年目ではマレーシア支店長 |
| (出席なし) | 18年目では新嘉坡支店長 |
| (出席なし) | この中で唯一の修業生経験者, 18年目では天津支店長 |
| 大4 木材部東京出張員 | 15年経過時点で依願解雇 |
| 大15 穀肥部長代理, 昭6 青島支店長 | |
| 昭6 漢口支店長 | |
| 昭6 大阪埠頭事務所長 | |
| 大6 棉花部孟買支部 | |
| 昭6 長崎支店長 | |
| 大15 天津支店長 | |
| 大2 元孟買支店 (棉花内地買付担当) | 東洋棉花への移籍と推定 |
| 大4 倫敦支店勘定掛 | |
| 大5 泗水出張員 | |
| 大15 里昂出張員並仏蘭西物産会社 | |
| 大2 紐育支店南部 (ダラス) 出張員, 大5 棉花部紐育支店南部出張員, 大7 棉花部ダラス支店長, 昭6 上海支店長 | |
| 昭6 元泗水支店長 | |
| 明40 参事附属 (統計掛) | |

図表7-7　15年以上勤続者173人の中で経理

| Ref. No. | 氏　名 | 入社年[2] | 学歴前歴 | 専門性分類[3] | 経歴分類[4] | 昇進指数[5] | k,s,o,u経験[6] | 月給で採用者(1/0) | 第一経験① |
|---|---|---|---|---|---|---|---|---|---|
| 102 | 田中教太郎 | 4.75 | 高商36年度卒 | KM | 5gKM | 3.00 | k,o | 1 | ①孟店／（職）5.00 孟店船積掛 |
| 1 | 鷲頭　七三 | 5.75 | 再入社 | KM | 2KMz | #[7] | k,u | 1 | ①門店／12.00 石炭部／門店／17.00 石炭部若所勘定掛 M＆唐所勘定掛 M/20.25＆A/21.50（A）／（職）6.50-7.25 門店艀船掛 |
| 2 | 竹原　實 | 5.75 | 三池出張所子僅日給者試験及第者 | K | 2Kzz | 0.00 | k | 0 | ①門店池所／（職）6.50-11.25 門店池所勘定掛／17.25 池所勘定掛 |
| 58 | 秋庭　義清 | 5.75 | 高商39年度卒見習者 | KM | 4aKM | 10.00 | k,s | 1 | ①東店本計算課 |
| 59 | 多賀　道吉 | 5.75 | 高商37年度卒見習者 | KM | 4aKM | 4.75 | k | 1 | ①名店／（職）6.50 名店棉糸布掛 |
| 92 | 根尾　克巳 | 5.75 | 高商38年度卒見習者 | KM | 4eKM | 10.25 | k | 1 | ①神店／（職）6.50 神店輸出入掛 |
| 100 | 山崎市太郎 | 5.75 | 高商44年度卒見習者 | KM | 5gKM | 10.25 | k | 1 | ①東店本計算課 |
| 101 | 木村秀太郎 | 5.00 | 高商37年度卒事務見習者 | KM | 5gKM | 13.25 | k | 1 | ①台店／（職）6.50 台店勘定掛 |
| 103 | 犬塚勝之亟（？丞） | 3.50 | 高商 | KM | 5gKM | 12.75 | k,u | 1 | ①東店本計算課 |
| 127 | 藍谷正太郎 | 4.25 | 子供（日給試験及第者） | KM | 5nKM | 11.00 | k,o | 0 | ①神店／（職）5.00 神店勘定掛＜以降勘定掛 14.75 で主任に次ぐ序列＞ |

注1）　＊印：18年調査満期。
　2）入社年：1900年代の下1桁＋月数を小数点以下2桁（四半期10進法，即ち，1～3ヶ月は：.00，4～6ヶ月は：.25，7～9ヶ月は：.50，10～12ヶ月は：.75。）その後の異動時期も同じ表示方法，但し，年は1900年代の下2桁に広がる。
　3）専門性分類：kの専門：K，うち主任など昇進：KM，初期のみk：x，uの専門：U，初期のみu：v，sの専門：S，oの専門：O。
　4）経歴分類：2：国内特定地域専門，3：国内多地域移動，4：海外特定地域専門，うち4c：中国語圏，4e：欧米，4a：その他アジア，5：国内外移動，うち5g：海外を軸，5n：国内を軸，K：経理（勘定，計算，会計）専門，KM：うち主任昇進。（尚，z記号は全データ4桁への桁あわせ）

（勘定，本部での計算，会計）専門型の仕事経歴

| 異動時期＆第二経験② | 異動時期＆第三経験③ | 異動時期＆第四経験以降④⑤⑥⑦⑧ |
|---|---|---|
| ②6.75 紐店／（職）11.25 紐店勘定掛 | ③14.75 東店本会計課 | ④15.25 東店本調査課　⑤17.75 桑店／18.00＆穀肥部桑支　⑥19.50 紐店／19.75-20.75 紐店調査掛M　⑦21.50（推）東店／22.00 本調査課　⑧22.75*1) |
| ②23.75*1) | | |
| ②19.75 石炭部池支津所 | ③21.50 待命 | ④22.00 待解 |
| ②6.50 東店営 | ③7.25（推）香支店馬所（職）7.25-11.25 馬所／13.75 馬所勘用出掛M／17.25 馬所A＆勘用出掛M | ④18.50 阪店／19.75 阪店調査掛M／20.25＆庶務掛M／阪店A／20.75＆#調査掛M／21.50（A）／22.50 庶務掛＆阪店A　⑤23.75*1) |
| ②7.00 孟店／14.75＆棉花部孟支／19.00 棉花部孟支A＆勘定掛M＆店A／19.50 孟店C／（職）7.25 孟店／9.75 孟店勘定掛M | ③19.75 東店本会計課／20.00 東店本会計課C／21.50＜臨時会計課課長代理兼務＞ | ④22.75 願解 |
| ②7.00 倫店／堡所／（職）7.25-9.25 倫店／13.50 勘定掛Mk＆出納掛Mk／13.75-14.25 勘定掛M | ③17.25 神店 | ④17.50 東店本会計課　⑤19.75 紐店勘定掛M20.00＆出納集金掛M／21.00＆紐店A／21.50（A）　⑥23.75*1) |
| ②6.75 兵役 | ③7.75（推）兵終東店本計算課／（職）8.00 東店本計算課 | ④10.00 東店営／（職）11.25 東店営勘定掛　⑤11.50 台店／（推）13.50 台店勘定掛M／20.25#台店勘定掛M／21.50（A）／（職）13.50 台店勘定掛主任　⑥22.50 東店本会計課　⑦23.75*1) |
| ②7.50 香店／12.50（推）香店勘定掛M／（職）9.75-11.25 香店勘定掛／13.50 香店勘定掛M | ③16.50 天店／16.75 天店A／勘定掛M | ④20.50 東店本会計課　⑤21.75 願解 |
| ②4.75 上店／（職）8.50 勘定掛／8.75 勘定掛M／15.00#勘定掛M，上店H／15.25 船受掛M | ③16.00 東店本会計課／（職）18.25 東店本会計課 | ④18.75（推）池店G＆池店G＆石炭部砂糖部穀肥部池支G／19.75／津出G　⑤19.75 坂店G＆石炭部穀肥料部金物部坂支G　⑥21.50*1)　＜22.25 東店本C＞ |
| ②15.00 孟店／17.25 甲店勘定掛M／（職）15.50 甲S2 | ③19.75 神店／20.75 調査掛M／（職）19.75 神店／20.75 神店調査掛M | ④21.00 東店／21.25 東店本会計課　⑤21.75 願解 |

5）昇進指数：(18年) − (入社後第一次管理職初任までの年数を学歴差による入社年齢推定値で調整した数値)。(10進法四半期ごと)
6）k, s, o, u 経験：k：経理（勘定，計算，会計），s：出納，用度，集金，o：庶務，人事，業務，調査，電信など本部系管理。
7）#印：再入社，且つ学歴不明ゆえ指数として有効データは算出されない。但し勘定掛主任昇進は再入社後11年半でこの数値は概ね平均的。

「パネル表」より作成。

第7章　仕事経験の分析──人材技能の組織的形成

図表7-8　15年以上勤続者173人

| Ref. No. | 氏　名 | 入社年[2] | 学歴前歴 | 専門性分類[3] | 経歴分類[4] | 昇進指数注[5] | k,s,o,u経験[6] | 月給で採用者(1/0)[7] | 第一経験① |
|---|---|---|---|---|---|---|---|---|---|
| 35 | 赤羽　克巳 | 4.75 | 高商27年度卒 | U | 3Uzz | 15.25(部長へも昇進) | u,o | 1 | ①東店本火保課 |
| 37 | 山形豊次郎 | 5.50 | 大阪高等商業学校卒見習者 | U | 3Uzz | 0.00 | u,s | 1 | ①船舶部/5.50船舶部＜担当未記載＞ |
| 49 | 小泉　文雄 | 4.75 | 高商37年度卒 | U | 3Uzz | 4.25 | u | 1 | ①船舶部/（職）5.00-6.50船舶部＜担当未記載＞ |
| 132 | 丹羽　保次 | 4.25 | 名古屋商業学校（月給者） | U | 5nUz | 0.00 | u,o | 1 | ①東店本火保課 |
| 14 | 尼子　隆久 | 3.25 | 日給試験及第者 | U | 2xzz | 0.00 | k | 0a | ①門店唐所/15.00月試/（職）5.00-11.25唐所勘出用掛/13.75出用掛/17.25唐所/（職）18.25-20.75唐所 |
| 26 | 佐野　久勝 | 5.50 | 正則中学校卒業見習者 | U | 2zzz | 0.00 | u,s | 0a | ①横店/6.75月試/20.25生糸部横支/（職）6.50横店＜担当未記載＞/7.25出用掛/8.75-19.75横店倉庫掛/20.75生糸部横支倉庫掛 |
| 55 | 中堂　礼三 | 5.00 | 福井県小浜中学校卒事務見習者 | U | 3zzz | 0.00 | u,o | 0a | ①東店庶務課 |
| 36 | 阿武　喜一 | 5.75 | 市立下ノ関商業学校卒見習者 | U | 3Uzz | 0.00 | u | 0b | ①門店/（職）6.50門店石炭掛第一部 |
| 13 | 伊藤　俊郎 | 5.25 | 早稲田実業学校 | U | 2xzz | 0.00 | k,u | 0b | ①東店本計算課（職）7.25東店本計算課 |

図表 7 - 8

## の中で物流専門型の仕事経歴

| 異動時期&第二経験② | 異動時期&第三経験③ | 異動時期&第四経験以降 ④⑤⑥⑦⑧⑨⑩⑪⑫ |
|---|---|---|
| ②5.50F＜笠戸丸＞/5.75 船舶部 | ③6.75 船舶部＜津＞/7.50 津店 G&津 S1/9.00 津店 G | ④9.50 池店 G&津所 M　⑤12.25 罷役　⑥13.50＜復役＞東店 C＜但し阪店在勤＞/13.50 石炭部東京支 G　⑦15.25 東店本業務 Mk/15.50 業務 M /20.00＜欧米＞T　⑧21.75 願解 |
| ②5.75 兵役 | ③6.75 兵終船舶部／（職）11.25 船舶部統計掛出用掛 | ④16.00 船舶部東 S3/（職）18.75 船舶部東 S2　⑤18.75 船舶部＜神戸＞　⑥23.50*1) |
| ②7.00 船舶部樽 S2/7.25（推）船舶部札 S2 | ③7.75 船舶部／（職）8.00-8.50 船舶部雑運掛/8.75 統用出掛 M/9.75 船舶部統用掛 M | ④14.00 船舶部樽 S2　⑤18.00 船舶部／18.50 船舶部社船掛 M　⑥22.75*1) |
| ②5.75 東店営 | ③6.75 兵役 | ④7.00 兵終東店営　⑤7.25（推）船舶部／（職）7.25 船舶部　⑥10.00 横店　⑦10.75 願解　⑧12.25 再雇用営業部/12.50 横浜船済取扱所/14.00 横浜支店　⑨14.25 東店営　⑩16.00 甲谷他出張所　⑪20.00 本店＜懲罰を伴う＞/20.25 本店本部業務課　⑫22.25*1) ＜22.75 依願解雇＞ |
| ②21.25*1) | | |
| ②23.50*1) | | |
| ②7.75 東店営／（職）8.00-10.50 東店営受渡掛 | ③11.25 門店/11.75 門店若所／月試 | ④14.50 船舶部　⑤19.25 船舶部樽 S3　⑥23.00*1) |
| ②6.75 船舶部／（職）7.25 船舶部石運掛 | ③12.00 船舶部門 S3/22.50＃門 S2＜船舶部勤務如＞ | ④23.75*1) |
| ②7.50 東店営／（職）8.00-21.75 東店営受渡掛＜21.75 受渡掛序列 3 位＞ | ③23.25*1) | |

第 7 章　仕事経験の分析——人材技能の組織的形成

| | | | | | | | | |
|---|---|---|---|---|---|---|---|---|
| 8 | 服部清次郎 | 5.75 | 名古屋支店臨時雇, 使用人登用規則附則により | U | 2Uzz | #(有効データなし) | u | 0b | ①名店＜受渡員＞/15.50＆石炭部名支/（職）6.50 名店石炭掛/7.25-17.25 名店受渡掛＜17.25 築港常置員, 特採日給者＞ |
| 9 | 水上源五郎 | 5.50 | 大阪支店店限雇日給試験合格者 | U | 2Uzz | #(有効データなし) | u | 0b | ①阪店/15.50 石炭部阪支/16.50 石炭部阪支受渡掛/（職）6.50 阪店受渡掛/8.00 石炭掛/17.25-21.75 石炭部阪支受渡掛 |
| 71 | 水澤（沼）政三郎 | 3.00 | 日給試験及第者 | U | 4cUz | 0.00 | u | 0b | ①神店/（職）5.00 神店受渡掛/7.25 米肥部＜神戸＞受渡掛 |
| 131 | 小林　清 | 3.00 | 日給試験及第者 | U | 5nUz | 0.00 | u | 0b | ①東店営/（職）5.00 東店受渡掛 |
| 133 | 濱田　為治 | 3.75 | 特別技能ある者 | U | 5nuz | #(有効データなし) | u | 0b | ①香店/5.00 香店受渡掛 |

　注1), 2), 3), 4), 5), 6)　図表7-7と同じ。但し, 注4) でのUは物流専門。
　　7) 月給採用は：1, 日給採用で月給試験及第は：0a, 及第なしは：0b。
　「パネル表」より作成。

図表 7 - 8

| | | |
|---|---|---|
| ②21.75 願解 | | |
| ②23.50*1) | | |
| ②9.75（推）連 S2（職）連 S2/11.25 満受渡掛 /13.75 連店船受掛＜主任の次々席＞/17.25-18.25 連店船受掛 /19.75-20.75 受渡掛＜17.25 以降連店受渡掛では殆どの期間主任の次席＞ | ③21.00*1) | |
| ②9.50 南所 | ③12.50 東店営／（職）18.75 東店営受渡掛 | ④19.75 願解 |
| ②5.50 津支店 /11.00 池店 /15.50 石炭部池支／（職）17.25 石炭部池支受渡掛（職）7.25 津店船積掛 | ③21.75*1) | |

277

第 7 章　仕事経験の分析──人材技能の組織的形成

図表 7-12　15年以上勤続者173人の

| Ref. No. | 氏　名 | 入社年[2] | 学歴前歴 | 第一次管理職昇進[3] | 経歴分類[4] | 昇進指数[5] | k.s. o.u 経験[6] | 月給で採用者[7] | 異動回数 | 第一経験① |
|---|---|---|---|---|---|---|---|---|---|---|
| 14 | 松野　鉄造 | 4.75 | 下ノ関商業学校 | 0 | 2vzz | 0.00 | u | 0 | 1 | ①神店 /5.50 月試 /19.75 棉花部神支（職）5.00 神店受渡掛 /8.50 神店花筵掛 /13.50 棉製品掛 17.25 神店棉花掛＜主任の次席＞ |
| 106 | 玉置莱次郎 | 5.75 | 高商38年度卒見習者 | 1 | 5gxz | 10.75 | k | 1 | 4 | ①阪店 /（職）6.50-7.25 阪店勘定掛 /8.00 棉布掛 /11.25 阪店棉糸布掛 |
| 107 | 玉利　七二 | 4.75 | 高商37年度卒 | 1 | 5gxz | 5.50 | k | 1 | 5 | ①東店営 /（職）5.00 東店営勘定掛 |
| 111 | 野田　洋一 | 5.25 | 神戸商業学校優等卒業（見習者） | 0 | 5gxz | 0.00 | k | 1 | 9 | ①神店 /（職）6.50 神店勘定掛 |
| 148 | 山崎　一保 | 4.75 | 高商37年度卒 | 1 | 5nxz | 4.25 | k | 1 | 5 | ①阪店 /（職）5.00 阪店勘定掛 |
| 24 | 上田松之助 | 3.75 | 日給試験及第者 | 0 | 2zzz | 0.00 | なし | 0 | 1 | ①阪店 /7.25 月試 /13.50 棉花部 /（職）5.00 阪店棉糸掛 /11.25 棉糸布掛 /17.25 棉花部商務掛 |
| 27 | 芝本善次郎 | 3.75 | 大阪高等商業学校 | 1 | 2zzz | 3.25 | なし | 1 | 1 | ①阪店 /（職）5.00 阪店棉花掛 /13.50 棉花部 /18.50 棉花部A/19.50 棉花部C |
| 47 | 阿曾沼昌一 | 3.75 | 日給試験及第者 | 0 | 3zzz | 0.00 | なし | 0 | 2 | ①阪店 /7.25 月試 /（職）＜5.00-5.50 応召とある＞/6.50-11.25 阪店棉花掛 |
| 62 | 笹倉貞一郎 | 5.50 | 大阪高等商業学校優等卒業生見習者 | 0 | 4azz | 0.00 | なし | 1 | 3 | ①阪店 /（職）6.50 阪店＜担当未記載＞ |

278

図表 7-12

**中で綿関連専門型の仕事経歴**

| 異動時期&第二経験② | 異動時期&第三経験③ | 異動時期&第四経験以降 ④⑤⑥⑦⑧～ | 譴責懲罰経験 有(1) 無(0) | 部店長昇格 有(1) 無(0) |
|---|---|---|---|---|
| ②20.25（東洋棉花に移籍と推定＞ | | | 0 | 0 |
| ②12.25 満連店/17.25 棉花部連支/棉花部連支C/（推）13.00 連店棉糸掛M | ③19.75 天店C/20.00 天店A/20.50 天店G＆石炭部木材部穀肥部金物部天支G | ④21.25 紐店A　⑤23.75＊¹⁾ | 0 | 1 |
| ②5.50 孟店/14.25 棉花部/（職）14.25 孟店棉花掛 | ③14.75（推）棉花部（職）14.75-15.50 棉花部商務掛 | ④16.50 棉花部孟支　⑤17.25 棉花部/18.50＆棉花部A/（職）17.25 棉花部庶務掛M/18.25 受渡掛＆商務掛調査掛M/19.75＆調査掛A/（推）20.25＜東洋棉花移籍＞　⑥20.25 罷役＜願解，東洋棉花移籍と推測＞ | 0 | 0 |
| ②7.00 倫店 | ③7.00 紐店/（職）7.25 紐店 | ④13.75 東店　⑤14.00（推）阪店/棉花部/（職）14.25 阪店棉花部　⑥15.00 棉花部孟支　⑦16.50 棉花部　⑧16.75 棉花部孟支　⑨19.00 棉花部　⑩20.00 罷役　⑪20.50 願解 | 0 | 0 |
| ②5.50 孟店 | ③8.25 阪店 | ④9.50 名店　⑤14.25 棉花部/18.25 棉花部A/18.50 棉花部C/19.75 棉花部A＜副部長＞　⑥20.25＜東洋棉花設立に伴い取締役，G任用と同等と看做す＞　⑦22.75＊¹⁾＜雇用継続と看做す＞ | 0 | 0 |
| ②21.75＊¹⁾ | | | 0 | 0 |
| ②21.75＊¹⁾ | | | 0 | 0 |
| ②13.75（推）門店輸出入掛（職）13.75-17.25 輸出入掛/20.00 棉花部＜門在勤＞ | ③21.75＊¹⁾ | | 0 | 0 |
| ②5.75 兵役 | ③6.75 兵終阪店 | ④9.50 孟店/14.75 棉花部猛支/（職）14.75 孟店棉花掛/15.50 棉花部孟支＜内地出張員＞/17.25-19.25 棉花部孟支商務掛，棉花掛/20.75＜以降は（職）に登場しないが東洋棉花へ移動と推定＞　⑤23.50＊¹⁾＜東洋棉花で在籍継続と看做す＞ | 0 | 0 |

279

第 7 章　仕事経験の分析──人材技能の組織的形成

| 91 | 山本太久蔵 | 3.25 | 在上海清国商業見習生 | 1 | 4czz | 14.00 | なし | 1 | 5 | ①上店 /4.25＜鎮南浦 T＞ |
| 99 | 福島喜三次 | 4.75 | 高商37年度卒 | 1 | 4ezz | 7.25 | o | 1 | 4 | ①門店 |
| 155 | 加藤　菜作 | 5.75 | 高商本年度卒見習者 | 1 | 5nzz | 10.00 | so | 1 | 4 | ①孟店 /（職）6.50 孟店棉花掛 |

注 1 )　＊　印：18年調査満期。
　2 )　入社年：1900年代の下 1 桁＋小数点以下 2 桁（四半期10進法），その後の異動時期も同じ
　3 )　第一次管理職昇進：有(1)，無(0)
　4 )　経歴分類：2：国内特定地域専門，3：国内多地域移動，4：海外特定地域専門，うち，4c：中国語圏，4e：欧米，4a：その他アジア，5：国内外移動，うち，5g：海外を軸，5n：国内を軸，初期のみ経理：x，初期のみ物流：v（尚，z 記号は全データ 4 桁への桁あわせ）
　5 )　昇進指数：(18年）マイナス（入社後第一次管理職初任までの年数を学歴差による入社年齢推定値で調整した数値），(10進法四半期ごと）
　6 )　k, s, o, u 経験：k：経理（勘定，計算，会計），s：出納用度集金，o：庶務，調査，業務，電信ほか本部系管理，u：物流（受渡，船舶）
　7 )　月給で採用：Yes(1)，No(0)
「パネル表」より作成。

図表7-12

| | | | | |
|---|---|---|---|---|
| ②4.75 神店口S3/（職）5.00 神店口S2 | ③5.25 天店/（職）7.25-9.75 天店棉糸布掛M | ④15.00 棉花部　⑤16.00 棉花部上支 /18.50 棉花部上支棉糸掛M　⑥ 20.00 願解 | 0 | 0 |
| ②5.00 紐店/棉花部紐支/7.00（推）棉花部ダラス支部 /17.50 棉花部ダラス支部長/（職）7.25 紐店南部T /8.00-11.25 南部S /13.50-4.25S1/13.75 S2/15.50S1/17.25<棉花部ダラス支部>/18.75 棉花部ダラス支G | ③19.75 東店/本部参事 <20.00 懲罰を伴う>/20.25 東店営/東店営A | ④21.00 阪店/21.25A&調査掛M/21.50（A）/22.50# 調査掛M<支店長代理如>　⑤22.75*1) | 1 | 0 |
| ②7.75 阪店 | ③8.25 孟店 | ④8.25 東店C附/10.25 東店営/13.75 棉花糸布掛M/15.50 棉花部東京支/18.50 棉花部東支A　⑤23.75*1) | 0 | 0 |

# 総括と考察

　締め括りとして，事例分析で見出されたことを本書での流れに沿って論点別に整理し考察する。

## 1　競争力の生成・拡大と人材技能の関係

　第Ⅰ部では，先ず，明治大正期三井物産の創業期から成熟期に至る半世紀の貿易事業の進展を分析し，同社の競争力の生成と競争優位獲得の道筋，そして，その過程での人材技能の貢献を明らかにした。日本の貿易産業の黎明期でもあった創業後約20年間は，同社の貿易事業も言わば模索期であったが，日清戦争を経て近代日本の貿易が最初の飛躍段階にさしかかるのと歩調を合わせて，明治30年代から同社の貿易事業が本格化し，又，市場競争も本格期を迎えた。その中で競争優位を着実に確立していった。この市場競争の本格期は，大正3年までを第Ⅰ期，その後大正末までを第Ⅱ期とし，二つの期では競争関係と競争優位の質に大きな変化があったことに注目した。更に，それぞれの期の中でも，それらに漸進的な変化も見出された。

　こうした競争関係と競争優位の質の変化をもたらした背景を競争相手と競争分野の分析から掘り下げた上で，同社に個々の局面で競争優位をもたらした競争力要素は何であったのかを考察した。競争力要素は，経営史研究分野で多年にわたり活発な議論が展開されている「総合商社の論理」など先行研究を手掛かりとして，有力なものをほぼ網羅的に近い形で抽出した。それらを，明治30年代以降の競争関係と競争優位の質の変化をもたらした背景と照らし合わせ，各局面で大きな貢献をした競争力要素を絞り込んだ。結果として，明治30年代

以降の同社の市場競争本格期で競争優位をもたらした競争力要素の中軸は，人材技能であったという考証結果を導いた。その人材技能は，本格期を通して進行した競争関係と競争優位の質の変化に伴って，その中身が高度化していったことも注目された。高度化への大きな流れとして，本格期第Ⅰ期では貿易一般技能が中心的に機能し，第Ⅱ期では，それを基盤としつつも，より高度な技能たる貿易応用技能の役割が次第に大きいものとなったということが見出された。

このように明治大正期三井物産において，人材技能が競争力の中軸としての役割を担うに至った，またそれを持続した道筋が検証されたが，そこにおいて，競争力諸要素の中で人材技能の位置づけを規定する条件或いは背景が以下のように見出された。

① 先ず，人材技能が競争力として特に重要性をもつ客観条件の存在である。明治期の日本の貿易市場は外商の支配下にあり，そこでの邦商の競争劣位の理由は，当時の国際貿易システムが欧米先進国の取引標準で成立しており，そこで用いられる貿易技能は邦商にとって全く未知のものであったからである。このこと自体は邦商の一般認識であったのであるが，ここで重要なのは，この欧米標準の貿易技能を修得するのが当時の邦商にとって極めて高いハードルであったということである。即ち，その組織的な修得には長い年月と多大な先行費用の投入が必要であった。ハードルが高かったからこそ，これを他の邦商に先んじて乗り越えればそれは決定的な競争力になりえたのである。

② 三井物産はこの高いハードルに挑んだ邦商の一つであり，これに最も果敢に挑んだ。しかし，同社でこの人材技能の組織的形成が本格化するのは明治30年代からで，それまでの助走期間として，約20年もの長い年月をかけている。即ち，海外拠点構築とそこでの人材育成への先行投資をはじめ，OJTが効果的に進展しうるための基礎となる組織条件の整備にこうした長い年月を費やしている。

③ 一方，この助走期間において企業を存立させていくためには，何らかの形の競争力が必要であった。この事例では，創業経営者能力，とりわけそ

の人脈力を梃子にして成立した権益商売が重要な役割を演じた。但し，この権益商売からの利益は人材形成投資に積極的に振り向けられていた。
④　明治30年代以降は人材技能の組織的形成が順調に進展したが，それは，先にあげた OJT 進展を有効にする組織条件のもとで，人材技能の形成に不可欠な仕事経験を効果的に繋げていく組織編成が継続性をもって展開されたことによって実現している。
⑤　人材技能の組織的形成の進展には，人材技能の中身の高度化進展も伴っていた。大きな流れとしては，先に述べたように，当初主体であった貿易一般技能に，それに上乗せする形で，次第に高度なリスク対応能力を含めた貿易応用技能が合体され，その重点のシフトも進行していた。三井物産は市場の変化に対応し，こうした人材技能の高度化を他社に先んじて進めた為，そのことが市場競争での優位を持続させ，又，人材技能が競争力の中軸たる地位を継続した。

　三井物産は，このように人材技能を競争力の中軸において市場での競争優位を持続したが，大正期に三井物産を急追してきた後続邦商は，第一次世界大戦後の経済低迷期で多大な損失を発生させ多くが経営破綻などに陥り，大正終盤前後で邦商間の競争関係は大きく変化した。多くの邦商での多大損失発生は，主として，リスク管理を含めた貿易応用技能の未熟によるものであったが，しかし，その中で生き残った商社は，三菱商事に代表されるとおり，三井物産が先行した人材技能の高度化へのキャッチアップをその後加速させることとなった。
　昭和期は貿易市場の性格自体が，明治大正期とは大きく変わるが，こうした新たな市場環境と新たな競争関係のなかで，三井物産における競争力要素の構成とその中軸がどのように変化していくこととなるのか，そして，人材技能の位置づけと中身がどうなっていくのか，これらが注目されるのである。本書では明治30年代以降の市場競争本格期の二つの期を前期，後期でなく第Ⅰ期，第Ⅱ期と区分したが，それは第Ⅲ期となる昭和期へこの研究を延伸させる必要性

を意識したためであった。この事例研究を技能形成論として，一般化に向けた議論に一歩近づけていく上でも，また総合商社研究という観点で，現代にも通じる「総合商社の論理」に繋げていく上でも，新たに競争力要素となる事業投資という問題に焦点があてられることとなる第Ⅲ期の解明が極めて重要であると筆者は考えている。

## 2 人材技能の組織的形成における OJT の役割

明治30年代の競争優位獲得に人材技能が中軸として貢献したことの裏付けとして，その人材技能がこの時期にどのように組織的に形成されていたのかを検証した。同社が卓越した人材を数多く生み出していたということは，多くの先行研究が論じていることであるが，それに至った根拠としては，高学歴者の積極採用，研修制度，登用制度といった制度的側面に殆どの論者が関心を寄せていた。従って，本書ではそれら制度の実際の貢献について仔細に検証を行った。ここにおいて，それら制度の貢献に限界を確認し，OJT が重要な役割を演じていたという考証結果を導いた。又，OJT が効果的に進展しうる条件を考察し，その条件として，近世的な階層秩序からの脱却，指導層の確立，定着性の向上などが，明治30年代の市場競争本格期のはじまりに先立って徐々に進展しつつあったことがわかった。つまり，創業後20年の長い年月をかけて，こうした面での人材の組織的形成の地均しが着実に進行していたことを確認したのである。

なお，従来研究で OJT が注目されなかった理由の主たるものは，この方式の訓練はそれを直接把握するデータが得難いことにある。仕事の中で進行するこの訓練は記録に残されないことが通常なのである。経営史研究のみならず，現代企業研究においても，その状況にある。それが OJT 研究（これが技能研究の要であるのだが）の広がりを阻害しているのであるが，本事例分析で依拠した知的熟練論が提起する OJT 分析方法，つまり，技能を不確実性に対処するノウハウとし，技能の形成を長期にわたる仕事の繋がりで分析するという方法が，この壁を乗り越える有効な方法となっている。

## 3 ホワイトカラーの仕事の特性と研究の方法

　第Ⅱ部では，明治30年代以降競争力要素の中軸として貢献した人材技能の内容と形成過程の分析を行った。その分析に先だち，技能研究についての理論的考察を行った。先ず，経営学や経済学におけるこれまでの人材研究の展望を通じて，技能研究での進展が乏しいことを確認し，この背景に研究の方法論上の問題が横たわっていることを論じた。先行研究の展望の中で，技能研究に先鞭をつけた小池和男の知的熟練論に着目し，同理論の方法論上の要が，技能を不確実性への対応として分析すること，又，実際の仕事観察を通じて仕事経験の繋がりを分析することにあるなどの解釈を示した。本事例分析はその理論に依拠したが，但し，そこでの実証分析枠組みが，主にブルーカラーの仕事に即して組み立てられているため，ホワイトカラー分析には必ずしも効果的ではなく，従って，ホワイトカラーの仕事特性にあった形に分析枠組の拡張を構想した。

　この拡張された枠組みの特徴は次の二つである。一つは，「仕事システム」という概念を設けたことである。「仕事システム」とは，組織としての不確実性への対応において，役割の一翼を担うものとして，人材技能と対置させるものであり，予想される不確実性に対して経営の仕組みとして予めとっている対応，つまり組織的コントロールの仕組みである。ブルーカラーの職場でいえば，中心となるものは機械設備やそれに対応する標準作業の構築などであり，ホワイトカラーの職場でいえば，仕事の制度や規則，また仕事標準化にむけたマニュアル類の整備などとなる。二つ目の特徴は，不確実性対応の観察・分析では，知的熟練論で例示されているブルーカラー分析の場合と異なり，人材技能と「仕事システム」が一体となった状況を対象とし，又，それを組織全体的に把握するということにある。本書ではこれを組織ベースでの観察・分析と呼んだ。

　この方法では，「仕事システム」自体では対応が及ばない領域での不確実性対応を担う人材技能のみならず，「仕事システム」の運用において必要とされる人材技能も併せて，二つの面での人材技能が分析される。知的熟練論では前者にのみ注目した分析が行われ，後者の標準化技能は競争力を左右するもので

はないという仮定がおかれる[1]。この仮定によって不確実性に対応する人材技能を鮮明な形で説明することができる。本書では人材技能を両面で分析したが，「仕事システム」を運用する，つまり標準化された部分の人材技能も，ここでは競争力に大きく貢献している状況が見出された。その理由は，同社の「仕事システム」の構築は，競争他社より常に先進的であったからである。つまり，標準化技能であっても，その「仕事システム」が市場で先駆性があれば，その先駆性を有する期間中は，その標準化技能は競争力として有効に作用する。裏を返せば，標準化技能で作動する「仕事システム」が競争力として作用するには，その「仕事システム」は常に市場での先駆性を維持しうるように刷新されていなければならず，と同時に標準化技能もそれに伴って内容を刷新していかねばならない，ということとなる。

## 4　企業が向き合う不確実性の多様性と広大さ

こうした枠組みに沿って，三井物産の貿易事業における組織ベースでの不確実性への対応の分析を行った。豊富な経営資料の長期・多面的な調査によって，本来把握が困難である，企業経営が向き合う不確実性の実態のおおよその姿を明らかにした。特に，損失機会，つまりリスクの実態に関しては，全体像に近い形で明らかとなった。損失発生にはその処理やその後の対応などに関して経営内部で何らかの議論が必ずあったはずであり，長期にわたる経営資料の多面的な調査で，ほぼ全容を明らかにすることが出来た。又，それぞれの不確実性に対応する「仕事システム」と人材技能の存在が明らかとなった。数ある先行研究では，その殆どが商社のリスクとして，商品相場変動リスクに関心を傾斜させてきたが，本書では詳細な調査によって，そのリスクをはじめ，信用リスク，契約不履行リスク，為替リスク，その他を含め多様なリスクの存在，そし

---

[1]　この仮定での実証分析は極めて難しいのであるが，小池和男(2008)『海外日本企業の人材形成』はこれを見事に成功させている。同書では，トヨタの同一車種の日本母工場と，タイ，米国，英国の海外3工場間で，コントロールされた設備条件のもとで生産性比較を行い，人材技能が生産性差に与える影響を分析している。

てそれぞれのリスクの内訳が明らかになった。リスクの分析には，商品相場の失敗や取引先の経営行き詰まりによる代金未回収など，経営陣の注目が直ちに集まる問題以外に，普段あまり注目されることがない些細な実務的問題への注目が重要であることを示した。その問題とは，例えば，契約締結の際の品質確認のための見本取り交わしの不備や，品質保持に適した梱包方法の選択のまずさが重大な損失を招いていること，また些細な問題でも市場の変動期では，それが発端となって大きな苦情問題に発展している場合がかなり多いことなどであり，リスクの幅広さを具体的に示した。

利益機会については，それが実際にはあまりにも多岐にわたり，また記録が残されにくい性格のものでもあることから，それ自体の調査が困難であったため，代わりに価値生産ルーティーンの仕事全容を細部にわたり分析することで，利益機会への対応という仕事の実態を把握した。このような損失機会と利益機会の二面からのアプローチを統合することによって，不確実性の多様性と，それへの組織ベースでの対応の全体像が概ね把握できた。それと同時に，それぞれの仕事での不確実性対応において，「仕事システム」の果たす役割を分析し，それを差し引いた形で人材技能が果たす役割を考証し，結果として，殆ど全ての仕事において人材技能が果たしている役割がより大きいことがわかった。

市場に潜在する不確実性は計り知れない巨大なものであるが，その中で限られた領域で活動している一企業，さらにその活動のほんの一部分を担っている個々の仕事が向き合っている不確実性だけでも極めて多様であることが示された。そしてそれらに対応する人材技能の多様性を具体的に示し，人材技能の内実と役割の実態が明らかになった。

## 5 「仕事システム」の役割及び人材技能との関係

組織ベースの不確実性分析によって，仕事の大部分で不確実性への対応が「仕事システム」と人材技能の協働でなされていることを確認した。その中で，あらゆる仕事で，人材技能が大きな役割を果たしていることが明らかになったのであるが，しかし，そこでは「仕事システム」の存在は，殆どの場合，人材

技能にとって不可欠なものとなっている。「仕事システム」は様々な形で，ほぼ組織全体に分布し，またそれが事業の進展とともに拡大している。そして，仕事によって様々な形で人材技能と組み合わされている。

「仕事システム」は，仕事の種別によって，分布密度，高度化の度合い，役割の大きさで違いがある。一方，人材技能のほうも，仕事種別によって，内容や役割の程度で違いがあり，それが「仕事システム」と組み合わされた形で組織ベースの対応となっている。その組み合わされ方は以下に例示する4つのパターンがある。

第1のパターンは，価値生産ルーティーンの流れで第1段階にある取引基盤構築の仕事の中にみられるものである。ここだけが例外であるが，ここでの仕事には「仕事システム」が全くない。定型化には最も程遠い性格の仕事である為である。この仕事では，時として資金力や人脈その他人材技能の範疇を超えた力が重要な役割を担っているが，不確実性への対応には，仕事経験に基づいた人材の高度な技能が不可欠となる。ここでの人材技能は，市場が内包する無限の不確実性を，受身ではなく主体的に選別し，且つこの不確実性を利益機会として現実化するため，多様な形の対応をしていくものである。この仕事は主に売買部門での上層部によって進められている。

第2のパターンは，売買専門の人たちの中心業務であり，価値生産ルーティーンで第2段階の個別取引契約の締結の仕事の中にみられるものである。ここには業務規則類や商品マニュアル類などが，全社レベル，支店など職場ごとに，或いは，商品分野ごとなど多重に設けられ，「仕事システム」が高密度で分布している。しかし，これらによって仕事が標準化されている度合いは低く，裁量的に発揮される人材技能が決定的に重要な役割を果たしている。この取引契約締結という仕事では，対象とすべき不確実性領域は「仕事システム」でほぼ定式化され，対応の方法も規則やマニュアルなどで大体の枠組みが敷かれているのだが，実際の個々の契約は多様性に満ちている，つまり，利益機会と損失機会の両面で多大な不確実性に晒されているからである。

第3のパターンは，「仕事システム」の分布密度ということではやはり極め

て高い仕事である受渡業務の中にみられるものである。しかしここでは，売買専門の取引契約締結の仕事とは異なった様相を呈している。この仕事は，価値生産ルーティーンで第3段階の個別取引契約の履行の仕事の一角にある。そこでは「仕事システム」の充実によって仕事の標準化が高度に進んでおり，標準化を越えた人材技能の役割は，他の仕事との比較では明らかに小さい。受渡業務自体は同社のコスト競争力の要として重要な役割を担っているが，左程高度な技能を必要としない標準作業で構成される「仕事システム」が緻密に構築されており，これが不確実性のコントロールに効果的に機能している。

第4のパターンは，受渡業務と対照的な経理業務の仕事の中にみられるものである。経理業務も個別取引契約の履行の仕事の一角にある。この業務は，業務規則類によって「仕事システム」が整備され，仕事標準化は高度に進んでいる。この点では受渡業務と類似している。しかし，決定的な違いは，ここでは標準化自体が極めて高度であるという点である。同社の標準化された経理業務は同社特有の組織特性（営業拠点の世界的広がりや扱い商品の多様性，また支店独立採算と商品別全社統括部の並存したマトリックス組織など）に対応し，極めて多様性をもつ複雑な体系となっており，これをこなすには高度な人材技能を必要とする。更にこの業務は高度な標準技能に加え，売買部門などが対処すべきリスクなどを会計面から探知し，又，売買部門によるリスク対処を監督するという裁量的な人材技能も必要とし，これがリスク管理の「仕事システム」と一体となって機能している。

以上のように，「仕事システム」と人材技能は多様な組み合わせをもつが，この多様性は個々の仕事の中身の違いからもたらされている。各組み合わせは，それぞれの仕事ごとの組織ベースの不確実性への対応が，より効果的となるようにと目論まれて成立しているものと理解することができる。

「仕事システム」と人材技能の関係でもう一つの重要な論点は，両者の代替或いは補完といった問題である。一般に機械化や仕事標準化などの「仕事システム」は人材技能を代替するものとして理解されることが多いが，一方，近年

のOA（Office Automation）やFA（Factory Automation）をめぐる議論では，機械によって人材技能が代替されてしまうのではなく，逆に人材技能を高度化しているとの見解も少なくない。本事例でも「仕事システム」が人材技能を高度化させていることが見出されているが，両者の関係は従来の議論とは様相を異にしている。

OAやFAでの機械化が人材技能を高度化させることの説明として一般的に言われていることは，新しい機械が導入されることによって，その機械を運転する技能が新たに必要となり，それは代替された従来の技能より高度な技能となる，というものである。この事例でも，人材技能が「仕事システム」によって高度化されているが，しかし，注目されることは，これがそれだけでは終わらず，高度化された人材技能が，更に高度な「仕事システム」を必要とするという，相互の相乗的な関係が見出されるという点である。「仕事システム」と人材技能は相乗しあって，両者がスパイラルを描くような形で高度化していく傾向が，この事例の中で見出されている。こうした相乗関係が生まれる理由は，ホワイトカラー組織での「仕事システム」は制度や規則類が中心であるから，それ自体が柔軟なものであり，機械設備などとは違って，不確実性をコントロールするシステムとして完成度が低いということがあると考えられる。つまり，人材による運用の仕方に機能が左右され，また完成度が低いということから，機能面で色々な揺らぎが生じるということがあるからであろう。

しかし，ここで重要な問題は，この相乗関係は組織ベースの対応能力の高度化，つまり正のスパイラルに常に繋がるとは限らないという点にある。逆に負のスパイラルに向かう可能性も秘めている。第5章第4節で紹介した，信用程度管理制度をめぐる経営トップと支店長らとの議論がこの可能性を示唆している。この議論とはこうである。

明治30年代にこの制度が敷かれた当初，本社が支店の活動を統制する様相を呈しており，これに支店長らが反発し制度の変更を求める議論が支店長会議で展開された。その際経営トップは，制度の重要性を強調しつつも，この制度運用の鍵は支店長の取引先分析能力にあるとして，本社の審査体制ではなく，支

店長の裁量を重視する方針を明確にした。支店長らはこれに納得し，この制度はその後概ね円滑に運用され，発展的に機能し続けることになっていくのである。もし，本社側の体制強化方針となった場合を想像すれば，この「仕事システム」と支店現場での人材技能は協働ではなく対立関係におかれ，「仕事システム」も人材技能も成長がなかったのではないかと思われる。と同時に，支店における客先への信用供与は萎縮し，商売拡大も阻害されていったのではないかと推察される。

　この例において正のスパイラルをもたらしたのは，一つには，経営トップの判断と行動がある。つまり，信用リスク管理という不確実性への対応に対して，現場の人材技能が鍵を握るとの経営判断を基に，それを明快な形で行動に移したことである。しかし，この経営判断と行動をもたらすとともに，正のスパイラルを実際に実現させる条件となったのは，役割を担った現場人材の技能水準の成熟度ということがあった。このことがここでは重要である。ここで引合いに出した話は明治30年代中盤，即ち，市場競争本格期に入ってしばらく年月が経過した段階での社内議論であるが，この時点では，第３章第４節で検証したとおり，商売経験を積んだ指導層が組織全体的に確立している。海外で現地の内販に入り込んだ商売に長きにわたり携わってきた多くの人材は，各地での多様な信用状態の取引先との商売経験を積んできている。「仕事システム」は効果が見込めるとなれば即座に導入できるが，人材技能のほうは長い年月の形成期間が必要なのである。つまり，「仕事システム」と人材技能が正のスパイラルでの能力伸張を実現させるには，人材技能が先行して一定の水準まで形成されていなければならないということなのである。

## 6　人材技能形成の道筋

　人材技能が競争力をもたらす全体メカニズムの基盤に位置するのが個人ベースでの人材技能の形成メカニズムである。これを探究する研究，特にホワイトカラー研究においては，キャリア分析と言われる方法が近年定着している。しかし，これによって技能の形成がどのような仕事経験の繋がりで達成されるの

## 総括と考察

かを解き明かすことは決して容易ではない。技能を段々と形成していく仕事経験が積み上っていくプロセスを継続的に観察するのが困難であるからである。特に，組織全体的にそれを観察するとなると，資料の入手は極めて難しい。しかし，この事例企業は一般には入手が難しいこうした資料を大量に残しており，これが本書での分析に活用された。

明治36年から38年の3年間に入社した414人全員の20年にわたる仕事経験をパネルデータに編集し，それを部署移動の類型や，専門業務の繋がり方，又，役割の変遷といった視点で分析した。調査したデータは，入社前の学歴や前歴からはじまり，退職に至るまでの全ての部署移動歴と担当業務歴，海外研修や社内試験などを含む社内教育歴，昇進歴，懲罰歴，退職理由などに及んだ。これらを分析した結果，仕事経験の繋がりが，人材の専門的技能を形成していった実態を具体的に確認できた。

極めて明瞭に見出されたのは，この事例組織での20年にわたる組織編成の中で，いわゆる横の組織編成（つまり，部署の移動）の推移において，固有の不確実性対応，つまり固有の技能修得を必要とする専門的人材が，個々の専門分野ごとに集団として，組織全体の四分の三を覆う形で形成されていたという事実である。ここにおいての専門性とは，経理や受渡その他管理職能の専門性や売買部門での商品専門性である。こうした専門集団の組織的形成は，固有の技能形成に向けて，仕事経験の特有な繋がりが不可欠であったということを物語っている。どのような仕事経験の繋がり方が，どのような種類の不確実性に対応する技能形成に有効であるのかということについては，部署移動の分析だけからは十分な解明は難しい。しかし，部署移動の多さや移動先の多様性といったことが，形成していく技能の内容と高低に関係しているとの示唆が得られた。

不確実性への対応能力を高めていく技能形成の実態は，縦の組織編成（つまり，昇進・昇格）の道筋の分析から大筋は把握することができる。売買専門の人たちの技能形成について，概ね標準的な道筋が明らかとなった。技能形成の指標として第一次管理職（主任など）への昇進ということが，この事例では有効であることを論じて，それを指標として実務技能の形成の道筋を考証した。

考証結果として導かれたことは次のとおりである。即ち，売買専門の人たちは，入社初期では経理や受渡といった契約履行の業務に携わって，商売の流れ全体を学習し，その後，売買掛で先輩の補佐として契約締結や契約履行の実務を学習し，これら数年（人によって差があるが）の基礎訓練を経て売買の担当者になる。しかし，この段階では多様な不確実性に対処する技能は限られた範囲のものであり，部店移動を，平均的には，大体4年ごとに3回前後経験して，その中で，異なった地域（市場），異なった商売経験を積み重ね，8年から15年位で組織基準の技能修得を完成させる。第一次管理職への昇進は概ねこの時期に対応している。

　人材技能というものには実務的技能を越えた領域が色々あるのだが，実務技能に限った場合でも，本事例の売買専門の人たちは，組織基準に達するのに10年前後の仕事経験を必要とした。この10年前後という年月は，同社における売買の仕事の内容がそれを必要としたのである。その仕事の内容は，市場の性格と，その中での企業としての活動領域の選択によって規定されている。仮に同社の活動領域が貿易一般技能で大方処理できるものに留まっていたとすれば，恐らくその半分の年月で十分であったと推察される。しかし，同社の経営は，多様な不確実性への対応を余儀なくされる仕事領域に，一定の選別はあったものの，果敢に踏み込んでいったため，実務レベルでの組織基準の技能形成に，10年前後という長い年月を必要とすることになったのである。

　とは言え，企業が向き合う多様な不確実性というものは，この10年前後で形成される組織基準の技能で十分に対処されるものではない。多様な不確実性対応にむけた同社の組織能力というものは，その組織基準を基盤とし，これに加えて，より長い経験によって研ぎ澄まされた不確実性対応技能を蓄えた人たちの監督が合体されて成立している。「仕事システム」の企画や運営もその人たちが主に主導している。これらの人たちとは，「パネル表」から把握できる18年経歴においては，第一次管理職を経験した後，大体入社から15年前後或いはそれ以上を経過した段階で，部店での長やその補佐的な組織管理業務，或いは本店本部の課長など全社レベルの管理業務に携わっている人たちである。彼ら

については，利益機会への対応の起点となる取引基盤構築の仕事では中心的役割を担っていたこと，また損失機会への対応では，部店内で起きた損失事件では責任者として例外なく懲罰対象となっているなど，不確実性対応ということのなかで極めて重要な位置に置かれていたことが確認されている。

　この人たちは部店移動も引き続き繰り返している。但し，彼らの部店移動は，第一次管理職に至る過程とは様相を異にし，必ずしも専門領域に縛られるものではなく，というより職責上守備範囲は自ずと広くなり，従って，それまで以上に広い領域での不確実性対応を経験していくこととなる。つまり，同社における個人ベースでの人材技能の形成には，実務技能に限定した場合でも，組織基準の技能形成修得に要する10年前後と，更にその後も継続する仕事経験の累計で凡そ20年前後，或はそれ以上の長い年月をかけていたのである。この長い年月をかけて形成された人材の集合が同社の組織としての不確実性対応能力となっていた。

# 付　表

付表 1 「支店長会議」及

| 開催年月 | 明治35年4月 | 明治36年4月 | 明治37年8月 | 明治38年9月 | 明治39年7月 | 明治40年7月 | 明治41年8月 | 明治44年8月 |
|---|---|---|---|---|---|---|---|---|
| 会議日数 | 7日 | 5日 | 8日 | 6日 | 6日 | 8日 | 11日 | 15日 |
| 議事録巻 No. | 1 | 2 | 3 | 4 | 5 | 6 | 7 | 8 |
| 会社形態別開催番号（合名会社, 株式会社） | 合名会社第1回 | 合名会社第2回 | 合名会社第3回 | 合名会社第4回 | 合名会社第5回 | 合名会社第6回 | 合名会社第7回 | 株式会社第1回本会の議事内容記録残存せず（目次と出席者一覧記述はあり） |

| 所属分類 | 氏名 | 会議出席の有無と当時の役職 | | | | | | | |
|---|---|---|---|---|---|---|---|---|---|
| 経営実務中枢注（就任年順） | 益田 孝 | 理事（会議会長） | 専務理事 | 同族会管理部専務理事 | 同族会管理部副部長 | 左同 | | 左同 | 三井合名顧問 |
| | 飯田義一 | 理事（会議会長代理） | 理事 | 理事 | 理事 | 専務理事心得（会議会長） | 理事 | 専務理事（会議会長） | 常務取締役（会議会長） |
| | 渡辺専次郎 | | 理事（会議会長） | 専務理事（会議会長） | 左同 | | 左同 | | |
| | 岩原謙三 | 紐育支店長 | | | | 理事 | 左同 | 左同 | 常務取締役 |
| | 山本條太郎 | 上海支店長 | | 左同 | 左同 | 本店営業部長 | 左同 | 左同 | 常務取締役 |
| | 小室三吉 | 倫敦支店赴任予定者 | | | | | | 理事 | 取締役 |
| | 福井菊三郎 | 本店営業部長 | 左同 | 大阪支店長 | | 紐育支店長 | | | 常務取締役 |
| | 藤瀬政次郎 | （大阪支店長今回病気欠席） | 大阪支店長 | 参事長 | 調査課長 | | | 上海支店長 | 左同 |
| | 小田柿捨次郎 | | | | | | 京城出張所長 | 参事長 | 本店営業部長 |
| | 安川雄之助 | | | | | 天津支店長 | 左同 | | 満州営業部長 |
| | 武村貞一郎 | | | 神戸支店長代理 | 神戸支店次席 | 神戸支店長 | 左同 | | 神戸支店長 |
| | 南條金雄 | | | | | | | | |
| | 小林正直 | | | | | | 香港支店長 | 左同 | 左同 |
| | 川村貞次郎 | | | | 口ノ津支店長 | 口ノ津支店長 | | 船舶部長 | |
| | 井上治兵衛 | | | | | 前漢堡出張所長 | | | |
| | 田島繁二 | | | | | | | | |
| | 向井忠治 | | | | | | | | |
| | 守岡多仲 | | | | | | | | |

付表 1

び出席者一覧（その１）

| 大正2年7月16日 | 大正4年7月13日 | 大正5年6月8日 | 大正6年6月17日 | 大正7年6月11日 | 大正8年9月12日 | 大正10年6月17日 | 大正15年6月9日 | 昭和6年7月11日 |
|---|---|---|---|---|---|---|---|---|
| 8 | 9 | 10 | 11 | 12 | 13 | 14 | 15 | 16 |
| 株式会社第2回本会議事録は出席者一覧記述脱落（下表は発言者のみ拾い出す） | 株式会社第3回 | 株式会社第4回 | 株式会社第5回本会議事録は出席者一覧記述脱落（下表は発言者のみ拾い出す） | 株式会社第6回 | 株式会社第7回 | 株式会社第8回 | 株式会社第9回本会議事録は出席者一覧記述脱落（下表は発言者のみ拾い出す） | 株式会社第10回 |

会 議 出 席 の 有 無 と 当 時 の 役 職

| | | 三井合名相談役 | | | | | 左同 | 左同 |
|---|---|---|---|---|---|---|---|---|
| 取締役 | | | | | | | | |
| | 常務取締役 | 常務取締役 | | | | | | |
| 取締役（会議会長） | | | | | | | | |
| 取締役（会議会長代理） | | | | | | | | |
| | | 監査役 | | | | | | |
| 取締役 | 常務取締役（交互会議会長） | 左同（交互会議会長） | 左同（交互会議会長） | 取締役 | 三井合名理事 | 左同 | | 三井合名常任理事 |
| 取締役（上海在） | 常務取締役（交互会議会長） | 左同（交互会議会長） | 左同（交互会議会長） | 左同（交互会議会長） | 左同（交互会議会長） | 左同（交互会議会長） | | |
| 元小樽支店長木材部長現上海支店長 | 常務取締役（交互会議会長） | 左同（交互会議会長） | 左同（交互会議会長） | 左同（交互会議会長） | 左同（交互会議会長） | 常務取締役 | | |
| 大連支店長 | 本店営業部長 | 左同 | 左同 | 左同 | 常務取締役（交互会議会長） | 常務取締役 | 左同（会議会長） | 常務取締役（会議会長） |
| 左同 | 大阪支店長 | 左同 | 左同 | 左同 | 常務取締役（交互会議会長） | 常務取締役 | | 監査役 |
| | | | | | | 常務取締役 | | 常務取締役 |
| 門司支店長兼石炭部長 | 左同 | 左同 | 左同 | 左同（？門司支店長） | | | 常務取締役 | 左同 |
| 左同 | 左同 | 左同 | 左同 | 船舶部長兼造船部長 | 左同 | 左同 | | 常務取締役 |
| | | | | 横浜支店長 | 左同 | 横浜支店長兼生糸部長 | | 取締役兼横浜支店長兼生糸部長 |
| | | | | | | 紐育支店長 | | 取締役大阪支店長 |
| | | | | | 穀肥部長 | | | 営業部長 |
| | | 孟買支店長 | | 左同 | 小樽支店長兼木材部長 | 左同 | 業務課長 | 左同 |

299

付表 1 「支店長会議」及

| 開催年月 | 明治35年4月 | 明治36年4月 | 明治37年8月 | 明治38年9月 | 明治39年7月 | 明治40年7月 | 明治41年8月 | 明治44年8月 |
|---|---|---|---|---|---|---|---|---|
| 会議日数 | 7日 | 5日 | 8日 | 6日 | 6日 | 8日 | 11日 | 15日 |
| 議事録巻 No. | 1 | 2 | 3 | 4 | 5 | 6 | 7 | 8 |
| 会社形態別開催番号（合名会社,株式会社） | 合名会社第1回 | 合名会社第2回 | 合名会社第3回 | 合名会社第4回 | 合名会社第5回 | 合名会社第6回 | 合名会社第7回 | 株式会社第1回本会の議事内容記録残存せず（目次と出席者一覧記述はあり） |

| 所属分類 | 氏名 | 会議出席の有無と当時の役職 | | | | | | | |
|---|---|---|---|---|---|---|---|---|---|
| | 石田礼助 | | | | | | | | |
| | 太田静男 | | | | | | | | |
| | 長谷川作次 | | | | | | | | |
| | 住井辰男 | | | | | | | | |
| | 古川虎三郎 | | | | | | | | |
| | （小計23人） | | | | | | | | |
| 取締役、部店長、主任他（あいうえお順） | 赤羽克巳 | | | | | | 口ノ津支店長 | 左同 | 三池支店長 |
| | 浅田美之助 | | | | | | | | |
| | 浅野長七 | | | | | | | 京城出張所長 | |
| | 阿部重兵衛 | | | | | | | | |
| | 阿部吟次郎 | | | | | | | | |
| | 飯塚重五郎 | | | | | | | | |
| | 飯沼剛一 | | | | | | | | |
| | 池田子之吉 | | | | | | 船舶部長代理 | | |
| | 池田省三 | | | | | | | | |
| | 伊澤良立 | 長崎支店長 | 左同 | | | | | | |
| | 石川源三郎 | | | | | | | | |
| | 石川六郎 | | | | | | | | |
| | 磯村豊太郎 | | | 本店営業部長心得 | 本店営業部長 | 左同 | 左同 | 左同 | |
| | 市川純一 | | | | | | | | |
| | 逸見金太郎 | | | | | | | | |
| | 伊藤吉之助 | | | | | | | | |
| | 鵜飼宗平 | | | | | | | | |
| | 犬塚勝之丞 | | | | | | | | |
| | 犬塚信太郎 | 香港支店長（今回遅着） | 左同 | 門司支店長 | 左同 | 左同 | | | |
| | 井上泰三 | | | | | 牛荘支店長 | 左同 | | 参事 |

付表 1

び出席者一覧（その2）

| 大正2年7月 | 大正4年7月 | 大正5年6月 | 大正6年6月 | 大正7年6月 | 大正8年9月 | 大正10年6月 | 大正15年6月 | 昭和6年7月 |
|---|---|---|---|---|---|---|---|---|
| 16日 | 13日 | 8日 | 17日 | 11日 | 12日 | 17日 | 9日 | 11日 |
| 8 | 9 | 10 | 11 | 12 | 13 | 14 | 15 | 16 |
| 株式会社第2回本会議事録は出席者一覧記述脱落（下表は発言者のみ拾い出す） | 株式会社第3回 | 株式会社第4回 | 株式会社第5回本会議事録は出席者一覧記述脱落（下表は発言者のみ拾い出す） | 株式会社第6回 | 株式会社第7回 | 株式会社第8回 | 株式会社第9回本会議事録は出席者一覧記述脱落（下表は発言者のみ拾い出す） | 株式会社第10回 |

会　議　出　席　の　有　無　と　当　時　の　役　職

| | | | | | | | | |
|---|---|---|---|---|---|---|---|---|
| | | | | | | | 大連支店長 | |
| | | | | | | | | 会計課長 |
| | | | | | 大連支店長 | 大連支店長 | 門司支店長 | 左同 |
| | | | | | | 京城支店長 | 左同 | 左同 |
| | | | | | | | | 船舶部長 |
| | | | | | | | | |
| | 業務課長心得 | 業務課長 | 左同 | 左同 | 左同 | 左同 | | 北海道炭礦汽船常務取締役 |
| | | | | | | | | 機械部長 |
| 左同 | 検査員 | 左同 | | | | | | |
| | | | | | | 泗水支店長 | 香港支店長 | 左同 |
| | | | | | | | 本店受渡掛長代理（西貢出張者） | 馬尼刺支店長 |
| | | | | 青島支店長 | | | | |
| | 台北支店長 | 左同 | 左同 | 左同 | | | | |
| | | | | | | | | |
| | 木材部東京出張員 | | | | | | | |
| 漢堡出張所長 | | | | | | | | |
| 機械部参事 | | | | | | | | 北海道炭礦汽船社長 |
| | | | | | | | 調査課長 | 左同 |
| 機械部参事 | | | | | | 機械部東京支部長 | 金物部長 | |
| | | | | 砂糖部 | | | | |
| | | | | | | | 造船部長 | 左同 |
| | | | | | 三池支店長 | | | |

301

付表 1 「支店長会議」及

| 所属分類 | 氏名 | 明治35年4月 | 明治36年4月 | 明治37年8月 | 明治38年9月 | 明治39年7月 | 明治40年7月 | 明治41年8月 | 明治44年8月 |
|---|---|---|---|---|---|---|---|---|---|
| | 会議日数 | 7日 | 5日 | 8日 | 6日 | 6日 | 8日 | 11日 | 15日 |
| | 議事録巻No. | 1 | 2 | 3 | 4 | 5 | 6 | 7 | 8 |
| | 会社形態別開催番号（合名会社,株式会社） | 合名会社第1回 | 合名会社第2回 | 合名会社第3回 | 合名会社第4回 | 合名会社第5回 | 合名会社第6回 | 合名会社第7回 | 株式会社第1回本会の議事内容記録残存せず（目次と出席者一覧記述はあり） |
| | 氏名 | 会 議 出 席 の 有 無 と 当 時 の 役 職 | | | | | | | |
| 取締役、部店長、主任他（あいうえお順） | 岩崎武治 | | | | | | | 機械部支店掛主任 | |
| | 岩瀬治三郎 | | | | | | | | |
| | 植木房太郎 | | | | | | | | |
| | 臼井喜代松 | 参事 | | | | | 同族会管理部 | | |
| | 卜部卓江 | | | | | | | | |
| | 遠藤大三郎 | 神戸支店長 | 左同 | | 左同 | 米穀肥料部長 | 左同 | 米穀肥料部長兼神戸支店長 | 米穀肥料部参事長 |
| | 大石七郎 | | | | | | | | |
| | 大熊篤太郎 | | | | | | | | |
| | 大竹勝一郎 | | | | | | | 石炭課主任心得 | 石炭課長 |
| | 大谷恭助 | | | | | | | 孟買支店 | |
| | 大野市太郎 | 石炭課主任 | 左同 | 元新嘉坡支店長，現本店石炭課主任 | 石炭課主任 | 左同 | 左同 | | |
| | 大村得太郎 | | | | | | 長崎支店長 | 左同 | 左同 |
| | 岡田省胤 | | | | | | | | |
| | 岡野悌二 | | | 名古屋支店長 | 左同 | 左同 | 左同 | 左同 | 左同 |
| | 小川弥太郎 | | | | | | | | |
| | 荻島由太郎 | | | | | | | | 営業部石炭掛主任 |
| | 荻田延治郎 | | | | | | | | |
| | 奥村勢一 | | | | | | | | |
| | 小田良治 | | | | 札幌出張所長（随時） | | | | |
| | 小寺新一 | | | | | | | | |
| | 小畑信吉 | | | 営業部（随時出席） | | | | | |

302

付表　1

## び出席者一覧（その3）

| 大正2年7月16日 8 | 大正4年7月13日 9 | 大正5年6月8日 10 | 大正6年6月17日 11 | 大正7年6月11日 12 | 大正8年9月12日 13 | 大正10年6月17日 14 | 大正15年6月9日 15 | 昭和6年7月11日 16 |
|---|---|---|---|---|---|---|---|---|
| 株式会社第2回本会議事録は出席者一覧記述脱落（下表は発言者のみ拾い出す） | 株式会社第3回 | 株式会社第4回 | 株式会社第5回本会議事録は出席者一覧記述脱落（下表は発言者のみ拾い出す） | 株式会社第6回 | 株式会社第7回 | 株式会社第8回 | 株式会社第9回本会議事録は出席者一覧記述脱落（下表は発言者のみ拾い出す） | 株式会社第10回 |

会　議　出　席　の　有　無　と　当　時　の　役　職

|  |  |  |  |  |  |  |  |  |
|---|---|---|---|---|---|---|---|---|
|  |  |  |  |  |  | 漢口支店長 |  |  |
|  |  |  |  |  |  | 盤谷出張員主席 |  |  |
|  |  |  |  |  |  |  |  |  |
|  |  |  |  |  |  | 泗水支店長 |  |  |
| 左同 | 左同 | 左同 | 病気欠席（市川純一総務掛代理説明） |  |  |  |  |  |
|  |  |  |  |  |  | 船舶部長 |  |  |
| 三池支店長兼口ノ津出張所長 | 左同 | 左同 | 左同 | 左同 | 業務課次長 | 左同 |  |  |
|  | 石炭部東京支部長 | 左同 | 左同 | 石炭部副部長 |  |  |  |  |
|  |  |  |  |  |  |  |  |  |
| 新嘉坡支店長 | 天津支店長 | 左同 |  | 本店業務課 |  |  |  |  |
|  |  |  |  |  |  | 長崎支店長 |  |  |
|  |  |  |  |  |  | 穀肥部長代理 | 青島支店長 |  |
|  | 長崎支店長 | 左同 | 左同 | 門司支店長 |  |  |  |  |
|  |  |  |  |  |  | 三池支店長 |  |  |
|  |  |  |  |  |  |  | 台北支店長兼高雄支店長 |  |
|  |  |  |  |  |  |  |  |  |

付表 1 「支店長会議」及

| 開催年月 | 明治35年4月 | 明治36年4月 | 明治37年8月 | 明治38年9月 | 明治39年7月 | 明治40年7月 | 明治41年8月 | 明治44年8月 |
|---|---|---|---|---|---|---|---|---|
| 会議日数 | 7日 | 5日 | 8日 | 6日 | 6日 | 8日 | 11日 | 15日 |
| 議事録巻 No. | 1 | 2 | 3 | 4 | 5 | 6 | 7 | 8 |
| 会社形態別開催番号（合名会社,株式会社） | 合名会社第1回 | 合名会社第2回 | 合名会社第3回 | 合名会社第4回 | 合名会社第5回 | 合名会社第6回 | 合名会社第7回 | 株式会社第1回本会の議事内容記録残存せず（目次と出席者一覧記述はあり） |

| 所属分類 | 氏名 | 会議出席の有無と当時の役職 | | | | | | | |
|---|---|---|---|---|---|---|---|---|---|
| 取締役、部店長、主任他（あいうえお順） | 片岡武吉 | | | | | | | | |
| | 加地利夫 | | | | | | 機械部機械掛主任兼電気掛主任 | 機械部機械掛主任 | 機械部機械部長代理 |
| | 加藤尚三 | | | | | | | | |
| | 金井潤三 | | | | | | | | |
| | 河口作助 | | | | | | | | |
| | 川畑敬太郎 | | | | | | 元孟買支店現大阪支店 | | |
| | 河原林樫一郎 | | | | | | | | |
| | 川部孫四郎 | | | | | | 本店勤務（金物関係者） | | |
| | 河村良平 | | 新嘉坡支店長 | | | | | | |
| | 北村七郎 | 横浜支店長 | | 左同 | 左同 | 左同 | 左同 | 左同 | 左同 |
| | 北村 敏 | | | | | | | | |
| | 国安卯一 | | | | | | | | |
| | 倉澤弘信 | | | | | | 蘭貢出張員 | | |
| | 呉大五郎 | | | 参事長 | 左同 | 左同 | | | |
| | 小泉吉彦 | | | | | | 参事 | | |
| | 児玉一造 | | | | | | | | |
| | 斉藤吉十郎 | | | | | | 台北支店長 | 左同 | |
| | 桜井信四郎 | | | | | | | | |
| | 笹倉貞一郎 | | | | | | | | |
| | 佐羽太三郎 | | | | | | | | |
| | 鹽（しお）田敏三 | | | | | | | | |
| | 宍戸千穎 | | | | | | | | |
| | 柴垣 良 | | | | | | | | |

付表　1

び出席者一覧（その4）

| 大正2年7月16日 | 大正4年7月13日 | 大正5年6月8日 | 大正6年6月17日 | 大正7年6月11日 | 大正8年9月12日 | 大正10年6月17日 | 大正15年6月9日 | 昭和6年7月11日 |
|---|---|---|---|---|---|---|---|---|
| 8 | 9 | 10 | 11 | 12 | 13 | 14 | 15 | 16 |
| 株式会社第2回本会議事録は出席者一覧記述脱落（下表は発言者のみ拾い出す） | 株式会社第3回 | 株式会社第4回 | 株式会社第5回本会議事録は出席者一覧記述脱落（下表は発言者のみ拾い出す） | 株式会社第6回 | 株式会社第7回 | 株式会社第8回 | 株式会社第9回本会議事録は出席者一覧記述脱落（下表は発言者のみ拾い出す） | 株式会社第10回 |
| 会議出席の有無と当時の役職 | | | | | | | | |
| | | | | | | 三池支店長 | 左同 | |
| 機械部長 | 神戸支店長 | 左同 | 左同 | 左同 | | | | 監査役 |
| | | | | | | | | 漢口支店長 |
| | | | | | | | | 天津支店長 |
| | | | | | | | | 若松出張所長 |
| | | | | | | | | |
| | | | | | | | | 大阪埠頭事務所長 |
| | | | | | | | | |
| | | | | | | | | |
| 左同 | 左同 | 左同 | 左同 | 監査役 | 左同 | 左同 | | 元孟買支店長 |
| | | | | | | | | 金物部長 |
| | | | | | | | | |
| 名古屋支店長 | 棉花部長 | 左同 | 左同 | 左同 | 左同 | 東洋棉花専務取締役 | | |
| 本店本部参事 | 検査員 | 左同 | | 左同 | | | | |
| | | | | | | 青島支店長 | 砂糖部長 | 砂糖部長 |
| | | | 棉花部孟買支部 | | | | | |
| | | | 棉花部孟買支部内地出張員 | | | | 名古屋支店長 | |
| | | | | | | | 馬尼剌支店長 | |
| | | | | | | | | 長崎支店長 |
| | | | 在孟買メソポタミア出張員 | | | | | |

付表 1 「支店長会議」及

| 開催年月 | 明治35年4月 | 明治36年4月 | 明治37年8月 | 明治38年9月 | 明治39年7月 | 明治40年7月 | 明治41年8月 | 明治44年8月 |
|---|---|---|---|---|---|---|---|---|
| 会議日数 | 7日 | 5日 | 8日 | 6日 | 6日 | 8日 | 11日 | 15日 |
| 議事録巻 No. | 1 | 2 | 3 | 4 | 5 | 6 | 7 | 8 |
| 会社形態別開催番号（合名会社，株式会社） | 合名会社第1回 | 合名会社第2回 | 合名会社第3回 | 合名会社第4回 | 合名会社第5回 | 合名会社第6回 | 合名会社第7回 | 株式会社第1回本会の議事内容記録残存せず（目次と出席者一覧記述はあり） |

| 所属分類 | 氏名 | 会議出席の有無と当時の役職 | | | | | | | |
|---|---|---|---|---|---|---|---|---|---|
| 取締役、部店長、主任他（あいうえお順） | 島　専吉 | | | | | | | | |
| | 島田勝之助 | | | | | | 営業部金物掛主任 | | |
| | 清水豊一 | | | | | | | | |
| | 菅野興惣治 | | | | | | | | |
| | 杉浦恭介 | | | | | | | | |
| | 杉本甚蔵 | | | | | | | | |
| | 鈴木　弘 | | | | | | | | |
| | 瀬古孝之助 | | | | | | | | |
| | 高木舜三 | | | | | | | | |
| | 田島常三 | | | | | | | | |
| | 高橋茂太郎 | | | | | | | | |
| | 高野省三 | | | | | | | | |
| | 田中清次郎 | | | 営業部（随時出席） | 長崎支店長 | 左同 | | | |
| | 田中忠二郎 | | | | | | | | |
| | 田中文蔵 | 庶務課主任 | 左同 | 左同 | 左同 | 左同 | 左同 | 左同 | 左同 |
| | 谷口武一郎 | | | | | 船舶部長 | | | |
| | 田村　実 | | | | | 輸出奨励課 | 保険課主任 | | |
| | 玉置菜次郎 | | | | | | | | |
| | 玉利七二 | | | | | | | | |
| | 津久井誠一郎 | | | | | | | | |
| | 津田弘視 | | | | | | | | |
| | 寺島　昇 | 名古屋支店長 | 左同 | | | | | | |

付表　1

び出席者一覧（その5）

| 大正2年7月 | 大正4年7月 | 大正5年6月 | 大正6年6月 | 大正7年6月 | 大正8年9月 | 大正10年6月 | 大正15年6月 | 昭和6年7月 |
|---|---|---|---|---|---|---|---|---|
| 16日 | 13日 | 8日 | 17日 | 11日 | 12日 | 17日 | 9日 | 11日 |
| 8 | 9 | 10 | 11 | 12 | 13 | 14 | 15 | 16 |
| 株式会社第2回本会議事録は出席者一覧記述脱落（下表は発言者のみ拾い出す） | 株式会社第3回 | 株式会社第4回 | 株式会社第5回本会議事録は出席者一覧記述脱落（下表は発言者のみ拾い出す） | 株式会社第6回 | 株式会社第7回 | 株式会社第8回 | 株式会社第9回本会議事録は出席者一覧記述脱落（下表は発言者のみ拾い出す） | 株式会社第10回 |

会　議　出　席　の　有　無　と　当　時　の　役　職

| | | | | | | | | |
|---|---|---|---|---|---|---|---|---|
| | | | 棉花部ダラス支部 | | | | | |
| | | | | | 門司支店長代理 | 門司支店長 | 石炭部長 | 倫敦支店長 |
| | | | | | | | 青島支店長 | |
| | | | | | 天津支店長 | | 天津支店長 | |
| | | | | | | | 本店受渡掛長 | 川崎埠頭事務所長 |
| | | | | | 調査課長代理 | | | |
| | | | 紐育支店長兼棉花部紐育支部長 | | | 倫敦支店長 | | 取締役 |
| | | | 天津支店長 | 左同 | | | | |
| | | | 甲谷他支店 | | | | | |
| | | | | | | 漢口支店長 | 木材部長兼小樽支店長 | 左同 |
| 台南出張所長 | 京城支店長 | | 左同 | 左同 | 左同 | | | |
| | | 検査員 | | | | | | |
| 庶務課長 | 文書課長兼人事課長 | 左同 | 左同 | 左同 | 左同 | 左同 | 左同 | 取締役兼文書課長兼人事課長 |
| | 検査員 | 左同 | | 左同 | | | | |
| | 調査課長心得 | 調査課長 | 左同 | 左同 | | 左同 | | |
| | | | | | | 元天津支店長 | | |
| 元孟買支店（棉花内地買付担当） | | | | | | | | |
| | | | | | | 台北支店長兼台南支店長 | 左同 | 大連支店長 |
| | | | | | 香港支店長 | 香港支店長 | 神戸支店長 | 神戸支店長 |

付表 1 「支店長会議」及

| 所属分類 | 氏名 | 明治35年4月 | 明治36年4月 | 明治37年8月 | 明治38年9月 | 明治39年7月 | 明治40年7月 | 明治41年8月 | 明治44年8月 |
|---|---|---|---|---|---|---|---|---|---|
| | 開催年月 / 会議日数 | 7日 | 5日 | 8日 | 6日 | 6日 | 8日 | 11日 | 15日 |
| | 議事録巻 No. | 1 | 2 | 3 | 4 | 5 | 6 | 7 | 8 |
| | 会社形態別開催番号（合名会社,株式会社） | 合名会社第1回 | 合名会社第2回 | 合名会社第3回 | 合名会社第4回 | 合名会社第5回 | 合名会社第6回 | 合名会社第7回 | 株式会社第1回本会の議事内容記録残存せず（目次と出席者一覧記述はあり） |
| | 氏名 | 会 議 出 席 の 有 無 と 当 時 の 役 職 | | | | | | | |
| 取締役、部店長、主任他（あいうえお順） | 友野欽一 | | | | | | | | |
| | 鳥羽総一 | | | | | | | | |
| | 長井上泰三 | | | 馬尼剌出張所長 | | | | | |
| | 中澤房則 | | | | | 木材課主任 | 木材部 | 営業部青森出張員（木材） | |
| | 中島清一郎 | | | | | | | | |
| | 永島雄治 | | | | | | | | |
| | 中丸一平 | | | 香港支店長 | 新嘉坡支店長 | | 門司支店長 | 左同 | 左同 |
| | 中村幸助 | | | | | | | | |
| | 中村藤一 | | | | | | | | |
| | 中山 晋 | | | | | | | | 天津支店長 |
| | 丹羽義次 | | | | | | | | 漢口出張所長 |
| | 根尾克己 | | | | | | | | |
| | 野依辰治 | | | | | | | | |
| | 野平道男 | | | | | | | | |
| | 野呂隆三郎 | | | | | | | | |
| | 長谷川鍫五郎 | 門司支店長 | 左同 | | | | | | |
| | 羽鳥精一 | | | | | | | | |
| | 馬場玲蔵 | | | | | | | | |
| | 濱崎 素 | | | | | | | | |
| | 林徳太郎 | | | 営業部（随時出席） | | | 新嘉坡支店長 | 左同 | |
| | 平田篤次郎 | | | | | | 営業部米穀肥料掛主任 | | 営業部砂糖首部 |

付表 1

び出席者一覧（その6）

| 大正2年7月 | 大正4年7月 | 大正5年6月 | 大正6年6月 | 大正7年6月 | 大正8年9月 | 大正10年6月 | 大正15年6月 | 昭和6年7月 |
|---|---|---|---|---|---|---|---|---|
| 16日 | 13日 | 8日 | 17日 | 11日 | 12日 | 17日 | 9日 | 11日 |
| 8 | 9 | 10 | 11 | 12 | 13 | 14 | 15 | 16 |
| 株式会社第2回本会議事録は出席者一覧記述脱落（下表は発言者のみ拾い出す） | 株式会社第3回 | 株式会社第4回 | 株式会社第5回本会議事録は出席者一覧記述脱落（下表は発言者のみ拾い出す） | 株式会社第6回 | 株式会社第7回 | 株式会社第8回 | 株式会社第9回本会議事録は出席者一覧記述脱落（下表は発言者のみ拾い出す） | 株式会社第10回 |

会議出席の有無と当時の役職

| 大正2年7月 | 大正4年7月 | 大正5年6月 | 大正6年6月 | 大正7年6月 | 大正8年9月 | 大正10年6月 | 大正15年6月 | 昭和6年7月 |
|---|---|---|---|---|---|---|---|---|
|  | 砂糖部長 | 左同 | 左同 | 左同 | 左同 | 左同 |  |  |
|  |  |  |  |  | 名古屋支店長 | 左同 | 機械部長 |  |
|  |  |  |  |  |  |  |  |  |
|  |  |  | 漢口支店長 | 漢口支店長 | 左同 |  | 元漢堡出張所長 |  |
| 桑港出張所長 | 左同 |  | 左同 |  |  |  |  |  |
| 本店営業部長 | 機械部長 | 左同 | 左同 | 左同 | 本店営業部長 | 左同 |  | 監査役 |
|  |  |  |  |  |  |  |  | 名古屋支店長 |
|  |  |  |  |  | 神戸支店長 | 左同 |  | 営業部長 |
| 左同 |  | 新嘉坡支店長 |  |  |  |  |  |  |
| 漢口支店長 |  | 露都(ペトログラード)出張員 | 穀肥部長心得 | 穀肥部長 | 参事長 |  |  |  |
|  | 倫敦支店勘定掛 |  |  |  |  |  |  |  |
|  |  |  |  | 金物部長 | 左同 | 大阪支店長 |  |  |
|  | 漢口支店長 | 左同 | 大連支店長 | 左同 | 左同 | 上海支店長 | 左同 |  |
|  |  | 泗水出張員 |  |  |  |  |  |  |
|  |  | 台南支店長 | 左同 | 左同 | 台北支店長兼台南支店長 | 元台北支店長兼台南支店長 |  |  |
|  |  | 本店営業部附 |  |  |  |  |  |  |
|  |  |  |  |  |  |  | 里昂出張員並仏蘭西物産会社 |  |
| 香港支店長 | 香港支店長 | 左同 | 左同 | 左同 | 石炭部長 | 左同 |  |  |
| 砂糖部長 | 小樽支店長兼木材部長 | 左同 | 左同 | 左同 | 大阪支店長 | 左同 |  | 取締役 |

付表 1 「支店長会議」及

| 開催年月 | 明治35年4月 | 明治36年4月 | 明治37年8月 | 明治38年9月 | 明治39年7月 | 明治40年7月 | 明治41年8月 | 明治44年8月 |
|---|---|---|---|---|---|---|---|---|
| 会議日数 | 7日 | 5日 | 8日 | 6日 | 6日 | 8日 | 11日 | 15日 |
| 議事録巻 No. | 1 | 2 | 3 | 4 | 5 | 6 | 7 | 8 |
| 会社形態別開催番号（合名会社，株式会社） | 合名会社第1回 | 合名会社第2回 | 合名会社第3回 | 合名会社第4回 | 合名会社第5回 | 合名会社第6回 | 合名会社第7回 | 株式会社第1回本会の議事内容記録残存せず（目次と出席者一覧記述はあり） |

| 所属分類 | 氏名 | 会 議 出 席 の 有 無 と 当 時 の 役 職 | | | | | | | |
|---|---|---|---|---|---|---|---|---|---|
| 取締役、部店長、主任他（あいうえお順） | 広岡信三郎 | | | | | | | | |
| | 福島喜三次 | | | | | | | | |
| | 福原栄太郎 | 調査課長 | 左同 | | | | | | |
| | 藤野亀之助 | | | | | 大阪支店長 | 左同 | 左同 | 左同 |
| | 藤村義朗 | 口ノ津支店長 | 左同 | 船舶部長 | 左同 | | | | 参事 |
| | 藤原銀次郎 | 台北支店長 | 左同 | | 左同 | | | 木材部 | 小樽支店長 |
| | 二神駿吉 | | | | | | | | |
| | 船津完一 | | | | | | | | |
| | 古郡良介 | | | | | 孟買支店長代理 | | | |
| | 堀内明三郎 | | | | | | | | |
| | 堀尾末吉 | | | | | | | | |
| | 間島興喜 | | | | | | | 調査課長 | 左同 |
| | 松田宗則 | | | 調査課長心得 | | | | | |
| | 松長 剛 | | | | | | 参事附属（統計掛） | | |
| | 松村徳松 | | | | | | | | 営業部棉花糸布掛主任 |
| | 三神敬長 | | | | | | | | |
| | 御酒本徳松 | | | | | 桑港出張所長 | | | 参事 |
| | 三ツ矢勝治郎 | | | | | | | | |
| | 南 新吾 | | 天津支店長 | | 香港支店長 | | 調査課長 | 庶務課秘書係 | |
| | 箕輪焉三郎 | | | | | | 大連出張所長 | 左同 | 左同 |
| | 山口精一 | | | | | | | | 参事 |
| | 山田朔郎 | | | | | | | | |

付表　1

び出席者一覧（その7）

| 大正2年7月16日 | 大正4年7月13日 | 大正5年6月8日 | 大正6年6月17日 | 大正7年6月11日 | 大正8年9月12日 | 大正10年6月17日 | 大正15年6月9日 | 昭和6年7月11日 |
|---|---|---|---|---|---|---|---|---|
| 8 | 9 | 10 | 11 | 12 | 13 | 14 | 15 | 16 |
| 株式会社第2回本会議事録は出席者一覧記述脱落（下表は発言者のみ拾い出す） | 株式会社第3回 | 株式会社第4回 | 株式会社第5回本会議事録は出席者一覧記述脱落（下表は発言者のみ拾い出す） | 株式会社第6回 | 株式会社第7回 | 株式会社第8回 | 株式会社第9回本会議事録は出席者一覧記述脱落（下表は発言者のみ拾い出す） | 株式会社第10回 |

会　議　出　席　の　有　無　と　当　時　の　役　職

| | | | | | | | | |
|---|---|---|---|---|---|---|---|---|
| | | | | | | | | 新嘉坡支店長 |
| 紐育支店南部（ダラス）出張員 | | 棉花部紐育支部南部出張員 | | 棉花部ダラス支部長 | | | | 上海支店長 |
| 左同 | 左同 | | | | | | | |
| 人事課長 | 上海支店長 | 左同 | 左同 | 左同 | | | | |
| | 王子製紙専務取締役 | | | | | | | |
| | 名古屋支店長 | 左同 | 左同 | 左同 | 石炭部副部長 | | | |
| | | | | | 馬尼剌出張所長 | | 元孟買支店長 | |
| | 大連支店長 | 左同 | | | | | | |
| | 台南支店長 | | | | | | | |
| | | | | | | | | 元泗水支店長 |
| | 監査役 | 左同 | 左同 | 左同 | 左同 | 左同 | | |
| | | | | | | | | |
| | | | | | | | | |
| | | | | 新嘉坡支店長 | 左同 | | | |
| 会計課長心得 | 会計課長 | 左同 | 左同 | 左同 | 左同 | 左同 | 左同 | 監査役 |
| | | | 棉花部天津支部 | | | | | |
| 台北支店長 | | 本部附 | | 長崎支店長 | 左同 | | | |
| | | | | | 機械部副部長 | | | |

311

付表 1 「支店長会議」及

| 開催年月 | 明治35年4月 | 明治36年4月 | 明治37年8月 | 明治38年9月 | 明治39年7月 | 明治40年7月 | 明治41年8月 | 明治44年8月 |
|---|---|---|---|---|---|---|---|---|
| 会議日数 | 7日 | 5日 | 8日 | 6日 | 6日 | 8日 | 11日 | 15日 |
| 議事録巻 No. | 1 | 2 | 3 | 4 | 5 | 6 | 7 | 8 |
| 会社形態別開催番号（合名会社，株式会社） | 合名会社第1回 | 合名会社第2回 | 合名会社第3回 | 合名会社第4回 | 合名会社第5回 | 合名会社第6回 | 合名会社第7回 | 株式会社第1回本会の議事内容記録残存せず（目次と出席者一覧記述はあり） |

| 所属分類 | 氏名 | 会議出席の有無と当時の役職 | | | | | | | |
|---|---|---|---|---|---|---|---|---|---|
| | 山中秀之 | | | | | | 札幌出張所長心得 | 左同 | |
| | 山本小四郎 | | | | | | 機械部鉄道掛主任 | 左同 | 左同 |
| | 山本庄太郎 | | | 長崎支店長代理 | | | | | |
| | 山本増雄 | | | | | | | | |
| | 吉田茂猪 | | | | | | | | |
| | 渡邊四郎 | | | | | | | | |
| | 渡邊秀次郎 | | | | | | | | |
| | 藁谷英夫 | | | | | 紐育支店 | | | |
| | （小計137人） | | | | | | | | |
| 三井鉱山／三井銀行他三井関係会社（議事録登場年順） | 團 琢磨 | 三井鉱山理事 | 左同 | 三井鉱山専務理事 | 左同 | 左同 | 左同 | 左同 | |
| | 古田慶三 | 三井鉱山販売主任 | | | | | 三井鉱山商務主任 | 左同 | 三井合名鉱山部商務主任 |
| | 相生由太郎 | | 三井鉱山販売掛 | | | | | | |
| | 高橋義雄 | | | 三井鉱山理事 | 左同 | 左同 | 左同 | 左同 | |
| | 山田直矢 | | | | | | | | 三井合名鉱山部専務理事 |
| | 栗田代作 | | | | | | 三井鉱山九州炭鉱部参事心得 | 三井鉱山九州炭鉱部参事心得 | 三井合名鉱山部三池港務長 |
| | 岡本貫一 | | | | | | | 三井鉱山主事 | |
| | 牧田環状 | | | | | | | 三井鉱山九州炭鉱部次長 | |
| | 片山繁雄 | | | | | | | | |
| | 足立 正 | | | | | | | | |

付表　1

び出席者一覧（その8）

| 大正2年7月16日 | 大正4年7月13日 | 大正5年6月8日 | 大正6年6月17日 | 大正7年6月11日 | 大正8年9月12日 | 大正10年6月17日 | 大正15年6月9日 | 昭和6年7月11日 |
|---|---|---|---|---|---|---|---|---|
| 8 | 9 | 10 | 11 | 12 | 13 | 14 | 15 | 16 |
| 株式会社第2回本会議事録は出席者一覧記述脱落（下表は発言者のみ拾い出す） | 株式会社第3回 | 株式会社第4回 | 株式会社第5回本会議事録は出席者一覧記述脱落（下表は発言者のみ拾い出す） | 株式会社第6回 | 株式会社第7回 | 株式会社第8回 | 株式会社第9回本会議事録は出席者一覧記述脱落（下表は発言者のみ拾い出す） | 株式会社第10回 |
| 会議出席の有無と当時の役職 | | | | | | | | |
|  |  |  |  |  | 機械部長 | 左同 |  |  |
|  |  | 本店業務課（保険） |  |  | 保険課長 | 左同 | 左同 |  |
|  |  |  |  |  |  | 若松出張所長 | 受渡掛長 | 石炭部長 |
| 機械部参事（欧米視察報告） |  |  |  |  |  |  |  |  |
|  | 三井物産取締役 |  |  | 三井合名理事長 | 左同 |  | 左同 | 左同 |
| 左同 | 三井鉱山商務主任 |  | 左同 | 石狩石炭専務取締役 |  | 北海道炭礦汽船常務取締役 | 北海道炭礦汽船監査役 |  |
|  | 三井鉱山取締役 |  | 左同 | 三井鉱山常務取締役 |  |  |  |  |
| 左同 | 三井鉱山三池売炭主管 |  |  |  |  |  |  |  |
|  | 三井鉱山取締役 |  |  |  |  |  |  |  |
| 三井鉱山取締役 | 三井鉱山取締役 |  |  |  | 三井鉱山常務取締役 | 左同 | 三井鉱山常務取締役 | 左同 |
|  | 三井銀行外国課長 |  |  |  |  |  |  |  |
|  | 王子製紙購買主任 |  |  |  |  |  |  |  |

313

付表 1 「支店長会議」及

| 開催年月 | 明治35年4月 | 明治36年4月 | 明治37年8月 | 明治38年9月 | 明治39年7月 | 明治40年7月 | 明治41年8月 | 明治44年8月 |
|---|---|---|---|---|---|---|---|---|
| 会議日数 | 7日 | 5日 | 8日 | 6日 | 6日 | 8日 | 11日 | 15日 |
| 議事録巻 No. | 1 | 2 | 3 | 4 | 5 | 6 | 7 | 8 |
| 会社形態別開催番号（合名会社, 株式会社） | 合名会社第1回 | 合名会社第2回 | 合名会社第3回 | 合名会社第4回 | 合名会社第5回 | 合名会社第6回 | 合名会社第7回 | 株式会社第1回本会の議事内容記録残存せず（目次と出席者一覧記述はあり） |

| 所属分類 | 氏名 | 会議出席の有無と当時の役職 | | | | | | | |
|---|---|---|---|---|---|---|---|---|---|
| | 檀野礼助 | | | | | | | | |
| | 木瀬和吉 | | | | | | | | |
| | 七海兵吉 | | | | | | | | |
| | 生島　暢 | | | | | | | | |
| | 桃井　豁 | | | | | | | | |
| | 志田勝民 | | | | | | | | |
| | 藤岡淨吉 | | | | | | | | |
| | 加藤徳行 | | | | | | | | |
| | （小計18人） | | | | | | | | |
| 三井同族及び同族会会員（議事録登場年順） | 三井八郎次郎 | 三井物産社長 | | 三井物産社長 | 三井物産社長 | 三井物産社長 | | | 三井物産（株）社長 |
| | 三井武之助 | 監査役 | | 監査役 | 左同 | | | 左同 | |
| | 三井守之助 | 三井物産本部船舶課主任 | | | | 監査役 | 左同 | 左同 | |
| | 三井八郎右衛門 | | 同族会議長 | 同族会議長 | 同族会議長 | | 左同 | 左同 | 三井合名社長 |
| | 三井三郎助 | | 同族会管理部会長（三井鉱山社長） | 同族会管理部長 | 同族会管理部長 | 同族会管理部長（三井鉱山社長） | | 同族会管理部長 | 三井合名鉱山部部長 |
| | 朝吹英二 | | 同族会管理部理事 | 左同 | 左同 | | 左同 | 左同 | 三井物産取締役 |
| | 有賀長文 | | 同族会理事 | 左同 | 左同 | | | 左同 | 三井合名理事 |
| | 三井高保 | | | | | | | | 三井銀行社長 |
| | 三井養之助 | | | | 三井銀行監査役 | 左同 | 左同 | 左同 | 三井物産取締役 |

付表 1

び出席者一覧（その9）

| 大正2年7月 | 大正4年7月 | 大正5年6月 | 大正6年6月 | 大正7年6月 | 大正8年9月 | 大正10年6月 | 大正15年6月 | 昭和6年7月 |
|---|---|---|---|---|---|---|---|---|
| 16日 | 13日 | 8日 | 17日 | 11日 | 12日 | 17日 | 9日 | 11日 |
| 8 | 9 | 10 | 11 | 12 | 13 | 14 | 15 | 16 |
| 株式会社第2回本会議事録は出席者一覧記述脱落（下表は発言者のみ拾い出す） | 株式会社第3回 | 株式会社第4回 | 株式会社第5回本会議事録は出席者一覧記述脱落（下表は発言者のみ拾い出す） | 株式会社第6回 | 株式会社第7回 | 株式会社第8回 | 株式会社第9回本会議事録は出席者一覧記述脱落（下表は発言者のみ拾い出す） | 株式会社第10回 |

会　議　出　席　の　有　無　と　当　時　の　役　職

| 大正2年7月16日 | 大正4年7月13日 | 大正5年6月8日 | 大正6年6月17日 | 大正7年6月11日 | 大正8年9月12日 | 大正10年6月17日 | 大正15年6月9日 | 昭和6年7月11日 |
|---|---|---|---|---|---|---|---|---|
|  |  |  | 北海道炭礦汽船商務課長 | 左同 |  |  |  |  |
|  |  |  |  | 三井鉱山商務主任 | 左同 |  |  |  |
|  |  |  |  | 三井鉱山総務主任 | 三井鉱山常務取締役 |  |  | 左同 |
|  |  |  |  | 三井鉱山販売主任 |  |  |  | 三井鉱山商務部長 |
|  |  |  |  | 石狩石炭主事 |  |  |  |  |
|  |  |  |  | 北海道炭礦汽船商務課長 |  |  |  |  |
|  |  |  |  |  |  |  |  | 三井鉱山常務取締役 |
|  |  |  |  |  |  |  |  | 北海道炭礦汽船売炭部長 |
| 左同 | 三井合名業務執行社員 |  |  |  |  |  | 出欠不明 |  |
|  |  |  |  |  |  |  | 三井物産社長 | 左同 |
|  | 左同 |  |  | 左同 |  |  |  |  |
| 出欠不明 |  |  | 出欠不明 |  |  |  | 出欠不明 |  |
|  | 三井合名参事 | 三井合名参事兼理事 |  | 三井合名理事 | 左同 | 左同 |  | 三井合名常任理事 |
|  |  | 左同 |  |  |  |  |  |  |
|  | 三井物産代表取締役 |  |  | 三井物産代表取締役 | 左同 | 三井物産社長 |  |  |

315

付表 1 「支店長会議」及

| 開催年月 | 明治35年4月 | 明治36年4月 | 明治37年8月 | 明治38年9月 | 明治39年7月 | 明治40年7月 | 明治41年8月 | 明治44年8月 |
|---|---|---|---|---|---|---|---|---|
| 会議日数 | 7日 | 5日 | 8日 | 6日 | 6日 | 8日 | 11日 | 15日 |
| 議事録巻No. | 1 | 2 | 3 | 4 | 5 | 6 | 7 | 8 |
| 会社形態別開催番号（合名会社,株式会社） | 合名会社第1回 | 合名会社第2回 | 合名会社第3回 | 合名会社第4回 | 合名会社第5回 | 合名会社第6回 | 合名会社第7回 | 株式会社第1回本会の議事内容記録残存せず（目次と出席者一覧記述はあり） |

| 所属分類 | 氏名 | 会 議 出 席 の 有 無 と 当 時 の 役 職 | | | | | | | |
|---|---|---|---|---|---|---|---|---|---|
| | 早川千吉郎 | | | | 三井銀行専務理事 | | | | 三井物産取締役 |
| | 三井源右衛門 | | | | | | 同族会管理部理事 | | 三井合名監査役 |
| | 三井元之助 | | | | | | | 三井銀行監査役 | |
| | 三井高精 | | | | | | | | |
| | （小計13人） | | | | | | | | |
| 合計191人 | | | | | | | | | |

| 参考）同年三井中枢での主要な定例会議 | 三井重役会会議毎月,三井同族会管理部設置,同管理部会毎週 | 三井重役会会議毎月,同族会管理部会毎週 | 三井重役会会議毎月,同族会管理部会毎週 | 三井重役会廃止,同族会新管理部へ移行,新管理部会毎週 | 同族会新管理部会毎週 | 左同 | 左同 | 明治42年三井合名設立,新管理部会廃止 |

注）社長は三井同族会から出ており，上表では最下欄の三井同族会よりの出席者に載せている。
　　経営実務を担う中枢は理事，或いは常務であるが，時期により呼称は異なる。
　　明治44年～大正3年の間は常務制がなく，取締役が経営実務トップである。

付表 1

## び出席者一覧（その10）

| 大正2年7月 | 大正4年7月 | 大正5年6月 | 大正6年6月 | 大正7年6月 | 大正8年9月 | 大正10年6月 | 大正15年6月 | 昭和6年7月 |
|---|---|---|---|---|---|---|---|---|
| 16日 | 13日 | 8日 | 17日 | 11日 | 12日 | 17日 | 9日 | 11日 |
| 8 | 9 | 10 | 11 | 12 | 13 | 14 | 15 | 16 |
| 株式会社第2回本会議事録は出席者一覧記述脱落（下表は発言者のみ拾い出す） | 株式会社第3回 | 株式会社第4回 | 株式会社第5回本会議事録は出席者一覧記述脱落（下表は発言者のみ拾い出す） | 株式会社第6回 | 株式会社第7回 | 株式会社第8回 | 株式会社第9回本会議事録は出席者一覧記述脱落（下表は発言者のみ拾い出す） | 株式会社第10回 |

会議出席の有無と当時の役職

|  |  |  |  |  |  |  |  |  |
|---|---|---|---|---|---|---|---|---|
|  | 三井物産取締役 | 左同 |  | 左同 |  | 三井合名副理事長 |  |  |
|  | 三井物産社長 | 左同 |  | 左同 | 左同 | 三井物産代表取締役 |  |  |
|  | 三井鉱山社長 |  |  | 左同 |  |  |  |  |
|  |  | 三井物産監査役 |  | 左同 | 左同 | 左同 |  |  |

| 三井合名参事5名による合議 | 大正3年三井合名最高意思決定機関として理事会設置 | 左同 | 左同 | 左同 | 左同 | 左同 | 左同 | 左同 |

付表 2　三井物産職員録一覧（明治26年以降大正15年まで）

| 発行年月日 | 資料の題目<br>（　）内は表紙に記されている表記 | 三井文庫<br>資料番号<br>《物産○-○》 |
| --- | --- | --- |
| 明治26年1月 | 三井物産会社職員録（三井物産会社役員及雇員等級人名表） | 50-1 |
| 27年 | なし | |
| 28年1月25日 | 三井物産合名会社使用人録（三井物産合名会社使用人等級人名表） | 50-2 |
| 29年1月20日 | 三井物産合名会社人名録（三井物産合名会社使用人等級人名表） | 50-3 |
| 30年2月1日 | 同上 | 50-4 |
| 31年2月1日 | 三井物産合名会社職員録（三井物産合名会社使用人表） | 50-5 |
| 32年2月20日 | 同上 | 50-6 |
| 33年3月15日 | 同上 | 50-7 |
| 34年1月31日 | 同上 | 50-8 |
| 35年 | なし | |
| 36年2月25日 | 同上（三井物産合名会社職員録） | 50-9 |
| 37年2月20日 | 三井物産合名会社店別職員録 | 41-2* |
| 38年2月20日 | 同上 | 50-10 |
| 38年8月20日 | 同上 | 50-11 |
| 39年8月24日 | 同上 | 50-12 |
| 40年5月15日 | 同上 | 50-13 |
| 41年3月13日 | 三井物産合名会社店別使用人録 | 50-14 |
| 41年7月22日 | 同上 | 50-15 |
| 41年12月10日 | 同上 | 50-16 |
| 42年12月1日 | 三井物産株式会社店別使用人録 | 50-17 |
| 43年8月19日 | 同上 | 50-18 |
| 44年5月23日 | 三井物産株式会社員録 | 50-19 |
| 大正2年8月1日 | 三井物産株式会社職員録 | 51-2 |
| 2年11月1日 | 同上 | 51-3 |
| 3年5月18日 | 同上 | 51-4 |
| 3年11月1日 | 同上 | 51-5 |
| 4年7月15日 | 同上 | 51-6 |
| 5年 | なし | |
| 6年4月30日 | 同上 | 51-7 |
| 7年4月30日 | 同上 | 51-8 |
| 7年10月31日 | 同上（第12版） | 51-9 |
| 8年 | なし（第13版） | |
| 8年5月1日** | 職員録第13版追加 | 51-10 |
| 8年10月31日 | 三井物産職員録（第14版） | 51-11 |
| 9年11月1日 | 同上（第15版） | 51-12 |
| 10年11月20日 | 同上（第16版） | 51-13 |
| 11年 | なし | |
| 12年10月31日 | 同上（第18版） | 51-14 |
| 13年10月31日 | 同上（第19版） | 51-15 |
| 14年10月31日 | 同上（第20版） | 51-16 |
| 15年10月31日 | 同上（第21版） | 51-17 |

注）本文中は以上を一括して「職員録」と呼んでいる。
　＊　「社報」綴りの一部。
　＊＊　―6月24日移動。

付表 2

付表 3 「パネル表」のイメージ

| 明治36〜38年入社全員414人(本表では一部例示) ||| 「社報」及び「職員録」からの異動情報の記述（略記号は付表4-1〜4参照） ||||||
|---|---|---|---|---|---|---|---|---|
| ^ ||| ① 入社時データ ||||| ② 第1異動データ ||
| 氏名よみ | 氏名番号 | 氏名漢字 | 入社年：表記方法 注1) | 入社前歴（学歴） | 入社当初配属先 | 採用当初の給与 | 異動年（表記方法は入社年と同じ） | 第1異動先 |
| - 1〜5 - | | | - | - | 店名は略記。付表参照 | - | - | - |
| あおきみねまつ | 6 | 青木嶺松 | 3.75 | 三井鉱山会社より移る | 香店 /15.75 石炭部 香支/14.50<6月1 3日功労顕著臨時賞与>/（職） 5.00-15.50 香店受渡掛 | 月給推定 | 18.50 | 造船部 /（職）18.75 造船部 /19.75 造工課 |
| - 7〜32 - | | | - | - | | | | （職）以下の記述は職員録から |
| いしうちのりみち | 33 | 石内紀道 | 4.75 | 再入社 アルファベット表記は役職略記 付表4-3参照 | 東店営 /7.50 機械部 /10.25 機械部第一部M/19.25& 機械部東京支 /紡織部M, 支A/19.75 機械部C/機械部東支A/21.50 (A) /22.25#紡織掛M, 支A& C/（職）5.00 東店機械掛 | 月給 | 22.75* | 組織名は略記 |
| - 34〜35 - | | | - | - | | | | |
| いしだしげお | 36 | 石田繁雄 | 5.75 | 門店日試 | 門店 /（職）6.50 門店舩舶掛 | 日給 | 7.75 | 兵役 |
| - 37〜48 - | | | - | 日給者試験にて採用を示す | | | | |
| いとうよさぶろう | 49 | 伊藤與三郎 | 5.25 | 名古屋商業高校卒見習者 | 東店営 /6.50 月試 /6.75 電信掛 月給者試験及第を示す | 日給, 月給 | 10.50 | 倫店 /18.00 神上香漢天T（推）19.50 倫店入雑掛M/20.25#入雑掛M, 倫店A（職）18.00-18.75 倫店入雑掛 /19.75 入雑掛M /20.75 ロ倫店A |
| - 50 - | | | - | - | | | | |
| いぬづかかつのじょう | 51 | 犬塚勝之亟(?丞) | 3.50 | 高商 | 東店本計算課 | <月給推定> | 4.75 | 上店 /（職）8.50 勘定掛 /8.75 勘定掛M /15.00#勘定掛M, 上店H/15.25 船受掛M |
| - 52〜287 - | | | - | - | | | | |
| にわやすじ | 288 | 丹羽保次 | 4.25 | 名古屋商業学校（月給者） | 東店本火保課 | 月給 | 5.75 | 東店営 |
| - 289〜414 - | | | - | - | - | - | - | - |

注1）表記方法：1900年代の下2桁＋四半期表記，四半期表記は次のように小数点以下2桁，1-3月；.00, 4-6月；.25, 7-9月；.50, 10-12月；.75。
　　　例）1914年7-9月；14.50。

付表 3

## 及び記述方法の説明（その1）

| 「社報」及び「職員録」からの異動情報の記述（略記号は付表4-1〜4参照） | | | | | | | |
|---|---|---|---|---|---|---|---|
| ③第2異動データ | | ④第3異動データ | | ⑤…⑩第4〜9異動データ | ⑪第10異動データ | | ⑫第11異動データ |
| 異動年（表記方法は入社年と同じ） | 第2異動先 | 異動年（表記方法は入社年と同じ） | 第3異動先 | 第4〜第9異動先（本表では省略） | 異動年（表記方法は入社年と同じ） | 第10異動先 | 異動年（表記方法は入社年と同じ） | 第11異動先（最多は第12異動） |
| - | | - | | - | - | | - |
| 21.75 | *<22.75 依願解雇> ＊印は調査期間18年経過を示す | | | | | | |
| - | - | - | - | - | - | - | - |
| | | | | | 〔推〕は以下記述は前後データより推計を示す | | |
| - | - | - | - | - | - | - | - |
| 11.00 | （推）兵終門店／（職）11.25 艀舶掛 | 12.00 | 石炭部 | | | | |
| - | - | - | - | - | - | - | - |
| 21.75 | （推）阪店/22.50 阪店（A）／（職）21.75 阪店<所属未定> | 22.75 | シド店G | | | | |
| - | - | - | - | - | - | - | - |
| 16.00 | 東店本会計課／（職）18.25 東店本会計課 | 18.75 | （推）池店G/＆池店G＆石炭部砂糖部穀肥部池支G/19.75＆津出G | | | | |
| - | - | - | - | - | - | - | - |
| 6.75 | 兵役 | 7.00 | 兵終東店営 | | 20.00 | 本店／懲罰を伴う/20.25 本店本部業務課 | 22.25 | *<22.75 依願解雇> |
| - | - | - | - | - | - | - | - |

付表 3 「パネル表」のイメージ

| 明治36～38年入社全員414人(本表では一部例示) ||| 仕事経歴の計数データ化 |||||||||||||  1) 仕事経歴数式化(キャリア・パターン) |
|---|---|---|---|---|---|---|---|---|---|---|---|---|---|---|---|
| ^ ||| 各異動の在任期間 |||||||||||||  勤務地域と担当職能を在任期間とともに一次式化 注2) |
| 氏名よみ | 氏名番号 | 氏名漢字 | 1 ②-① | 2 ③-② | 3 ④-③ | 4 ⑤-④ | 5 ⑥-⑤ | 6 ⑦-⑥ | 7 ⑧-⑦ | 8 ⑨-⑧ | 9 ⑩-⑨ | 10 ⑪-⑩ | 11 ⑫-⑪ | 12 ⑬-⑫ | |
| - | 1～5 | - | - | - | - | - | - | - | - | - | - | - | - | - | - |
| あおきみねまつ | 6 | 青木 嶺松 | 14.75 | 3.25 | 0.00 | 0.00 | 0.00 | 0.00 | 0.00 | 0.00 | 0.00 | 0.00 | 0.00 | 0.00 | 14.75cu+3.25d |
| - | 7～32 | - | - | - | - | - | - | - | - | - | - | - | - | - | - |
| いしうちのりみち | 33 | 石内 紀道 | 18.00 | 0.00 | 0.00 | 0.00 | 0.00 | 0.00 | 0.00 | 0.00 | 0.00 | 0.00 | 0.00 | 0.00 | 18.00h |
| - | 34～35 | - | - | - | - | - | - | - | - | - | - | - | - | - | - |
| いしだしげお | 36 | 石田 繁雄 | 2.00 | 3.25 | 1.00 | 0.25 | 3.50 | 8.00 | 0.00 | 0.00 | 0.00 | 0.00 | 0.00 | 0.00 | 2.00du+3.25m+1.00du+0.25d+3.50d+8.00hk |
| - | 37～48 | - | - | - | - | - | - | - | - | - | - | - | - | - | - |
| いとうよさぶろう | 49 | 伊藤 與三郎 | 5.25 | 11.25 | 1.00 | 0.50 | 0.00 | 0.00 | 0.00 | 0.00 | 0.00 | 0.00 | 0.00 | 0.00 | 5.25ho+11.25e+1.00d+0.50w |
| - | 50 | - | - | - | - | - | - | - | - | - | - | - | - | - | - |
| いぬづかかつのじょう | 51 | 犬塚 勝之亟(？丞) | 1.25 | 11.25 | 2.75 | 1.00 | 1.75 | 0.00 | 0.00 | 0.00 | 0.00 | 0.00 | 0.00 | 0.00 | 1.25hk+11.25cku+2.75hk+1.00d+1.75a |
| - | 52～287 | - | - | - | - | - | - | - | - | - | - | - | - | - | - |
| にわやすじ | 288 | 丹羽 保次 | 1.50 | 1.00 | 0.25 | 0.25 | 2.75 | 0.75 | 1.50 | 2.00 | 1.75 | 4.00 | 2.25 | 0.00 | 1.50ho+1.00h+0.25m+0.25h+2.75du+0.75d+1.50m+2.00du+1.75h+4.00a+2.25ho |
| - | 289～414 | - | - | - | - | - | - | - | - | - | - | - | - | - | - |

注2) 記号説明　職能：k；経理，u；物流，s；出納用度集金，o；庶務・調査・業務・電信ほか本部系管理。勤務地域：h；本店，d；国内支店，e；英語圏，w；その他西洋圏（経歴分類ではeに合体），c；中国語圏，a；その他アジア。

3) 記号説明　2；国内特定地域専門的，3；国内多地域，4；海外特定地域専門的，4c；中国語圏，4a；その他アジア，4e；欧米，5；国内外移動，5g；海を軸，5n；国内を軸，K；経理専門的，Km；その内経理主任経験，x；初期のみ経理，U；物流専門的，v；初期のみ物流，S；出納用度集金専門的，O；本部系管理専門的。

付表 3

及び記述方法の説明(その2)

| 仕事経歴の計数データ化 | | | | | | | | | | | | | |
|---|---|---|---|---|---|---|---|---|---|---|---|---|---|
| | 2)異動の頻度 | | 3)部店地域別在任期間 | | | | | 4)管理系職能経験 | | | | 5)経歴分類 | 6)専門性分類 |
| 仕事経験年数(社内役割なき期間mを除く) | 異部署経験回数(社内役割でないmを除外, 0.00期間配属は除外) | 同一部署在籍平均年数 | h:本店 | d:国内支店 | e:英語圏 | w:その他西洋(経歴分類ではeに合体) | c:中国語圏 | a:その他アジア | k:経理(勘定計算会計)有無(1/0) | u:物流(受渡船舶)有無(1/0) | s:出納用度集金有無(1/0) | o:本部系管理(庶務業務調査電信ほか)有無(1/0) | 勤務地域類型(2,3,4a,4c,4e,5g,5n)に職能専門性(K,Km,x,U,v,S,O)注3) | 管理系職能専門, 売買商品専門注4) |
| − | − | − | − | − | − | − | − | − | − | − | − | − | − | − |
| 18.00 | 2 | 9.0 | 0.00 | 3.25 | 0.00 | 0.00 | 14.75 | 0.00 | 0 | 1 | 0 | 0 | 4 cv | せ&ぞ |
| − | − | − | − | − | − | − | − | − | − | − | − | − | − | − |
| 18.00 | 1 | 18.0 | 18.00 | 0.00 | 0.00 | 0.00 | 0.00 | 0.00 | 0 | 0 | 0 | 0 | 2 | き |
| − | − | − | − | − | − | − | − | − | − | − | − | − | − | − |
| 14.75 | 5 | 3.0 | 8.00 | 6.75 | 0.00 | 0.00 | 0.00 | 0.00 | 1 | 1 | 0 | 0 | 3 | せ |
| − | − | − | − | − | − | − | − | − | − | − | − | − | − | − |
| 18.00 | 4 | 4.5 | 5.25 | 1.00 | 11.25 | 0.50 | 0.00 | 0.00 | 0 | 0 | 0 | 1 | | ざ |
| − | − | − | − | − | − | − | − | − | − | − | − | − | − | − |
| 18.00 | 5 | 3.6 | 4.00 | 1.00 | 0.00 | 0.00 | 11.25 | 1.75 | 1 | 1 | 0 | 0 | | K |
| − | − | − | − | − | − | − | − | − | − | − | − | − | − | − |
| 16.25 | 10 | 1.6 | 6.75 | 5.50 | 0.00 | 0.00 | 0.00 | 4.00 | 0 | 1 | 0 | 1 | 5 nU | U |
| − | − | − | − | − | − | − | − | − | − | − | − | − | − | − |

4)記号説明　管理職能専門:K;経理専門的, U;物流専門的, S;出納用度集金専門的, O;本部系管理専門的, 売買商品専門:め;綿関連, ぞ;造船, き;機械, ざ;雑貨, か;金物, け;毛類, こ;米穀肥料, さ;砂糖, せ;石炭, ぬ;生糸絹製品, も;木材。

付表 3 「パネル表」のイメージ

| 明治36〜38年入社全員414人(本表では一部例示) | | | 経歴諸側面の計数データ化 | | | | | | | | | | | | |
|---|---|---|---|---|---|---|---|---|---|---|---|---|---|---|---|
| | | | 1) 勤続 | | | | | | | | | 2) 月給資格 | | | |
| 氏名よみ | 氏名番号 | 氏名漢字 | 1 退社年(又は調査満期)／四半期 | 2 在職期間 | 3 会社都合解雇(1/0) | 4 依願解雇(1/0) | 5 18年経過時点在籍(1/0) | 6 関連会社移籍(1/0) | 7 在籍中死亡(1/0) | 8 15年以上在籍(1/0) | 9 10年以上在籍(1/0) | 10 5年以上在籍(1/0) | 2-1 月給採用者(1),日給採用者(0) | 2-2 月給者試験及第者(1),未及第者,免除者(0) | 2-3 月試(月給者試験の略)及第年月(及第記録ない者は＃,移籍は月試験免除と推定) | 2-4 月試験まで所要年月 |
| - | 1〜5 | - | - | - | - | - | - | - | - | - | - | - | - | - | - | - |
| あおきみねまつ | 6 | 青木 嶺松 | 21.75 | 18.00 | 0 | 0 | 1 | 0 | 0 | 1 | 1 | 1 | 1 | 0 | 3.75 | 0.00 |
| - | 7〜32 | - | - | - | - | - | - | - | - | - | - | - | - | - | - | - |
| いしうちのりみち | 33 | 石内 紀道 | 22.75 | 18.00 | 0 | 0 | 1 | 0 | 0 | 1 | 1 | 1 | 1 | 0 | 4.75 | 0.00 |
| - | 34〜35 | - | - | - | - | - | - | - | - | - | - | - | - | - | - | - |
| いしだしげお | 36 | 石田 繁雄 | 23.75 | 18.00 | 0 | 0 | 1 | 0 | 0 | 1 | 1 | 1 | 0 | 0 | ＃ | ＃ |
| - | 37〜48 | - | - | - | - | - | - | - | - | - | - | - | - | - | - | - |
| いとうよさぶろう | 49 | 伊藤 與三郎 | 23.25 | 18.00 | 0 | 0 | 1 | 0 | 0 | 1 | 1 | 1 | 0 | 1 | 6.5 | 1.25 |
| - | 50 | - | - | - | - | - | - | - | - | - | - | - | - | - | - | - |
| いぬづかかつのじょう | 51 | 犬塚 勝之亟(?丞) | 21.50 | 18.00 | 0 | 0 | 1 | 0 | 0 | 1 | 1 | 1 | 1 | 0 | ＃ | ＃ |
| - | 52〜287 | - | - | - | - | - | - | - | - | - | - | - | - | - | - | - |
| にわやすじ | 288 | 丹羽 保次 | 22.25 | 18.00 | 0 | 0 | 1 | 0 | 0 | 1 | 1 | 1 | 1 | 0 | 4.25 | 0.00 |
| - | 289〜414 | - | - | - | - | - | - | - | - | - | - | - | - | - | - | - |

注5) 第一次管理職；主に主任, 但し以下も含む；主任心得, 出張所長, 出張員主席, 部店長代理, 参事, 秘書。
  6) 調整方法：商業学校, 中学卒, 日試は−3, 子供は−6, 但し, 再雇, 三井他社より移籍, 学歴不明の場合は＃。
  7) 中途採用；三井他社より転籍, 再雇用, 月試中途採用, 嘱託, 店限などから月給者登用, 特別技能者など。

付表 3

## 及び記述方法の説明（その3）

| 経歴諸側面の計数データ化 ||||||||||||||||
|---|---|---|---|---|---|---|---|---|---|---|---|---|---|---|---|
| 3)役職昇進 |||||||| 4)学歴 ||||||| 5)懲罰 |
| 3-1 第一次管理職昇格有：(1) 無：(0) 注5) | 3-2 第一次管理職初任年月 (10進法、四半期単位) | 3-3 入社後初任までの期間 | 3-4 左欄を学歴で調整後の数値 注6) | 3-5 昇進指数 (18年マイナス左記調整後の期間) | 3-6 部店長昇格有：無：(1) (0) | 3-7 部店長初任年月 | 3-8 部店長（心得を含む）初任までの期間 | 4-1 学歴未記載日給試採用者その他 (0) | 4-2 子供店限臨時ほか既雇用者の日給使用人へ登用 (1) その他 (0) | 4-3 商(工)業学校および中学など出身者 (1) その他 (0) | 4-4 私大等大学相当高等教育機関出身者 (1) その他 (0) | 4-5 高等商業学校(工)出身者 or 外語大など (1) その他 (0) | 4-6 帝国大学 or 欧米大学出身者 (1) その他 (0) | 4-7 中途採用その他 (1) 注7) その他 (0) | 4-8 修業生派遣者 (1) その他 (0) | 15 譴責懲罰などの経験有 (1) 無 (0) |
| − | 入社後18年経過時点で昇進を示すデータがないこと示す ||||||| − | − | − | − | − | − | − | − |
| 0 | # | # | # | # | 0 | # | # | 0 | 0 | 0 | 0 | 0 | 0 | 1 | 0 | 0 |
| − | | | | | | | | | | | | | | | | |
| | 中途採用などで学歴データがない為数値算出されない |||||||| | | | | | | | |
| 1 | 10.25 | 5.50 | # | # | 0 | # | # | 0 | 0 | 0 | 0 | 0 | 0 | 1 | 0 | 0 |
| − | 入社後18年経過時点で昇進なし（学歴はデータあるゆえ昇進指数は算出可能で数値はゼロ） ||||||| − | − | − | − | − | − | − | − |
| # | # | # | 18.00 | 0.00 | 0 | # | # | 0 | 1 | 0 | 0 | 0 | 0 | 0 | 0 | 0 |
| − | | | | | | | | | | | | | | | | |
| 1 | 19.50 | 14.25 | 11.25 | 6.75 | 1 | 22.75 | #REF! | 0 | 0 | 1 | 0 | 0 | 0 | 0 | 0 | 0 |
| − | | | | | | | | | | | | | | | | |
| 1 | 8.75 | 5.25 | 5.25 | 12.75 | 1 | 18.75 | #REF! | 0 | 0 | 0 | 0 | 1 | 0 | 0 | 0 | 0 |
| − | | | | | | | | | | | | | | | | |
| 0 | # | # | 18.00 | 0.00 | 0 | # | # | 0 | 0 | 1 | 0 | 0 | 0 | 0 | 0 | 1 |

325

付表 4-1　組織機構の種類と名称

| 原資料に登場する組織名称 | パネル表での略記 | 補足説明 |
|---|---|---|
| 本店営業部 | 営 | 「営業部」という表現は特定の商品領域を担当する売買部門のある一つの呼び方で、一種の固有名詞である。明治32年以降用いられている名称で、当初は本店内の売買商品のほぼ大半を管轄していたが、重要商品ごとに独立の部が誕生していくに従い管轄領域が狭められている。とは言っても売買部門では最大級を維持し続けている。（なお、本店をパネル表では東店と略している。） |
| 満州営業部（大連） | 満 | 満州での商売が拡大しその拠点として重要度が増した大連支店が満州及びその周辺全域を統括するようになった明治44年段階で「支店」とは称せず本店営業部と類した表現で一時期「満州営業部」と命名されている。 |
| 本店本部 | 本 | 本店組織内にある「営業部」やその他独立商品部など売買部門以外の本店管理部門全体を組織上「本部」と称している。但し、石炭課の様に政策性の高い売買統括的組織は明治30年あたりから本部の一角にあり、大正初期からは業務課が本部組織におかれ全社的営業政策の企画機能を果たしている。なお、勘定や受渡など売買直結の管理組織はそれぞれ売買部内におかれている。（本店をパネル表では東店と略している。） |
| （商品名）部 | 部 | 重要商品を統括する専門組織を部と称する。本店（砂糖部、機械部など）のみならず、大阪（棉花部）、神戸（穀肥部、船舶部）、門司（石炭部）、小樽（木材部）など商品ごとの取扱発展でその中核店に併置されている。（　）内は大正初期時点の例。但し、拠点の変更例もある。（船舶が門司から神戸、石炭が門司から本店、木材が本店から小樽など） |
| （地域名）支店 | 店 | 支店は本店の許可を必要とする事項（売買越の運用枠、信用程度運用枠、設備など購入、その他規則で定められたもの）を除いて支店長が経営全権限をもつ独立採算組織。組織階層上の位置づけは「本店営業部」と「〜部」との差異はない。 |
| （地域名）出張所 | 所 | 出張所は支店と基本的に同じ機能権限で運営される組織で、支店規模が小さい段階では「出張所」と称されている。但し、小規模の出張所は近隣の支店の管轄下におかれている場合もある。この場合は権限が限定されるので、名称上同じ「出張所」であっても異なった機能の組織であるが、それを区分する規定などは発見されておらず、実際の運用は明確でない部分がある。なお、規模が拡大すると支店に名称変更し、また規模が縮小され出張所にもどる場合もある。 |
| （地域名）出張員 | s | 出張所の規模に達しない段階での地域拠点を「出張員」と称する。通常1〜3人程度の規模が多い。複数人組織となるとその長は首席と称される。 |

付表 4-1

| 原資料に登場する組織名称 | パネル表での略記 | 補足説明 |
|---|---|---|
| （地域名）支部 | 支 | 特定商品の全社統括のため主管商品部を首部とする体制がしかれる段階で，支店出張所の該当商品担当は首部の支部として組織化されている。支店長（出張所長）が支部長となるので，実質的には支店内での統括体制に変化はない。大正初期から試行されていく制度であるが，大正終盤以降は縮少に転じていく。 |
| （商品，管理職能）課 | 課 | 「課」とは本店本部下部機構である管理各組織の名称。売買部店での掛に相当するが，その長は部店長に準ずる，或いは略同格である。 |
| （商品，管理職能）掛 | 掛 | 部店での下部組織で経営管理上の最小単位組織。部店（出張所）長が統括しているが，日常的業務の実質遂行管理主体である。 |
| （第〇）部 | 第〇部 | 掛が大規模で更に下部組織を持つ場合，〇〇掛第一（二，三…）部と称する。「営業部」，機械部，石炭部などで採用。 |
| 船積取扱所（横浜のみ） | 積 | 本店営業部の管理下にある在横浜の受渡し専門組織。 |

付表 4-2 組織名に冠される用語
(注1)

| 商品群<br>(注2) | 売買組織 | パネル表<br>での略記 | 複商品群他 | | |
|---|---|---|---|---|---|
| | | | | 輸入品 | |
| | | | | 輸出品 | |
| エネルギー | 石炭 | | | 木材石炭 | 木石 |
| | 内地(石炭) | 内地 | | 輸出入 | |
| | 売掛(石炭) | 売掛 | | 商務 | |
| | 地売(石炭) | 地売 | | 販売購買 | 販購 |
| | 売買(石炭) | 売買 | | 販売 | |
| | 石油 | | | 支店(支店対応業務担当の掛) | |
| | | | | 代理店 | |
| 繊維 | 綿花 | | | | |
| | 綿糸布 | | 職能群 | 管理系組織 | 略記 |
| | 綿花布 | | | | |
| | 綿花糸 | | 物流関係 | 受渡 | |
| | 綿製品 | | | 舩積(船積) | |
| | 生糸 | | | 船舶受渡 | 船受 |
| | 羽二重 | | | 舩舶 | |
| | 絹毛 | | | 艀船 | |
| | 毛類 | | | 社船 | |
| | 紡績 | | | 近海(船舶) | |
| 食料肥料 | 砂糖 | | | 倉庫 | |
| | 穀物肥料 | 穀肥 | | 石炭船舶 | 石船 |
| | 肥料 | 肥料 | | 石炭受渡 | 石受 |
| | 肥料雑穀掛 | 肥雑 | | 石炭運賃 | 石運 |
| | 米穀肥料 | 米肥 | | 雑品受渡 | 雑受 |
| | 油脂 | | | 雑貨運賃 | 雑貨 |
| | 米 | | | 保険* | |
| | 大豆粕 | 豆粕 | | 火災保険* | 火保 |
| | 食料品 | 食料 | | 出納保険* | 出保 |
| | 漁業(掛名称ではなく部或いは事業部名称) | | | | |
| 金属 | 金物 | | 経理,出<br>納,用度,<br>集金など | 勘定 | |
| | 鋼鉄 | | | 計算(本店本部での経理の名称) | |
| | 銅真鍮 | 銅鍮 | | 会計(同上) | |
| | 地金 | | | 出納 | |
| 機械 | 船舶 | | | 用度 | |
| | 機械 | | | 集金 | |
| | 機械鉄道 | 機道 | | 勘定出納用度 | 勘出用 |
| | 兵器 | | | 勘定出納集金(香港) | 勘出 |
| | 火薬 | | | 出納用度 | 出用 |
| | 造船 | | | 統計用度出納(船舶部) | 統用出 |
| | 造船工作 | 造工 | その他本部<br>系管理 | 庶務 | |
| 建材 | 木材 | | | 人事 | |
| | 木材販売 | 木販 | | 業務 | |
| | 木材購買 | 木購 | | 調査 | |
| | 工場(木材部北海道) | 工場 | | 査業 | |
| | セメント | セメ | | 輸出奨励 | 輸出奨 |
| 雑貨 | 雑貨 | | | 秘書 | |
| | 花筵 | | | 情報 | |
| | 雑品 | | | 電信 | |
| | 輸入雑貨 | 入雑 | | 通信 | |
| | 輸出雑貨 | 出雑 | | 臨時電信暗号 | 電暗 |
| | | | | 受付 | |

注1) 部,掛,本店本部での課の名称。店名には原則地域名が冠される。付表4-4参照。
　2) ここでの商品群の呼び方は当時使われた用語ではなく,本表での分類上設けた表現である。
　　* 保険は受渡関連の業務であるが,仕事経歴分析の中では受渡とは分離して本部系管理の仕事に分類している。

## 付表 4-3 「パネル表」の個人経歴記述に使われている略記略号

(1) 役職及び任務（略記はアルファベット及び数字）

| | |
|---|---|
| G | 部店長・支部長 |
| Gk | 部店長心得 |
| C | 参事 |
| A | 部・店長代理，次長 |
| M | 課長・掛主任・出張所長 |
| Mk | 課長心得・掛主任心得 |
| H | 部店長附き秘書 |
| Sh | 嘱託 |
| F | 船事務長 |
| S1 | 出張員首席 |
| S2 | 出張員，派出員，常置員 |
| S3 | 出張員附き，出張員詰め，派出員附き |
| T | 出張 |
| (A) | 新任用基準にて支店長代理役職承認 |
| (M) | 新任用基準にて出張所長役職承認 |
| 〜附 | 上記役職或いは下記組織の附嘱（例 C附，受渡掛附） |

(2) 資格・雇用状態の変更（略記は漢字2文字）

| | |
|---|---|
| 日試 | 日給者試験にて採用 |
| 日給 | 日給者 |
| 月試 | 月給者試験及第 |
| 月給 | 月給者 |

(3) 雇用状態の変更（略記は漢字2文字）

| | |
|---|---|
| 兵役 | 兵役服務（志願と応召を含む，原則は罷役扱いで解雇でない。解雇の場合はその旨記述） |
| 兵終 | 復役につき雇用再開（兵役終わるとの表現は原資料にない） |
| 願解 | 依願解雇 |
| 会解 | 会社都合解雇（原資料で単に解雇とあるものは会社都合と判断） |
| 待命 | 待命申し付け |
| 待解 | 待命満期に付き解雇 |
| 再雇 | 再雇用 |
| 罷役 | 罷役（現代での出向の意味） |
| 罷解 | 罷役満期につき解雇 |
| 修業 | 修業生（特に但し書きなければ支那修業生，その他修業生は< >書き） |

(4) その他の略号（略記は記号，一部漢字1文字含む）

| | |
|---|---|
| / | 時期経過の区切り |
| - | 複数時期間の連続 |
| * | 入社後18年経過時点在職 |
| & | 兼務（兼務となる役職略号の前） |
| # | 役職解く（解かれる役職任務略号の前） |
| &# | 兼務解く（解かれる兼務役職の前） |
| (職) | 職員録より（以下記述が職員録データによる記述） |
| (推) | 時期推定（社報データの当該箇所で明示ない場合その前後データや別途職員録などからの推定） |
| < > | 補足記号（手前の記述の補足や上表で記号化されていない表現を含む記述） |

注）組織名称で使われている略記は付表4-1と付表4-2参照。

## 付表 4-4 営業拠点地域の一覧と「パネル表」での店名の略記

| 分類 | 略記 | 原資料情報（外国地名の読み方は日本での通例を記す） | 分類 | 略記 | 原資料情報（外国地名の読み方は日本での通例を記す） |
|---|---|---|---|---|---|
| 日本国内地名〔漢字1文字〕 | | | 外国地名〔原則漢字1文字，一部カタカナ2文字〕 | | |
| 関東東北 | 東 | 東京（本店 or 東京支部，原資料では東京店という表現はない） | 中国（極東ロシア含む） | 春 | 長春（長は九州の長崎の略） |
| | 横 | 横浜 | | 鐵 | 鐵嶺 |
| | 須 | 横須賀 | | 吉 | 吉林 |
| | 潟 | 新潟（シンガポールの漢字書きは新嘉坡で坡と略す） | | 奉 | 奉天 |
| | | | | 安 | 安東県（京城店と大連店管下の両時期あり） |
| 中部 | 名 | 名古屋 | | ハル | ハルビン（原資料で漢字書き哈爾賓の場合もあり） |
| | 豊 | 豊橋（名古屋管下） | | ウラ | ウラジオストック（原資料で漢字書き浦鹽斯徳の場合もあり） |
| | 半 | 半田（名古屋管下） | | 天 | 天津 |
| 関西中国 | 阪 | 大阪 | | 青 | 青島 |
| | 都 | 京都（京は京城の略） | | 芝 | 芝罘（チーフー，上店管下の時期あり） |
| | 神 | 神戸 | 台湾 | 台 | 台北 |
| | 飾 | 飾磨（神戸管下） | | 基 | 基隆（台北店管下） |
| | 岡 | 岡山 | | 南 | 台南 |
| | 呉 | 呉 | | 打 | 打狗（台南店管下） |
| | 島 | 広島（広は広東の略） | | 彰 | 彰化（台南店管下） |
| 九州四国 | 門 | 門司 | | 中 | 台中 |
| | 杵 | 杵嶋（門司管下） | | 阿 | 阿緱（台中店管下） |
| | 今 | 今治 | 朝鮮 | 京 | 京城 |
| | 池 | 三池 | | 仁 | 仁川 |
| | 住 | 住ノ江 | | 平 | 平壌 |
| | 津 | 口ノ津 | | 元 | 元山（ゲンザン） |
| | 若 | 若松 | | 釜 | 釜山 |
| | 唐 | 唐津（南アジア地域でのカラチは唐地と記され略号は地） | その他アジア | 坡 | 新嘉坡（シンガポール） |
| | 長 | 長崎 | | 馬 | 馬尼剌 |
| | 佐 | 佐世保 | | 孟 | 孟買 |
| 北海道 | 札 | 札幌 | | 甲 | 甲谷他 |
| | 樽 | 小樽 | | 地 | 唐地 |
| | 室 | 室蘭 | | 蘭 | 蘭貢（ラングーンと坡店管下の両時期あり） |
| | 函 | 函館（漁業部，北海道漁業部と後に改名） | | 盤 | 盤石 |
| 外国地名〔原則漢字1文字，一部カタカナ2文字〕 | | | | 瓜 | 瓜哇 |
| 中国（極東ロシア含む） | 上 | 上海 | | 泗 | 泗水 |
| | 漢 | 漢口 | | スラ | スーラバヤ |
| | 沙 | 長沙（長は長崎の略） | | スマ | スマラン |
| | 汕 | 汕頭（シャントウ） | 大洋州 | 斯 | 斯土寧（原資料でカタカナ書きシドニーもあり） |
| | 香 | 香港 | 欧州 | 倫 | 倫敦 |
| | 福 | 福州（香店店と台北店管下の両時期あり） | | 耳 | 馬耳塞（マルセーユ，馬は馬尼剌マレーシアの略） |
| | 厦 | 厦門（アモイ或いはシャーメン，管轄は福州と同じ扱い） | | 里 | 里昂（リヨン） |
| | 広 | 広東 | | 堡 | 漢堡（ハンブルグ，漢は支那の漢口の略） |
| | 連 | 大連 | 北米 | 紐 | 紐育 |
| | 口 | 営口（営は営業部の略，なお口ノ津の略は津） | | 桑 | 桑港 |
| | 牛 | 牛荘 | | ポト | ポートランド |
| | 寛 | 寛城子 | | シア | シアトル |
| | 窪 | 青窪泥 | | | |

330

参考文献（邦文）

◆あ

秋元育夫（1989）「貿易商社」，松井清編『近代日本貿易史』有斐閣，所収
麻島昭一（2002）「戦前三井物産の財務部門の人的側面」『社会科学年報 2002年』専修大学社会科学研究所
─── (2003)「戦前期三井物産の学卒社員採用──明治後半・大正期を中心として」『専修経営学論集』第75号，pp.25-82
─── (2001)『戦前期三井物産の機械取引』日本経済評論社
─── (2005)『戦前期三井物産の財務』日本経済評論社
浅沼萬里（1997）『日本の企業組織──革新的適応のメカニズム』東洋経済新報社
石井寛治（1997）『日本の産業革命──日清・日露戦争から考える』朝日選書，朝日新聞社
石井静人（1930）『最新外国貿易実践及び英語商業通信』栗田書店
石田貞夫（1961）『貿易通信の体系的研究』白桃書房
─── (1965)『貿易の実務』日本経済新聞社
石田英夫編著（2002）『研究開発人材のマネジメント』慶應義塾大学出版会
石田光男（2003）『仕事の社会科学──労働研究のフロンティア』ミネルヴァ書房
伊藤秀史，沼上幹（2008）『現代の経営理論』有斐閣
井上忠勝（1972）「鈴木商店金子直吉における経営者機能と，企業者機能」，高橋幸八郎編『日本近代化の研究　下』東京大学出版会，所収
猪木武徳（1987）『経済思想』岩波書店
今井友次郎（1905，1906，1908，1909）『海外商業實務』早稲田大学出版部
今野浩一郎，佐藤博樹（2002）『人事管理入門』日本経済新聞社
岩出博（2002）『戦略的人的資源管理論の実相──アメリカ SHRM 論研究ノート』泉文堂
上坂酉三（1938）『貿易取引条件の研究』東京泰文社
─── (1943)『貿易慣習の研究』千倉書房
上山和雄（1992）「貿易金融と横浜正金銀行紐育出張所」，高村直助編著『企業勃興』所収
─── (2005)『北米における総合商社の活動──1896～1941年の三井物産』日本経済評論社

大島久幸（1999）「戦前三井物産の人材形成——部・支店における人事異動を中心として」『専修大学経営研究所報』第133号, pp.1-35
——（2002）「両大戦間期三井物産における受渡業務」『社会科学年報 2002年』専修大学社会科学研究所, pp.165-210
——（2004）「第一次大戦期における三井物産——見込商売の展開と商務組織」『三井文庫論叢』第38号, pp.141-180
太田勝也（1992）『鎖国時代長崎貿易史』思想閣出版
岡崎次郎, 楫西光速, 倉持博編（1954）『日本資本主義発達史年表』河出書房
岡本秀昭編著（1988）『国際化と労使関係——日本型モデルの含意』総合労働研究所
荻野仲三郎編・発行（1934）『兒玉一造傳』
尾高煌之助編（1989）『アジアの熟練——開発と人材育成』アジア経済研究所

◆か

春日豊（1977）「三井財閥における石炭業の発展構造」『三井文庫論叢』第11号, pp.109-249
——（2010）『帝国日本と財閥商社——恐慌・戦争下の三井物産』名古屋大学出版会
桂芳男（1976）「財閥化の挫折——鈴木商店」, 安岡重明編『日本の財閥』日本経済新聞社, 所収
——（1977）『総合商社の源流　鈴木商店』日本経済新聞社
——（1987）『関西系総合商社の原像』啓文社
粕谷誠（1995）「明治前期の三井物産」『社会経済史学』第61巻3号, pp.283-313
——（1997）「創業期三井物産の営業活動——ロンドン支店を中心に」『経営史学』第32巻3号, pp.1-24
——（1999）「近代雇用の形成——明治前期の三井銀行を中心に」『三井文庫論叢』第33号, pp.109-156
上遠野孝太郎（1951）『貿易クレイム』國元書房
川合一郎（1972）「両大戦間のインフレーション」, 高橋幸八郎編『日本近代化の研究　下』東京大学出版会, 所収
河辺信雄（1982）『総合商社の研究——戦前三菱商事の在米活動』実業出版
吉川容（1997）「三井物産経営期の中外物価新報（1）」『三井文庫論叢』第31号, pp.67-92
木山実（2000）「三井物産草創期の海外店舗展開とその要員」『経営史学』35巻3号,

pp.1-26
─── (2009)『近代日本と三井物産──総合商社の起源』ミネルヴァ書房
熊沢誠（1997）『能力主義と企業社会』岩波書店
栗林定次郎，今泉裏治郎訳註（1928）『フウパア外国貿易実践』瞭文堂
栗原一平（1920）『外国貿易實踐』東京寶文館
経営史研究所編（未発刊）『稿本三井物産株式会社100年史』
E.H.キンモンス（1995）『立身出世の社会史──サムライからサラリーマンへ』玉川大学出版部（*The Self-Made Man in Meiji Japanese Thought: from Samurai to Salary Man*, University of California Press, 1981邦訳）
小池和男（1966）『賃金──その理論と現状分析』ダイヤモンド社
─── (1977)『職場の労働組合と参加』東洋経済新報社
─── (1978)『労働者の経営参加──西欧の経験と日本』日本評論社
─── (1981)『日本の熟練──すぐれた人材形成システム』有斐閣選書
─── (1993)『アメリカのホワイトカラー』東洋経済新報社
─── (1997)『日本企業の人材形成──不確実性に対処するためのノウハウ』中公新書
─── (1999)『仕事の経済学（第2版）』東洋経済新報社
─── (2001)「競争力を左右する技能とその形成──文献サーベイ」『経営志林』第38巻1号，pp.1-28
─── (2008)『海外日本企業の人材形成』東洋経済新報社
───編著，今野浩一郎，中村恵，八代充史（1991）『大卒ホワイトカラーの人材開発』東洋経済新報社
───編著，猪木武徳，今野浩一郎，富田安信，服部良子，久本憲夫，平野泰朗，藤村博之，三原安熙，村松久良光，脇坂明（1986）『現代の人材形成──能力開発をさぐる』ミネルヴァ書房
───編著，猪木武徳，ウェンディ・スミス，藤村博之（1987）『人材形成の国際比較』東洋経済新報社
───編著，太田聡一，中馬宏之（2001）『もの造りの技能』東洋経済新報社
───編著，猪木武徳，本田一成，八代充史，山本茂（2002）『ホワイトカラーの人材形成』東洋経済新報社
───編監修（2006）『プロフェッショナルの人材開発』ナカニシヤ出版
───編監修（2007）『国際化と人材開発』ナカニシヤ出版
鑛山懇話會編・発行（1932）『日本鑛業発達史　上／中／下』
小西平一郎，堀務，鷲見一政編（1969）『綿花百年　上下』日本綿花協会

◆さ

斉藤憲（1980）「総合商社について——明治期三井物産を中心にして」『社会経済史学』第46巻4号，pp.95-114

酒井泰弘（1982）『不確実性の経済学』有斐閣

佐藤厚（2001）『ホワイトカラーの世界——仕事とキャリアのスペクトラム』日本労働研究機構

下村泰介（1956）『米綿のベーシス，コール約定とヘッジング』日本綿花協会綿花経済研究所

白木三秀（1995）『日本企業の国際人的管理』日本労働研究機構

菅山真次（1992）「産業革命期の企業職員層——官営製鉄所職員のキャリア分析」『経営史学』第27巻4号，pp.1-31

壽里茂（1996）『ホワイトカラーの社会史』日本評論社

鈴木邦夫（1981）「見込商売についての覚書——1890年代後半〜1910年代の三井物産」『三井文庫論叢』第15号，pp.1-73

鈴木宏昌（2004）「人的投資理論と労働経済学——文献サーベイを中心として」『早稲田商学』第401号，pp.29-44

棗田藤吉（1922）『綿花取引所論』瞭文堂

隅谷三喜男（1968）『日本石炭産業分析』岩波書店

◆た

大豆生田稔（1992）「米穀生産の拡大と対ヨーロッパ輸出の展開」，高村直助編著『企業勃興』所収

高橋幸八郎編（1972）『日本近代化の研究　下　大正・昭和編』東京大学出版会

高橋弘（1976）『英米の商品定期市場』全国商品取引員協会連合会・商品取引PRセンター

―――（1978）『米国先物市場発展史』東洋経済新報社

高橋弘幸（2002）「日本におけるホワイトカラーの人的資源管理の発展——明治大正期三井物産の成功と人的資源管理の研究」『文京大学大学院経営学論集』第4号，pp.3-87

―――（2005）「ホワイトカラー人材形成要因の構造性について——戦前三井物産人材形成過程の事例分析から」『日本労務学会第35回全国大会研究報告論集』pp.261-268

―――（2008）「内部労働市場の起源に関する歴史的検証——近代ホワイトカラー

先駆企業における内部労働市場生成過程の事例から」『日本労務学会第38回全国大会研究報告論集』pp.499-506
──── (2008)「明治大正期三井物産における人材の組織的形成──仕事経験を通じた人材育成システム」『三井文庫論叢』第43号, pp.47-182
──── (2011)『OJT を通じたホワイトカラーの技能形成──「キャリア」,「不確実性への対応」,「組織編成」, 明治大正期三井物産の事例から』早稲田大学出版部
高橋敏太郎 (1937)『三井物産の思出』教文館
高村直助編著 (1992)『企業勃興』ミネルヴァ書房
武内成 (1985)「三井物産会社における慶応義塾卒業生の動向」『三田商学研究』第28巻5号, pp.34-65
千本暁子 (1994)「ホワイトカラーの人材育成と学校教育への依存」『阪南論集, 社会科学編』第29巻3号, pp.15-25
──── (1989a)「三井の長期勤続奨励策の史的考察」『経営史学』第23巻4号, pp.1-23
──── (1989b)「三井の使用人採用方法の史的考察」『社会科学(同志社大学)』第42号, pp.149-171
中馬宏之 (2000)「ホワイトカラー職場における IT 化のインパクト──総合旅行会社3社の事例から」一橋大学イノベーション研究センター・ディスカションペーパー (WP♯00-13)
津田昇 (1957)『貿易信用状』通商産業調査会
M.V. ティールホフ著, 玉木俊明, 山本大丙訳 (2005)『近世貿易の誕生──オランダの「母なる貿易」』知泉書館
寺谷武明 (1976)「産業財閥──浅野・川崎・古川」, 安岡重明編『日本の財閥』日本経済新聞社, 所収
東京都編・発行 (1960)『商法講習所』
東洋経済新報社編・発行 (1935)『日本貿易精覧』
東洋棉花株式会社編・発行 (1960)『東棉四十年史』
栂井義雄 (1974)『三井物産会社の経営史的研究──「元」三井物産会社の定着・発展・解散』東洋経済新報社
虎尾正助 (1936)『国際売買と其契約』文友堂書店

◆な

中井省三 (1927)『最近貿易業務論』實文館

中川清（1995）「明治大正期の代表的機械商社高田商会　上／下」『白鷗大学論集』第9巻2
中川敬一郎（1967）「日本の工業化過程における"組織化された企業者活動"」『経営史学』第2巻3号，pp.8-37
─── （1981）「両大戦間の日本海運──社外船主の躍進と組織化」，中村隆英編『戦間期の日本経済分析』山川出版社，所収
長沢康昭（1990）『三菱商事成立期の研究』日本経済評論社
中村圭介・石田光男編著（2005）『ホワイトカラーの仕事と成果──人事管理のフロンティア』東洋経済新報社
中村隆英編著（1981）『戦間期の日本経済分析』山川出版社
西坂靖（1993）「越後屋京本店手代の入店・昇進・退職について」『三井文庫論叢』第27号，pp.1-68
─── （1996）「越後屋京本店手代の小遣・年褒美・割銀について」『三井文庫論叢』第30号，pp.45-98
西村孝夫（1972）『近代イギリス東洋貿易史の研究』風間書房
日綿實業株式会社発行（1943）『日本綿花株式会社五十年史』
日本経営学会編（1933）『経営学論集第七輯　商品市場組織』同文館
日本棉花同業會発行（1925）『棉業者ヨリ見タル棉花取引所ノ必要』
日本労働研究機構（1993）『大企業ホワイトカラーの異動と昇進──「ホワイトカラーの企業内配置・昇進に関する実態調査」結果報告』調査研究報告書 No.37
─── （1997）『国際比較：大卒ホワイトカラーの人材開発・雇用システム──日，英，米，独の大企業（1）事例調査編』調査研究報告書 No.95
─── （1998）『国際比較：大卒ホワイトカラーの人材開発・雇用システム──日，英，米，独の大企業（2）アンケート調査編』調査研究報告書 No.101
農商務省商務局編・発行（1911）『内外商取引上注意すべき慣習其他に関する調査』
野田一夫編（1970）『財界人思想全集 経営管理観』ダイヤモンド社

◆は

橋本寿朗（1998）「国際交通レジームの形成と創造された総合商社──二十世紀システムと日本経済」『ヒストリア』第158号，大阪歴史学会
─── （1998）「総合商社発生論の再検討──革新的適応としての総合商社はいかにして生まれいでたか」『社会科学研究』第50巻1号，pp.141-169
間宏（1978）『日本労務管理史研究──経営家族主義の形成と展開』御茶ノ水書房
花田光世（1987）「人事制度における競争原理の実態──昇進・昇格のシステムか

らみた日本企業の人事戦略」『組織科学』第21巻2号，pp.44-53
兵藤剣（1971）『日本における労使関係の展開』東京大学出版会
深谷昌志（1969）『学歴主義の系譜』黎明書房
藤本實（1987）『開港と生糸貿易　中巻』名著出版
堀務，鷲見一政（1969）『綿花百年　上巻』日本綿花協会

### ◆ま

益田孝著，糧友会編（1938）『益田孝雑話』糧友会
―――著，長井實編（1939）『自叙益田孝翁傳』内田老鶴圃（1989，再刊，中央公論社）
―――著，安岡重明，木山実編（1996）「益田孝"備忘録"（写本）」『三井文庫論叢』第30号，pp.255-306
松元宏（1973）「日本資本主義確立期における三井物産会社の発展」『三井文庫論叢』第7号，pp.107-200
―――（1977）「石炭販売プール制の成立とその経過――1910年代における三井物産石炭販売の特質について」『三井文庫論叢』第11号
―――（1979）『三井財閥の研究』吉川弘文館
三島康雄（1976）「総合商社――戦後における研究史」，安岡重明編『日本の財閥』日本経済新聞社，所収
三井物産株式会社編・発行（1965，再刊）『三井物産小史――戦前三井物産の歩み』（1951，初版，第一物産編）
―――編・発行（1976）『挑戦と創造――三井物産100年のあゆみ』
―――編・発行（1976）『回顧録』
―――編・発行（1964初版，1993第5版）『約定処理マニュアル』
三井文庫編・発行（1971，1972，1974）『三井事業史資料篇　三，四上，四下』
―――編・発行（2004～2005）『三井物産支店長会議議事録　1（明治35年）～16（昭和6年）』
三菱鉱業セメント株式会社編・発行（1989）『高島炭礦史』
三菱商事株式会社編・発行（1986）『三菱商事社史　上巻』
―――編・発行（1987）『三菱商事社史　資料編』
水上達三著，篠原三代平他編（1988）『貿易立国論――水上達三論集』有斐閣
南満洲鐵道株式会社庶務部調査課編・発行（1924）『満洲に於ける油坊業　満洲調査資料　第二十三編』
三好信浩（1985）『日本商業教育成立史の研究』風間書房

向井忠晴追想録編纂委員会編・発行（1986）『追想録向井忠晴』
森川英正（1971）「総合商社について」『経営志林』第8巻3号，pp.53-64
――― （1972）「明治期三井物産の経営組織――共通計算制度を中心に」『経営志林』第9巻1号，pp.7-23
――― （1973）「大正期三井物産の経営組織」『経営志林』第10巻1号，pp.17-31
――― （1976）「総合商社の成立と論理」，宮本又次他編著『総合商社の経営史』所収，pp.41-78
守島基博（2002）「知的創造と人材マネジメント」『組織科学』Vol.36, No.1, pp.41-50

◆や

八代充史（1995）『大企業ホワイトカラーのキャリア――異動と昇進の実証分析』日本労働研究機構
安川雄之助（1996）『三井物産安川雄之助の生涯』東洋経済新報社
安川雄之助著作編纂会編（1996）『安川雄之助論叢』
山口和雄（1996）「三井物産の漁業経営」『三井文庫論叢』第30号，pp.157-182
―――編著（1966）『日本産業金融史研究　製糸金融篇』東京大学出版会
―――編著（1970）『日本産業金融史研究　紡績金融篇』東京大学出版会
――― （1998）『近代日本の商品取引――三井物産を中心に』東洋書林
山崎広明（1987）「日本商社史の論理」『社会科学研究』第39巻4号，pp.149-197
――― （1981）「1920年代の三井物産――経営戦略と経営動向」，中村隆英編『戦間期の日本経済分析』山川出版社，所収
ヤマムラ・コーゾー（1973）「総合商社論――近代経済学的理論よりの一試論」『経営史学』第8巻1号，pp.106-122
由井常彦（2000, 2002）「三井物産と豊田佐吉および豊田式織機の研究（上），（下）」『三井文庫論叢』第34号，第36号，pp.61-106, 135-188
――― （2007, 2008, 2010, 2011）「明治期三井物産の経営者（上），（中），（下1），（下2）」『三井文庫論叢』第41号，42号，44号，45号，pp.221-306, 43-110, 71-134, 93-168
―――，J・ヒルシュマイヤー（1977）『日本の経営発展――近代化と企業経営』東洋経済新報社
―――，M・フルーエン（1983）「日本における最大工業会社200」『経営史学』第18巻1号，pp.29-57
―――，大東英祐編（1995）『大企業時代の到来』岩波書店

横山耕一郎（1892）『貿易指針――實地調査』東京堂
米川伸一（1983）「総合商社形成の論理と実態――比較経営史からの一試論」『一橋論叢』第90巻3号, pp.319-343
――― （1994）「第二次大戦以前の日本企業における学卒者」『一橋大学研究所年報 商学研究』第34号, pp.3-38

◆わ

若林幸男（1999）「三井物産における人事課の創設と新卒定期入社制度の定着過程」『経営史学』第33巻4号, pp.25-51
――― （2007）『三井物産人事政策史 1876～1931年――情報交通教育インフラと職員組織』ミネルヴァ書房

参考文献（欧文）

◆ A

Adler, Paul (1986) "New Technologies, New Skills," *California Management Review*, Vol.29, No.1 (Fall), pp.9-28

Appelbaum, Eileen, Thomas Bailey, Peter Berg and Arne L. Kalleberg (2000) *Manufacturing Advantage: Why high-performance work systems pay off*, Cornell University Press

Arthur, Jeffery B. (1992) "The link between business strategy and industrial relations systems in American Steel Minimills," *Industrial and Labor Relations Review*, Vol.45, No.3 (Apr.), pp.488-506

—— (1994) "Effects of Human Resource Systems on Manufacturing Performance and Turnover," *Academy of Management Journal*, Vol.37, No.3, pp.670-687

◆ B

Baker, George, Michael Gibbs and Bengt Holstrom (1994) "The Internal Economics of the Firm: Evidence from Personnel Data," *Quarterly Journal of Economics*, Vol.104, No.4, pp.881-919

Barron, John M., Dan A. Black and Mark A. Leowenstein (1989) "Job Matching and On-the-Job Training," *Journal of Labor Economics*, Vol.7, No.1, pp.1-19

Bartel, Ann P. (1995) "Training, Wage Growth, and Job Performance: Evidence from a Company Database," *Journal of Labor Economics*, Vol.13, No.3, pp.401-425

—— (2004) "Human Resource Management and Organizational Performance: Evidence from Retail Banking," *Industrial and Labor Relations Review*, Vol.57, No.2 (January), pp.181-203

Batt, Rosemary (2002) "Managing Customer Services: Human Resource Practices, Quit Rates, and Sales Growth," *Academy of Management Journal*, Vol.45, No.3, pp.587-597

Becker, Brian and Barry Gerhart (1996) "The Impact of Human Resource Management on Organizational Performance: Progress and Prospects," *Academy of Management Journal, Vol.39*, No.4, pp.779-801

Becker, Gary S. (1964) *Human Capital: A Theoretical and Empirical Analysis, with Special Reference to Education*, University of Chicago Press

◆ C

Cappelli, Peter and David Neumark (2001) "Do 'High-Performance' Work Practices Improve Establishment-Level Outcomes?," *Industrial and Labor Relations Review*, Vol.54, No.4 (July), pp. 737-775

◆ D

Delery, John E. and D. Harold Dotty (1996) "Modes of Theorizing in Strategic Human Resource Management: Tests of Universalistic, Contingency, and Configurational Performance Predictions," *Academy of Management Journal*, Vol.39, No.4, pp.802-835

Doeringer, Peter B. and Michael J. Piore (1985 with a new introduction added to 1st edition 1971) *Internal Labor Markets and Manpower Analysis*, M.E.Sharpe, Inc. (白木三秀監訳『内部労働市場とマンパワー分析』2007)

◆ F

Frei, Frances X., Patrick T. Harker and Larry W. Hunter (2000) "Inside the Black Box: What Makes a Bank Efficient?," *Performance of Financial Institutions*, pp. 259-311, Cambridge University Press

◆ H

Holmstrom, Bengt and Paul Milgrom (1994) "The Firm as an Incentive System," *American Economic Review*, Vol.84, No.4, pp.972-991

Huselid, Mark A. (1995) "The impact of Human Resource Management Practices on Turnover, Productivity, and Corporate Financial Performance," *Academy of Management Journal*, Vol.38, No.3, pp.635-672

―――, and Brian E. Becker (2000) "Methodological Issues in Cross-sectional and Panel Estimates of the Link between Human Resource Strategies and Firm Performance," *The American Workplace: Skills, Compensation, and Employee Involvement,*" pp.82-136, Cambridge University Press

◆ I

Ichinowski, Casey, Kathryn Shaw and Giovanna Prennushi (1997) "The Effects of Human Resource Management Practices on Productivity: A Study of Steel Finishing Lines," *American Economic Review,* Vol.87, No.3 (June), pp.291-313
―――, Thomas A. Kochan, David I. Levine, Craig Olson and George Strauss (2000) "What Works at Work: Overview and Assessment," *The American Workplace: Skills, Compensation, and Employee Involvement,* "pp.1-37, Cambridge University Press

◆ J

The Japan Institute of Labor (1998) *Human Resource Development of Professional and Managerial Workers in Industry: An International Comparison*

◆ K

Knight, Frank Hyneman (1921) *Risk, Uncertainty and Profit,* Augustus M. Kelley, N.Y.（奥隅栄喜訳『危険・不確実性および利潤』文雅堂書店，1959）
Kohn, Alfie (2001a and 2001b) "Why Incentive Plans Cannot Work," and "Rethinking Rewards," *Harvard Business Review on Compensation,* pp.29-50, pp.51-76
Koike, Kazuo (1997) *Human Resource Development,* The Japan Institute of Labor
Koike, Kazuo and Takenori Inoki ed. (1990) *Skill Formation in Japan and Southeast Asia,* University of Tokyo Press
―――― and ―――― (2003) *College Graduates in Japanese Industries,* The Japan Institute of Labor

◆ L

LaLonde, Robert J. (1986) "Evaluating the Econometric Evaluations of Training Programs with Experimental Data," *American Economic Review,* Vol.76, No.4 (Sept.), pp.604-620

◆ M

MacDuffie, John P. (1995) "Human Resource Bundles and Manufacturing Performance: Organizational Logic and Flexible Production Systems in the World Auto

Industry," *Industrial and Labor Relations Review*, Vol.48, No.2 (January), pp. 197-221

―――― and Thomas A. Kochan (1995) "Do U.S. Firms Invest Less in Human Resources? : Training in the World Auto Industry," *Industrial Relations*, Vol. 34, No.2 (April), pp.147-168

Miles, Raymond E. and Charles C. Snow (1984) "Designing Strategic Human Resources Systems," *Organizational Dynamics*, Vol.13, No.1, pp.36-52

Mincer, Jacob (1962) "On-the-Job Training: Costs, Returns, and Some Implications," *The Journal of Political Economy*, Vol.70, No.5, Part 2: Investment in Human beings (Oct.), pp.50-79

◆ O

Osterman, Paul (1994) "How Common Is Work Place Transformation and Who Adopts It?," *Industrial and Labor Relations Review*, Vol.47, No.2 (January), pp.173-188

―――― (1995) "Skill, Training, and Work Organization in American Establishments," *Industrial Relations* Vol.34, No.2 (April), pp.125-146

◆ P

Pfeffer, Jefferey (1994) *Competitive Advantage through People*, Harvard Business School Press

―――― (1998) *Human Equation: Building Profits by Putting People First*, Harvard Business School Press

Piore, Michael J. (1968) "On-the-Job Training and Adjustment to Technological Change," *The Journal of Human Resources*, Vol.3, No.4 (Autumn), pp.435-449

Porter, Michael E. (1985) *Competitive Advantage: Creating and Sustaining Superior Performance*, The Free Press

―――― (1998) *On Competition*, Harvard Business School Press

◆ R

Rosenbaum, James E. (1984) *Career Mobility in a Corporate Hierarchy*, Academic Press

◆ S

San Miguel, Joseph G. (1996) *Value Chain Analysis for Assessing Competitive Advantage*, Society of Management Accountants of Canada

Schmidt, Christian (1996) "Risk and Uncertainty: Knightian Distinction Revisited," *Uncertainty in Economic Thought*, pp.65-83

Schultz, Theodore W. (1961) "Investment in Human Capital," *The American Economic Review*, Vol. 51, No.1 (Mar.), pp.1-17

◆ W

Williamson, Oliver E., Michael L. Wachter and Jeffery E. Harris (1975) "Understanding the Employment Relation: The Analysis of Idiosyncratic Exchange," *The Bell Journal of Economics*, Vol.6, No.1 (Spring), pp.250-278

Wever, Kristen S. and Lowell Turner ed. (1995) *The Comparative Political Economy of Industrial Relations*, Industrial Relations Research Association

◆ Y

Youndt, Mark A., Scott A. Snell, James W. Dean, Jr. and David P. Lepak (1996) "Human Resource Management, Manufacturing Strategy, and Firm Performance," *Academy of Management Journal*, Vol.39, No.4, pp.836-866

# あ と が き

　本書は，2011年に早稲田大学出版部より刊行された『OJTを通じたホワイトカラーの技能形成――「キャリア」，「不確実性への対応」，「組織編成」，明治大正期三井物産の事例から』（以下，前書）をベースにおいて，その後の研究進展を加えて，明治大正期三井物産における人材技能形成についての事例研究を拡張したものである。共に早稲田大学の学術研究書出版制度の恩典のもとで出版された。

　前書は，人材技能が長い年月をかけて形成されるプロセスを，いわゆるキャリア分析と仕事分析を中心に描いたものであった。本書では，前書で明らかにしたプロセスで形成された人材技能が，企業としての競争力にどのように，また，どの程度影響をおよぼしているのかという問題に研究関心を一歩深化させた。つまり，人材技能とその形成を企業の価値生産のメカニズムの中に落とし込んでの分析である。ここで新たに挑んだ課題は，一つには，企業発展過程での，競争力の生成・変遷と人材技能の組織的形成の進展を複眼的に観察し，相互の関係，とりわけ人材技能が果たした役割を明らかにすることであった。そして二つには，人材技能の内実，即ち，競争力を左右する不確実性対応ということの具体的な内容，又，その全体像を明らかにすることであった。前者については第Ⅰ部の第1章から第3章で，後者については第Ⅱ部の第4章から第7章で取組んだ。

　事例分析における理論枠組みは，本書も，前書を踏襲して知的熟練論に依拠している。但し，それをホワイトカラーに適した形に前書で新たに構想した分析枠組みについては，骨格はそのままであるが，本書では多少中身を整頓した。即ち，不確実性対応ということにおいて，人材技能に対置させるものとして，「仕事システム」という不確実性への組織的コントロールの概念を新たに設けた。これによって，組織全体としての不確実性対応は，「仕事システム」と人

材技能,これら二つの機能の協働であるという把握の仕方をより明確にし,両者を対比させて分析することによって,人材技能の果たす役割をより明瞭に描けるようにした。また,「仕事システム」と人材技能が一体となってなされる不確実性対応を,組織ベースでの不確実性対応という言い方で統一的に表現することによって,前書ではやや鮮明さを欠いた人材技能による不確実性対応との識別を明瞭化する工夫を加えた。

　こうした形に研究を深化させることによって,労働が如何にして価値を産み出し,そして,その産み出し方は如何にして高められるのか,という労働研究での根幹的テーマに,一歩接近することになった。本書の「はじめに」で触れたとおり,このテーマは人々にとって身近な問題であると同時に,経営学や経済学などにとって重要な究明課題であるのだが,これまで研究の広がりは乏しいのである。本書はこの課題への一つのアプローチとして,人材技能が企業の競争力に影響をおよぼすメカニズムを,不確実性への対応という枠組みで探究した。事例分析で見出されたことの中で一つ注目されるのは,人材の価値創出を高めていくには,経営のあり方ということが極めて大きな役割を担っているということであり,これが隋所で具体的に示されている。例えば,長期的な先行投資となる人材技能の組織的形成にどのように踏み込むか,効果的なOJTの進展にむけて有効な組織編成をどのように進めるか,不確実性対応への組織的コントロールである「仕事システム」を人材技能との協働効果を高め,相乗的に機能高度化していくには,それをどのように構築・運営していくか,企業が日常的に向き合わなければならない不確実性領域を事業発展の中でどのように選択拡大するか,等々である。

　労働が価値を産み出すメカニズムに経営のあり方が大きな役割を担っているということは,経営政策のみならず経済政策にもインプリケーションを提示している。例えば,経済成長をめぐる議論において,価値生産における労働の貢献拡大と,それに伴う労働所得拡大をもたらすような労働需要創出という政策課題に対して,有効なインプリケーションを提示することになるであろう。近時華やかな「(経済)成長戦略」の議論は,物的投資や消費の促進に関心が集

あ と が き

中しているが，この状況から一皮むけて，労働が価値を産み出すメカニズムに照準をあわせた経済成長政策が展開されることを期待したい。企業経営の次元でも，又，国民経済の次元でも，成長分野というものが，一様に，労働貢献や労働所得の拡大を伴う訳ではないのである。

　前書は2010年の博士論文が出版の機会を得たものであったが，これは筆者が30年ほどの企業生活を経て研究の世界に転じて，10年あまり続けてきたホワイトカラー人材形成の研究を一旦整理して発表したものであった。
　研究生活に入るにあたって，人材形成のメカニズムを探究するには企業経営の長期的研究が必要と感じていたところ，幸運にして，現在は明治大学名誉教授，三井文庫常務理事文庫長の由井常彦先生との出会いを得て，文京学院大学大学院で先生の下で経営史を勉強することとなった。ところが，実際研究を始める段になって，由井先生は，「高橋さんは，経営史で人材に関して研究するなら三井物産をやりなさい，一番研究しがいがあるし，これまで多くの研究があるけど重要な部分で手付かずの部分が沢山残っている」というようなことをおっしゃった。三井物産は，私自身にとっては，30年も勤めた会社であるので，研究の世界に入ってからも，また付き合わなければならないのかと多少抵抗を感じたものの，先生のお言葉に従って研究に手をつけ，それをこつこつと進めた。これが幸いして，その後の研究を，私にとってとても有意義で楽しいものにしてきたのだが，その延長に本書がある。由井先生には，その後も引き続き色々な面でご指導を賜ってきており深く感謝している。
　全くの素人がなんとか研究を進めて来られたのは，多くの先生がたのご指導あってのことである。感謝申し上げなければならない先生がたが沢山おられるけれども，その中でも，8年間過ごした早稲田大学商学研究科博士課程で日常的にご指導を頂いた，現在は同大学名誉教授の鈴木宏昌先生，並びに，この間法政大学で毎月開催の研究会をはじめ，様々な機会にご指導を頂いた，現在は法政大学名誉教授の小池和男先生には，長きにわたり手厚い手ほどきを賜った。心から感謝申し上げたい。上記のとおり，小池先生の技能形成論は前書及び本

書での理論的バックボーンとなっている。

　本書の出版に際しては，早稲田大学出版部の伊東晋取締役，金丸淳企画編集部長，及び関係者の皆様に大変お世話になった。都度頂いた色々なアドバイスや木目細かい編集・校正に厚くお礼を申し上げたい。

　　　2013年6月

高 橋 弘 幸

# White-Collar Workers' Skills and Organizational Competitiveness
― A Case Study of Mitsui & Co. during the Late Nineteenth and Early Twentieth Centuries―

## TAKAHASHI Hiroyuki

This book theoretically and empirically investigates the relationship between individuals' skills and organizational competitiveness. Focus is placed on white-collar workers because previous research in this field has been insufficient primarily because of methodological inadequacies in analyzing the work of white-collar workers which involves hard-to-categorize or hard-to-standardize parameters. This study also examines methodology.

It provides an empirical investigation in the case of a historical trading firm, Mitsui & Co. over a 50-year period from the time of its founding in 1868 up until its maturity. This period is characterized as the era during which Japanese trading houses were struggling to participate in the world trade market which had been virtually monopolized by experienced trading houses of Western countries. Mitsui & Co. successfully developed into the market leader. It also represented large-scale white-collar organizations in Japan throughout the country's industrialization.

The book is comprised of two parts. Part One examines, through three steps, the extent to which individuals' skills served as factors for organizational competitiveness. First, it provides an investigation of the growth of Mitsui & Co. as well as an exploration of the vicissitudes related to its market share in the major products market. Second, it examines potential factors impacting the competitiveness including support from the Mitsui-Zaibatsu (financially and in terms of inter-firm collaboration), founder's business acumen, sales policies, organizational traits, human resources, and so on. With respect to human resources, two types of trade skills are examined: general trading skills and a much higher level of so-called applied trading skills. Although general trading skills had already been standardized and had become popular among advanced Western trading houses, these skills represented a completely new area of knowledge for Japanese trading houses. Therefore, Japanese trading houses had to master these skills in order to compete with the Western trading houses dominating the market at that time. Third, the research attempts to identify how potential factors impacting competitiveness actually functioned when the firm's market share i) began to expand as well as ii) once it was maintained at a high level. This enables an understanding of the correlation between potential factors related to competitiveness and the organization's competitive edge in the market. Findings based on the above-noted three steps reveal that individuals' trading skills, in collaboration with certain aspects of organizational traits, served as the most important factors impacting competitiveness during the period in which the firm demonstrated a strong competitive edge. When market share sharply increased in the early stages of full-fledged growth, general trading skills were the most effective factors impacting competitiveness. This means that Mitsui & Co. successfully competed with advanced Western trading houses while other Japanese trading houses were unable to do so. When the competitive edge reached a mature level, applied trading skills, particularly risk control skills, began to function effectively and general trading skills served to support them. The closing chapter of Part One provides investigation of the development of human resource management within Mitsui & Co. A gradual but effective process of human resource development as well as organization-wide skill formation carried out primarily by on-the-job training (OJT) was observed.

Part Two provides an analysis of trade skill contents and process of skill formation in Mitsui & Co. based on a framework of prominent skill formation theory in economics developed by Dr. Kazuo Koike. This theory incorporates a concept called "Intellectual Skills to deal with Uncertainty." The present author uses this framework after extending and reinterpreting it so as to make it applicable to the case of white-collar work since the original framework was primarily developed for the analysis of blue-collar work.

First, it provides an analysis of business practices as well as contents of the individual's skills to deal with uncertainties in the daily value creation processes. Findings reveal that businesses are exposed to various and frequent uncertainties, i.e. risk and profit opportunities, and most of them were dealt with collaboratively by the individual's skills and "work systems" that were developed and introduced by management to control uncertainties organizationally. These included standardized business practices, administrative procedures and rules, information transfer media, knowledge communization systems, and so on. The Individual's skills serve as primary factors generally however the actual role of them varies depending on the kind of uncertainty that is in question. It was also observed that some of the uncertainties, particularly profit opportunities related to new business development were dealt with solely by the individuals' skills. It is noteworthy that individuals' skills and "work systems" are not always substitutive. In fact, they may even be synergistic. Mitsui & Co.'s management energetically addressed the development of new "work systems." When new "work systems" are introduced, individuals acquire new basic knowledge of the organizational standard. Individuals' basic knowledge accumulates in parallel with the reinforcement of "work systems." However, at the same time, additional knowledge that addresses new "work system" operations must further be developed and accumulated by individuals. In this way, individuals' skills continue to accumulate and play much higher roles step by step.

Second, it provides an analysis of the process involved with skill formation. The individual business careers of 414 new employees are investigated over a period of 20 years. Each of these individuals entered the firm during a three-year period in which the firm's competitive edge was increasing. The unique panel data enable a longitudinal observation of the skill formation process. The result of the analysis here demonstrates that formation of skills to deal with various uncertainties advances through OJT by accumulating related work experiences over 10 or more years within an organization. Some patterns became apparent in these individuals' career paths. There was a correlation between these patterns and the unique formation of skill specialties.

Key words: skill, competitiveness, white-collar, uncertainty, on-the-job training

**著者略歴**

高橋　弘幸（たかはし　ひろゆき）

1947年生まれ，博士（商学）早稲田大学
現在：学習院大学経済学部，日本大学大学院グローバル・ビジネス研究科，国
　　　士舘大学政経学部，武蔵野大学大学院言語文化研究科各非常勤講師
専攻：労働経済学，経営史
職歴：1970〜1998年　三井物産株式会社
　　　1999〜2000年　三井業際研究所

主要著書・論文：
『アジア経済危機から何を学んだか』（共著，2000年，三井業際研究所），『中国西部大開発をどうみるか』（共著，2001年，三井業際研究所），「日本におけるホワイトカラーの人的資源管理の発展」（2002年，『文京学院大学経営学論集』第4号），「内部労働市場の起源に関する歴史的検証」（2008年，『日本労務学会第38回全国大会報告論集』），「明治大正期三井物産における人材の組織的形成」（2009年，『三井文庫論叢』第43号），『OJTを通じたホワイトカラーの技能形成──「キャリア」，「不確実性への対応」，「組織編成」，明治大正期三井物産の事例から』（2011年，早稲田大学出版部）

---

早稲田大学学術叢書 28

企業競争力と人材技能
──三井物産創業半世紀の経営分析──

2013年7月31日　初版第1刷発行

| | |
|---|---|
| 著　者 | 高　橋　弘　幸 |
| 発行者 | 島　田　陽　一 |
| 発行所 | 株式会社　早稲田大学出版部 |
| | 169-0051　東京都新宿区西早稲田 1-1-7 |
| | 電話 03-3203-1551　http://www.waseda-up.co.jp/ |
| 校　正 | 株式会社ライズ |
| 装　丁 | 笠井亞子 |
| 印刷・製本 | 精文堂印刷株式会社 |

©2013, Hiroyuki Takahashi. Printed in Japan　ISBN978-4-657-13705-0
無断転載を禁じます。落丁・乱丁本はお取替えいたします。

## 刊行のことば

　早稲田大学は、2007年、創立125周年を迎えた。創立者である大隈重信が唱えた「人生125歳」の節目に当たるこの年をもって、早稲田大学は「早稲田第2世紀」、すなわち次の125年に向けて新たなスタートを切ったのである。それは、研究・教育いずれの面においても、日本の「早稲田」から世界の「WASEDA」への強い志向を持つものである。特に「研究の早稲田」を発信するために、出版活動の重要性に改めて注目することとなった。

　出版とは人間の叡智と情操の結実を世界に広め、また後世に残す事業である。大学は、研究活動とその教授を通して社会に寄与することを使命としてきた。したがって、大学の行う出版事業とは大学の存在意義の表出であるといっても過言ではない。そこで早稲田大学では、「早稲田大学モノグラフ」、「早稲田大学学術叢書」の２種類の学術研究書シリーズを刊行し、研究の成果を広く世に問うこととした。

　このうち、「早稲田大学学術叢書」は、研究成果の公開を目的としながらも、学術研究書としての質の高さを担保するために厳しい審査を行い、採択されたもののみを刊行するものである。

　近年の学問の進歩はその速度を速め、専門領域が狭く囲い込まれる傾向にある。専門性の深化に意義があることは言うまでもないが、一方で、時代を画するような研究成果が出現するのは、複数の学問領域の研究成果や手法が横断的にかつ有機的に手を組んだときであろう。こうした意味においても質の高い学術研究書を世に送り出すことは、総合大学である早稲田大学に課せられた大きな使命である。

　「早稲田大学学術叢書」が、わが国のみならず、世界においても学問の発展に大きく貢献するものとなることを願ってやまない。

２００８年１０月

早稲田大学

## 「研究の早稲田」 早稲田大学学術叢書シリーズ

### 中国古代の社会と黄河
濱川 栄 著 476頁 ￥5,775

### 東京専門学校の研究
──「学問の独立」の具体相と「早稲田憲法草案」
真辺 将之 著 380頁 ￥5,670

### 命題的推論の理論
──論理的推論の一般理論に向けて
中垣 啓 著 444頁 ￥7,140

### 一亡命者の記録
──池明観のこと
堀 真清 著 242頁 ￥4,830

### ジョン・デューイの経験主義哲学における思考論
──知性的な思考の構造的解明
藤井 千春 著 410頁 ￥6,090

### 霞ヶ浦の環境と水辺の暮らし
──パートナーシップ的発展論の可能性
鳥越 皓之 編著 264頁 ￥6,825

### 朝河貫一論
──その学問形成と実践
山内 晴子 著 655頁 ￥9,345

### 源氏物語の言葉と異国
金 孝淑 著 304頁 ￥5,145

### 経営変革と組織ダイナミズム
──組織アラインメントの研究
鈴木 勘一郎 著 276頁 ￥5,775

### 帝政期のウラジオストク
──市街地形成の歴史的研究
佐藤 洋一 著 456頁＋巻末地図 ￥9,765

### 民主化と市民社会の新地平
──フィリピン政治のダイナミズム
五十嵐 誠一 著 516頁 ￥9,030

### 石が語るアンコール遺跡
──岩石学からみた世界遺産
内田 悦生 著 下田 一太（コラム執筆） 口絵12頁＋266頁 ￥6,405

### モンゴル近現代史研究：1921〜1924年
──外モンゴルとソヴィエト，コミンテルン
青木 雅浩 著 442頁 ￥8,610

### 金元時代の華北社会と科挙制度
──もう一つの「士人層」
飯山 知保 著 460頁 ￥9,345

## 平曲譜本による近世京都アクセントの史的研究
上野 和昭 著　　568頁　￥10,290

## Pageant Fever
— Local History and Consumerism in Edwardian England
YOSHINO, Ayako 著　　296頁　￥6,825

## 全契約社員の正社員化
——私鉄広電支部・混迷から再生へ（1993年〜2009年）
河西 宏祐 著　　302頁　￥6,405

## 対話のことばの科学
——プロソディが支えるコミュニケーション
市川 熹 著　　250頁　￥5,880

## 人形浄瑠璃のドラマツルギー
——近松以降の浄瑠璃作者と平家物語
伊藤 りさ 著　　404頁　￥7,770

## 清朝とチベット仏教
——菩薩王となった乾隆帝
石濱 裕美子 著　　口絵4頁＋342頁　￥7,350

## ヘーゲル・未完の弁証法
——「意識の経験の学」としての『精神現象学』の批判的研究
黒崎 剛 著　　700頁　￥12,600

## 日独比較研究 市町村合併
——平成の大合併はなぜ進展したか？
片木 淳 著　　240頁　￥6,825

## Negotiating History
— From Romanticism to Victorianism
SUZUKI, Rieko 著　　266頁　￥6,195

## 人類は原子力で滅亡した
——ギュンター・グラスと『女ねずみ』
杵渕 博樹 著　　324頁　￥6,930

## 兵式体操成立史の研究
奥野 武志 著　　366頁　￥8,295

## 分水と支配
——金・モンゴル時代華北の水利と農業
井黒 忍 著　　474頁　￥8,820

## 島村抱月の文藝批評と美学理論
岩佐 壯四郎 著　　560頁　￥10,500

## 企業競争力と人材技能
——三井物産創業半世紀の経営分析
高橋 弘幸 著　　372頁　￥8,610

すべてA5判・価格は税込